MARIA CALLAS
i głos serca

Michelle Marly

MARIA CALLAS
i głos serca

Przekład
Urszula Pawlik

Znak Horyzont
KRAKÓW 2022

Tytuł oryginału
„Die Diva" – *Liebesroman über die Opernlegende Maria Callas*

Copyright © Aufbau Verlag GmbH & Co. KG, Berlin 2020 (Published with Aufbau Taschenbuch; »Aufbau Taschenbuch« is a trademark of Aufbau Verlag GmbH & Co. KG)

Projekt okładki
Mariusz Banachowicz

Zdjęcia Marii Callas na okładce
Gettyimages

Opieka redakcyjna
Pamela Bosak

Opieka promocyjna
Maria Adamik-Kubala

Adiustacja
Kinga Kosiba

Korekta
Aneta Iwan
Grażyna Rompel

Łamanie
Monika Drobnik-Słocińska

© Copyright for the translation by SIW Znak sp. z o.o., 2022
Copyright © for this edition by SIW Znak sp. z o.o., 2022

ISBN 978-83-240-8040-3

Znak Horyzont
www.znakhoryzont.pl

znak

Książki z dobrej strony: www.znak.com.pl
Więcej o naszych autorach i książkach: www.wydawnictwoznak.pl
Społeczny Instytut Wydawniczy Znak, 30-105 Kraków, ul. Kościuszki 37
Dział sprzedaży: tel. (12) 61 99 569, e-mail: czytelnicy@znak.com.pl
Wydanie I, Kraków 2022. Printed in EU

„Żyłam dla sztuki, żyłam dla miłości"

Aria z II aktu opery
Tosca Giacoma Pucciniego

ROZDZIAŁ 1

Wenecja

3 września 1957 roku

– Tak się cieszę, że udało ci się wyrwać z tego ponurego, deszczowego Edynburga i wziąć udział w moim małym przyjątku – ucieszyła się Elsa, przyciskając na powitanie Marię Callas do obfitego biustu. Gdy objęła przyjaciółkę, zdobiąca głowę dziennikarki wyszyta perłami i mieniąca się złotem czapka dożów, prawdopodobnie szesnastowieczny, może nawet jeszcze starszy oryginał, lekko się przekrzywiła. – Dzisiejszego wieczoru jesteś moim najważniejszym gościem honorowym.

„Małe przyjątko" było wytwornym jesiennym balem wydawanym przez Elsę Maxwell w luksusowym hotelu Danieli i stanowiło najważniejsze wydarzenie Międzynarodowego Festiwalu Filmowego w Wenecji, na które przybyli przede wszystkim przedstawiciele elit towarzyskich oraz prominenci o wielkich, powszechnie znanych nazwiskach. Maria nie potrzebowała się rozglądać, żeby stwierdzić, że renesansową salę wypełniały największe sławy z Hollywood, finansowa arystokracja oraz księżniczki i książęta, w których żyłach płynęła błękitna krew. Ale to ona była bez wątpienia najsławniejsza z nich wszystkich: *diva assoluta*. Sopranistka, której nazwisko znane było wszystkim. Nawet tym, którzy nie mieli pojęcia o operze. Najsłynniejsza kobieta świata. Atrakcyjna, zamożna trzydziestoczterolatka. Prawdopodobnie u szczytu kariery, choć, ma się rozumieć, marząca o jeszcze większej sławie, sięgającej nieba.

Jej siedemdziesięcioczteroletnia korpulentna przyjaciółka była dziennikarką, prowadziła kolumnę towarzyską poświęconą międzynarodowym scenom teatralnym i operowym. Felietony Elsy Maxwell wynosiły na szczyt lub doprowadzały do upadku zarówno wschodzące gwiazdy show-biznesu, jak i obiecujących nowicjuszy, którzy próbowali wedrzeć się do kręgów śmietanki towarzyskiej.

Elsa czuła się jak u siebie zarówno w Europie, jak i w Stanach Zjednoczonych. Z tym samym zapałem organizowała najróżniejsze imprezy, począwszy od wyścigów konnych, poprzez regaty jachtów, na wystawnych przyjęciach skończywszy. Równie skutecznie kojarzyła ze sobą romantyczne pary, co tworzyła towarzyskie alianse. Jej zaproszeń się nie odrzucało, jeśli chciało się zaistnieć i zrobić karierę. Jednakże Callas nie pojawiła się tego wieczoru na balu wyłącznie po to, by zabłysnąć i uświetnić go swoją obecnością. Prawdę mówiąc, w tej samej mierze kierowała nią płynąca z głębi serca wdzięczność, że przyjaciółka dała jej pretekst do ucieczki z dżdżystego Edynburga.

To było wyjątkowo pracowite lato. Wyczerpujące występy, a do tego liczne zobowiązania towarzyskie już parę tygodni wcześniej doprowadziły Marię na skraj wyczerpania. I choć lekarz stanowczo odradzał jej wyjazd na słynny, cieszący się ogromnym prestiżem Międzynarodowy Festiwal Edynburski, Maria w końcu zdecydowała się pojechać do stolicy Szkocji razem z zespołem mediolańskiej La Scali. Święcąc tryumfy, czuła się z dnia na dzień coraz gorzej. Jakoś udało jej się przetrwać cztery wieczory, podczas których – ku swojej ogromnej uldze – nie miała żadnych problemów z głosem. Jednak gdy niespodziewanie okazało się, że ma wystąpić po raz piąty, stanowczo odmówiła. I to nie tylko z powodu dreszczy, nieznośnego bólu głowy i problemów z krążeniem, lecz także ze względu na jesienny bal Elsy Maxwell, z którym kolidował termin kolejnego przedstawienia. Maria była pewna, że nie będzie w stanie wystąpić kolejny raz, dlatego też – korzystając z nadarzającego się pretekstu – wyleciała do Mediolanu, by wpierw odpocząć nad jeziorem Garda, w domowych pieleszach.

Wzmocniona parodniowym wypoczynkiem, otoczona wianuszkiem gości Elsy, niemal płynęła po wyłożonych czerwonym dywanem kilkusetletnich kamiennych schodach prowadzących do reprezentacyjnych pomieszczeń, w których odbywał się ekskluzywny bal. W swoim scenicznym życiu Maria tak często wstępowała na schody i z nich schodziła, że robiła to niemal automatycznie, nie zaprzątając sobie głowy tym, jak stawiać stopy. Z zapierającą dech w piersiach elegancją instynktownie pokonywała kolejne stopnie, choć bez okularów nie była w stanie ocenić ich wysokości. Dlatego też wcale nie spoglądała pod nogi.

Stosunkowo prosta, ale niezwykle twarzowa suknia o doskonale dopasowanej białej górze, ozdobiona szeroką białą szarfą, z szeroką spódnicą z białej satyny w czarne kropki, którą wybrała na ten wieczór, doskonale podkreślała jej kształty i harmonizowała z nastrojem. Wytworna kreacja sprawiła, że czuła się równie swobodnie jak podczas wykonywania jednej w operowych arii. Zrezygnowała z jakiegokolwiek spektakularnego nakrycia głowy. Jedynym ukłonem w stronę publiczności, przed którą prezentowała się tego wieczoru, były połyskujące w świetle setek świec szmaragdy i brylanty, które wplotła w wysoko upięte włosy. Czuła się znakomicie. Głównie z powodu odbicia w lustrze, które wyraźnie mówiło, że pod względem wyglądu zbliżyła się do swego ideału.

A jej niekwestionowaną idolką była Audrey Hepburn. Co prawda, doskonale zdawała sobie sprawę, że daleko jej do sarniej filigranowości i subtelnej kruchości słynnej aktorki, jednak od czasu, gdy przed czterema laty w wyniku żelaznej dyscypliny udało jej się w czasie niespełna dwunastu miesięcy zrzucić niemal czterdzieści kilogramów, konsekwentnie utrzymywała szczupłą sylwetkę. Wcześniej ważyła ponad sto kilogramów przy wzroście stu siedemdziesięciu trzech centymetrów. W międzyczasie pewien szwajcarski lekarz ułożył dla niej specjalną dietę, wspomaganą środkami hormonalnymi, lekami na tarczycę i tabletkami odwadniającymi, co było znacznie bardziej efektywne niż jedzenie samymi tylko oczami. Aby udokumentować efekt swoich ogromnych wyrzeczeń, zleciła wykonanie portretu, na którym wyglądała niczym siostra Audrey Hepburn. Ilekroć spoglądała na swój uwieczniony na płótnie wizerunek, ogarniało ją nieznane dotąd uczucie szczęścia – po raz pierwszy w życiu czuła się dobrze w swojej skórze. Roczna głodówka w żadnej mierze nie poprawiła jednak niekształtnych nóg, które nadal były zbyt grube, co próbowała tuszować długimi, obszernymi spódnicami. Takimi jak w wybranej na ten wieczór sukni.

Na powitanie Maria z uśmiechem majestatycznie skinęła głową. Goście tłoczyli się wokół niej, starając się zwrócić na siebie uwagę. Diwa wkraczała na salony.

Towarzyszący jej mężczyzna, który stał tuż obok, wziął z tacy kieliszek szampana roznoszonego przez kelnera i podał jej go.

– Z pewnością nie oderwiesz się od niego przez cały wieczór – zauważył życzliwie Giovanni Battista Meneghini.

Znając Marię lepiej niż ktokolwiek inny, wiedział, ile wysiłku kosztuje ją przezwyciężenie głęboko zakorzenionej nieśmiałości. Dlatego też zaproponował stroniącej od alkoholu żonie szampana. Meneghini od dziesięciu lat był jej agentem, a od ośmiu mężem. Dzieliło ich prawie trzydzieści lat. Był znacznie niższy od Marii, całkowicie łysy, otyły i bardzo bogaty. Przedsiębiorca budowlany i zarazem wielki miłośnik opery wzbogacił się na produkcji cegieł, jednak swoje prawdziwe powołanie odkrył w małżeństwie z Callas. Po ślubie wszedł w swoją rolę agenta tak dalece, że Maria czasami obawiała się, iż w tym związku jej kobiecość zupełnie się nie liczyła. Ostatnimi czasy coraz częściej odnosiła wrażenie, że opieka, którą otaczał ją mąż, była niczym dusząca pętla. Fakt – troszczył się o wszystko, co trzeba, żeby tylko mogła w pełni poświęcić się występom i jak zawsze perfekcyjnie odgrywać powierzane jej role. Jednak niekiedy, przygotowując się do kolejnej premiery, czemu zawsze towarzyszyły przypływy przenikającego ją na wskroś szczęścia, gdy euforycznie zmagała się z mrocznymi namiętnościami kreowanych postaci, zadawała sobie pytanie, jak to właściwie jest z tego rodzaju gwałtownymi uczuciami w jej własnym życiu.

– Czy widzisz tego mężczyznę, o tam, z tyłu? – zapytała Elsa, która nieoczekiwanie pojawiła się obok niej. Najwidoczniej dziennikarka skończyła już pełnić honory domu. Maria poczuła na ramieniu aksamitny dotyk etoli z norki, narzuconej przez przyjaciółkę na ozdobioną koronkami wieczorową suknię. – To Arystoteles Onassis, najbogatszy człowiek na świecie. Przyjaciele mówią na niego Ari.

Dla Marii, chętnie przeglądającej wypełnione plotkami kobiece czasopisma i obracającej się wśród należących do najważniejszych dziesięciu tysięcy osób na liście światowych elit towarzyskich, gość Elsy nie był osobą kompletnie nieznaną. Wielokrotnie widywała jego zdjęcia, lecz dotychczas nie miała jeszcze okazji spotkać go osobiście. Przyglądając się z daleka wpływowemu armatorowi, gdy tak stał otoczony wianuszkiem mężczyzn i kobiet, najwyraźniej szukających okazji, by zostać mu przedstawionym, stwierdziła, że żadne ze zdjęć nawet się nie umywa do oryginału. Co prawda ten pochodzący z Azji Mniejszej, odnoszący spektakularne sukcesy człowiek interesu był niższy, niż sobie wyobrażała, ale za to zdecydowanie bardziej atrakcyjny. Do tego Onassis nosił smoking z elegancją Cary'ego Granta. Tak, ten mężczyzna zdecydowanie miał w sobie coś, co sprawiało, że błyszczał niczym wielka gwiazda stała pośród gwiezdnego pyłu.

– Przynajmniej nie wygląda na kogoś pochodzącego z Anatolii – wyrwało się Marii.

– A niby dlaczego miałby tak wyglądać? – zdziwiła się Elsa. – Przecież pochodzi z Grecji. Tak jak ty.

Maria potrząsnęła głową.

– Czytałam, że urodził się w Turcji, gdzie wówczas były dwie duże kolonie greckie. Rzecz w tym, że ludzie pochodzący stamtąd różnią się od Greków z Peloponezu czy ze stałego lądu. Nazywamy ich *tourkosporos*. To określenie z pewnością nie jest komplementem. Osmanowie okupowali Grecję przez kilkaset lat i przez to nieszczególnie lubimy Turków, wiesz?

– Ojej! – Elsa swoimi wielkimi oczami spojrzała niepewnie na Marię. – Czy zatem popełniłam błąd, usadziwszy cię obok niego? Sądziłam, że najsławniejsza na świecie Greczynka i najsławniejszy Grek będą doskonale do siebie pasować... Och, to przecież markiza de Cadaval! Popatrz, jakie cudo ma na głowie!

Faktycznie, wspomniana dama miała we włosach miniaturową replikę weneckiej Dzwonnicy świętego Marka.

Maria chętnie zakończyła temat. Ma się rozumieć, że nikt nie odważyłby się zburzyć narzuconego przez Elsę Maxwell porządku przy stole – nawet primadonna – co oznaczało, że będzie zmuszona siedzieć obok nieprawdopodobnie bogatego armatora. Ale przecież kolacja nie potrwa wiecznie i gdy tylko się skończy, nie będzie już miało najmniejszego znaczenia, kto gdzie siedzi. Maria bardziej żałowała, że będzie musiała zrezygnować z towarzystwa Battisty, a raczej że to on musiał zrezygnować z niej u swego boku. Jej mąż mówił wyłącznie po włosku i dlatego też z trudnością poruszał się w międzynarodowych kręgach jej przyjaciół. Nie rozumiał też ani słowa z rozmów, które prowadziła po angielsku z Elsą.

Battista posłał jej uśmiech wyrażający pytanie.

– Elsa powiedziała mi jedynie, gdzie mam usiąść przy stole – wyjaśniła po włosku, unosząc trzymany w ręku kieliszek. – Za piękny wieczór.

Meneghini stuknął się z nią, po czym Maria wypiła maleńki łyczek wyśmienitego, cudownie musującego szampana. Odsuwając kieliszek od ust, ukradkiem spojrzała na mężczyznę, którego Elsa przed chwilą jej pokazała.

Krzesło obok Marii zaskrzypiało, gdy Arystoteles Onassis energicznie zajął wyznaczone miejsce.

– Przykro mi, ale sztuka to zupełnie nie moja domena – przyznał otwarcie, gdy tylko się przedstawił. W odróżnieniu od innych gości Elsy, rozmawiających przeważnie po angielsku lub francusku, zwrócił się do niej po grecku. Mówił płynnie bez cienia obcego akcentu. – Interesy pochłaniają niemal cały mój czas. I gdy tylko uda mi się wygospodarować jakąś wolną chwilę, przeważnie spędzam ją na morzu, prowadząc przyjemne rozmowy, rozkoszując się dobrym jedzeniem i paląc wyśmienite cygara.

Co najmniej jednego z tych upodobań nie da się pogodzić z bywaniem w operze, gdyż w tym uświęconym miejscu nie wolno palić.

Uśmiechnął się szeroko do słynnej sopranistki, zupełnie jakby powiedział jej największy komplement.

— Z tego, co słyszę, nie brzmi pan jak prawdziwy *tourkosporos* — odpowiedziała w języku, w którym się do niej zwrócił.

Jej ojczystym językiem był angielski. Greckiego nauczyła się dopiero wówczas, gdy jako młoda dziewczyna zmuszona była przenieść się do Aten, jednak opanowała go do perfekcji, dzięki czemu mogła swobodnie skontrować wypowiedź Onassisa. Potrafiła również kląć niczym handlarz ryb w porcie w Pireusie. Wyzwiskiem tym obrzucano Greków pochodzących z Azji Mniejszej, którzy po masakrze dokonanej przez Turków na początku lat dwudziestych tłumnie uciekli do Grecji, i trudno było zaliczyć je do kategorii eleganckich. Nie powiedziała Elsie, że to pejoratywne określenie znaczyło tyle co „pomiot zrodzony z tureckiej spermy" i zdecydowanie należało do obraźliwych. W jej ocenie stanowiło adekwatną odpowiedź na jego uwagę odnoszącą się do opery, którą z przyziemnych powodów omijał szerokim łukiem. Cóż za ignorant.

Najwyraźniej Onassis znał znaczenie użytego przez Marię epitetu, gdyż wlepił w nią wzrok. Nie potrafiła jednak ocenić, co wyrażało jego spojrzenie. W jego błyszczących oczach odbiło się światło wiszącego nad ich głowami kryształowego żyrandola.

— Urodziłem się w Smyrnie. Trzeba przyznać, że sporo sławnych Greków pochodzi z Azji Mniejszej: Achilles, Homer, Herodot…

Ma się rozumieć, że pomimo skromnego wykształcenia, jakie odebrała, znała wszystkie wymieniane przez Onassisa nazwiska. Właściwie można powiedzieć, że zakończyła edukację w trzynastym roku życia. Potem, kiedy zamieszkała w Atenach, lekcje śpiewu stały się dla niej absolutnym priorytetem. Od tamtego czasu skupiała się przede wszystkim na studiowaniu najważniejszych sopranowych ról kobiecych, ograniczając edukację szkolną wyłącznie do historii opery oraz podstawowych faktów z dziejów swego kraju. Z tego względu pogłębiała swoją zdobytą w czasach młodości wiedzę ogólną, wyłącznie czytając książki, które uznała za godne uwagi, tudzież potrzebne jej z jakichkolwiek powodów. Jednak wrażenie zrobiła na niej nie tyle wiedza Onassisa z zakresu historii starożytnej, co pasja, z jaką bronił swojej ojczyzny.

– Nie chciałam pana obrazić – weszła mu w słowo. – Jestem jedynie zaskoczona pana autentycznością. Jest pan prawdziwym Grekiem.

– Ma się rozumieć, że jestem Grekiem! – roześmiał się tak głośno, że siedzący w pobliżu goście odwrócili głowy w ich stronę.

Maria pochwyciła pytające spojrzenie męża, siedzącego naprzeciw, koło Tiny Onassis, żony Ariego. Najwidoczniej Meneghini próbował wyłapać strzępy jej rozmowy z Onassisem, z której naturalnie nie rozumiał ani słowa. Szum wokół nich, szczęk sztućców, pobrzękiwanie szkła i konwersacja gości były na tyle głośne, że z trudem był w stanie usłyszeć wyłącznie pojedyncze słowa wypowiadane po włosku. Przypuszczalnie nudził się jak mops, pomimo widocznych wysiłków damy, która towarzyszyła mu przy stole i próbowała nawiązać z nim rozmowę. Młoda, piękna, o lalkowatej urodzie, lecz trochę zbyt swobodna Tina co rusz przechylała ozdobioną dwuipółmetrowymi czaplimi piórami blond czuprynę w stronę towarzysza siedzącego po jej prawej stronie.

– Czy jest pani w stanie sobie wyobrazić – kontynuował tymczasem ze swadą grecki miliarder – że potrafiłbym zachować się równie wytwornie jak prawdziwy Brytyjczyk?

Maria ponownie skierowała na niego całą uwagę, na co Onassis momentalnie zareagował. Z afektacją przekrzywił głowę, wypiął pierś i ściągnął usta w dziubek.

– To prawdziwa przyjemność, madame, móc porozmawiać z panią na temat ostatnich przedstawień w Covent Garden – odezwał się w znakomitym angielskim z akcentem charakterystycznym dla wyższych sfer, nadając głosowi lekko nosowy ton. – Wprawdzie nie mam bladego pojęcia, o czym właściwie rozmawiamy, gdyż zgodnie z wrażeniem, jakie sprawiam, jestem osobą interesującą się wyłącznie sportami konnymi.

Na te słowa Maria roześmiała się głośno. Jej towarzysz był naprawdę zabawny.

– Lepiej będzie, jeśli będzie pan udawał Greka – powiedziała w jego ojczystym języku.

– Nawet nie będąc znawcą sztuk pięknych?

– Jeśli zależałoby mi na rozmowie z kimś takim, zostałabym na festiwalu w Edynburgu, gdzie miałabym możliwość spierania się do woli z dyrektorem La Scali. Zamiast tego siedzę tu, obok pana.

– Och, coś czytałem na ten temat. Wpadłem na krótko do Londynu, gdzie na pierwszej stronie każdej gazety rzucały się w oczy tytuły dotyczące „tej Calls", która okropnie traktuje wszystkich wokół. Pani odmowa występu wywołała skandal i była szeroko komentowana w brytyjskiej prasie. – Potrząsnął głową ze śmiechem. – Czytając o afroncie, jaki spotkał Brytyjczyków, nie wiedziałem, rzecz jasna, że dane mi będzie spędzić dzisiejszy wieczór w pani towarzystwie. – Przerwał na chwilę, po czym dodał: – Cieszę się niezmiernie, że zdecydowała się pani na Wenecję.

Ona również była zadowolona. A przede wszystkim wdzięczna przyjaciółce za tak zajmującego towarzysza przy stole. Rozśmieszyła go do łez anegdotami ze świata opery, podczas gdy on wprawił ją w zadumę swoją historią. Onassis opowiadał jej o Smyrnie, mieście swoich narodzin, zniszczonym niemal doszczętnie na początku lat dwudziestych, podczas wojny grecko-tureckiej. W jego opisach ta jedyna w swoim rodzaju, upadła metropolia, w której pospołu mieszkali obok siebie zarówno chrześcijanie, jak i muzułmanie o najróżniejszych korzeniach, tętniła życiem. Jako syn greckiego przedsiębiorcy był uprzywilejowanym dzieckiem i uczęszczał do szkoły ewangelickiej – do czasu, aż cały jego świat dosłownie stanął w ogniu. W wieku szesnastu lat zmuszony był opuścić ojczyznę. Z zaledwie sześćdziesięcioma dolarami w kieszeni wsiadł na statek płynący do Buenos Aires, by poszukać szczęścia w odległej Argentynie. Podstawą jego fortuny były zyski z handlu tak zwanym tureckim tytoniem.

– Teraz zapewne rozumie pani, dlaczego jestem tak bardzo uzależniony od tytoniu. To właśnie on pomógł mi wspiąć się na szczyt, gdy zaczynałem od zera – powiedział z uśmiechem, obracając w palcach cygaro, które zapalił po głównym daniu.

– Słyszałam, że najlepsze cygara pochodzą z Kuby.

– Ma pani rację – przyznał, ponownie się uśmiechając. – Dobra hawana, taka jak to Montecristo, nie ma sobie równych. – Zaciągnął się, delektując się smakiem, zanim ponownie podjął temat. – To cygara utorowały mi drogę. Ale w tym wszystkim tkwi jeszcze pewna drobna subtelność. Można powiedzieć, że miałem swój wkład w wyrobienie smaku Argentyńczyków. Przed moim przybyciem w Ameryce Południowej znano jedynie tytonie amerykański i kubański, nie tak łagodne jak ten z Tracji czy Macedonii. Zacząłem zatem importować tytoń, eksportując w zamian do Europy skóry bydlęce. W którymś momencie zdecydowałem się kupić statek, który dał początek mojej flocie. Dziś posiadam ich ponad dziewięćset.

– Zadziwiające – uznała.

Ponownie spojrzała na niego, stwierdzając, że czuje do tego mężczyzny sympatię i respekt zarazem, przy czym nie chodziło wcale o to, czego dokonał, lecz o podobieństwo dróg, które przebyli. To właśnie zbieżność ich losów była dla niej fascynująca i tak ją do niego zbliżyła.

Pomyślała o niezliczonych koncertach, do których w dzieciństwie zmuszała ją matka i które w końcu doprowadziły do pierwszego występu przed publicznością na pokładzie jednego ze statków, którym wraz z matką i siostrą opuszczały Nowy Jork, oddalając się od ojca. Wówczas celem ich podróży była Grecja. Odtąd muzyka stała się główną treścią jej życia, usuwając wszystko inne w cień. Nie miała żadnych przyjaciół, gdyż matka nie dopuszczała do niej nikogo, zarówno po tamtej, jak i po tej stronie Atlantyku. Nie było też mowy o żadnym hobby. Nie miała nic poza śpiewem. Bardzo szybko zrozumiała też gorzką prawdę, że ludzie nie dostrzegali jej ówczesnego niezbyt atrakcyjnego wyglądu jedynie wówczas, gdy śpiewała. Będąc dokładnie w tym samym wieku, co Arystoteles Onassis, gdy kładł kamień węgielny pod swoje imperium, po raz pierwszy stała na scenie opery ateńskiej. A już niespełna pięć lat później zachwycała po raz pierwszy w roli Toski, rozpoczynając prawdziwą karierę.

– Oboje zaczynaliśmy od zera i oboje dotarliśmy na szczyt – stwierdziła w zamyśleniu. – I to jedynie dzięki sile woli oraz zdolnościom. Prawdopodobnie ta zdolność tkwi w naszych greckich korzeniach. Jako naród jesteśmy wyjątkowo uparci.

– Jako Greczynka z pewnością kocha pani morze. Nie może być inaczej. – Ton jego głosu był jeszcze nieco bardziej ożywiony niż podczas opowiadania o Smyrnie. – Jestem ogromnym wielbicielem Odyseusza. Żeglarstwo to moja pasja. Co by pani powiedziała na rejs moim jachtem? Chętnie zaprosiłbym panią wraz z mężem.

– Kiedyś… być może… – mruknęła niezobowiązująco. Wizja żeglowania po Morzu Śródziemnym była cudowna sama w sobie. Ale było to jedynie mgliste marzenie, gdyż jej zobowiązania nie pozwalały na dłuższy urlop. Poza tym Meneghini niedobrze znosił kołysanie statku na falach.

Przez moment Onassis sprawiał wrażenie skonsternowanego. Maria dostrzegła iskrę irytacji w jego oczach. Najwidoczniej nie przywykł do tego, że się mu odmawia.

Pomiędzy nimi zapanowała niezręczna cisza, podczas gdy wokół rozmowy toczyły się w najlepsze. Ręka, w której Onassis trzymał cygaro, wolno powędrowała do ust. Zaciągnął się, po czym odwrócił głowę, by nie wypuścić dymu w jej kierunku.

Nastąpiła zmiana orkiestry. Skończył się czas przygrywania do kolacji i miejsce skrzypków zajął zespół grający do tańca.

– Proszę zatem, żeby przynajmniej skorzystała pani z mojej weneckiej motorówki – zaproponował po chwili, ponownie na nią spoglądając. Jego głos był spokojny i opanowany. Mówił w sposób, jaki zdążyła już poznać w ciągu ostatnich godzin. Jego swoboda wynikała z pewności, że w końcu i tak osiągnie to, co chce. Przecież jemu się nie odmawia. – Chciałbym dać pani do dyspozycji Rivę na cały czas pani pobytu w Wenecji.

Ma się rozumieć, że posiadał rolls-royce'a wśród motorówek. Uśmiechnęła się mimowolnie. „Cóż za interesujący i miły człowiek – pomyślała. – Dlaczego zatem nie skorzystać z jego oferty podczas tygodniowego pobytu w Wenecji i w ten sposób spędzić też trochę czasu z nim i jego żoną?"

– Chętnie. – Skinęła potakująco głową.

– A jeśli w nadchodzących miesiącach nie uda się pani skorzystać z mojego zaproszenia, w przyszłym roku wybierzemy się w rejs po greckich wyspach – oznajmił z promiennym uśmiechem. – Nasza przyjaciółka Elsa może nam towarzyszyć, jeśli tylko będzie miała ochotę.

„Dać mu palec, a weźmie całą rękę" – przemknęło jej przez myśl. Jednak nie była na niego zła. Bawił ją jego upór. I żeby go nie rozczarować, ponownie skinęła głową, doskonale zdając sobie sprawę, że nigdy nie dojdzie do żadnej wspólnej podróży.

Maria spędziła niemal cały wieczór u boku Arystotelesa Onassisa. Później przedstawił jej swoją piękną żonę.

– Tina niemal nie mówi po grecku – wyjawił jej nieco wcześniej. – Ojciec, armator Livanos, wolał wychować ją na amerykańską księżniczkę. Zawsze powtarza, że w Anglii nauczyła się języka, w Nowym Jorku myślenia, a w Paryżu ubierania. Grecja nie ma dla niej zbyt dużego znaczenia. Taka już jest. – Roześmiał się z pewną dumą posiadacza, ale zaraz jego spojrzenie pociemniało, zupełnie jakby czymś się zirytował.

Przyjęcie okazało się wielkim sukcesem. Bawiono się przez całą noc. Uważni kelnerzy wymieniali wypalone świece w stojących na stołach kandelabrach, bezustannie otwierali kolejne butelki szampana i ochoczo napełniali kieliszki. Późną nocą tłum nieco się przerzedził, jednak gdy Elsa Maxwell usiadła do fortepianu i jej palce zaczęły wystukiwać na klawiszach szybki swingowy rytm, nagle zrobiło się tłoczno. Liczni jeszcze goście zgromadzili się wokół gospodyni i muzyków w białych garniturach. Również Maria i Onassis wraz z żoną weszli na parkiet, skąd przysłuchiwali się niecodziennemu solo. Elsa grała szybkie, melancholijne piosenki z lat trzydziestych i z czasów wojny, przy powstawaniu których z pewnością była obecna jako reporterka w Hollywood. W pewnym momencie dała muzykom znak, na który sięgnęli po instrumenty i dołączyli do pianistki. Wówczas skinęła na Marię, przywołując ją do siebie.

Solo na trąbce, kilka akordów wygranych na fortepianie i dźwięki piosenki *Stormy Weather* wypełniły salę. Elsa zaczęła grać nieco ciszej, raz jeszcze skinęła głową i po chwili rozległ się najsłynniejszy sopran na świecie, śpiewający o rozczarowaniu w miłości. Maria wykonywała piosenkę z typową aktorską dynamiką, lecz o oktawę niżej, niż gdyby śpiewała arię. Nagle wszystko wokół umilkło. Słychać było jedynie ciche pobrzękiwanie kieliszków, przywodzące na myśl dzwony z San Marco bijące na Anioł Pański.

Maria usiadła na krawędzi podium dla orkiestry i całkowicie poddała się magii uwielbianego jazzu. Ten spontaniczny występ nie miał dla niej znaczenia i w żaden sposób jej nie obciążał. Publiczność była przewidywalna. I, co istotne, nie było wśród niej żadnych krytyków muzycznych, czyhających jedynie na to, że nie zaśpiewa wysokich tonów. Nie musiała obawiać się załamania głosu, gdyż trzymała się interpretacji Leny Horne, co oznaczało niską tonację.

To było wspaniałe uczucie – śpiewać wyłącznie dla przyjaciół. Jej wzrok błądził po wytwornej publiczności przysłuchującej się jej z nie mniejszym zachwytem niż wielbiciele opery w wielkich gmachach. Zatrzymała spojrzenie na Onassisie, który obejmował ramieniem żonę i wsłuchiwał się jak zaczarowany w śpiew Marii.

Gdy zaintonowała *There's no sun up in the sky*, na widocznym za wysokimi oknami weneckim niebie pojawiły się pastelowe smugi, a towarzysząca im brzoskwiniowo-fioletowa poświata zapowiedziała wschód słońca.

ROZDZIAŁ 2

Nad chmurami

Jedenaście lat później, początek sierpnia 1968 roku

Jeszcze przed startem Maria opuściła chroniącą przed światłem szybkę w oknie samolotu. Romantyczny południowy zachód słońca był ostatnią rzeczą, którą w tym momencie miałaby ochotę oglądać. Zza ciemnych okularów słonecznych, zmniejszających ostrość widzenia, spoglądała nieruchomo na podświetlony napis w kabinie pierwszej klasy samolotu Air France, czekając, aż pojawi się komunikat nakazujący zapiąć pasy.

Ma się rozumieć, że nie zarezerwowała biletu w Olympic Airways, liniach lotniczych należących do Arystotelesa Onassisa. Opuszczając ze złością jego jacht, chciała jedynie jak najszybciej znaleźć się możliwie jak najdalej od niego. Z obawy, że gdyby zarezerwowała miejsce w jednym z jego boeingów, Onassis mógłby uniemożliwić start samolotu, zdecydowała się na francuskie linie lotnicze. Dopiero wchodząc na pokład maszyny, uświadomiła sobie, że niepotrzebnie się obawiała. Gdyby kochanek faktycznie chciał ją zatrzymać, bez problemu podjąłby stosowne działania na ateńskim lotnisku. Aristo – jak go nazywała – dysponował wieloma narzędziami, z których korzystał, jeśli chciał zademonstrować swoją przewagę i postawić na swoim. Gdy czegoś chciał, wówczas godło państwowe samolotu nie stanowiło dla niego żadnej przeszkody. Jeśli tylko chciał. Ale najwyraźniej nie w tym przypadku.

Ta myśl była niczym nagły cios pięścią. Poczuła zawrót głowy. Czy zatem błędem było wyjechać w złości, zamiast podporządkować się woli Arista i jakoś wytrwać w oczekiwaniu, aż jego nowy romans stanie się przeszłością? Możliwe, ale przecież w końcu nie chodziło jedynie o inną kobietę. Chodziło o nią samą, o Arista i o ich wielką miłość. Czy ich uczucie i wzajemny pociąg nie były na tyle silne, by przezwyciężyć wszystko, co robił z powodu silnego kompleksu Napoleona? Przyjaciel Marii, Lawrence Kelly, świadek żenującej sceny opuszczenia przez nią jachtu, niewątpliwie miał rację, zapewniając, że chodzi tu także o Callas – o godność diwy, której za nic na świecie nie wolno utracić.

Być może miał rację cesarz Francuzów, twierdząc, że na wojnie, podobnie jak w miłości, wszystko jest dozwolone. Na wojnie walczyło się głównie o honor i władzę. Jeśli w miłości walka szła o to samo, to Maria absolutnie nie zamierzała ustąpić pola Aristowi i skapitulować. Mimo to musiała zadać sobie pytanie, co przyniosło jej to zachowanie poza podłym nastojem. Pyrrusowe zwycięstwo, które nie dało jej nawet wiedzy, na czym w ogóle miał polegać jej tryumf. Bądź co bądź, opuściła jacht bez pożegnania. Skąd zatem mogła mieć pewność, że jej odejście go zraniło? Przyznawała w duchu, że czułaby się mniej podle, wiedząc, że w tej chwili samopoczucie Arista jest równie fatalne jak jej. Jednak powinna zachować rozsądek i nie mieć złudzeń.

Siła ciągu silnika startującego samolotu wcisnęła ją w miękki skórzany fotel. Miejsce obok było wolne. Całe szczęście. Nie chciała, żeby ktoś obcy zauważył, w jak fatalnym jest stanie, albo – co gorsza – próbował nawiązać rozmowę. Sprawa miałaby się inaczej, gdyby Larry towarzyszył jej w podróży. Jednak on, wbrew oczekiwaniom, poleciał w innym kierunku. Na lotnisku w Atenach

oznajmił, że w tym miejscu ich drogi się rozchodzą, gdyż musi lecieć do Rzymu na dawno już uzgodnione spotkanie.
– Niedługo do ciebie dołączę – zapewnił ze skruchą. – Zobaczymy się w Paryżu w przyszłym tygodniu.
Niemal identyczne zdanie padło dziś z ust Arista.
– Niedługo do ciebie dołączę – powiedział. – We wrześniu zobaczymy się w Paryżu.
Choć okres był dłuższy, nie wątpiłaby w słowa kochanka, podobnie jak w obietnicę Larry'ego. Jednakże mogłaby wątpić w wierność Arista, podczas gdy lojalność przyjaciela była bezdyskusyjna. Czy popełniła błąd? Czy nie nazbyt pochopnie wmówiła sobie, że powinna odtrącić mężczyznę, którego kochała? Wszak to, że zamierza spotkać się z Jacqueline Kennedy, było jedynie jej przypuszczeniem. Parząc na to z dystansu, musiała przyznać, że wcale nie miała takiej pewności. Czyżby zareagowała zbyt impulsywnie, podczas gdy on, być może, chciał jedynie poszaleć w towarzystwie paru kumpli? Lecz gdy chodziło o męskie towarzystwo, zazwyczaj zaszywał się w którejś z portowych spelunek, przerywając rejs po Morzu Śródziemnym. Pił wtedy z rybakami ouzo, gawędząc z nimi – jak to zazwyczaj robią mężczyźni we własnym towarzystwie – i grając w tavli*, tradycyjną grecką grę planszową. W takich razach Maria często mu towarzyszyła. Siedząc u jego boku, cieszyła się każdą chwilą. Serdeczność tych ludzi, ich niezależność i nieprzywiązywanie wagi do dóbr materialnych tego świata, jak również czysta radość życia coraz bardziej ją pociągały. Brała udział w tych beztroskich spotkaniach z przyjemnością tym większą, im częściej zmuszona była przebywać w kręgach śmietanki towarzyskiej. Czuła się równie wolna jak wówczas, gdy przebywała na morzu.

---

* Tavli – grecka odmiana tryktraka.

Dlaczego zatem bezmyślnie, kierowana impulsem, rzuciła to wszystko?

„Dlatego, że Aristo kłamał" – podpowiedział jej wewnętrzny głos, który rozległ się z tyłu głowy. Wizyta nieznanych przyjaciół na pokładzie faktycznie mogła być spotkaniem wyłącznie w męskim gronie, jak jej wyjaśnił. Lecz Maria była pewna, że to jedynie wymówka. Że chciał się jej pozbyć, gdyż na jachcie miała się pojawić wdowa po amerykańskim prezydencie Johnie F. Kennedym.

– Czy może życzy sobie pani szampana przed obiadem? – Głos stewardesy wyrwał ją z zamyślenia.

Odwróciła głowę w stronę młodej kobiety obsługującej pasażerów pierwszej klasy i spojrzała na nią zza ciemnych szkieł okularów słonecznych.

– Nie. Dziękuję bardzo. Nie mam ochoty na szampana ani na nic innego – odpowiedziała. – Nie będę również nic jadła. Nie chce mi się jeść.

„I nie chce mi się już dłużej żyć" – dodała w myślach.

ROZDZIAŁ 3

Morze Jońskie

Tego samego dnia, parę godzin wcześniej

Morze było gładkie niczym jezioro Garda wiosną. Woda połyskiwała i przybierała ciemnoszafirową barwę w miejscach wypiętrzenia się podwodnych, porośniętych wodorostami skał. Tego letniego poranka bezchmurne niebo miało tak głęboki odcień błękitu, jakby pomalował je sam Uranos. Nawet najmniejsza chmurka nie mąciła perfekcyjnej barwy. Nad taflą wody – tą jedyną w swoim rodzaju, przyprawiającą o zawrót głowy ultramaryną – wznosił się zwieńczony ciemnymi cyprysami brzeg wyspy Skorpios. W tle widać było łagodne zbocza gór, mieniące się wszystkimi odcieniami zieleni. Tysiące młodych drzew, zasadzonych przez Arista w miejscu lasu, który niemal pięćset lat temu Wenecjanie wycięli w pień, pozostawiając wyłącznie nagie skały, wyciągało gałęzie ku słońcu. Ma się rozumieć, że zalesienie tego terenu nie było efektem wyłącznie jego pracy. Jednak to on pierwszy wbił łopatę w ziemię, dając przepięknej naturze szansę na odrodzenie się. Przez dłuższy czas codziennie schodził na ląd, gdzie spędzał całe dnie w towarzystwie architektów i robotników, pracując z nimi nad tym projektem, rozebrany do pasa, i dyskutując na tematy zawodowe.

Czyż o kochających przyrodę ludziach nie mówi się, że mają dobre serce i żyją w harmonii z naturą, co jest ich najlepszą cechą?

Gdy pogrążona w myślach Maria podziwiała ciągnący się aż po horyzont, zasadzony ogromnym nakładem kosztów las, nagle przypomniała sobie to powiedzenie. Czy właściciel wyspy, na którą patrzyła, faktycznie miał tę cechę charakteru, czy też może, odtwarzając wycięty przed stuleciami las, chciał pokazać światu, że jest w stanie zapanować także nad naturą? Podobnie jak próbował nagiąć niemal wszystkich ludzi do swojej woli.

Na swój sposób Arystoteles Onassis podporządkował sobie również Marię, która uległa jego czarowi i charyzmatycznej osobowości, wierząc, że kochanek ma dobre strony. Dlatego znosiła jego humory i tolerowała przytrafiające mu się od czasu do czasu romanse. W końcu wiedziała, że nigdy nie chciał jej celowo zranić, a jedynie zatryumfować i wykazać się przed samym sobą. Niektóre z tych kobiet były dla niego wyłącznie trofeum w czasach, gdy seksualność stawała się coraz mniejszym tabu. Maria z uśmiechem na twarzy tolerowała te przygody, doskonale zdając sobie sprawę, jak ważne jest dla niego wywieranie na innych wrażenia – nieistotne, jakiego rodzaju i na jakim polu. Aristo chciał być nie tylko najbogatszym, lecz także najbardziej podziwianym człowiekiem na świecie. Być może wcale nie miał dobrego serca, a jedynie nadmiernie wybujałe ego i mocno skomplikowane poczucie własnej wartości. W każdym razie miał coś, co łączyło ich ze sobą bardziej, niżby sobie tego życzyła.

– Słyszałem, że Pier Paolo zamierza nakręcić film na motywach mitu o Medei...

Głos przyjaciela wywołał skojarzenie z delikatnym pluskiem wody w basenie na pokładzie jachtu kotwiczącego u wybrzeży Skorpios. W niebiesko-zielonej wodzie odbijało się błękitne niebo, nadając swoisty odcień mozaice na dnie – wiernej reprodukcji akrobatycznego tańca z bykiem z pałacu Minosa w Knossos. Napędzane prądem fontanny na brzegu basenu były tak zaprogramowane, że w regularnych odstępach czasu rozpylały wodę, której drobne krople niczym delikatna mgiełka rozpryskiwały się na nadbudówkach jachtu.

Wyciągnięty na leżaku obok Marii Larry od jakiegoś czasu mówił coś, czego słuchała tylko jednym uchem. Prawdę mówiąc, nie miała najmniejszego pojęcia, o czym tak właściwie rozprawiał stary przyjaciel. Zapewne było to coś błyskotliwego i pełnego humoru. Lawrence Kelly był współzałożycielem wielu znakomitych teatrów muzycznych w Stanach Zjednoczonych i towarzyszył jej karierze od pierwszego wielkiego sukcesu, który odniosła za oceanem przed trzynastu laty.

Impresario nadal dobrze się prezentował. Co prawda był znacznie niższy od wysokiej Marii, jednak nie miało to żadnego znaczenia, podobnie jak w przypadku Arista. Podobnie też jak jej kochanek, Larry, czołowa postać w teatrach operowych po drugiej stronie Atlantyku, obdarzony był wielką charyzmą.

– Dotychczas nikt tak pięknie nie zaśpiewał partii Medei jak ty – kontynuował tymczasem, sprawiając wrażenie, jakby nie zamierzał skończyć i nie potrzebował podczas całej przemowy choćby raz zaczerpnąć tchu. – Dlatego też powinnaś ubiegać się o główną rolę...

– Nie sądzę, żeby można było przenieść sztukę teatralną na ekran – wtrąciła bez przekonania, chcąc wreszcie przerwać potok jego słów.

Larry nie dał się jednak tak łatwo powstrzymać.

– Przecież Franco Zeffirelli właśnie znakomicie sfilmował *Poskromienie złośnicy* Szekspira z Elizabeth Taylor i Richardem Burtonem w rolach głównych. – Nie dawał za wygraną.

Maria uniosła się na leżaku i przesunęła okulary na gęste, czarne włosy.

– To nie to samo co inscenizacja opery – stwierdziła stanowczo. Z zasady nie znosiła sprzeciwu, co podczas tego rejsu zdarzało się nader często. Zresztą nie tylko to wprawiało ją w zły nastrój. Upał dawał jej się we znaki, co – jak sobie tłumaczyła – było powodem kiepskiego samopoczucia. Ale jeszcze bardziej niż prażące słońce denerwował ją Aristo, do czego nie chciała się przyznać nawet przed samą sobą. Nerwy miała napięte do tego stopnia, że zareagowała na słowa wiernego przyjaciela ostrzej, niż zamierzała. – Scena muzyczna i ekran wzajemnie się wykluczają. Basta.

Ponownie opadła na leżak i zamknęła oczy, które dziwnie zaczęły piec, gdyż dotarło do niej, że nie powinna była tak naskoczyć na Larry'ego. Nie na tego sympatycznego, niezwykle oddanego człowieka, który w żadnej mierze nie zasłużył sobie na tak opryskliwe traktowanie. Prawdziwym powodem jej nadmiernej nerwowości był zły nastrój kochanka. Jego rozkojarzenie, buńczuczność, brak taktu i grubiaństwo, z jakim traktował Marię w ostatnich dniach. A ona uwierzyła, że wybuchające między nimi w minionych miesiącach spory w znacznej mierze należały do przeszłości. Już od dłuższego czasu wydawało się, że zapanowała pomiędzy nimi dawna harmonia…

– Powinnaś znów regularnie ćwiczyć głos.

– Co takiego? – Maria uniosła głowę.

– W każdej chwili mogę ci zorganizować występ w USA. Nawet całe tournée, jeśli tylko chcesz. Twój powrót na scenę zostanie przyjęty z entuzjazmem.

Jakby tego nie wiedziała.

– Teraz jestem na urlopie – powiedziała wymijająco.

Nie chciała się przyznać, że co prawda ostatnio zaniedbała ćwiczenia, ale – ma się rozumieć – nie zrezygnowała z prób doprowadzenia głosu do dawnej, dobrej formy. Od miesięcy raz po raz nagrywała swój śpiew na taśmę magnetofonową, po czym porównywała efekt z nagraniami uwiecznionymi na starych płytach. Miała nadzieję, że w ten sposób uda jej się znaleźć przyczynę, dlaczego nie jest w stanie zaśpiewać wysokich tonów obejmujących oktawę trzykreślną. Zanim jeszcze w mniejszym lub większym stopniu zrezygnowała z publicznych występów, kilkakrotnie wywołała skandal, którego powodem było załamanie się głosu podczas wykonywania arii. Przeżywała ciągłą huśtawkę formy – raz w górę, raz w dół. W którymś momencie zorientowała się, że z jej głosem jest niczym z równią pochyłą. I gdy z czasem zauważyła, że publiczność nie przyjmuje już jej występów z takim entuzjazmem jak dawniej, wycofała się ze sceny i pogrążyła w rozrzutnym, gorączkowym życiu międzynarodowej elity, czując się przy tym jak rozbitek. Jak Odyseusz przeżywający w drodze do domu niezliczone przygody, zarówno budujące, jak i śmiertelnie niebezpieczne. Jej ojczyzną była scena. I jeśli chciała na nią powrócić, prawdopodobnie musiała wpierw pokonać przeciwności niczym antyczna bohaterka. Bywały dni, w których odnosiła wrażenie, że publiczne wykonanie arii wymaga nieludzkich sił. Że jest ponad jej możliwości.

Larry niejako miał rację. Prawdą było, że zawsze chciała być jedynie żoną i panią domu, dbającą o męża i wyprowadzającą psa na spacery. Jednak równocześnie pragnęła też śpiewać. Znów śpiewać, gdyż śpiew był jedynym sposobem na zagłuszenie wewnętrznego niepokoju i głęboko skrywanych, gnębiących ją trosk. Jednak nie miała pojęcia, ani jak ma ćwiczyć głos, by wrócić do dawnej formy, ani też czy powinna się bać, że kochanek może ją zostawić. Lecz nie zamierzała zwierzyć się ze swoich problemów do czasu, aż się z nimi nie upora. Ani Larry'emu, ani z nikomu innemu.

– Porozmawiamy o tym później – obiecała, posyłając mu uśmiech. – W tym upale nie jestem w stanie dyskutować na żaden poważny temat.

By uwiarygodnić swoje słowa, wyciągnęła rękę w stronę stosu ilustrowanych czasopism, który steward położył na stoliku obok leżaka. Na chybił trafił wyciągnęła jedno z nich i zaczęła je mechanicznie przeglądać, nie zwracając uwagi na nagłówki, artykuły i zdjęcia informujące o zbliżającym się ślubie norweskiego następcy tronu, księcia Haralda, z niepochodzącą z kręgów arystokracji Sonją Haraldsen, rozwodzie Franka Sinatry z Mią Farrow oraz nowych trendach w modzie na jesień, prezentowanych przez chudą brytyjską modelkę Twiggy. Żaden z opisywanych tematów jej nie zainteresował. Dopiero strona z przepisami kulinarnymi przykuła jej uwagę. Jedzenie zawsze stanowiło dla niej duchową pociechę. Nawet obecnie, choć od ponad piętnastu lat jadła głównie oczami. Dzięki ścisłej diecie utrzymywała idealne wymiary, szczycąc się zgrabną sylwetką. Prawdę mówiąc, jej żołądek żywił się wyłącznie okruchami. Podobnie jak jej serce od jakiegoś czasu.

Na stronę ilustrowanego czasopisma „Anabelle" padł cień. Maria uniosła wzrok. Nawet nie zauważyła, jak Aristo podszedł do jej leżaka. Uśmiechnęła się na widok kochanka, jednak Onassis nie odpowiedział uśmiechem. Mimo to Maria i tym razem nie mogła oprzeć się jego urokowi.

Onassis nie był wysoki. Miał zaledwie sto sześćdziesiąt pięć centymetrów wzrostu. Mały człowiek, z punktu widzenia jednostek miary. Jednak żaden dwumetrowy efendi nie dorastał mu nawet do pięt, tak wielką charyzmą emanował. W zasadzie nawet nie wyglądał dobrze z sińcami pod oczami, dużym nosem i, co prawda, zmysłowymi, lecz zbyt szerokimi ustami. Jednakże jego osobowość oraz urok, jaki roztaczał, czyniły z tego sześćdziesięciodwulatka najbardziej atrakcyjnego mężczyznę na świecie. Tak bardzo go kochała! Był pierwszym i jedynym, który postrzegał ją nie przez pryzmat niepowtarzalnego głosu, lecz jako człowieka. Dla niego była Marią bez Callas. „Kocham cię" – powiedziała w duchu. „Zawsze będę cię kochać".

– Czy załatwiłeś już wszystkie telefony? – zapytała wesoło i, nie czekając na odpowiedź, która była oczywista, szybko dodała: – Dlaczego nie przysiądziesz się do nas? Larry właśnie zaproponował mi...

– Wkrótce spodziewam się gości. – Właściciel jachtu przerwał jej potok słów. Jego głos brzmiał tak rzeczowo, jakby negocjował zakup przedsiębiorstwa żeglugowego, linii lotniczych, względnie kolejnego tankowca czy nowego odrzutowca. – Mario, za tydzień będziesz musiała zejść na ląd. – Najwidoczniej nie zamierzał wdawać się w dłuższą rozmowę, gdyż nie usiadł. – Chodzi o czysto męską sprawę.

Bardziej przeczuła, niż dostrzegła, jak Larry się wyprostował i z sykiem wypuścił powietrze. Jednak zrobił to na tyle cicho, że można było pomyśleć, iż to jakaś większa fala właśnie uderzyła o burtę. Przez chwilę Marii wydawało się nawet, że to zapewne bawiące się nieopodal jachtu delfiny. Lecz morze było spokojne, a wiatr całkiem ucichł, nie mogło zatem być mowy o pomyłce.

W przeszłości Maria już niejednokrotnie musiała opuszczać pokład Christiny, gdyż dla niektórych ważnych dla

Arista gości obecność kochanki ze względów moralnych była nie do zaakceptowania. Do tego grona należeli były brytyjski premier Winston Churchill oraz jego żona. Wiekowi małżonkowie odebraliby jej obecność jako afront. Pomimo że była najważniejszą kobietą na pokładzie, przezornie opuszczała jacht przed pojawieniem się Churchillów, chociaż od dawna miała na nim status pani domu. W takich razach Maria załatwiała swoje sprawy służbowe, wykazując zrozumienie dla staroświeckich poglądów byłego męża stanu, wciąż jeszcze widzącego w luksusowym jachcie dawny okręt wojenny, który w czerwcu tysiąc dziewięćset czterdziestego czwartego roku brał udział w desancie i lądowaniu aliantów w Normandii. Później Aristo przebudował go na pływający pałac, jednakże były premier wydawał się nie dostrzegać eleganckiego wyposażenia.

Ale Winston Churchill nie żył już od trzech i pół roku. Od tamtego czasu zmieniło się też życie Marii, zarówno prywatne, jak i zawodowe.

Nagle zaczęło ją ogarniać mgliste przeczucie, że tym razem życzenie wyrażone przez Arista nie ma nic wspólnego z moralnością.

– Co takiego? – zdziwiła się.

– Chciałbym, żebyś wyjechała w przyszłym tygodniu – wyjaśnił. – Leć do domu, Mario.

Nie była pewna, co ją bardziej rozzłościło – wyproszenie z jachtu, nagłe przymusowe zakończenie urlopu czy konieczność powrotu do Francji, gdzie o tej porze roku nie było czego szukać. Żaden człowiek przy zdrowych zmysłach nie zostawał w sierpniu w mieście. W każdym razie żaden paryżanin. Chyba że samotna kobieta, która nie miała pojęcia, dokąd mogłaby się udać...

Jej zaskoczenie rosło z każdą chwilą. Zaskoczenie, panika, strach, złość. Zrozumienie. Ale także niepewność i zwątpienie. Mieszanka najróżniejszych uczuć i emocji spowodowała przyspieszenie pulsu.

– W przyszłym miesiącu dołączę do ciebie – zapewnił już innym, łagodnym głosem. – Zobaczymy się w Paryżu we wrześniu.

We wrześniu życie w Paryżu znów wracało do normalnego rytmu. Maria miała wątpliwości, czy będzie to dotyczyć jej i Arista, niezależnie od tego, co jej obieca. Naraz dotarło do niej z całą wyrazistością, dlaczego musi wyjechać i kto zajmie jej miejsce na jachcie. Było to niczym déjà vu, powtórka mającej już kiedyś miejsce sytuacji, której wówczas – zdaje się – nie doceniła i która w obliczu zagrożenia dla jej miłości sprawiła, że zaczęła tracić grunt pod nogami. Cokolwiek by nie powiedział, i tak mu nie uwierzy.

Poczuła napływające do oczu łzy, które z trudem powstrzymała. Spuściła nogi i wstała. Gazeta spadła z trzaskiem na pokład.

Maria przewyższała Arista o pół głowy, co po raz pierwszy od początku ich związku miało dla niej znaczenie. Spojrzała na niego z góry.

– Nienawidzę cię – syknęła.

Serce waliło jej w piersi jak oszalałe. W przeciwieństwie do wyrzuconych przed chwilą słów jej puls wydawał się krzyczeć: „Kocham cię!".

– Mario... – Aristo podniósł głos.

Wściekła na siebie i na niego, jego kolekcję trofeów, a także inną kobietę, której miała ustąpić miejsca, odwróciła się na pięcie. Nie mogła znieść ani wzroku Arista, ani bliskości Larry'ego, ani obecności załogi, z pewnością uważnie obserwującej wszystko, co działo się na pokładzie. Istniało niebezpieczeństwo, że wielka Callas załamie się na oczach wszystkich, że wpadnie w czarną otchłań rozpaczy. Do tego w żadnym razie nie mogła dopuścić. I choć, kochając Onassisa, schowała całą dumę do kieszeni, w grę wchodziła przecież jeszcze utrata godności, gorsza niż wszystkie upokorzenia, których od niego doznała.

Pragnęła być sama, by móc w ciszy się wypłakać.

Sypialnia Onassisa i Marii na jachcie była urządzona z większym przepychem niż niejeden apartament książęcy czy prezydencki w najbardziej luksusowym hotelu. Robione ręcznie, zdobione motywami florystycznymi meble z Wenecji były równie kosztowne co szlifowane, kryształowe weneckie lustra oraz bizantyjskie ikony wiszące na ścianach pokrytych jedwabnymi tapetami w kolorze morskiej zieleni. Armatury w łazienkach wyłożonych żółtym marmurem Giallo Siena były ze złota. Zewsząd wyzierał przepych. Czteropokojowy apartament górujący nad głównym pokładem, na którym znajdował się mostek kapitański, był tak naprawdę – obok paryskiego mieszkania – jej drugim domem. W każdym pomieszczeniu znajdowały się pamiątki zaznaczające jej obecność: prywatne fotografie na kredensach, stosy czasopism z powyrywanymi przepisami na ulubione potrawy, które z pasją gromadziła, adapter i magnetofon. W sejfie spoczywały jej klejnoty zakładane na eleganckie przyjęcia. W licznych szafach w obszernej garderobie wisiały zaś suknie na każdą okazję. Był to jej mały świat, zamieszkały przez trzy tkwiące w niej, jakże odmienne od siebie osobowości: pozbawioną korzeni Mary, pragnącą śpiewem zaskarbić sobie podziw i miłość; wielką Callas, drżącą o swą karierę, a zarazem przywiązaną do tradycji Greczynkę; wreszcie zdystansowaną od wszystkich wielkich scenicznych ról Marię, marzącą jedynie o byciu wzorową panią domu, podejmującą elegancko partnerów handlowych ukochanego mężczyzny i goszczącą jego sławnych przyjaciół. Ale teraz Aristo żądał od niej, by za kilka dni ustąpiła miejsca innej. I nawet jeśli tylko na jakich czas, świadomość ta sprawiała jej niewypowiedziany ból.

Choć Onassis ani razu nie wspomniał o Jacqueline Kennedy, w ostatnich miesiącach do jej uszu docierały różne plotki na ich temat. Początkowo nie chciała ich słuchać. Zamykała oczy, by nie widzieć grożącego jej niebezpieczeństwa. I kiedy Aristo w połowie maja, po ich corocznym rejsie po Karaibach, pozbył się jej z jachtu w porcie Saint Thomas, wzięła jego słowa za dobrą monetę: „Powinnaś polecieć do domu przez Nowy Jork. Chcę ci oszczędzić nużącej żeglugi do Europy przez ocean. Przez siedemnaście dni nic, tylko hulające wiatry i wzburzone morze. To będzie dla ciebie nie do zniesienia. Zobaczymy się w Paryżu". Tak bardzo chciała w to wierzyć. Jednak wkrótce potem dotarły do niej plotki powtarzane z zapałem przez tak zwanych przyjaciół, podchwycone przez polujące na wszelkiego typu sensacje gazety: Arystoteles Onassis żeglował po Morzu Karaibskim w towarzystwie wdowy po prezydencie.

Nie opublikowano ani jednego zdjęcia Arista i jego nowej zdobyczy, które by potwierdzało prawdziwość doniesień o romantycznym rejsie. Jednak wystarczał sam tekst. Była pierwsza dama, w owym czasie najsławniejsza kobieta na świecie, nieustannie skupiała na sobie całą uwagę mediów, które śledziły każdy jej krok. Zamach na Kennedy'ego przed pięciu laty zepchnął Marię na drugie miejsce na liście prominentów, co wywołało zazdrość i zawiść, jakich nigdy wcześniej nie czuła. Nie potrafiła przyznać się przed samą sobą, że o sześć lat młodsza wdowa po prezydencie była od niej o wiele bardziej elegancka i w międzyczasie stała się niezaprzeczalną ikoną stylu, podobnie jak do tego, że jej kochanek, za którego żonę się uważała, pomimo że nigdy się nie pobrali, bez skrupułów sięgał po wszystko, czego tylko zapragnął.

„Zobaczymy się w Paryżu. Dołączę do ciebie". Gdy wypłakiwała się w poduszkę na ogromnym francuskim łożu, łagodny ton jego głosu wciąż dźwięczał w jej głowie.

Zasadniczo była gotowa wybaczyć wszystko mężczyźnie, którego kochała. Również romans. Lecz nie była na tyle tolerancyjna, by zaakceptować u jego boku inną kobietę. Kobietę, którą postrzegała jako prawdziwe zagrożenie, gdyż nowa zdobycz Arista nie tylko jej dorównywała, lecz według wszelkiego prawdopodobieństwa nawet ją przewyższała.

Gdy na początku lata nie była już w stanie puszczać mimo uszu krążących plotek, poczuła się wypalona i bezradna jak nigdy do tej pory. Powodem jej fatalnego samopoczucia była nie tylko zdrada Arista, lecz także fakt, że nie miała już publiczności, zawsze będącej jej oparciem i potrafiącej skutecznie wypełnić całą pustkę wokół niej. Burzliwe oklaski należały do przeszłości, podobnie jak – z czym należało się liczyć – jego miłość. Ta wszechobecna cisza wokół niej najbardziej łamała jej serce. Jego niewierność właśnie teraz, gdy nie miała już sztuki, która złagodziłaby jej ból i rozczarowanie, była chyba największym ciosem, jaki na nią spadł. Od momentu, gdy się z nim związała, rezygnując ze sceny, miała wrażenie, jakby straciła wszystko, co kiedykolwiek posiadała. Jakby już nic jej nie pozostało. Na domiar złego przerażała ją perspektywa spędzenia sierpnia w Paryżu, kiedy to większość sklepów jest zamknięta, a okna wystawowe nie prezentują niczego interesującego, gdyż tak mieszkańcy, jak i kupcy wyjechali na urlopy. Nie zniesie całego miesiąca samotności, którego pustki nie wypełni przecież ćwiczeniami głosu, próbami i gorączkowym pośpiechem przed występem. Ten lęk był chyba jeszcze silniejszy niż strach przed Jackie Kennedy, której obraz ciągle miała przed oczami.

Delikatne pukanie do drzwi przerwało potok jej myśli i łez. Poczuła nieregularne bicie serca. Przyszedł ją przeprosić. Błagać ją, by została na jachcie. Jednak nie zamierzała przyjąć jego przeprosin. Nawet pragnąc tego całą sobą. Nie chciała dawać mu satysfakcji. Tym razem to jej miało przypaść w udziale zwycięstwo.

Wyprostowała się, otarła łzy spływające po policzkach i sięgnęła po okulary leżące na nocnym stoliku.

– Wynoś się! – wrzasnęła. Jednak jej krzyk przypominał raczej skowyt śmiertelnie rannego zwierzęcia błagającego o pomoc.

Ponownie rozległo się pukanie.

– To ja, Larry – dobiegło zza drzwi.

Serce w niej zamarło. Gdy dotarło do niej, że to nie Aristo przyszedł błagać o przebaczenie, lecz jej stary przyjaciel chciał, żeby go wpuściła, zaczęła drżeć na całym ciele. Zapewne zamierzał ją pocieszyć. W tym jednak momencie potrzebowała czegoś zupełnie innego niż słowa otuchy i lojalności oddanego przyjaciela. Nagła utrata nadziei wstrząsnęła nią do głębi. Odruchowo otworzyła usta, by spróbować się go pozbyć...

– Mary, proszę! Wpuść mnie. Chciałbym z tobą porozmawiać.

Nazwanie jej imieniem, pod którym przed czterdziestu czterema laty została wpisana do rejestru urodzeń miasta Nowy Jork, odniosło skutek. Nie, nie odprawi go. Może dlatego, że tym razem zwrócił się do niej nie tak, jak zazwyczaj robili to Aristo i reszta świata. Nagle poczuła się faktycznie jak Mary, mała dziewczynka pragnąca choć na moment uciec pod opiekuńcze skrzydła. Pragnęła poczucia bezpieczeństwa, którego w dzieciństwie nigdy nie zaznała z powodu surowej dyscypliny oraz wielkich planów jej ambitnej matki. Nie, nie czuła się bezpieczna. Jedynie czasami ojciec sprawiał wrażenie, jakby chciał ją chronić. Ale zdarzało się to rzadko, gdyż z reguły nie miał dla niej czasu.

A teraz Lawrence Kelly stał przed drzwiami. Człowiek, na którym z pewnością mogła polegać bardziej niż na którymś z obu mężczyzn, których kochała najbardziej na świecie. Rzecz w tym, że nie mogła liczyć ani na George'a Kalogeropoulosa, ani na Arystotelesa Onassisa.

Uświadomiwszy sobie tę gorzką prawdę, wstała, zawiązała pasek płaszcza kąpielowego narzuconego na kostium bikini i podeszła do drzwi.

Larry wszedł do środka z rozpostartymi ramionami, po czym kopniakiem zamknął za sobą drzwi. Przytulił ją, co sprawiło, że poczuła się mała i krucha, mimo że przewyższała go prawie o głowę.

– Bardzo mi przykro – powiedział, trzymając ją mocno w objęciach. Poczuła zapach wody po goleniu, słonego powietrza i kremu do opalania. – Nie zasłużyłaś na takie traktowanie.

Miał całkowitą rację. W milczeniu skinęła głową i oparła czoło na jego ramieniu odzianym w miękką bawełniana koszulkę.

– Nie pozwolę, żebyś dalej musiała znosić jego grubiaństwo.

Larry miał dobre intencje, jednak na jego słowa zareagowała narastającym wewnętrznym buntem. Krytyka kochanka intuicyjnie wywołała jej najgłębszy sprzeciw. Nie chciała, żeby przyjaciel mówił źle o Ariście, gdyż mimo wszystko bardzo go kochała, zarazem głęboko wierząc w ich miłość.

Zanim zdążyła zareagować, Larry odezwał się ponownie.

– Wierz mi, z pewnością dasz radę ponownie wrócić do dawnej formy. – Jego głos był miękki, a zarazem stanowczy. – Nie martw się, możesz na mnie liczyć.

Uwaga na temat jej głosu zupełnie wytrąciła ją z równowagi, sprawiając, że nagle pękły wszystkie tamy. Tajemniczy goście, których Aristo zamierzał przyjąć bez niej u swego boku, nagle przestali się liczyć. Całym jej ciałem wstrząsnął szloch.

– Jestem skończona. Moja kariera należy do przeszłości – załkała.

– Nieprawda – zaprzeczył i pogłaskał ją po włosach pełnym miłości gestem, jak robią to mężczyźni niezainteresowani erotycznie kobietą. – Wszystko będzie dobrze. Od razu poczujesz się lepiej, gdy tylko znów powrócisz do dawnej rutyny i zaczniesz przygotowywać się do prawdziwych występów. Twoja publiczność w Stanach Zjednoczonych czeka na ciebie. Domaga się ciebie i będzie cię fetować w taki sposób, do jakiego przywykłaś. Mówiłem ci to już wielokrotnie.

Oprawki okularów boleśnie wbiły jej się w nozdrza. Wysunęła się z objęć Larry'ego, przesunęła je na włosy i zaczęła trzeć powieki, próbując dostrzec cokolwiek przez łzy. Jej wzrok był przymglony, za to myśli nagle stały się bardzo wyraziste.

– Naprawdę myślisz, że mogłabym wrócić na scenę?

– Jesteś przecież wielką Callas. – W jego głosie słychać było niezachwianą pewność. – *Diva assoluta*, największa współczesna śpiewaczka. Sama, własnymi siłami, zaszłaś na szczyt. I nawet sam Ari Onassis nie jest w stanie ci tego odebrać.

„Prawdopodobnie nie" – przemknęło jej przez myśl. Lecz życie u boku Onassisa zmieniło nie tylko jej nawyki, lecz także potrzeby. Jednak niezmordowane przypominanie jej przez Larry'ego, kim jest w świecie opery, poruszyło w niej strunę, która przez jakiś czas milczała: była boska i nikt nie był w stanie tego zakwestionować – ani na scenie, ani na pokładzie tego jachtu. Jeśli Aristo wierzył, że może ją wypędzić z jej pływającego raju, będzie musiał żyć z zatrutym jabłkiem. Nie odejdzie, żeby mu pójść na rękę. Zrobi – no właśnie, co?

– Teraz spakujesz swoje rzeczy i polecisz do Ameryki – zarządził Larry, jakby czytając w jej myślach. – Tam znowu zdobędziesz szczyt. Zaufaj przyjaciołom, Mary!

Pomysł ukarania Arista za jego zachowanie powrotem na scenę zaczął jej się podobać. Ponownie zdobędzie wyjątkową, jedyną w swoim rodzaju pozycję w świecie, usuwając w cień, do drugiego szeregu, wszystkie rywalki. On zaś zrozumie, jaki błąd popełnił. Co narobił. Wszak ta druga będzie przecież pomyłką.

W głowie Marii odezwało się ciche ostrzeżenie, które szeptało, że czas pracuje na jej niekorzyść. Szkolenie głosu i organizacja tournée po Stanach Zjednoczonych będą trwać znacznie dłużej niż rejs po greckich wyspach. Dłużej niż samotne lato w Paryżu. Jednak odegnała te myśli machnięciem ręki.

Nie zostanie na jachcie, robiąc dobrą minę do złej gry, w sytuacji gdy Aristo chce się jej pozbyć. Nie pozwoli się tak traktować. Nie ugnie się też, gdy będzie chciał, żeby wróciła.

Wciągnęła głęboko powietrze, jakby właśnie miała rozpocząć jedną ze swych wielkich arii, i oznajmiła dobitnie pewnym głosem:

– Załatwię, żeby motorówka jeszcze dziś przetransportowała nas na ląd. A może wolałbyś polecieć helikopterem do najbliższego lotniska?

Larry nabrał powietrza w płuca. Po chwili na jego twarzy pojawił się szeroki uśmiech.

Odpowiedziała uśmiechem, który dodał jej pewności siebie, choć było jej ciężko na sercu. Znów była diwą. Primadonną. Gwiazdą pierwszej wielkości. Najsławniejszą kobietą na świecie. Równie sławną jak wówczas, gdy po raz pierwszy spotkała w Wenecji Arista. Wszak nic się nie zmieniło. Nawet jej problemy jako artystki pozostały identyczne jak wtedy, kiedy to po raz pierwszy musiała walczyć z poważnymi problemami z zawodzącym głosem. Wówczas przecież dała radę. Wzięła się w garść i pokonała je wszystkie w przeciągu roku. A jeśli mogła wierzyć Larry'emu, wkrótce dokona tego raz jeszcze.

Pół godziny później otworzyły się ukryte drzwi prowadzące do przyległej sypialni. Tym razem bez pukania. Onassis szarpnął je gwałtownie, wychodząc pospiesznie z sąsiedniej kabiny radiotelegraficznej i nawigacyjnej zarazem. Na widok Marii zajętej pakowaniem osobistych rzeczy oraz najbardziej potrzebnej garderoby stanął jak wryty.

Na łóżku leżała otwarta torba podróżna Valextry z miękkiej, ciemnobrązowej skóry, w której można było pomieścić rzeczy najwyżej na tydzień. Luksusowy neseser był prezentem od Arista, który posiadał identyczny model.

Maria kursowała pomiędzy garderobą i torbą, do której wrzucała bez zastanowienia wszystko, co akurat wpadło jej w ręce. Zazwyczaj pakowaniem bagażu zajmowała się któraś z pokojówek, ale teraz Maria zbyt się spieszyła. Krążąc tam i z powrotem, próbowała nie zwracać uwagi na intruza, choć miała nieodpartą ochotę dokładnie mu się przyjrzeć, by z wyrazu twarzy kochanka odczytać, co myśli.

Prawdopodobnie w międzyczasie kapitan Zigomalas już go poinformował, że zamierza wyjechać. Lecz widząc Onassisa, doszła do wniosku, że raczej nie przyszedł z zamiarem błagania jej, by pozostała. Sprawiał wrażenie zirytowanego jej reakcją na „czysto męską sprawę".

– Co to ma znaczyć? – warknął ostro.

W odpowiedzi wzruszyła obojętnie ramionami. Ponownie udało jej się powstrzymać przed spojrzeniem na niego.

– Przecież widzisz – odpowiedziała opryskliwie. – Wyjeżdżam.

– Dlaczego?

Sprawiał wrażenie szczerze zaskoczonego. I choć całkiem możliwe, że jego pytanie wskazywało na całkowicie niewinny charakter spotkania z przyjaciółmi, Maria uznała, że dłużej nie da się wodzić za nos. Przypomniała sobie słowa pociechy Larry'ego, które pomogły jej opanować pragnienie natychmiastowego pogodzenia się z Aristem.

– Naprawdę oczekujesz odpowiedzi? – Wreszcie odważyła się spojrzeć na niego.

– Zaprosiłem przyjaciół, z którymi chcę spędzić parę dni. Sam. – Przejechał ręką po krótkich, siwiejących włosach. – Nie masz powodu się denerwować. Dlaczego jesteś zła?

Zacisnęła usta, potrząsnęła głową, po czym sięgnęła po szal, na którym zacisnęła dłonie, jakby to była szyja Arista, mnąc delikatny materiał.

– Zostań jeszcze parę dni. – Zabrzmiało to nie jak prośba, lecz jak rozkaz. Po czym dodał łagodnie: – Uspokoisz się i…

– Nie! – syknęła wściekle. – Nie zamierzam zostawać!

Wciągnął powietrze i zaczął krążyć po pokoju, by – podobnie jak ona wcześniej – ukryć zdenerwowanie. Jednak w przypadku Arista dochodziła jeszcze i złość, nad którą z najwyższym trudem usiłował zapanować. Nagle zatrzymał się przed nią, a cała jego postawa wyrażała wrogość.

– Mówiłem ci przecież, że zobaczymy się w Paryżu. I tak będzie.

Wciąż trzymała szal. Jej palce odruchowo zaczęły przesuwać się delikatnie po materiale, zupełnie jakby pieściła czule skórę kochanka. Wtem znów zacisnęła na nim dłonie, ponownie mnąc jedwab.

– Nie – powtórzyła, patrząc mu w oczy, z których wyzierała złość. – Nigdzie się nie zobaczymy. Nigdy więcej, gdyż nie mam zamiaru spotykać się z tobą w żadnym miejscu na świecie. Nie z tobą.

Cisnęła w niego zwiniętym szalem niczym piłką, trafiając w klatkę piersiową. Teatralny gest diwy. Zupełnie jak na scenie. Wielka Callas wzięła górę nad Marią.

Przez moment obawiała się, że choć nie sprawiła mu bólu, Aristo odpowie siłą na jej gest. Dostrzegła wściekłość w jego oczach i zauważyła, jak zaciska pięści. Wyraźnie było widać, że wszystko się w nim gotuje.

Odruchowo zrobiła krok do tyłu.

Na tę reakcję odwrócił się bez słowa. Wypadł z sypialni niczym burza, depcząc szal. Drzwi kabiny zatrzasnęły się za nim z impetem.

Nie ugięła się. Nie spuściła z tonu. Wygrała tę rundę. Ale za jaką cenę?

Powróciła do pakowania. Robiła to wolniej niż uprzednio.

Dopiero będąc na pokładzie, uświadomiła sobie, że zostawiła na podłodze koło łóżka szal, którym cisnęła w Arista. Tak się spieszyła, że zapomniała nawet zabrać biżuterię z sejfu. Nieważne. I tak spaliła za sobą wszystkie mosty. Od teraz musi spoglądać w przyszłość. W tym momencie było jej wszystko jedno, co się stanie z pozostawionymi rzeczami. Wszak jej złamane serce było cenniejsze niż wszystkie skarby na tej ziemi.

ROZDZIAŁ 4

Paryż

Sierpień 1968 roku

Ze wszystkich słynnych ról operowych, które śpiewała, przypomniała jej się właśnie partia Amelii z *Balu maskowego* Giuseppe Verdiego. Nieustannie dźwięczały jej w uszach słowa arii: „Cóż pozostaje w nieszczęśliwym sercu?", które mruczała pod nosem, miotając się niespokojnie po mieszkaniu. „Cóż pozostaje, gdy odeszła miłość?"*

Jej głos brzmiał jak echo słów płynących z głośników wieży stereo w gabinecie. Było to nagranie jednego z przedstawień w mediolańskiej La Scali sprzed jedenastu lat. Śpiewała tę rolę, gdy po raz pierwszy spotkała Arista. Lecz nie dlatego Amelia była jej tak bliska tej pierwszej samotnej nocy w Paryżu. Poruszyło ją libretto opowiadające o miłości i zdradzie, zazdrości, kłamstwie i zemście.

Tej nocy zastanawiała się, czy wszystkie opery faktycznie zostały napisane według tego samego schematu. Wszak zawsze, w każdej z nich, chodziło o utraconą miłość. I czyż wszystkie te dzieła nie kończyły się śmiercią głównej bohaterki? Przecież jako Norma płonęła na stosie niezliczoną ilość razy. Jako Violetta w *Traviacie* umierała na gruźlicę. Jako Łucja z Lammermooru popadała w obłęd. Jako

---

* Tłumaczenie pochodzi od tłumaczki książki.

Tosca rzucała się zaś z murów Zamku Świętego Anioła ponad trzydzieści razy. Niemal tyle samo razy wbijała sobie w pierś sztylet jako Medea. Jedynie Amelia przeżyła śmierć ukochanego. „Dziwne" – pomyślała. – „Dlaczego właśnie ona nie umarła z rozpaczy?"

Maria zatrzymała się przy wieży stereo z zamiarem wyłączenia utworu, lecz jej ręka zawisła w powietrzu. Omiotła wzrokiem pomieszczenie, które z biegiem czasu stało się czymś w rodzaju schronienia dla jej duszy, jakby szukała wskazówki, co powinna zrobić. Lecz zamiast odpowiedzi, na którą w duchu liczyła, natrafiła na zdjęcia w srebrnych ramkach, stojące na marmurowym, bogato zdobionym gzymsie kominka. Fotografia przedstawiająca ją jako małą dziewczynkę, zdjęcie jej ślicznej, o sześć lat starszej siostry Iakinti, fotografie z występów, z przyjaciółmi i z Aristem na pokładzie Christiny. Nad nimi wisiały oprawione dyplomy zaświadczające o zdobytych i przyznanych w czasie jakże błyskotliwej kariery scenicznej nagrodach oraz odznaczeniach.

Brakowało natomiast pamiątek po rodzicach. Po matce, kochającej Iakinti i wykorzystującej Marię, wyciskającej ją niczym cytrynę, by zaspokoić swoją próżność i móc finansować rozrzutny tryb życia. Żeby zdobyć pieniądze, Evangelia zdecydowała się nawet na wydanie książki – pamfletu na niewdzięczną córkę. Ojciec natomiast wyrzekł się Marii po tym, jak po wieloletnim romansie z Alexandrą Papajohn porzucił rodzinę, by na dobre związać się z kochanką. Jego miłość do innej kobiety przetrwała wszystkie kryzysy, w tym również niechęć córek z pierwszego małżeństwa. W tym właśnie tkwiła różnica pomiędzy George'em i Alexandrą a Aristem i Marią. Faktem było, że dzieci Arystotelesa i Tiny nie były zachwycone nową kobietą w życiu ich ojca, niezależnie od tego, ile wysiłku Maria wkładała w zdobycie sympatii Alexandra i małej Christiny. Rezultaty jej starań były równie mizerne co próby utrzymania związku z Aristem. Ku ogromnej konsternacji Marii jej ojciec w którymś momencie poślubił kochankę, tymczasem Onassis ani myślał poprowadzić ją do ołtarza.

Wyłączyła magnetofon ruchem tak gwałtownym, że przesunęła go w głąb regału o dobrych kilka centymetrów. Jej głos, wypełniający jeszcze przed sekundą pokój i dający niejakie pocieszenie, zamilkł w połowie arii. Zapanowała cisza. Mimowolnie zaczęła nasłuchiwać, próbując uchwycić jakiekolwiek dźwięki, lecz o tej porze nie słychać było nawet ruchu ulicznego na Avenue Georges-Mandel, choć w ciągu dnia jego hałas wdzierał się do pomieszczeń domu numer trzydzieści sześć pomimo podwójnych okien. Był środek nocy i nawet Paryż spał o tej porze. Ona też powinna wreszcie pójść do łóżka.

Wyszła z gabinetu, nie wyłączywszy światła.

W sypialni było jasno. Bruna Lupoli, jej długoletnia gospodyni, przygotowała wszystko jak należy. Łóżko było pościelone, torba podróżna rozpakowana, a jej zawartość albo zaniesiona do prania, albo odłożona do szafy po uprzednim owinięciu celofanem każdej sztuki garderoby oddzielnie – zgodnie z poleceniem Marii, która ceniła porządek w domu, gdzie każda rzecz miała swoje miejsce. Nawet pluszowy miś koala siedzący w fotelu koło bogato rzeźbionego i zdobionego kwiatowymi motywami rokokowego łoża. Maria miała nadzieję, że maskotka czuwa nad jej snem, w odróżnieniu od chrapiącego w najlepsze w koszyku pudla, który nawet nie podnosił głowy, gdy wchodziła do pokoju. Cukierkowy, rokokowy garnitur w kolorze brzoskwiniowym, na który składały się łóżko, sekretarzyk, stolik podręczny i krzesło, marzenie każdej nastolatki, był jedną z niewielu pozostałości po jej małżeństwie z Meneghinim. Zabrała go ze sobą, gdy wprowadzała się przed dwoma laty do tego mieszkania.

Właściwie wolałaby dom na wsi. Willa w Sirmione wiele dla niej znaczyła. Ale Aristo uważał, że mieszkanie w mieście jest bardziej praktyczne, i z tego powodu kupił jej ten kosztowny apartament. Ma się rozumieć, że sama była w stanie za niego zapłacić, lecz on uparł się, by jej go sprezentować. Prawdopodobnie zakup ten podyktowany był głównie chęcią podjęcia ostatecznej decyzji dotyczącej jej przyszłości. Długo wierzyła, że Aristowi bardzo zależało na nabyciu nieruchomości w eleganckim szesnastym *arrondissement* ze względu na bliskość jego mieszkania na Avenue Foch osiemnaście, oddalonego niespełna półtora kilometra od jej nowego lokum. Lecz gdy dokładnie się temu przyjrzała, okazało się, że piętnastominutowy spacer pięknymi ulicami Chaillot w kierunku północno-zachodnim wcale nie był taki znowu krótki, jak jej się początkowo wydawało. W każdym razie za długi dla miłosnego związku, który kiedyś być może zmieni się w przyjaźń. Odległość dzieląca ich mieszkania raczej wykluczała przypadkowe, spontaniczne zbliżenia.

Od momentu wyjazdu z Grecji stale towarzyszył jej ból powodowany rozstaniem. Zdawała sobie sprawę, że z czasem nie będzie on malał, lecz narastał. Stojąc w sypialni, nagle zamarła pod wpływem silnego przeczucia, że nigdy już nie zobaczy Arista. Że to już koniec. Że ich miłość się skończyła, łamiąc jej serce. Że szczęście ją opuściło, a jej życie legło w gruzach.

Pomimo że sierpniowa noc, która nastała po upalnym paryskim dniu, była duszna, zaczęła drżeć na całym ciele. Zupełnie jak podczas pewnego lodowatego zimowego wieczoru w czasie wojny w Atenach, okupowanych przez Niemcy i Włochy, kiedy brakowało opału. Wówczas Maria była dla matki i siostry na wagę złota, gdyż śpiewem zdobywała jedzenie, a czasem nawet parę groszy, za które na czarnym rynku można było kupić niemal wszystko. Nawet materiał na opał. W wieku zaledwie osiemnastu lat, będąc jeszcze uczennicą konserwatorium w Atenach, stanęła na scenie greckiej opery narodowej, by po raz pierwszy zaśpiewać główną partię w *Tosce*. Niezgrabna i brzydka, bo tak właśnie siebie postrzegała, ale za to obdarzona niewiarygodnym głosem, dużym talentem aktorskim oraz żelazną wolą. I do tego niebywale zdyscyplinowana. Gdy sięgała pamięcią wstecz, jeszcze dziś czuła zmęczenie, jakie ogarniało ją po każdym występie na scenie kina Cinema Palast, gdzie przeniósł się podczas wojny zespół opery, i słyszała aplauz publiczności. Jednak o wiele głębiej zapadła jej w pamięć zazdrość koleżanek i kolegów. Od samego początku wielki sukces, który odniosła, był powodem największych ataków i złośliwości z ich strony. Tak wiele musiała dla niego poświęcić, z tylu rzeczy zrezygnować, w tym także z dzieciństwa i młodości. Jedynie nieliczni dostrzegali morderczą pracę kryjącą się za perfekcyjnymi występami. Jakże niewielu wiedziało z własnego doświadczenia, jak ogromnego wysiłku fizycznego i psychicznego wymagało przygotowanie każdej roli. Ludzie zazdrościli jej burzliwych owacji tym bardziej, im mniej rozumieli, że talent to nie wszystko, żeby osiągnąć więcej niż inni i wznieść się ponad nich. Maria nigdy nie potrafiła zrozumieć, co sprawia, że ludzie szepczą za jej plecami lub traktują ją jak powietrze, zamiast okazywać uprzejmość.

Myślała o tych wszystkich bezsennych nocach po występach. Przypływ ogromnej adrenaliny, następujący w momencie wyśpiewania pierwszej nuty, trzymał ją w napięciu jeszcze długo po wybrzmieniu ostatnich oklasków. To właśnie on ożywiał ją, pozwalał utrzymać się na nogach przez cały spektakl i sprawiał, że po występie godzinami nie mogła się uspokoić. Przez całe dziesięciolecia czuła się jak śpiewający automat. Najpierw za sprawą matki, potem męża. Do czasu, aż w jej życiu pojawił się Aristo. Jedyny bliski jej człowiek, którego właściwie nie interesowała jej sztuka – w każdym razie w znacznie mniejszym stopniu niż ucieleśniająca ją kobieta. Był pierwszym człowiekiem, który nie brał, lecz dawał. Aristo, który ją odesłał, gdyż chciał spędzić kilka dni z inną. Któremu Callas nie wystarczała. Któremu nie wystarczała Maria.

Powiodła ręką po twarzy. Cisza doprowadzała ją do szału. Złowroga cisza. Nocna cisza, która wydawała się mówić, że ten okropny dzień wreszcie dobiegł końca i że powinna pójść spać. Jednak ona obawiała się, że po położeniu się do łóżka dopadną ją najgorsze myśli, które, gdy tylko zamknie oczy, przerodzą się w koszmary. Jedynym sposobem, by temu zapobiec, były środki nasenne. Powinna wziąć kilka pigułek, które z pewnością jej pomogą.

W łazience, w małej szafce na lekarstwa, miała zapas tabletek, które brała regularnie. Ogromne, wyłożone różowym marmurem pomieszczenie – z licznymi lustrami na ścianach, sofą, pnącymi roślinami i adapterem – w którym zażywała kąpieli, sprawiało raczej wrażenie buduaru, a nie łazienki. Gdy weszła do środka, poczuła zapach jaśminu, słodki i zachwycający. Perfumy ze Skorpios. Nie były to Mytro, których zazwyczaj używały wszystkie stare Greczynki. Tamte miały zapach konwalii. Aristo lubił jaśmin. Sprowadził nawet z Azji Mniejszej jego specjalną odmianę, którą następnie kazał zasadzić na swojej wyspie. W niektóre wieczory, gdy bryza wiała od lądu, cudowna woń dochodziła aż do zakotwiczonej niedaleko brzegu Christiny. Jaśmin przypominał Marii chwile intymnej bliskości ich dwojga. Także w jej łazience, w której złota armatura połyskiwała zupełnie jak na jachcie w apartamencie Itaka...

Zawsze Aristo. Maria miała wrażenie, że nie jest w stanie dłużej żyć bez tego mężczyzny.

ROZDZIAŁ 5

Paryż

19 grudnia 1958 roku

Potworny strach ściskał jej gardło. W ustach wyraźnie czuła gorzki smak, zupełnie jakby męczyła ją wyjątkowo dokuczliwa zgaga. Od czasu silnego przeziębienia, które na początku września ubiegłego roku zmusiło ją do wcześniejszego wyjazdu z Edynburga i powrotu do Włoch, jak również rozdmuchanego przez brytyjską prasę skandalu wywołanego rezygnacją z dodatkowego występu w stolicy Szkocji, jej problemy mnożyły się strasznie. Coraz częściej zawodził ją głos. Nieustannie czuła się prześladowana przez paparazzich, którzy polowali na nią każdym kroku i czyhali, by zrobić jakieś kompromitujące ujęcie. A najgorsze, że publiczność nie przyjmowała jej już tak gorącymi owacjami jak dawniej.

Spoglądając wstecz, musiała przyznać, że nie był to dobry rok. Zaczął się odwołaniem przedstawienia *Normy* w Rzymie, co miało miejsce już drugiego stycznia. Wiosną, gdy miała występować w La Scali, ponownie dopadło ją silne przeziębienie. Ale to wszystko nic w porównaniu z wyrzuceniem jej przed niespełna trzema miesiącami z Metropolitan Opera w Nowym Jorku przez dyrektora tej najsławniejszej sceny na świecie. Do tego doszły jeszcze liczne kłótnie z intendentami, kilkakrotne wygwizdanie przez publiczność oraz fatalna prasa. A to wszystko tylko dlatego, że pomimo ogromnej ilości lekarstw nie była w stanie dotrwać do końca występu. Lecz czy wielka Callas miała prawo być chora? Czy nigdy nie mogła okazać słabości, do której miał przecież prawo każdy człowiek? Widocznie nie. Ludzie, którzy czcili ją niczym boginię, oczekiwali od niej końskiego zdrowia i wiecznej perfekcji w każdej sytuacji. Przecież *diva assoluta* to, jakkolwiek by było, bogini. Poza tym intendenci nie tolerowali odmowy, gdyż nie zamierzali rezygnować z wpływów, a także – co istotniejsze – obawiali się rozczarować bywalców opery. W kwietniu doszło nawet do tego, że gdy Callas nie sprostała roli w *Annie Boleyn*, Antonio Ghiringhelli musiał wezwać mediolańskich karabinierów do ochrony La Scali w obawie przed protestami widzów. Zawsze trafiała we właściwy ton, lecz tym razem nie udało jej się opanować niezadowolenia publiczności, które wybuchło z niebywałą siłą i które zwielokrotniła niespotykana obecność policji podczas składania hołdu muzyce.

„Dziś będzie inaczej" – powtarzała sobie w duchu nie wiadomo już który raz. Co chwilę spoglądała w lustro, wyciągając szyję, by móc dojrzeć swoje odbicie przez liczne bukiety kwiatów, które nieustannie dostarczano do jej apartamentu w Ritzu. W międzyczasie nagromadziło się ich niemal tyle co gwiazd na wieczornym śródziemnomorskim niebie. Cały świat życzył jej szczęścia podczas występu na gali w Operze Garnier. Ona jednak odnosiła wrażenie, że z każdą dostarczaną różą wzrasta jej zdenerwowanie. Nie miała pojęcia, co tym razem wymyślą najbardziej zajadli krytycy; doskonale zdawała sobie sprawę, że tylko czekają na jej potknięcie. Oczekiwania w stosunku do niej były ogromne. I to nie tylko publiczności, lecz także jej samej.

– Radiodiffusion Télévision Française spodziewa się, że transmisję na żywo obejrzy sto milionów widzów –

oznajmił Battista Meneghini, zajęty sortowaniem bilecików dołączonych do bukietów, przyjmując gawędziarski ton. Zupełnie jakby transmisja radiowa i telewizyjna nie była wystarczającym powodem do zdenerwowania, dodał, zwiększając jeszcze jej stres: – Dzięki Eurowizji można transmitować cały koncert na żywo. Jakkolwiek by było, to przedstawienie charytatywne na rzecz Legii Cudzoziemskiej, które otwiera sam prezydent. W tej sytuacji radio i telewizja naprawdę muszą się postarać.

Gdy Maria dostrzegła w lustrze zarys postaci męża, zapragnęła nagle, żeby go tu nie było albo żeby przynajmniej siedział cicho. Nie odpowiedziała, próbując ignorować jego obecność i koncentrować się wyłącznie na czekającym ją występie. Chodziło przecież o jej paryski debiut i zarazem o największy, budzący ogromne emocje koncert, jaki Europa miała obejrzeć od zakończenia wojny. Meneghini niezmordowanie podkreślał znaczenie jej występu. Wychwalał jego organizację i raz po raz cytował najróżniejsze liczby, poczynając od jej niewiarygodnej gaży w wysokości pięciu milionów franków, którą w całości miała przekazać na cele dobroczynne, aż po niemal dwa tysiące dwieście sprzedanych biletów po minimum trzydzieści pięć tysięcy franków, które rozeszły się w okamgnieniu. Za miejsce w loży trzeba było zapłacić nawet trzysta tysięcy franków. Faktycznie – kwoty mogły przyprawić o zawrót głowy. Trudno też było sobie wyobrazić znamienitszy i bardziej elitarny wieczór.

– Obecny będzie prezydent Francji, Coty – kontynuował tymczasem Meneghini. – Ale o tym już wspominałem. Czy mówiłem ci, że przybędą też książę i księżna Windsoru? Będą cię słuchać Rothschildowie. Charles Chaplin przyjechał z Hollywood. Będą również Jej Wysokość Begum Aga Khan, *signor* i *signora* Onassis...

Zacisnęła usta, żeby nie krzyczeć; ze względu na głos, który musiała oszczędzać, jakoś udało jej się opanować. Już niedługo zabiorą ją na charakteryzację. Całe szczęście, że nie będzie musiała się rozśpiewać, gdyż zrobiła to już parę godzin wcześniej.

Podczas gdy mąż niezmordowanie recytował listę prominentnych gości, Maria powtarzała w pamięci arie, które miała zaśpiewać tego wieczoru. Pierwsza w programie była *Casta Diva* z opery *Norma* Vincenza Belliniego, a po niej aria Rozyny z *Cyrulika sewilskiego*. Jako ostatnie przed przerwą będzie jeszcze coś z drugiego aktu *Trubadura* Verdiego, natomiast cała część po przerwie została przewidziana wyłącznie dla niej. Dla jej *Toski...*

– Co mówiłeś? – Nagle nadstawiła uszu, odwracając się w stronę męża.

– O co ci chodzi? – odpowiedział pytaniem Meneghini, wracając do sortowania karteczek przypiętych do bukietów.

„Zachowuje się niczym hazardzista taksujący swoje szanse w kolejnym rozdaniu" – przemknęło jej przez myśl. Tymczasem Meneghini nagle zaczął sprawiać wrażenie, jakby coś przyszło mu do głowy.

– Mówiłem – powtórzył z oschłym uśmiechem – że gdyby każdy z twoich fanów zaczął przysyłać ci codziennie trzy bukiety, to musielibyśmy wynająć magazyn.

– Trzy? – Jego słowa zaintrygowały Marię. I choć tuż przed występem powinna szczególnie oszczędzać głos, zapytała: – Któż wpadłby na coś takiego?

Po tych słowach podszedł do niej i stanął obok toaletki, trzymając w dłoni bileciki, ułożone w wachlarz niczym karty do gry.

– Sądząc po wielkości bukietów i greckim alfabecie, to Arystoteles Onassis. A może się mylę?

Maria rzuciła okiem na odręczne pismo i skinęła głową. Z trudem opanowała odruch wyrwania Meneghiniemu z ręki niewielkich eleganckich karteczek, gdyż jej jawne zainteresowanie wiadomościami od Onassisa tylko zwiększyłoby jego ciekawość i dociekliwość.

Maria nie mogła doczekać się przeczytania liścików od rodaka.

Nie widziała armatora od pobytu w Wenecji we wrześniu ubiegłego roku. Wkrótce po ich pierwszym spotkaniu na balu wydanym przez Elsę Maxwell stworzyli nierozłączny kwartet: ona z Meneghinim i Ari Onassis z żoną Tiną. Razem włóczyli się po starych uliczkach, opalali się na Lido, pili w barze Harry'ego, oceniali świeże połowy na targu rybnym i gnali po kanałach motorówką miliardera. Był to przyjemny, wesoło spędzony tydzień, po upływie którego ich drogi się rozeszły. Ot, lekko traktowana, powierzchowna znajomość, bez potrzeby nawiązania przyjaźni czy też wymuszania zażyłości. Jednak Maria ciągle wracała wspomnieniami do tamtych dni spędzonych w towarzystwie Arystotelesa Onassisa. Podobieństwo ich losów w wielu aspektach oraz niemal identyczne spojrzenie na świat sprawiły, że stał się jej bliski. A fakt, że oboje byli pozbawionymi korzeni Grekami, postrzegała jako zrządzenie losu.

– Co pisze? – zainteresował się Meneghini, kładąc bilecik na toaletce. – Przyszedł dziś rano z pierwszym bukietem.

– „Z najlepszymi życzeniami od Arystotelesa Onassisa" – przeczytała.

– A to przyszło dziś w południe z identycznym bukietem jak ten dostarczony rano – wyjaśnił, kładąc kolejną karteczkę obok pierwszej.

– Och! – Rozbawiona, mimowolnie się uśmiechnęła, dostrzegłszy ten sam charakter pisma. – „Z najlepszymi życzeniami od Arystotelesa Onassisa" – odczytała po raz drugi.

– Przed chwilą dostarczono trzeci bukiet z tym bilecikiem. Tak na marginesie, to wierna kopia dwóch poprzednich.

Na te słowa otworzyła szeroko oczy. Tym razem nie przeczytała od razu, co Onassis napisał greckim alfabetem.

– Jakie to romantyczne! – wyrwało jej się.

– Co?

– Znowu przysłał mi najlepsze życzenia. Tym razem bez podpisu – wyjaśniła mężowi z szerokim uśmiechem, czując w sercu niezwykłą radość, jakiej chyba jeszcze nigdy nie zaznała. – Zapewne wyszedł z założenia, że domyślę się, od kogo pochodzą życzenia. Uważam, że to romantyczne.

– Naprawdę? – Meneghini sprawiał wrażenie zdezorientowanego, jednak po chwili nagle uśmiechnął się z ulgą. – No cóż, gdyby to Aly Khan przysłał ci w ciągu jednego dnia trzy razy kwiaty z tajemniczym karteluszkiem, prawdopodobnie musiałbym się zacząć martwić. Ale w przypadku Onassisa nie ma takiej potrzeby. Wystarczy spojrzeć na jego młodą żonę, z którą, ma się rozumieć, nie możesz się w żadnej mierze równać.

Uśmiech Marii natychmiast zgasł.

– Z Ritą Hayworth też nie – zauważyła kwaśno, nawiązując do przepięknej gwiazdy filmowej, która swojego czasu poślubiła syna Agi Khana.

– Z całą pewnością – przyznał cicho Battista, myśląc już o czymś zupełnie innym. – Czy już ci mówiłem, że program kosztuje dwa tysiące franków? – zapytał. – Ma się rozumieć, zrobiono go zgodnie z moim pomysłem... – Wtem zauważył, że Maria wpatruje się w kartoniki przysłane przcz Onassisa. – Nie sądzisz – zaczął po chwili –

że to niepotrzebne wyrzucanie pieniędzy i kompletny brak wyobraźni przysyłać trzy razy dokładnie taki sam bukiet?

Zadając to pytanie, któremu towarzyszyło potrząsanie głową, sprawiał wrażenie, jakby wcale nie oczekiwał odpowiedzi.

Maria milczała. I to nie tylko dlatego, by oszczędzać głos.

Słysząc aplauz, poczuła przypływ wdzięczności i równocześnie pokorę. Znajdowała się na środku sceny, na wielkich, wyłożonych długim chodnikiem schodach, po których właśnie schodziła, mając za plecami po prawej i lewej stronie chór. Całą sobą, niczym pszczoła nektar, chłonęła burzliwą owację, jaką zgotowała jej publiczność. Lewą dłoń położyła w miejscu, w którym wyczuła bicie serca, równocześnie przyciskając mocno narzuconą na ramiona etolę. Skinęła głową z godnością niczym królowa. Ciężkie kolczyki z brylantami nie pozwalały na żadne gwałtowne ruchy. Kolczyki wraz ze zdobiącą jej szyję kolią warte były milion dolarów. Wspaniała biżuteria została wypożyczona specjalnie na tę okazję ze słynnego salonu jubilerskiego Van Cleef & Arpels, by podkreślić rangę wieczoru i jego wyjątkowy charakter.

Pulsująca światłami, wystawna dekoracja została wykonana na potrzeby telewizji. Szkoda tylko, że widzowie w całej Europie nie będą mogli oglądać tego w kolorze. Dlatego też dla kontrastu włożyła wyjątkowo skromną suknię wieczorową, która na ekranach telewizorów będzie sprawiała wrażenie szarej, choć w rzeczywistości była w zapierającym dech odcieniu czerwieni.

Pojawiła się za kulisami przy dźwiękach *Marsylianki*. Zauważyła, że wszędzie roiło się od „czarnych". Słowo to nie odnosiło się do ludzi o konkretnym kolorze skóry – tak nazywano pomocne dobre duchy obsługujące przedstawienie z tak zwanej ciemnej strefy; pracowników ubranych z reguły na czarno, by zlewać się z tłem. Maria odniosła wrażenie, że ludzi współpracujących z inspicjentem jest dwukrotnie więcej niż zazwyczaj. Zapewne z powodu radia i telewizji. Wielkość Grande Nuit de l'Opéra faktycznie biła na głowę wszystko, co do tej pory dane jej było oglądać. Dotyczyło to także tremy – jeszcze nigdy dotąd takiej nie doświadczyła. W garderobie próbowała wziąć się w garść. Gdy się koncentrowała, nagle wezbrała w niej złość.

Rzuciła okiem na gruby program, ważący dobre pół kilograma, sprawiający wrażenie, że wydane na niego dwa tysiące franków było dobrą inwestycją. Kartkując opasły zeszyt, zatrzymała się na stronie ze swoim zdjęciem, które jej się spodobało. Wtem dostrzegła, że napis pod nim, wykonany tłustym drukiem, nie głosił jak zazwyczaj:

Maria Callas

Meneghini, który koniecznie chciał zająć się organizacją koncertu, stanowczo domagając się prawa współdecydowania o wszystkich szczegółach, najwidoczniej przeforsował, żeby występowała pod innym nazwiskiem niż zazwyczaj:

Maria Meneghini-Callas

Nowe nazwisko najsławniejszej kobiety na świecie. Ale przecież nazywała się Callas. A nie Meneghini. I też nie Meneghini-Callas.

Jakim sposobem dopiął swego i jego nazwisko było na pierwszym miejscu? I do tego przed znamienitym, powszechnie rozpoznawalnym nazwiskiem żony? Taka forma była zupełnie nietypowa. Zwłaszcza dla zamężnej Włoszki, która zasadniczo zachowywała swoje panieńskie nazwisko, niezależnie od tego, czy była sprzedawczynią, czy wielką gwiazdą operową. W nachodzącym kwietniu minie dziesięć lat od dnia, gdy Maria Callas i Battista Meneghini pobrali się w Weronie zgodnie z włoskim prawem. Dlatego też we wszystkich dokumentach widniała jako Maria Callas, zamężna z Meneghinim. Zarówno nazwisko, którym posługiwała się na co dzień oraz w kontaktach służbowych, jak to, pod którym występowała na scenie, brzmiało Callas. Co miał na celu jej mąż, postępując wbrew prawu i obowiązującym zwyczajom?

To, co przeczytała w programie, sprawiło jej przykrość. Czuła się, jakby ktoś chwycił ją za gardło. Jakby jej szyję oplotła kobra. Wąż o twarzy jej męża.

Meneghini traktował ją jak swoją własność, co już od dawna znosiła z największym trudem. Zdawała sobie sprawę, ile mu zawdzięcza. Zadbał o jej karierę, gdy bardzo potrzebowała pomocy. I dopóki scena była celem życia ich obojga, dopóty funkcjonowało ich małżeństwo. Praca nad jej karierą scementowała ich związek. Jednak nie po raz pierwszy Maria stwierdzała, że kochała operę, a nie męża, do którego z biegiem lat zaczęła czuć szacunek, przyjaźń i podziw wypływający z głębokiej sympatii, jaką go darzyła. Ale teraz zadawała sobie pytanie, czy Battista Meneghini będzie kochał ją tylko tak długo, jak długo będzie zarabiała miliony wspaniałym głosem? Tak długo, jak długo wysokie gaże będą wpływać na ich wspólne konto? Był starszy od niej o prawie trzydzieści lat. To była generacja jej ojca. Czy pewnego dnia też ją zdradzi, podobnie jak George? „W końcu zawsze chodzi przecież wyłącznie o pieniądze" – stwierdziła, czując narastającą gorycz.

Ale chodziło też o jej głos i karierę śpiewaczki. O miłość, która ją wypełniała, gdy tylko zaczynała śpiewać. Wzięła się w garść. W tej chwili nie mogła sobie pozwolić na dalsze rozmyślania, a już na pewno nie na żądanie wyjaśnień od Meneghiniego.

„Skoncentruj się na występie" – nakazała sobie w duchu. – „I módl się do Matki Boskiej, żeby cię głos nie zawiódł".

Jej oczy spoczęły na wizerunku Świętej Dziewicy z Dzieciątkiem, który zawsze woziła ze sobą. Malowidło wisiało nad łóżkiem w jej domu w Sirmione, zanim jeszcze przeniosła go do willi w Mediolanie, i podróżowało z nią od jednego teatru operowego do drugiego. Teraz zawisło na ścianie pełnej kwiatów garderoby w gmachu szacownej Opery Garnier. Zmówiła krótką modlitwę, po czym całkowicie skoncentrowała się na czekającym ją występie.

A teraz stała na scenie w świetle reflektorów i obiektywie kamery, taksowana krytycznymi spojrzeniami publiczności, czekając, aż umilkną oklaski i dyrygent Georges Sébastian uniesie batutę.

Serce biło jej w piersi jak szalone. Prawą dłoń położyła na lewej, spoczywającej na sercu. Palce zagłębiły się w materiał etoli. Całkowicie skoncentrowała się na swoim oddechu i na muzyce. Wreszcie istniała tylko muzyka, która bez reszty wypełniła jej myśli.

Deszcz bębnił nieustannie o szyby garderoby.

– Pomimo tej okropnej pogody zjawili się wszyscy, żeby posłuchać twojego śpiewu – zauważył Meneghini. – Nawet prezydent Francji. Faktycznie przyszedł. A wraz z nim cały tabun prominentów. Niewiarygodne, że nie brakowało nikogo. Grupa czterystu pięćdziesięciu wybrańców zapłaciła dodatkowo piętnaście tysięcy franków za udział w bankiecie. Prawda, że to niesamowite? Teraz wszyscy czekają na ciebie w *grand foyer*.

Nie napomknął ani słowem, jak wspaniała była tego wieczoru i na jakie wyżyny swego kunsztu się wspięła.

Już pierwsza część koncertu była znakomita. Zagrany po przerwie drugi akt *Toski*, w którym śpiewała partię tytułową, okazał się prawdziwym tryumfem. Wychodząc przed kurtynę wraz ze swoimi partnerami scenicznymi, tenorem Albertem Lance'em i barytonem Titem Gobbim, Maria poczuła bezbrzeżną ulgę. Trzymając w mocnym uścisku dłonie obu kolegów, kłaniała się i chłonęła całą sobą huczne oklaski oraz zachwyt publiczności. Nawet prezydent René Coty wstał z fotela w loży prezydenckiej, czego krótkowzroczna, oślepiona blaskiem reflektorów Maria nie była w stanie zobaczyć. O reakcji głowy państwa szepnięto jej podczas krótkiej przerwy pomiędzy ukłonami. Całe audytorium nagrodziło ją owacją na stojąco. W największym gmachu operowym świata publiczność oddawała hołd diwie. Ona zaś promieniała jak rzadko kiedy.

Jednak wraz z powrotem do garderoby euforia i uczucie szczęścia zniknęły jak za dotknięciem czarodziejskiej różdżki. Maria czuła wręcz namacalnie, każdą komórką, jak powoli wraca z siódmego nieba na ziemię. Pomimo że Meneghini prawidłowo podsumował tyle co zakończony koncert, jego słowa zadziałały na nią jak zimny prysznic. Nagle zaczęła drżeć tak bardzo, że poczuła gęsią skórkę na ramionach, okrytych tym razem bufiastymi rękawami empirowej sukni w kolorze szampana. Nagle obszyty sobolami tren, który przerzuciła przez ramię, zaczął jej niezmiernie ciążyć. Spojrzała na tęgiego mężczyznę u swego boku, zadając sobie pytanie, w którym momencie uprzejmy, dodający otuchy i dający poczucie bezpieczeństwa Battista Meneghini przeistoczył się w zgryźliwego dusigrosza. Kiedy przestał być tym pełnym wiary i oddania zagorzałym wielbicielem jej sztuki, któremu ochoczo powierzyła swoje życie? „Jest niczym dozorca mojego więzienia" – przeszło jej przez myśl.

– Masz w głowie wyłącznie o pieniądze – zarzuciła mu gwałtownie ochrypłym głosem, nadwyrężonym po męczącym występie. – Czy zupełnie cię nie interesuje, jak ja się czuję?

– Dlaczego miałoby mnie to interesować? – W jego spojrzeniu malowało się zaskoczenie, któremu towarzyszył zupełny brak zrozumienia. – Przecież widzę, że masz się świetnie.

– A to co takiego? – Wzięła z toaletki ciężki program koncertu i cisnęła nim w stronę męża. Elegancki zeszyt wylądował z cichym plaśnięciem na podłodze tuż przed stopami Battisty.

– Broszura warta dwa tysiące franków – odpowiedział zdziwiony.

– W której przeczytałam, że dzisiejszego wieczoru śpiewa Maria Meneghini-Callas. Kto to taki? Żaden człowiek na świecie nawet nie słyszał o jakiejś tam Marii Meneghini!

Na jej słowa Battista potrząsnął bezradnie głową, po czym schylił się, by podnieść rzucony program, co sprawiło, że frak jeszcze bardziej uwypuklił jego niezgrabną figurę.

– Przecież zna cię cały świat – zapewnił, prostując się. – Co cię napadło, żeby w to wątpić?

– Świat zna Callas, a nie Marię Meneghini!

– *Ecco* – mruknął jedynie, używając włoskiego słowa tak wieloznacznego, że wyrażało wszystko, a zarazem nic. Maria przypuszczała, iż w tym wypadku miało stanowić potwierdzenie, że przynajmniej zrozumiał powód jej oburzenia.

Gdy cisza, która zapadła, stała się nie do zniesienia, zapytała z sarkazmem:

– Czyżbyś zamierzał dać mi nowy pseudonim?

– Jesteś moją żoną – zauważył oczywisty fakt.

– Ale nie nazywam się Meneghini. Moje nazwisko brzmi Callas. Maria Callas!

Battista westchnął, ważąc w rękach program, na który rzucił okiem, po czym spojrzał na Marię.

– Myślałem, że skoro jesteśmy we Francji, powinniśmy dostosować się do tutejszej zasady, zgodnie z którą większość Francuzek nosi nazwisko męża.

– Bzdura. Co prawda wiele kobiet w tym kraju przybiera zwyczajowo nazwisko męża, ale równocześnie zachowuje też nazwisko panieńskie ze względów prawnych i czysto praktycznych. – W czasie przerwy Maria wykorzystała chwilę nieobecności Meneghiniego, by podczas pudrowania nosa, ponownego przyklejania sztucznych rzęs i podkreślania szminką ust dokładnie wypytać charakteryzatorkę o tutejsze zwyczaje. – Nie masz prawa do takiej samowoli.

– Od kiedy to interesują cię takie drobiazgi? – skontrował, potwierdzając tym samym, że zmiana nazwiska była zamierzonym działaniem mającym konkretny cel. – Jak dotychczas zawsze byłaś zadowolona, *ma primadonna*. Po tym koncercie bez wątpienia znajdziesz się na samym szczycie. Wówczas nazwisko nie będzie miało żadnego znaczenia.

Znów był uprzejmy i troskliwy jak dawniej, mimo to Maria zadała sobie pytanie, czy przyjął taką postawę jedynie po to, by ją udobruchać.

– To Callas jest *diva assoluta* – syknęła. – Nie Meneghini. I też nie Meneghini-Callas. Zapamiętaj to sobie raz na zawsze.

ROZDZIAŁ 6

Paryż

Sierpień 1968 roku

– Madame...

Dziwnie brzmiący, przytłumiony i niemal niezrozumiały głos dotarł do niej jakby przez gęstą mgłę. Nie udało jej się nawet ustalić, czy należał do kobiety, czy mężczyzny. Prawdę mówiąc, nie było jej stać na taki wysiłek. Nie była też zdolna ani się skupić, ani zebrać myśli. Ani też słuchać, co się do niej mówi. Jej stan przypominał ciężki, kamienny sen, z którego zaciskających się coraz mocniej okowów nie potrafiła się wyrwać, zapadając się coraz głębiej, jakby wpadała w studnię. Miała wrażenie, jakby jej głowa tkwiła pod wodą.

Czuła się jak Odyseusz próbujący przepłynąć pomiędzy Scyllą i Charybdą. A przecież statki, które znalazły się w pobliżu któregoś z tych morskich potworów, z góry były skazane na zagładę. Nawet Posejdon nie był w stanie pomóc załodze...

„Czeka mnie taka sama zguba jak towarzyszy Odyseusza" – pomyślała.

Dziwne. Nagle przemknęło jej przez myśl, że Odyseusz wyszedł żywy ze spotkania ze Scyllą i Charybdą, które mu się przydarzyło podczas niekończącej się tułaczki. Czy przypadkiem nie złapał się drzewa figowego, co sprawiło, że uniknął śmierci?

– Madame...

Jej ciało było jak sparaliżowane. Nie mogła wykonać żadnego ruchu. Gdy spróbowała się poruszyć, stwierdziła, że nie panuje nawet nad mięśniami twarzy. Również struny głosowe odmówiły posłuszeństwa. Język miała jak z ołowiu. Nie była w stanie wypowiedzieć ani słowa.

– O mój Boże, madame...

Woda nad jej głową stała się jakby płytsza. Odniosła niejasne wrażenie, że zdenerwowany głos, który do niej docierał, należał do kobiety. Brzmiał znajomo, jednak nie potrafiła zidentyfikować, kto się za nim krył.

– Madame... Mój Boże! Mario! Obudź się!

Po co? Dlaczego miałaby to zrobić? Wszak w pobliżu nie było żadnego drzewa figowego, którego mogłaby się uchwycić.

ROZDZIAŁ 7

Nowy Jork

Lipiec 1929 roku

– Mary! Obudź się!
Głos matki brzmiał ostro. Widocznie znów była rozdrażniona. Jak zazwyczaj. Od czasu, gdy Mary zaczęła podsłuchiwać rozmowy rodziców, z których dowiedziała się, że oczekiwano syna, wydawało jej się, że rozumie, dlaczego matka była w stosunku do niej bardziej surowa i postępowała z nią o wiele bardziej stanowczo niż z siostrą, Iakinti. Od dnia narodzin była dla matki rozczarowaniem i z biegiem czasu nic się nie zmieniło. Nie była nowym Vassiliosem – chłopcem, który zastąpiłby trzyletniego synka i zrekompensował matce stratę, jaką przyniosła jego śmierć. Na domiar złego z biegiem lat okazało się, że mała, teraz już sześcioletnia Mary, w niczym nie dorównuje starszej o sześć lat córce Evangelii i George'a Kalogeropoulosów. Dziewczynka była krępa, pulchna, podobna do ojca, po którym odziedziczyła mankamenty urody. Niezdarna istota, która nigdy nie dorówna elegancją krewnym matki. O tym, jak się prezentują greccy krewniacy, jedynie słyszała od matki. Nie miała okazji przekonać się o tym naocznie, gdyż rodzina Dymitriadisów mieszkała w Atenach – mieście, które Mary uważała za niewyobrażalnie piękne, podobnie jak Szmaragdowy Gród z *Czarnoksiężnika z krainy Oz*, i równie odległe jak księżyc. Niemal jak Floryda, gdzie spędziła niedawno cudowne wakacje razem z matką i siostrą.

Pojechały do kuzynki, która mieszkała w willi w Tarpon Springs. Iakinti wyjaśniła Marii, że w tym nadmorskim miasteczku nad Zatoką Meksykańską mieszkali poławiacze gąbek. Przybyli z Grecji, podobnie jak ich rodzina, lecz różnili się od ich krewnych tym, że pochodzili z wysp Morza Egejskiego, gdzie już od czasów starożytnych handlowało się gąbkami. Maria była zafascynowana tajemniczymi poławiaczami, ale jeszcze bardziej zachwycił ją krajobraz – kamieniste plaże otoczone palmami oraz fale nieustannie rozbijające się o brzeg. A że matka nie poświęcała jej zbyt wiele czasu, miała okazję – co nie zdarzało się Nowym Jorku – bawić się z dziećmi i dziewczynka wreszcie była szczęśliwa.

Niestety, po powrocie do Hell's Kitchen – dzielnicy, w której ojciec od niedawna prowadził własną aptekę – wszystko wróciło do normy. Znów miała tylko Iakinti, ukochaną nade wszystko siostrę.

– Muszę państwu powiedzieć prawdę. – Maria usłyszała obcy głos. – Jeśli państwa córka nie odzyska szybko przytomności, nie będziemy w stanie jej pomóc. Dwanaście dni po wypadku niewiele już mogę zrobić jako lekarz.

Powoli docierało do niej, że musiało wydarzyć się coś złego. Czy to strach o nią był powodem rozdrażnienia matki? O nią? Marię Annę Zofię Cecylię, młodszą córkę, którą wszyscy nazywali Mary? Nieprawdopodobne!

Przypomniała sobie, jak błagała rodziców, żeby wraz z nią poszli po Iakinti do szkoły. Właśnie nauczyła się w przedszkolu nowej rymowanki, którą koniecznie chciała jej natychmiast wyrecytować. W końcu starsza siostra często jej czytała i bystra Mary o doskonałej pamięci szybko przyswajała sobie wierszyki oraz teksty piosenek.

Gdy tak szła chodnikiem z rodzicami, prowadzona za rączkę, dostrzegła nagle po drugiej stronie ulicy Iakinti...

Obraz w jej głowie nagle się zatrzymał. Był wyrazisty i nieruchomy jak fotografia, której w żadnym wypadku nie wolno było przesunąć. Jak wiszące nad łóżkiem w sypialni, obok zasuszonych wianków i ikony, zdjęcia ze ślubu rodziców i z Grecji za dawnych czasów. Mary nie wolno było dotykać tych cennych pamiątek, żeby ich nie przekrzywić ani, nie daj Boże, nie zrzucić. Jak widać, mama bała się nie tylko o swoje wspomnienia, lecz także o nią, swoją małą córeczkę. To ostatnie było w największym stopniu zaskakujące, ale też bardzo miłe. Irytowało ją jedynie to, że nie rozumiała, dlaczego mama tak bardzo się martwi.

– Mary! – zaskrzeczała matka. – Obudź się wreszcie!

Chciała powiedzieć, że już nie śpi. Próbowała poruszyć szczękami, lecz wówczas jej ciało przeszył straszliwy ból, od głowy poprzez kończyny aż do koniuszków palców. Nagle wszystko ją rozbolało.

– Mary! – Evangelia podniosła głos.

– Proszę panią, pani Kalogeropoulou! – napomniał ją obcy mężczyzna. Mary była pod wrażeniem, że ktoś odważył się strofować jej energiczną matkę. – Rozumiem pani zdenerwowanie, jednak proszę pamiętać, że jest pani w szpitalu. Zmuszony jestem prosić, żeby się pani opanowała. Poza tym krzykiem nie pomoże pani Mary.

– Callas. – Wreszcie dotarł do niej głos ojca. – To już nie jest pani Kalogeropoulou, lecz pani Callas. – Na te słowa Evangelia mlasnęła językiem, jednak niezrażony George kontynuował nieugięcie: – Skorzystałem z możliwości, jakie daje prawo, i uprościłem nasze greckie nazwisko. Stąd ta zmiana. Nasza córka nazywa się teraz Maria Callas.

Nowe nazwisko. To doprawdy interesujące. Jeśli teraz nazywała się jak prawdziwa Amerykanka, to może nie będzie już wychowywana tak surowo, jak nakazują greckie zwyczaje. I może będzie miała więcej swobody, jak inne dziewczynki amerykańskiego pochodzenia. Jej nowe nazwisko brzmiało obco, ale z pewnością z czasem do niego przywyknie.

Maria Callas.

Mary otworzyła oczy.

ROZDZIAŁ 8

Paryż

Sierpień 1968 roku

Powtarzający się w równych odstępach czasu pisk urządzenia był wyjątkowo nieprzyjemny. Trochę przypominał metronom, z tą różnicą, że jego dźwięk był jaśniejszy. Rozlegający się odgłos nie pasował do jej snu, z którego nie mogła się wybudzić. Równocześnie miała świadomość, że jej wspomnienie pobytu w nowojorskim szpitalu Świętej Elżbiety pochodzi z odległej przeszłości. Pomimo upływu lat miała przed oczami wyraźny obraz wielkiego szpitalnego łóżka, opiekujących się nią zakonnic i miłego lekarza, który nazywał ją Lucky Mary. Matka wyjaśniła jej z wyrzutem, który dobitnie pobrzmiewał w jej głosie, że przez dwanaście dni leżała nieprzytomna. Jak mogła zrobić jej coś takiego? Evangelia naprawdę się martwiła, ale najwidoczniej bardziej o siebie niż o córkę.

Ilekroć Maria myślała o wypadku, który wydarzył się, gdy miała pięć i pół roku i który niemal cudem przeżyła, nieodmiennie dochodziła do wniosku, że dla matki był to jedynie nieprzyjemny incydent. Nie mogła darować małej córeczce, że wyrwała rączkę z jej dłoni, by pobiec do siostry na drugą stronę ulicy. Że nie zauważyła pędzącego z dużą prędkością samochodu. Być może, jak to dziecko, niewłaściwie oceniła szybkość. Tego Maria nie wiedziała. Aż do dziś znała tę historię jedynie z opowiadań, gdyż jej pamięć urywała się na chwili, w której rzuciła się do biegu.

Jednak dzisiaj – jak to się nazywa? – w stanie ni to snu, ni to zamroczenia, w którym się znajdowała, nie potrafiła znaleźć stosownego określenia. Nie miała najmniejszego pojęcia, jaki dzisiaj jest dzień. Nie potrafiła nawet w przybliżeniu podać daty ani dnia tygodnia. Niemelodyjny ton nie pomagał w ustaleniu tak prostych, wydawałoby się, faktów. Takt pisków zupełnie nie pasował do żadnej z wielkich arii; w każdym razie Maria nie była w stanie przypomnieć sobie, żeby kiedykolwiek śpiewała rolę operową, w której pojawiłby się ten ton. Powoli zaczęło do niej docierać, że przecież od dawna nie występowała na scenie. Ile to już czasu minęło? Gdyby sobie przypomniała, wiedziałaby, jakie znaczenie ma dzisiejszy dzień.

Powoli budziła się ze snu, równocześnie mając jednak nadzieję, że wkrótce znów będzie mogła zasnąć. Była taka zmęczona. Zauważyła, że łóżko nie jest zbyt wygodne. I do tego zdecydowanie za wąskie. Jednak jakoś zniesie tę niedogodność.

Po chwili zdziwiło ją posłanie, na którym leżała. Ostrożnie przesunęła dłonią po pościeli, stwierdzając, że jest ona dobrej jakości, aczkolwiek zupełnie innej niż ta, do której przywykła. Teraz najważniejsze stało się pytanie nie o dzisiejszą datę, lecz przede wszystkim o to, gdzie się, na miłość boską, znajduje. Jej dłoń wciąż wędrowała po szorstkiej białej bawełnie.

– Nareszcie! – Usłyszała westchnienie i angielskie słowo. Głos należał do mężczyzny.

Dziwnym trafem nagle przypomniała sobie, że niedawno przyleciała do Paryża. Dlaczego zatem mówiono po angielsku, a nie po francusku? Czyżby znów była małą dziewczynką przebywającą w klinice na Manhattanie?

Jednak czuła całkiem wyraźnie, że ciało, w którym się znajdowała, nie było ciałem dziecka, lecz dorosłej kobiety. Czyżby zwariowała?

Przerażona, uniosła powieki.

Oczy pod łysą czaszką spoglądały na nią czule i z troską. Stwierdziła, że należą do jej przyjaciela, Larry'ego Kelly'ego. Natychmiast rozpoznała impresaria. Ale czy przypadkiem nie miał być w Rzymie? Czyżby była we Włoszech?

– Witaj w świecie żywych!

Maria czuła ogromną senność. Dudnienie w głowie powodowało ból tak silny, że aż poczuła mdłości. Wyciągnęła rękę w stronę Larry'ego, co okazało się trudne, gdyż w jej ramieniu tkwiła igła z gumowym przewodem, przez który płynęła kroplówka. W gardle czuła silne drapanie.

– Gdzie jestem? – wyszeptała z trudem.

– Twoja gospodyni i twój kamerdyner kazali cię zawieźć do amerykańskiego szpitala. Bogu niech będą dzięki, że cię znaleźli, zanim było za późno. Byli na tyle mądrzy, by natychmiast podjąć odpowiednie kroki. Pobyt w tym szpitalu nie wywoła zbyt wielkiego rozgłosu, gdyż będziesz tu traktowana z największą dyskrecją.

„A zatem jestem w Paryżu" – podsumowała usłyszane informacje. Wciąż jeszcze będąc pod wpływem snu, który uparcie tkwił w jej świadomości, zapytała skrzekliwym głosem, który jej samej wydał się obcy:

– Czy miałam wypadek?

– Można to tak określić. – Larry delikatnie ścisnął jej dłoń. – Połknęłaś trochę za dużo proszków nasennych.

– Ach, to mi się zdarza nagminnie – wypaliła, nie pomyślawszy nawet, co mówi. W końcu nieustannie brała jakieś tabletki, nie zawsze zważając na dawkę. Jak do tej pory nie było z tego powodu żadnych konsekwencji. To znaczy... kilka lat temu nabawiła się poważnych problemów. Wówczas też zażyła o wiele za dużo środków nasennych. Gdy Aristo zorientował się, co się stało, przez całą noc chodził z nią po mieszkaniu, mocno ją podtrzymując i uważając, żeby nie zasnęła, lecz cały czas była w ruchu, czym uratował jej życie. – Gdzie jest Aristo?

– Zadzwonię po pielęgniarkę. – Larry najwyraźniej unikał odpowiedzi na pytanie.

Impresario próbował uwolnić się z jej silnego uchwytu, lecz mu się to nie udało. Zaskoczyło go, jakie siły nagle udało jej się zmobilizować.

– Czy Aristo wie, że jestem w szpitalu?
– Nie, Mario. Nie wie. W każdym razie nikt go nie zawiadomił. Jak do tej pory udało się utrzymać w tajemnicy przed prasą informację o twoim... wypadku.

Larry posłużył się drugą ręką, by uwolnić się z uścisku Marii. Gdy mu się to wreszcie udało, wstał z prostego stołka, na którym siedział do tej pory, i zadzwonił po siostrę. Za jego plecami Maria zauważyła szklaną szybę w miejscu ściany i otwarte drzwi. Po prawej stronie, koło jej łóżka, stał biały płócienny parawan.

W sąsiednim pomieszczeniu za szybą spostrzegła w półmroku jakieś poruszające się cienie. Choć to, co widziała, nasuwało raczej skojarzenie z biurem towarzystwa ubezpieczeniowego, niewątpliwie była to dyżurka sali wybudzeń lub oddziału intensywnej terapii. Widocznie była bardzo chora. A Aristo nic nie wiedział!

„Larry zapewne sądzi, że Arista nie interesuje, co się ze mną dzieje – przemknęło jej przez myśl, gdy obserwowała przyjaciela. – Ale się myli".

– Proponuję zatem, żebyś go jak najprędzej powiadomił – wychrypiała z trudem. – Aristo powinien dowiedzieć się z pierwszej ręki, co się ze mną dzieje, na wypadek gdyby coś przeciekło do prasy. Nie chciałabym, żeby się martwił.

„Chciałabym, żeby się martwił i natychmiast pojawił się przy moim łóżku" – dodała w duchu.

Larry'emu udało się uniknąć odpowiedzi, gdyż w tym momencie w ich polu widzenia pojawiła się pielęgniarka. Kobieta, mniej więcej w wieku Marii, ubrana była w śnieżnobiały, wykrochmalony fartuch. Spod czepka wystawały kasztanowe loki przyprószone tu i ówdzie siwizną.

– Madame Callas – powiedziała przyjaznym i zarazem apodyktycznym tonem guwernantki. – Jak to dobrze, że znów jest pani z nami. – Z tymi słowy wzięła w dłoń nadgarstek Marii, by sprawdzić puls. – Zaraz przyprowadzę lekarza, żeby mógł panią zbadać – dodała, zanim opuściła pokój.

– Będę musiał wyjść, gdy przyjdzie lekarz. – Larry pochylił się nad Marią i delikatnie pocałował ją w policzek. – Przyjdę jutro. Obiecuję. Nigdy sobie nie wybaczę, że pozwoliłem ci lecieć samej do Paryża.

Był taki miły. Jednak w tym momencie jego uprzejmość i troska wcale jej nie interesowały.

– Proszę, zawiadom Onassisa – poprosiła błagalnym tonem. – On...

– Mario... Mary... – Larry zawahał się, po czym złożył obietnicę tak cicho, że musiała wytężyć słuch, żeby zrozumieć jego słowa: – Postaram się. – Zarówno ton jego głosu, jak i niejednoznaczne sformułowanie sugerowały, że raczej tego nie zrobi.

Była zbyt zmęczona, by nalegać. W jej sercu niczym sztylet tkwiło przeczucie, że może błędem było odejście od Arista. Jakże wyraźnie miała przed oczami tamtą scenę. Opuściła Onassisa dokładnie tak, jak swego czasu Meneghiniego. Diwa odeszła. Ale jak miała dalej żyć po stracie swojej wielkiej miłości? Jak znieść dni bez błagalnych telefonów Arista, by do niego wróciła?

– Zastanawiałem się i doszedłem do wniosku... – zaczął Larry, jakby czytając w jej myślach. Jednak nie dane mu było dokończyć, gdyż do pokoju weszło dwóch lekarzy w towarzystwie pielęgniarki i opiekunki sprawującej pieczę nad chorą.

– Madame Callas, cieszę się, że znów jest pani z nami. – Starszy z lekarzy, którego wzięła za ordynatora, powtórzył słowa wypowiedziane wcześniej przez pielęgniarkę. – Czy mógłby nas, pan z łaski swojej, zostawić samych, monsieur Kelly?

Larry przytaknął. Delikatnie, nieco bezradnym gestem pogłaskał Marię po ramieniu, jakby nie mógł się z nią rozstać.

– Jak tylko wyjdziesz ze szpitala, polecimy do Nowego Jorku – oznajmił.

– Co takiego? – Maria otworzyła oczy, choć kosztowało ją to sporo wysiłku.

– Dzwoniłem do Dallas, do twojej przyjaciółki, Mary Mead. Ona również jest zdania, że w tej sytuacji najlepszym rozwiązaniem będzie wyjazd do Ameryki. To ci pozwoli nabrać nieco dystansu. Wszyscy jesteśmy do twojej dyspozycji, Mario. Poza tym najrozsądniej będzie na miejscu przygotować twoje występy, o których ostatnio rozmawialiśmy.

Niemal zapomniała o tournée w USA. Tkwiąca w jej żyle igła, przez którą spływały kroplówki, nagle ją zakłuła. Zupełnie jakby chciała zademonstrować słabość jej ciała. Przecież nie miała siły nawet na jeden występ, a co dopiero na całą trasę koncertową. Lucky Mary. Dziś czuła się równie nie na miejscu jak wówczas. Wcale nie była Marią Szczęściarą.

– Nie jestem pewna, czy w mojej obecnej sytuacji lot transatlantycki to dobry pomysł – mruknęła.

– Lekarz zadecyduje, co jest najlepsze dla twojego zdrowia. – Larry skinął w stronę starszego mężczyzny w białym kitlu. – A potem zobaczymy, co dalej. Przyjdę jutro.

Wycofał się tyłem w kierunku otwartych drzwi z pełnym wiary uśmiechem na twarzy.

W tej chwili podróż do Ameryki jawiła jej się niczym nowoczesna wersja tułaczki Odyseusza. Nawet myśl o powrocie na scenę nie była w stanie jej pocieszyć. W zasadzie chciała tylko wrócić do domu i spać. I czekać na powrót Arista niczym Penelopa, żona Odyseusza, tkwiąca w jednym miejscu i wyczekująca ukochanego męża przez dziesięć długich lat. Dokładnie tyle, ile trwał jej romans z Aristem.

ROZDZIAŁ 9

Londyn

Połowa czerwca 1959 roku

Maria doszła do wniosku, że wysłanie wiadomości, tak by nie dotarła do męża czy kogokolwiek z jej otoczenia, wcale nie było takie trudne, jak początkowo sądziła. By to zrobić, nie trzeba było ani przekupywać żadnego z pracowników hotelu Savoy, ani też wtajemniczać kogokolwiek z personelu Royal Opera House w Covent Garden. W zupełności wystarczyłoby, gdyby przysłano jej informację w języku greckim. I to całkiem oficjalnie.

Gdy po kobiecemu rozważała tę kwestię, uznała, że Onassis mógł się jednak trochę bardziej wysilić. Hotelowy paź dostarczył do jej apartamentu ogromny tradycyjny bukiet wspaniale rozkwitłych różowych róż. Gdy Meneghini zainteresował się, kto przysłał kwiaty, z lekką irytacją, która nagle ją ogarnęła, odpowiedziała zgodnie z prawdą:

– Arystoteles i Tina Onassisowie.

Przemilczała natomiast treść dołączonej do kwiatów karteczki, którą tylko ona była w stanie odczytać. Aristo zadbał o należytą dyskrecję, lecz nagle do głosu doszła jej próżność i Maria oburzyła się, że zadał sobie tak niewiele trudu.

– Zaczynają się nas czepiać niczym rzepy psiego ogona – zauważył Meneghini. – Ma się rozumieć, że Onassis ze wszystkimi swoimi pieniędzmi nigdy nie zdoła tak błyszczeć i przyciągnąć takiej uwagi jak ty swoimi występami. Dlatego też próbuje się do nas zbliżyć. Te ciągłe telefony i nieustanne zaproszenia latem na jego jacht, na rejs po Morzu Śródziemnym, doprawdy stają się już zbyt nachalne.

Choć niechętnie, Maria musiała zgodzić się z opinią męża. Gdy ponownie spotkali się w Paryżu po koncercie galowym, Arystoteles i Tina Onassisowie ponowili zaproszenie, jednak powszechny rozgardiasz panujący tego wieczoru sprawił, że udało jej się uniknąć odpowiedzi. Wówczas cały świat chciał jej pogratulować znakomitego występu. Odnosiło się wrażenie, że wszyscy goście honorowi pragnęli znaleźć się w jej pobliżu, by zamienić z nią choć parę słów i przez moment promienieć blaskiem operowej diwy. W tej sytuacji nie było czasu na dłuższą rozmowę z Onassisem, podobnie jak na majowym balu w Wenecji, wydanym na cześć Marii przez córkę dyrygenta Artura Toscaniniego, na którym armator również był obecny.

Parę tygodni później, pewnego słonecznego wiosennego popołudnia, w jej gabinecie w willi w Sirmione zadzwonił telefon.

– Dzwonię z Monte Carlo. – W słuchawce rozległ się niski, przekonujący głos Onassisa. – Właśnie układamy z Tiną plany na lato. Powinni państwo popłynąć z nami w rejs po greckich wyspach i wzdłuż tureckiego wybrzeża. Zobaczy pani, że będzie fantastycznie.

Złapał ją w zupełnie nieodpowiednim momencie, o czym – rzecz jasna – nie mógł wiedzieć. Jednak Maria wcale nie zamierzała ukrywać, że jej przeszkadza. Właśnie była zajęta studiowaniem libretta do opery *Medea* Luigiego Cherubiniego, roli, w której nie występowała na scenie od sześciu lat i która wymagała teraz od niej pełnej koncentracji oraz wielu żmudnych przygotowań. Powodem, dla którego gospodyni połączyła rozmowę, wiedząc, że Maria jest zajęta, były przypuszczalnie nieznoszący sprzeciwu ton i władcze zachowanie najbogatszego człowieka na świecie.

„Ze mną to nie przejdzie" – pomyślała ze złością. – „Nie będziesz traktował mnie, jakbym była twoją laleczką, gotową na każde skinienie".

– Nie mam teraz głowy do planowania rejsu – odpowiedziała niezbyt uprzejmie. – W najbliższych dniach lecę do Londynu, gdzie mam ważny występ.

Mówiąc to zdanie, pomyślała o nagłówkach na pierwszych stronach brytyjskich gazet sprzed dwóch lat. Do tej pory z powodzeniem udawało jej się rugować z pamięci to nieprzyjemne wspomnienie. Problem w tym, że było ono związane z pierwszym spotkaniem z Arystotelesem Onassisem na balu wydanym przez Elsę Maxwell w Wenecji. O ile pierwsza historia ją przygnębiała, o tyle druga przypominała jej o miłych chwilach spędzonych w towarzystwie tego frapującego człowieka.

Wahała się przez moment, po czym powtórzyła nieco łagodniejszym tonem:

– W tej chwili nie mam nastroju do zastanawiania się nad jakimkolwiek rejsem.

– Gdzie pani występuje w Londynie?

– W Covent Garden. W *Medei*.

Przypuszczalnie jeszcze nigdy nie słyszał o tej operze.

– W takim razie kupię kilka biletów i po przedstawieniu wydam przyjęcie na pani cześć w hotelu Dorchester – zareagował szybko. – Mam nadzieję, że mogę liczyć na pani obecność.

– Tak. Oczywiście... – wyjąkała, zaskoczona. – Prawdopodobnie... tak. To znaczy, chciałam powiedzieć, że przyjdę.

– W takim razie – z tonu jego głosu można było wywnioskować, że się uśmiecha – w Londynie wydobędę z pani odpowiedź.

Po tych słowach się rozłączył.

Ze zdumieniem patrzyła na trzymaną w ręku słuchawkę. O jakiej odpowiedzi mówił? Przecież właśnie potwierdziła swoją obecność na popremierowym przyjęciu. Dopiero po paru dobrych sekundach dotarło do niej, że chodziło mu o zaproszenie na rejs.

Gdy dokładnie cztery tygodnie później w hotelu Savoy spoglądała na trzymaną w dłoni karteczkę, nie potrzebowała się zastanawiać, do czego nawiązywała jej treść:

Jest mi Pani winna odpowiedź.
Kiedy mogę ją odebrać?

Przez jedną cudowną chwilę czuła się mile połechtana, jednak szybko wróciła na ziemię. Cóż takiego obiecywał sobie Onassis po ich *tête-à-tête*? Wszak sens jego pytania nie pozostawiał najmniejszych wątpliwości w tej kwestii. Czyż, ogólnie rzecz biorąc, nie zachowywał się zbyt obcesowo? Czy zamierzał posłużyć się jej sławą, by podkreślić swoją potęgę, jak również zademonstrować ogromne możliwości, i zaproszenie wcale nie było z jego strony ani gestem przyjaźni, ani też szacunku? A może był jedynie wielbicielem jej sztuki jak tylu innych?

Gdy uświadomiła sobie, że przez chwilę liczyła na coś więcej ze strony milionera, poczuła napływającą falę gorąca. Ależ to było głupie. Wręcz niepoważne i śmieszne. Wszak Onassis był żonaty i do tego z piękną kobietą.

Co prawda – jak utrzymywała Elsa Maxwell – Tina niezbyt brała sobie do serca przysięgę wierności małżeńskiej, a Onassis, jak każdy Grek, z całą pewnością nie był zbyt zachwycony przyprawianiem mu rogów, jednak zapewne nie rozstałby się z nią z powodu jej skoków w bok. Prawdopodobnie prędzej zamknąłby ją na klucz, niż pozwolił odejść z kochankiem.

„A w ogóle – pomyślała nagle – przecież sama jestem mężatką". Przestraszył ją fakt, że dopiero w tym momencie dotarła do niej ta oczywista prawda. Zupełnie jakby perspektywa flirtu z Onassisem wymazała z pamięci Marii jej małżeństwo.

Czym prędzej podarła na strzępy otrzymaną kartkę.

Od jej przybycia do Londynu tłumy fotografów oblegały wąską uliczkę prowadzącą do Savoya. Bywało, iż miała tak dość oślepiających lamp błyskowych, że wymykała się tylnym wyjściem. Jednak rzadko uczestniczyła w tej zabawie w chowanego, gdyż w końcu przeważnie i tak zostawała rozpoznana. W takich chwilach też oblegali ją fotoreporterzy, z tą tylko różnicą, że w innym miejscu – czy to w drodze na próbę, czy to w restauracji, czy na zakupach u Marksa & Spencera, względnie u Selfridgesa.

Dziś jednak zupełnie świadomie zdecydowała się skorzystać z głównego wyjścia, przed którym czekał na nią rolls-royce należący do jednego z członków rodziny królewskiej. Gdy tylko pojawiła się w drzwiach obrotowych, natychmiast rozbłysły lampy setek aparatów fotograficznych.

Tego dnia miała na sobie zielony kostium podróżny w odcieniu liści lipy oraz lakierowany słomkowy kapelusz z szerokim, wygiętym do wewnątrz rondem. Perfekcyjny strój na wyjazd na wieś w pogodny weekend. Dlatego też stanęła obok samochodu i zapozowała do zdjęć, podczas gdy szofer cierpliwie czekał, trzymając otwarte drzwi. Tymczasem z drugiej strony Meneghini przedzierał się samotnie do samochodu przez napierający tłum, by zająć miejsce na tylnym siedzeniu.

Maria uśmiechała się i stała cierpliwie, doskonale zdając sobie sprawę, jak ważne były dobra prasa oraz piękne zdjęcia. Fotografie stojącej za sceną rozgniewanej diwy, robione przy okazji jej występów, w czasie których zawodziły ją zarówno nerwy, jak i głos, budziły w niej zawsze mgliste poczucie winy. Zupełnie jakby wciąż jeszcze była małą dziewczynką nieustannie strofowaną przez matkę. Negatywne artykuły również nie przysparzały jej sympatii publiczności, z czego doskonale zdawała sobie sprawę.

Lecz teraz świeciło słońce i choć sama nie uważała się za naprawdę piękną, wiedziała, że tego dnia wygląda wyjątkowo dobrze. Cieszyła się z zaproszenia hrabiego Harewood do jego rodzinnej posiadłości w West Yorkshire. W zasadzie nie powinna przyjmować żadnych zaproszeń tuż przed londyńską premierą *Medei*, jednak George Lascelles był jednym z najważniejszych mecenasów opery w Wielkiej Brytanii. I angielskiej piłki nożnej. Maria lubiła kuzyna królowej nie tylko z powodu jego znajomości świata opery, lecz w głębi duszy też i dlatego, że był w pewnej mierze podobny do Gary'ego Coopera. Poza tym był szarmancki, mądry i żonaty ze wspaniałą pianistką.

Wreszcie wsiadła do przysłanego po nią samochodu, zadowolona z perspektywy spędzenia dwóch interesujących dni w Harewood.

– Czy może być coś nudniejszego niż weekend na angielskiej wsi? – westchnął Meneghini, gdy rolls-royce powoli sunął przez tłum. – Konie, psy, ogród i fatalne jedzenie z pewnością będą głównymi tematami rozmów. A ja nie będę mógł się włączyć do dyskusji.

Narzekanie męża rozzłościło Marię. Jego lament sprawił, że radość z pobytu w zachodnim Yorkshire nagle się ulotniła. Na domiar złego było to zaledwie preludium do dyskusji, którą już wielokrotnie prowadzili przy innych okazjach. Wygrzebała z torebki okulary, włożyła je i spojrzała ostro na Meneghiniego.

– Nie sądzę, żeby George Lascelles dyskutował wyłącznie o takich banałach. Jak doskonale wiesz, swego czasu był dyrektorem Royal Opera House i napisał ceniony przewodnik operowy o dużym znaczeniu.

– Przecież światowym językiem opery jest włoski – upierał się przy swoich racjach Meneghini. – A mimo to goście wicehrabiego Lascellesa z pewnością będą mówić wyłącznie po angielsku.

– Trzeba zatem było uczyć się języków obcych – zauważyła ze złością.

Po tych słowach odwróciła głowę i zaczęła demonstracyjnie patrzeć przez boczną szybę. Samochód jechał teraz ulicą Victoria Embankment, nabrzeżem Tamizy, miała więc tego pogodnego ranka cudowny widok na rzekę. Właśnie udało jej się nieco odprężyć, gdy Meneghini ponownie zaczął narzekać:

– Jak mam się zająć twoimi występami, jeśli nie będę w stanie z nikim się porozumieć?

– Jeśli nie jesteś w stanie być moim managerem – odwróciła głowę w stronę męża, rzucając mu gniewne spojrzenie – to daj sobie z tym spokój!

– To niezbyt miła propozycja po tym wszystkim, co dla ciebie zrobiłem – warknął, odwracając wzrok.

W oddali, po jego stronie, pojawiła się słynna wieża zegarowa Big Ben. Jednak Maria była przekonana, że

Meneghini nawet nie zwrócił uwagi na historyczną budowlę, którą właśnie mijali w drodze na lotnisko.

Gdy dotarli na Heathrow, zaskoczyło ją, że kierowca nie skręcił w stronę doskonale znanego jej terminalu pierwszej klasy, lecz pojechał w kierunku oddalonego od hal odlotów i przylotów hangaru.

– Dokąd jedziemy?

– Pan Onassis dał pani do dyspozycji swój prywatny samolot, którym polecą państwo do Leeds.

– Och! – Na jej ustach pojawił się lekki uśmiech. Najwyraźniej armator jednak starał się wywrzeć na niej wrażenie. – Czy pan Onassis też poleci z nami?

– Nie, madam. O ile mi wiadomo, na pokładzie będą tylko pani i Mr. Meneghini.

Jej uśmiech nagle zamarł. Szkoda. Z Arim Onassisem lot byłby o wiele bardziej interesujący niż z mężem, który od momentu ich sprzeczki więcej się do niej nie odezwał. Jednak chwilę później doszła do wniosku, że milioner z pewnością był już w Harewood House, gdzie zapewne na nią czekał. Chętnie wypytałaby szofera, kim byli pozostali goście, jednak powściągnęła swoją ciekawość.

Harewood House był imponującą budowlą z jasnego piaskowca, z portalem ozdobionym kolumnami. Dom otaczał trawnik angielski, sprawiający wrażenie przyciętego przez ogrodników nożyczkami do paznokci i regularnie malowanego jaskrawozieloną farbą. Trawnik dochodził do szpaleru wiecznie zielonych bukszpanów i buków, porastających pagórkowaty krajobraz aż do linii lasu, nad którym rozpościerało się jasnobłękitne letnie niebo. Gdyby Maria nie widziała parku na własne oczy, sądziłaby, że ma przed sobą starannie wyretuszowaną widokówkę.

– Ależ wieje. – Meneghini postawił kołnierz prochowca. – Te zimne wiatry w północnej Anglii są zdecydowanie nie dla nas. Musisz uważać, Mario, żebyś się nie przeziębiła.

Na tę uwagę gniewnie potrząsnęła głową. Jej zdaniem bryza wcale nie była zimna, lecz rześka i wyjątkowo przyjemna. Rozległość terenu dała jej poczucie wolności, jakie miała jedynie nad morzem.

– Jeśli chcesz, możesz odpocząć w domu. Mam zamiar pójść na spacer.

– Maria Callas! – George Lascelles schodził z pałacowych schodów z rozpostartymi ramionami. Za nim podążała żona, Marion, z pochodzenia Austriaczka, niezwykle atrakcyjna brunetka. – Co za radość móc powitać naszego honorowego gościa!

Maria w okamgnieniu weszła w rolę diwy. Zupełnie jak na scenie, gdzie jej talent aktorski dawał granym przez nią postaciom to coś wyjątkowego, przeistoczyła się w wytwornego, doskonale obytego w świecie gościa. Przezwyciężyła nieśmiałość i podążyła, mając po obu bokach gospodarzy, do domu, w którym podziwiała pokazywane jej wnętrza oraz galerię obrazów, nie widząc prawie nic, gdyż zdjęła okulary. Pan domu opowiadał jej historię posiadłości, sięgającą osiemnastego wieku, oraz hrabiów Harewood, którzy swego czasu zlecili urządzenie domu stolarzowi zajmującemu się wytwarzaniem mebli, Thomasowi Chippendale'owi. Niektóre spośród wykonanych wówczas egzemplarzy stanowiły dzisiaj rzadki rarytas. Maria przysłuchiwała się z zainteresowaniem jego wyjaśnieniom, zadając we właściwych momentach stosowne pytania. Jednak to, co ją naprawdę interesowało, zachowała dla siebie. Nawet wówczas, gdy Marion Stein--Lascelles zaczęła mówić o innych gościach, grających właśnie w ogrodzie w tenisa stołowego lub rozgrywających partię pétanque, nie zapytała o Onassisów. Zamiast tego obiecała zaraz dołączyć do innych, gdy tylko trochę się odświeży.

– Powinnaś raczej odpocząć – upomniał ją Meneghini, gdy tylko po wyjściu służby przeszli przez pokryte tapetą drzwi do sąsiadującej z pokojem sypialni.

Maria odesłała pokojówkę, która chciała rozpakować jej bagaż, prosząc, by zajęła się tym później. W sypialni położyła kapelusz na ogromnym łożu z baldachimem, przykrytym brokatową jedwabną narzutą.

– Przecież mówiłam ci, że zamierzam się przejść – syknęła zirytowana.

Chciała jedynie przyjrzeć się grającym w tenisa albo w boccię, żeby ustalić, kim byli inni goście zaproszeni na weekend. Nie planowała przyłączać się do żadnej z gier, jednak wcale nie miała zamiaru mówić o tym mężowi, uznając, że w żadnym razie nie musi się tłumaczyć. Wystarczającym argumentem była po prostu chęć rozprostowania kości po podróży.

– Nie zapominaj, że do czasu premiery musisz być w doskonałej formie – zauważył Meneghini tonem bardziej pasującym do obawiającego się problemów managera niż troskliwego męża. – W żadnym wypadku nie możesz pozwolić sobie na rezygnację z kolejnego występu. To mogłoby doprowadzić do nie lada perturbacji, a może nawet wywołać zamieszki. Ludzie ustawiali się przecież w kolejce przed Royal Opera House już na trzy dni przed rozpoczęciem sprzedaży biletów i wszystkie miejsca zostały wyprzedane w ciągu niespełna trzech godzin. Jesteś winna swojej publiczności nie tylko występ, lecz także stuprocentową formę.

– Odnoszę wrażenie, że zachowujesz się, jakbym była ci coś winna – zauważyła. – Odpocznij, jeśli jesteś zmęczony. Jeśli o mnie chodzi, jestem w doskonałej formie i zamierzam przejść się po parku... sama – dodała ostatnie słowo na wszelki wypadek, gdyby Meneghini wpadł na pomysł towarzyszenia jej, czego za wszelką cenę chciała uniknąć.

– Uważam za niewłaściwe – zaczął z ociąganiem – że tak małą wagę przykładasz do swojego zdrowia.

– Czyżbyś znów zaczynał grać rolę mojej niańki? – zapytała retorycznie. – Sama wiem najlepiej, co jest dla mnie dobre – dodała.

– Mam nadzieję – mruknął, po czym opuścił pokój, zamykając cicho drzwi za sobą.

Maria odetchnęła głęboko. Dopiero teraz zauważyła, że cały czas wstrzymywała oddech.

Przebrała się w mgnieniu oka w obawie, że Meneghini mógłby się pojawić z pomysłem towarzyszenia jej w zaplanowanym spacerze. Ponieważ nie chciała tracić czasu na ponowne upinanie włosów, owinęła głowę szerokim jedwabnym szalem. Spojrzenie w lustro upewniło ją, że wygląda znakomicie. Szeroka spódnica letniej sukienki w kolorze cytrynowym układała się swobodnie wokół łydek, nasuwając skojarzenie z wywalczoną przed chwilą wolnością, która zapewne nie będzie trwała zbyt długo. Na ramiona narzuciła wełniany sweter, po czym wskoczyła w wygodne buty i szybko opuściła pokój.

Na tarasie natknęła się na Randolpha Churchilla, syna byłego brytyjskiego premiera. Churchill junior trzymał w dłoni szklankę, w której – sądząc po kolorze – znajdowała się whisky. Zapewne nie pierwsza tego dnia. Na widok

Marii wstał z ratanowego fotela, w którym wcześniej rozpierał się wygodnie, obserwując ogród.

– Boska Maria Callas! Nadaje pani blasku tej starej budzie, równocześnie ją ożywiając. Lascellesowie sprosili tu całą kupę sąsiadów równie nudnych jak całe brytyjskie ziemiaństwo. Czuję się zaszczycony spotkaniem z tak znamienitą osobą jak pani. – Z tymi słowy skłonił się nisko, lekko chwiejąc się na nogach.

Znając ostry język Randolpha, Maria powstrzymała się od zadania pytania, które od chwili przybycia zajmowało wszystkie jej myśli.

– A gdzie są pozostali goście? – zapytała obojętnie.

W odpowiedzi młody Churchill machnął ręką tak energicznie, że wylał część zawartości szklanki.

– Gdzieś tam w parku. Bawią się w sport albo wysilają swoje zdolności umysłowe. Jedni grają w tenisa, inni w kule. Jeśli tylko podąży pani za odgłosem odbijanej piłki tenisowej albo metalu uderzającego o metal, z pewnością ich pani znajdzie. – Randolph ponownie opadł na fotel i wyciągnął nogi, jakby wypowiedzenie tych paru zdań kosztowało go sporo wysiłku. – Ale czy nie lepiej byłoby dosiąść się do mnie?

– Później z pewnością do pana dołączę – zapewniła uprzejmie, choć wcale nie miała zamiaru tracić czasu w towarzystwie cynicznego pijaczyny. – Teraz jednak chciałabym się przejść.

W odpowiedzi Churchill junior jedynie skinął głową. Najwidoczniej stracił już zainteresowanie nią, gdyż na wpół przymknął oczy, ponownie skupiając się na zawartości trzymanej w dłoni szklanki.

Maria odwróciła się od ściany zdobionej barokowymi motywami kwiatowymi i ruszyła w stronę schodów, u stóp których zaczynała się szeroka aleja. Podążyła nią wolnym krokiem i już po chwili znalazła się w typowym angielskim ogrodzie krajobrazowym z rozległymi trawnikami, mnóstwem krzewów i niskimi murkami. W cieniu buków panował chłód. Maria otuliła się szczelniej swetrem.

Okazało się, że wskazówki Randolpha Churchilla były całkowicie trafne. Z oddali do jej uszu dotarł tępy dźwięk odbijanej piłki tenisowej, do którego po chwili dołączył odgłos uderzanych o siebie kul do gry w pétanque oraz entuzjastyczne okrzyki wraz z towarzyszącymi im pomrukami podziwu.

Maria zdecydowała się pójść piaszczystą ścieżką w stronę grających w kule, gdyż lubiła tę grę, ceniła jej spokój i precyzję. Niestety, była zbyt znana, by móc dołączać do graczy w boccię w Sirmione. Jej obecność nie tylko wywołałaby sporą sensację, lecz także spowodowała niepotrzebne napięcia. Jednak tu, wśród przyjaciół hrabiego Harewood, sprawy miały się całkiem inaczej. W tym towarzystwie Callas co prawda była postrzegana jako sława, lecz z drugiej strony każdy był zbyt świadomy swojej pozycji społecznej, by odczuwać nadmierny respekt na widok słynnej diwy.

Kolejne godziny spędziła w pogodnym nastroju w towarzystwie pół tuzina brytyjskiego ziemiaństwa, które w żadnej mierze nie wydawało jej się nudne, jak twierdził syn byłego premiera czy też jak uważał jej mąż. Ciskała kule, przyglądała się z chęcią tenisowym rozgrywkom, śmiała i toczyła błyskotliwe rozmowy, znakomicie się bawiąc. Wśród nowych znajomych nie było ani Tiny, ani Onassisa, jednak dowiedziała się, że wieczorem oczekuje się kolejnych gości. Nie padły żadne nazwiska, ale w wesołej, odprężającej atmosferze przestała w końcu myśleć, jak zaspokoić rozpierającą ją ciekawość. Tego słonecznego, jasnego popołudnia wypełniało ją nadzwyczajne uczucie wolności, które potęgował lekki wiatr poruszający końcówkami jej szala i rozwiewający dół letniej sukienki. Po raz pierwszy od długiego czasu była znów sobą, a przynajmniej odnosiła takie wrażenie.

Gdy wróciła do przydzielonego im apartamentu, drzwi do sypialni Meneghiniego były otwarte. Przez chwilę w milczeniu obserwowała męża siedzącego przy sekretarzyku i sporządzającego notatki. Nie można było uznać go za przystojnego. Niski, korpulentny, starszy od niej o niemal trzydzieści lat mężczyzna zupełnie nie pasował do wytwornego otoczenia wnuka brytyjskiej królewny Marii ani też do światowej sławy gwiazdy.

Do czasu ich ślubu ten pracowity przedsiębiorca budowlany i zarazem wielki miłośnik opery mieszkał razem ze swoją mamą w Weronie. Nie był żadnym galantem ani też casanovą. Mimo to poznanie go było czymś najlepszym, co ją do tej pory w życiu spotkało.

Gdy tak go obserwowała, przyszło jej na myśl, że być może, patrząc z dzisiejszej perspektywy, nigdy by za niego nie wyszła. Ale wówczas sprawił, że scena stanęła przed nią otworem, i dał jej poczucie bezpieczeństwa – dwie rzeczy, których potrzebowała nade wszystko i których pragnęła jak niczego innego na świecie. Nie powinna wątpić w swoje małżeństwo tylko dlatego, że czuła potrzebę odmiany i od czasu do czasu tak banalnej rozrywki jak sport czy przyjemności jak taniec, na które mąż krzywo patrzył. Ale nieporozumienia tego rodzaju zdarzały się przecież w każdym związku.

Pod wpływem tych myśli zmusiła się do uśmiechu, po czym zastukała w futrynę drzwi.

– A, już jesteś – zauważył Meneghini, spoglądając na żonę. – Czy udało ci się miło spędzić czas?

– Tak, ale byłoby mi przyjemniej, gdybyś poszedł ze mną. Chciałam, żebyśmy razem zobaczyli park.

– Przykro mi. Byłem zmęczony. Poza tym niezbyt dobrze znoszę ten klimat. – Po tych słowach zakaszlał demonstracyjnie.

Maria oparła się o ścianę, ignorując jego uwagę.

– Wiesz co, pomyślałam sobie, że powinnam dużo więcej czasu spędzać na łonie natury. Wszystkie zobowiązania są tak bardzo wyczerpujące, że chciałabym więcej odpoczywać. Stwierdziłam właśnie, że bardzo dobrze zrobiło mi tych parę odprężających godzin w pięknym otoczeniu.

– Nawet o tym nie myśl. Musisz nadal występować jak dotychczas – odparował Meneghini, najwidoczniej w najmniejszym stopniu niezainteresowany jej potrzebami. – Mario, przecież żeby móc żyć na dotychczasowym poziomie, musisz zarabiać pieniądze.

– Przecież do tej pory zarobiłam już na tyle dużo, żeby...

– Ale nic z tego nie zostało – przerwał jej w połowie zdania.

– Co takiego?

– Wszystko zostało wydane – powtórzył z powagą.

Maria odniosła wrażenie, jakby ziemia usunęła jej się spod nóg. Wyprostowała się, próbując równocześnie oprzeć się ręką o framugę drzwi. Nadciągająca letnia burza sprawiła, że poczuła niepokój.

– Co to ma znaczyć?

– To, że trzeba było spłacić kredyty, które zaciągnąłem na zbudowanie twojej kariery. Wówczas twoje zarobki były niewystarczające, żeby pokryć ogromne wydatki, które przecież jakoś trzeba było finansować. Jak myślisz, z czego?

Nagle oczami duszy ujrzała małą dziewczynkę, która nie miała żadnych własnych zabawek, gdyż ojciec ciągle wpadał w kolejne kłopoty finansowe i nie był w stanie kupić niczego, co zaspokajałoby potrzeby jego młodszej latorośli. W momencie, gdy matka spostrzegła, jakim talentem została obdarzona jej córka, uznała, że gdy się ma tak cudowne dziecko, zabawa jest po prostu niepotrzebną stratą czasu. Od tamtej chwili zaczęła robić wszystko, by uczynić z Marii prawdziwy automat do śpiewania, który na zawołanie, niczym za naciśnięciem guzika, prezentował swoje umiejętności. Oznaczało to ciągły przymus, który zaważył na jej dzieciństwie i młodości. A teraz jeszcze własny mąż nie pozwalał jej odpocząć, bo ma śpiewać i śpiewać, ciągle tylko śpiewać.

– Chyba nie mówisz poważnie? – zapytała, próbując zachować jako taki spokój. – Gdzie w takim razie są moje pieniądze? Gdzie zostały przelane moje gaże? – Podniosła głos. Straciła panowanie nad sobą.

– Na moje konto, ma się rozumieć. Tak jak żeśmy ustalili – westchnął z rezygnacją, podczas gdy jego mina wyrażała zupełny brak zrozumienia dla jej pytań. – Przecież byliśmy zgodni co do tego, że będę zajmował się twoimi sprawami finansowymi. Takie były nasze ustalenia, Mario! – W jego zazwyczaj przyjaźnie brzmiącym głosie nagle pojawiły się groźne nuty. Wciąż siedząc przy sekretarzyku, odwrócił się i obrzucił ją ostrym spojrzeniem. – Wszak zawsze mam na względzie wyłącznie twoje dobro i chcę dla ciebie jak najlepiej.

W pierwszym odruchu chciała na niego nakrzyczeć. Najzwyczajniej w świecie dać upust złości, jak zazwyczaj, gdy coś było nie po jej myśli. Jednak zagryzła wargi.

Nagle uświadomiła sobie, że w tym wypadku musi postępować mądrze i wykazać się rozsądkiem. Odniosła wrażenie, jakby na jej ramieniu nagle usiadł anioł, dający jej siłę do podjęcia decyzji. Zamiast poddać się ogarniającej ją panice i oznajmić mężowi, że od tej pory sama chce zarządzać swoimi finansami, zadziwiająco spokojnie podsumowała w myślach swoje najbliższe zobowiązania. Po występie w Londynie miała udać się do Amsterdamu, by wziąć udział w największym i zarazem najstarszym festiwalu muzycznym, jaki odbywał się w Holandii. Stamtąd musiała pojechać prosto do Belgii. Niezwłocznie należało zadbać o to, by mąż nie mógł już dłużej dysponować jej gażami. Musiała wymyślić, jak sprawić, żeby od tej pory przestał robić z jej pieniędzmi, co tylko chciał.

Wtem dostrzegła, że milczenie Meneghiniego miało ukryć zdenerwowanie. Nieprzerwanie bębnił palcami w leżący przed nim notes. Czy to właśnie w nim notował jej dochody i wydatki? Nigdy go nie kontrolowała. Ani razu też nie zapytała, co robił z jej pieniędzmi. Zakładała, że ich wspólne życie, jak również początki jej kariery były finansowane z jego zasobów. W każdym razie na początku, gdy się poznali i Meneghini został jej impresariem. Wówczas nawet nie przeszło jej przez myśl, że mógłby zaciągnąć jakiekolwiek pożyczki na ten cel. Do kogo zatem należały willa w Mediolanie i dom w Sirmione? Natłok myśli sprawił, że nagle dostała zawrotów głowy. Mimo ogromnego zaskoczenia nie zdradziła się ani słowem.

Zamiast zacząć jakąkolwiek dyskusję, odwróciła się i udała do swojego pokoju, bez słowa zamykając za sobą pokryte tapetą drzwi.

Początkowo Maria obawiała się, że weekend spędzony w towarzystwie mniej lub bardziej obcych jej ludzi okaże się niezmiernie męczący, ale po burzliwej wymianie zdań z Meneghinim była wdzięczna, że stale może przebywać w towarzystwie innych osób, ich ciągła obecność uniemożliwiała bowiem kontynuowanie dyskusji rozpoczętej w przydzielonym im apartamencie. Aż do kolacji robiła wszystko, żeby tylko uniknąć powrotu do zajmowanych przez nich pokoi. Ponownie zobaczyła męża dopiero w holu, gdzie się spotkali, żeby razem udać się na serwowany cocktail. Informację o przyjęciu przekazała Marii oddana do jej dyspozycji służąca, która na polecenie śpiewaczki zawiadomiła Meneghiniego.

Oddalone o zaledwie parę kroków ciężkie drzwi otworzyły się i do uszu Marii dotarł głęboki męski głos, mamroczący coś, czego nie zrozumiała. Jego dźwięk sprawił, że nagle się zatrzymała i odwróciła. W tym momencie spostrzegła, kto właśnie wychodził z pokoju – pani i pan Onassisowie.

– Bardzo bym się zdziwił, nie widząc ich tutaj – mruknął Meneghini za plecami żony.

Maria spojrzała przelotnie na męża, dostrzegając wystudiowany, zimny uśmiech na jego twarzy. Wszystko wskazywało na to, że tego wieczoru nawet w niewielkim stopniu nie będzie się bawił równie dobrze, jak ona zamierzała to robić w towarzystwie Onassisów, którzy zapewne już dłużej nie dadzą się zwodzić obietnicami i będą oczekiwali odpowiedzi na swoje zaproszenie.

– *Kalispéra*. – Maria przywitała się z uśmiechem po grecku, po czym zwróciła się po angielsku do Tiny Onassis: – Dobry wieczór.

– O, *hello* – zaszczebiotała Tina, objęła Marię niczym najlepszą przyjaciółkę i pocałowała ją w oba policzki na sposób francuski. – Tak się cieszę, że znów się widzimy.

– Podobnie jak ja – zapewniła Maria.

– *Kalispéra* – odpowiedział powitaniem Onassis, podnosząc jej dłoń do ust.

– Muszę państwu podziękować – paplała tymczasem Maria, uświadamiając sobie z niepokojem, że armator zbyt długo trzyma jej prawą rękę w swoich dłoniach. W pierwszej chwili nie dotarło do niej, że rozmawiali po grecku. Gdy to spostrzegła, było już za późno, żeby w elegancki sposób przejść na inny język. – To bardzo miłe z pana strony, że oddał nam pan do dyspozycji swój prywatny samolot.

– Mam nadzieję, że lot był spokojny – zauważył uprzejmie Onassis. – To najwygodniejszy sposób podróżowania. Za wyjątkiem, ma się rozumieć, żeglowania własnym statkiem.

Maria wysunęła rękę z jego dłoni.

– Naturalnie – przytaknęła z uśmiechem.

Powoli zmierzała w stronę ogromnych zewnętrznych schodów w towarzystwie armatora. Mimo że nie obejrzała się siebie, była pewna, że Meneghini poczuł się w obowiązku zaoferowania ramienia Tinie Onassis, by podążyć za małżonką i mężem swojej chwilowej towarzyszki.

Arystoteles Onassis sprawiał wrażenie, jakby żona wcale go nie obchodziła. Miliarder całą uwagę skupił na Marii. Wyjaśniał, podkreślając swoje słowa energicznymi gestami, że jego samolot po wysadzeniu jej oraz Meneghiniego niezwłocznie wrócił do Londynu, żeby zaraz zabrać jego i Tinę do Leeds.

– Tyle co przyjechaliśmy. Dlatego też nie mogliśmy wziąć udziału w rozgrywkach sportowych, którym zazwyczaj oddają się w weekendy mieszkańcy wiejskich okolic północnego Yorkshire. Czy gra pani w tenisa?

– Nie. Nie jeżdżę też konno.

– Znakomicie – uznał z uśmiechem. – Ja też nie.

U szczytu schodów Maria uniosła dół długiej, szmaragdowozielonej wieczorowej sukni. I chociaż doskonale zdawała sobie sprawę, że Onassis z nią flirtuje, nie zamierzała brać na poważnie jego prób zbliżenia się do niej. Ich rozmowa wydała jej się nieco banalna. Jakkolwiek by było, ich współmałżonkowie znajdowali się tuż za nimi. Lecz gdy zaczęła uważnie wsłuchiwać się w siebie, stwierdziła, że podoba jej się zarówno jego wygląd, jak i wykorzystywanie każdej nadarzającej się okazji, by ją przypadkowo dotknąć, dyskretnie sygnalizując w ten sposób, czego chce. To wyraźne zainteresowanie innego mężczyzny nasuwało jej skojarzenie z uczuciem wolności, którego wcześniej doznała w parku okalającym Harewood House. Uznała, że było ono równie cudowne co bita śmietana, za którą przepadała.

Mimowolnie pojawił jej się przed oczami obraz męża pochylonego nad notatnikiem, w którym najprawdopodobniej wypisywał kolumny liczb. Wspomnienie rzekomych problemów finansowych groziło pogorszeniem nastroju. Żeby tego uniknąć, spróbowała skierować rozmowę z Onassisem na pierwszy lepszy temat.

– Czy słyszał pan może, że Benjamin Britten będzie grał po kolacji swoją najnowszą kompozycję?

– Niestety tak. Nie jestem entuzjastą muzyki nowoczesnej. Szczerze mówiąc, nie leżą mi nawet wielkie klasyczne symfonie.

Maria przypomniała sobie, jak opowiadał jej, że nieszczególnie przepada za wysublimowaną kulturą wyższych lotów.

– Ale przecież ogląda pan wielkie przedstawienia operowe...

– Jedynie te, w których pani występuje – przyznał. – Kupiłem trzysta biletów do Covent Garden na pani *Medeę*.

– Ostrzegam, nie jest to łatwa opera.

– Wiem. – Znów ten najbardziej szarmancki spośród wszystkich szarmanckich uśmiechów, jakie do tej pory widziała.

W międzyczasie dotarli do podnóża schodów, gdzie oczekiwali ich gospodarze oraz niektórzy z sąsiadów, których Maria zdążyła już poznać tego popołudnia. Podczas powitania rozdzielili się z Onassisem, który podszedł do żony, by jej towarzyszyć. Ona zaś automatycznie rozejrzała się w poszukiwaniu Meneghiniego, stojącego jak zawsze w jej cieniu, nieco po lewej. Zebrała wszystkie siły, by stłumić urazę, którą wciąż do niego żywiła, i zdobyć się na uśmiech. Uśmiech, którym będzie go obdarzać od czasu do czasu przez cały wieczór, tłumacząc tę czy inną rozmowę. Pochyliła się ku niemu, by uszczknąć malutki kawałeczek z jego *hors d'oeuvres*, które serwowano wraz z aperitifem. Ten wykonany na pokaz gest miał świadczyć o bardzo bliskiej zażyłości małżonków i upewnić otaczających ich gości, że małżeństwo Callas jest szczęśliwe. Zdobyła się na niego, gdyż bardzo jej zależało, żeby opinia publiczna tak właśnie postrzegała ten związek.

Maria, jako gość honorowy, siedziała przy stole obok George'a Lascellesa, podczas gdy Onassisowi przydzielono miejsce na jego drugim końcu, koło Marion, żony gospodarza. Dlatego też podczas kolacji nie mogła kontynuować rozmowy z armatorem, na co w duchu liczyła.

Podczas bankietu od czasu do czasu czuła na sobie czyjeś spojrzenie, któremu początkowo nie przypisywała żadnego znaczenia, sądząc, że to Meneghini gapił się na nią. Jednak w którymś momencie zauważyła, że Onassis co rusz taksował ją wzrokiem. Gdy tylko dostrzegała jego oczy zwrócone w jej stronę, momentalnie przestawała słyszeć wszystkie rozmowy toczone przy stole, podobnie jak przygrywającą w tle muzykę, a jej myśli zaczynały wędrować ku bukietom kwiatów i wiadomościom, które jej w międzyczasie przesłał. Czyżby ten najbogatszy człowiek na świecie faktycznie zamierzał uczynić z niej kolejne trofeum w swojej kolekcji, jak twierdził Meneghini? Czyżby miała dołączyć do jego zdobyczy, podobnie jak swego czasu Winston Churchill, Margot Fonteyn czy Greta Garbo? Zadała sobie pytanie, czy jego ogłada i wykwintny styl bycia faktycznie były jedynie pozą parweniusza próbującego wywrzeć na niej wrażenie i zbliżyć się – z obojętnie jakich powodów – do najsławniejszej kobiety na świecie. A może za jego zachowaniem kryło się pożądanie mężczyzny, na dodatek Greka, któremu się podobała? Ona, wyłącznie jako kobieta, a nie jej głos?

Wcześniej powiedział przecież, że oglądał tylko te spektakle operowe, w których śpiewała, co było jednoznacznym pochlebstwem. Lecz, po przeanalizowaniu wszystkich aspektów, Maria musiała w końcu przyznać przed samą sobą, że to jednak ona nie jako kobieta wywarła wrażenie na Onassisie, lecz jej głos. Jaka szkoda!

Uśmiechając się uprzejmie, ponownie zwróciła się do George'a Lascellesa, by podjąć przerwany wątek najbliższego sezonu operowego. Opowiedziała mu o zaplanowanych w La Scali na październik nagraniach płytowych opery *Gioconda*, w której miała śpiewać główną partię. Mimowolnie przyszło jej na myśl, że dokładnie w tej operze debiutowała we Włoszech przed dwunastu laty. Wówczas w Weronie, na obrzeżach areny, poznała Battistę Meneghiniego, który zdobył jej serce zachwytem, jaki w nim wówczas wzbudziła. To nieoczekiwane wspomnienie zepchnęła natychmiast w najciemniejszy zakamarek mózgu. W miejsce, w którym z żalem umieściła także rozważania na temat rzekomego zainteresowania nią Onassisa.

Marion Stein-Lascelles wreszcie odbyła całą rundę, zamieniwszy parę słów z każdym z zaproszonych. I gdy plotkujące w najlepsze damy przeszły do salonu, w którym ustawiono fortepian oraz parę rzędów krzeseł, panowie udali się na taras na papierosa, ewentualnie cygaro. Pół godziny później mężowie dołączyli do żon. Maria zauważyła, że Tina Onassis była sama. Jednak dało się wyraźnie zauważyć, że wcale nie odczuwa braku męża u swego boku, gdyż rozpromieniła się na widok przystojnego kompozytora Benjamina Brittena, co wywołało uśmiech Marii. Swego czasu Elsa Maxwell wyjawiła jej, że małżonka armatora miała słabość do mężczyzn prezentujących się o wiele bardziej atrakcyjnie niż jej mąż. Patrząc na jej zachowanie, wydawać by się mogło, że Tina Onassis nie poznała tenora, Petera Pearsa, życiowego partnera Benjamina Brittena.

Gospodyni zaprowadziła Marię do krzesła w pierwszym rzędzie, w pobliżu Tiny. Jednak przewidziane dla Onassisa miejsce koło żony pozostało puste podczas koncertu. Marię tak zafascynowała i porwała dynamiczna i zarazem melodyjna kompozycja Brittena, że zupełnie zapomniała o nieobecności rodaka.

Po koncercie poprosiła Meneghiniego, by przyniósł jej z pokoju etolę z norek. Otulona ciepłym futrem, wyszła na taras, by zaczerpnąć powietrza. W tym czasie pozostali goście dyskutowali o występie znakomitego kompozytora lub wymieniali błahe uwagi na temat wieczoru, zbliżającego się powoli ku końcowi. Tymczasem Maria pragnęła w ciszy nocnej odtworzyć cudowne tony, wciąż jeszcze rozbrzmiewające w jej wnętrzu. Przez chwilę chciała być zupełnie sama ze swoimi myślami, blisko nieba i z daleka od męża, którego despotyzm coraz bardziej się uwidaczniał. Chciała mu się wymknąć, choć była pewna, że niebawem zacznie jej szukać.

Oświetlone okna zaznaczały jasne plamy na posadzce tarasu, natomiast ogród tonął w mroku rozjaśnionym jedynie srebrzystym, migotliwym światłem księżyca. Niebo sprawiało wrażenie zadziwiająco jasnego i było całkiem inne niż we Włoszech czy Grecji o tej porze. Powietrze było czyste, orzeźwiające, niemalże aksamitne. Maria oparła się o balustradę i odetchnęła głęboko. Pod dłońmi poczuła chłód kamiennego obrzeża.

– Tu się pani ukrywa.

Nie musiała się odwracać, by wiedzieć, kto zamierza dotrzymać jej towarzystwa. Nikt poza Onassisem nie mówił przecież po grecku. W milczeniu czekała, aż do niej podejdzie. Po chwili otoczył ją dym z cygara, po czym ciemnoszare kłęby popłynęły dalej, nad ogród. Zakaszlała.

– Przepraszam – powiedział Onassis, rzucił na kamienne płyty niedopalone, prawdopodobnie bardzo drogie cygaro i zgasił je stopą.

– Muszę oszczędzać głos – wyjaśniła.

– Ma się rozumieć. Proszę mi wybaczyć. Zachowałem się jak… jak… – szukał właściwego słowa, po czym dodał: – jak *tourkosporos*. Miała pani zupełną rację.

Mimo że wciąż jeszcze kaszlała, nie mogła opanować uśmiechu.

– A zatem nie zapomniał pan?

– Pamiętam każde pani słowo.

Nie myliła się. Faktycznie z nią flirtował.

Gdy sobie to uzmysłowiła, serce zaczęło jej bić jak oszalałe. Chcąc odzyskać równowagę, uciekła w bezpieczny temat muzyki.

– Przegapił pan wspaniały koncert. Nowa kompozycja Benjamina Brittena jest cudowna. Jak się panu udało uniknąć jego występu, nie urażając przy tym naszych gospodarzy?

– Miałem pilny telefon z biura – wyjaśnił.

– Cóż za wspaniały zbieg okoliczności w przypadku kogoś, kto niespecjalnie przepada za wydarzeniami kulturalnymi.

– Ależ to prawda. Jeśli książę Monako potrzebuje mojej rady, jestem do dyspozycji zawsze i wszędzie. Bardzo zależy mi na tym, jako głównemu akcjonariuszowi Société des bains de mer de Monaco, żeby książę Rainier podejmował właściwe działania. W innym wypadku zbyt drogo by mnie to kosztowało i przybliżyło Francję do połknięcia jego księstwa. A zatem Rainier, chcąc nie chcąc, zdany jest na moje rady.

Było to stwierdzenie wypowiedziane ze spokojem człowieka obytego, postrzegającego siebie na scenie wielkiej polityki jako pociągającego za sznurki i traktującego władców krajów niczym marionetki. Maria była pod wrażeniem. W swojej karierze poznała wiele ważnych osobistości, jednak nikt nie zbliżył się do niej w tym stopniu co Arystoteles Onassis. Zasadniczo jej kontakty z mężczyznami ograniczały się w głównej mierze do członków rodziny, partnerów scenicznych, reżyserów i intendentów, znacznie starszego od niej tenora, z którym w młodości miała romans – w czasach, kiedy występowała w operze w Atenach – i, ma się rozumieć, męża. Mimowolnie pomyślała o Meneghinim, który, ku jej zaskoczeniu, zostawił ją na chwilę w spokoju i który w ostatnich latach – a być może nigdy – nie pasował do kobiety, jaką się stała.

Maria odwróciła głowę w stronę stojącego tuż obok Onassisa, podobnie jak ona wpatrzonego w pogrążony w mroku ogród.

– To wyjątkowo niesprawiedliwe – kontynuował tymczasem, nie patrząc na nią – insynuować, że wymigałem się od koncertu. Naprawdę lubię muzykę. Ale poruszają mnie inne melodie niż te, które obecnie wykonuje się w salach koncertowych czy gra na przyjęciach.

– A więc żadnego rodzaju nowoczesna czy klasyczna muzyka – podsumowała. – Co zatem się panu podoba? – Zanim zdążył dojść do słowa, uniosła rękę i dodała z uśmiechem: – Tylko proszę nie mówić, że jest pan miłośnikiem opery, bo w to nie uwierzę.

Onassis roześmiał się cicho.

– Czy mogę pani coś wyznać? Z reguły wychodzę z każdego przedstawienia już podczas pierwszego antraktu. Przeważnie nie udaje mi się wysiedzieć spokojnie aż do końca.

– A zatem wiele pan traci.

Przez chwilę zastanawiała się, czy śmiać się z tego ignoranta w dziedzinie kultury, czy może nad nim płakać. W końcu jednak zdecydowała się na uśmiech.

– Szczerze mówiąc, nic nie jest w stanie utrzymać mnie na krześle. Ale za to chętnie tańczę – wyznał. – Najchętniej rembetiko* i tango.

– Nie do wiary! – zawołała ze zdziwieniem. – Cóż za mieszanka.

Spojrzał na nią przez ciemne okulary, przez których szkła nie była w stanie dostrzec wyrazu jego oczu.

– To wcale nie takie znowu dziwne w przypadku Greka ze Smyrny dorastającego w Argentynie. Nie sądzi pani?

– Bądź co bądź, zarówno tango, jak i rembetiko to muzyka ludowa o wyrazistej linii melodycznej, z melancholijnymi, dającymi do myślenia tekstami.

– Czy zatem zmieni pani zdanie o mnie i przestanie widzieć we mnie płytkiego człowieka uganiającego się za pieniędzmi, za jakiego mnie pani bezsprzecznie uważa?

---

* Rembetiko – grecka muzyka i taniec wywodzące się z tanga argentyńskiego lub portugalskiego fado.

Wzięła głęboki wdech.

– Przecież wcale tak nie…

– Byłbym bardzo szczęśliwy – przerwał jej cichym głosem – gdyby zmieniła pani o mnie zdanie.

Ilekroć przypominała jej się ta scena, nie potrafiła sobie uzmysłowić, dlaczego ich oparte o okalającą taras kamienną balustradę dłonie nagle znalazły się tuż obok siebie i musnęły się delikatnie przez chwilę trwającą krócej niż ruch skrzydła maleńkiego ptaka w locie. Tej biorącej ich powoli w swoje władanie nocy nie widziała nawet palców jego dłoni, na które cień rzucała jego sylwetka. Mimo to czuła męską siłę, którą emanował. Sam widok delikatnych włosków na jego rękach sprawił, że poczuła w mięśniach impulsy nasuwające jej na myśl wyładowania elektryczne. Coś sprawiło, że plecy miała napięte niczym struna skrzypiec.

– Mario! – Wtem za plecami usłyszała głos Meneghiniego. – Mario, powinniśmy już pójść spać.

Jego słowa zabrzmiały w uszach ich obojga jak dysonans.

Odwróciła się i dostrzegła sylwetkę męża stojącego w dwuskrzydłowych szklanych drzwiach prowadzących na taras.

– Wiem, że jest późno – zawołała, siląc się na radosny ton, o wiele milszy niż ten, który przybierała podczas ich rozmów w ciągu ostatnich dwunastu godzin.

– Jutro bardzo wcześnie rano muszę lecieć do Londynu – zauważył stojący obok niej Onassis. – Ale zadbam o to, żeby mój samolot zabrał państwa z Leeds po południu.

– *Efcharistó*. Dziękuję.

Gdy powoli szła w stronę męża, zauważyła, że drżą jej kolana. „Meneghini ma rację" – stwierdziła. „Faktycznie jestem zmęczona". Lecz w głębi ducha zdawała sobie sprawę, że powodem reakcji jej ciała było coś innego. Coś, co sprawi, że nie zmruży oka przez całą noc, jeśli dalej będzie o tym myśleć. Co za szczęście, że zawsze wozi ze sobą środki nasenne, podobnie jak tabletki odchudzające.

– Do zobaczenia po premierze – doszedł do niej głos Onassisa, na co skinęła głową, biorąc męża pod rękę.

Opera *Medea* Luigiego Cherubiniego powstała na podstawie greckiego mitu o Argonautach. Była to opowieść o księżniczce Medei, zakochanej w królewiczu Jazonie, którego poślubiła i z którym miała dwoje dzieci. Niestety, po latach szczęśliwego małżeństwa Jazon opuścił ją dla innej kobiety. Wówczas Medea, powodowana zazdrością i chęcią zemsty, tuż przed ślubem obojga kochanków zabiła rywalkę oraz własne dzieci, by w ten sposób ukarać Jazona. Na końcu sama wymierzyła sobie karę i w morzu ognia została strącona do krainy umarłych. Wspaniały finał. Maria już wielokrotnie występowała w tej roli, święcąc tryumfy. Wydawać by się mogło, że to dzieło na miarę jej ogromnego talentu, gdyż nie wystarczyło jedynie zaśpiewać trudnych arii, ale ponadto trzeba było jeszcze wykazać się sporym kunsztem aktorskim, by w ten sposób stworzyć sugestywną, autentyczną bohaterkę obdarzoną niezłomną siłą ducha. Mimo to Maria bała się – co w ostatnich latach było regułą – że jej głos nie sprosta wyzwaniom. Te obawy będą jej towarzyszyć aż do momentu wejścia na rampę łączącą jej garderobę ze sceną, na której stanie oko w oko z publicznością.

W chwili, gdy wreszcie Callas – z twarzą do połowy zakrytą czarnym welonem – weszła na scenę Royal Opera

House, w walce szalejących uczuć górę wzięła koncentracja. Niepewność ulotniła się jak za dotknięciem czarodziejskiej różdżki. Teraz stała zupełnie sama na ogromnej scenie, pomiędzy dwiema kolumnami, z twarzą częściowo zakrytą woalem, z czarnym makijażem ciemnych oczu. Demoniczna i mistyczna zarazem. W miarę upływu kolejnych minut trwającego dwie i pół godziny spektaklu, im bardziej uświadamiała sobie zachwyt publiczności, którą całkowicie wzięła w swoje władanie, tym lepsza i bardziej ekspresyjna się stawała. Udało jej się całkowicie pozbyć napięcia, co zaowocowało oszałamiającym zakończeniem: stojąc na wozie bojowym, oplecionym zewsząd przez węże, oznajmiała, że jest pomszczona krwią własnych dzieci. W jej śpiewie słychać było jednocześnie miłość i nienawiść, śmierć i życie, wyrażone w najwspanialszych wysokich tonach, jakie udało jej się wydobyć i na jakie pozwoliły jej napięte aż do bólu struny głosowe. Po szyi i plecach spływały jej strużki potu. Czuła się kompletnie wyczerpana fizycznie, jak po biegu maratońskim. Równocześnie była pewna, że jak dotychczas rzadko kiedy wspinała się na wyżyny niemalże boskiej perfekcji, którą zademonstrowała w tym przedstawieniu.

Po zejściu ze sceny – poprzedzonym niezliczonymi ukłonami, niekończącą się owacją, wielokrotnym podnoszeniem i opuszczaniem kurtyny i setkami gratulacji – Maria wreszcie znalazła się w swojej garderobie. Próbowała dojść do siebie i choć trochę się odprężyć, co było niezmiernie trudne, ponieważ jej serce biło jak szalone. Nie była w stanie zaczerpnąć powietrza, którego tak bardzo jej brakowało. Jej myśli wciąż krążyły wokół dopiero co zaśpiewanej roli i tryumfu, jaki odniosła tego wieczoru. Teraz, po tym tytanicznym wysiłku, marzyła o choćby krótkim odpoczynku, gdyż czuła niemal obezwładniające fizyczne zmęczenie, do którego dochodziło kompletne wyczerpanie psychiczne. Zapragnęła, żeby tu i teraz być przez moment jedynie Marią, a nie słynną diwą. Zamknęła oczy, które wciąż jeszcze zdobił mocny makijaż podkreślający dramatyzm granej postaci, jednak po chwili ponownie je otworzyła i spojrzała na zaproszenie leżące na toaletce.

Oficjalnie zachowała ten arkusik papieru po to, by nie zapomnieć o czekającym ją przyjęciu. Faktycznie jednak, ilekroć rzucała okiem na zadrukowaną kartkę, jej myśli zaczynały krążyć wokół zupełnie innego miejsca oraz poruszającej i zarazem zabawnej rozmowy. Podziw tego mężczyzny działał na nią w cudowny sposób. Czy przyjęcie na jej cześć wydawał jedynie miłośnik jej sztuki, czy też może wielbiciel jej jako kobiety? Te dwie możliwości zlały się w jedną, zmieniając się w płomień, w którego cieple można się było ogrzać.

Państwo Onassisowie byliby niezmiernie zaszczyceni, mogąc powitać Panią na przyjęciu, które odbędzie się w hotelu Dorchester w środę, dnia 17 czerwca 1959 roku, o godzinie 23.15.

Ostatecznie nie miało żadnego znaczenia, co tak naprawdę skłaniało Onassisa do szukania kontaktu z nią. To, co było między nimi – krótkie rozmowy rodaków po grecku – stanowiło miłą odmianę i pozwalało jej oderwać się na moment od codziennych problemów, których wyjątkowo dużo w ostatnim czasie przysparzał jej Meneghini.

Marzyła, żeby móc uciec przed badawczym spojrzeniem męża, które w tym momencie napotkała w lustrze. Uświadomiła sobie, jak wiele by dała, żeby nie widzieć go stale u swego boku i choć na chwilę zapomnieć, że jest dla niego wyłącznie śpiewającym automatem – perfekcyjną zawsze i wszędzie Callas. Pragnęła owacji publiczności i jej aplauzu, które sobie wyśpiewała. Chciała rozkoszować się tą wielką chwilą, nie musząc równocześnie myśleć, że nigdy nie będzie mogła przestać brylować, gdyż od tego zależało finansowe zabezpieczenie jej przyszłości. Życzyła sobie w duchu, żeby euforia, która ogarnęła ją po ostatnim opadnięciu kurtyny, trwała jak najdłużej.

– Proszę nie zmywać makijażu – oznajmiła charakteryzatorce czekającej w kącie garderoby na rozpoczęcie pracy. – Pójdę na przyjęcie w charakteryzacji. Gdzie jest moja suknia?

Z ekspresyjną twarzą Medei, na której malował się dramat, otulona futrem z szynszyli, niemająca sobie równych diwa wkroczyła do sali balowej hotelu Dorchester, celebrując swoje pojawienie się. W ogromnym pomieszczeniu ze złoconymi kolumnami z kremowego marmuru w stylu art déco zebrało się około dwustu zaproszonych gości, których nazwiska znane były powszechnie w międzynarodowej śmietance towarzyskiej. Salę wypełniał upajający zapach nieprzebranej ilości różowych róż. Kelnerzy niepostrzeżenie napełniali kieliszki różowym szampanem. Maria zastanawiała się, dlaczego Onassis założył, że jasnoróżowy jest jej ulubionym kolorem. Zdecydowanie preferowała turkusowy, ale w tym cudownym momencie i niepowtarzalnej atmosferze kwestia koloru nie miała żadnego znaczenia. Jej spojrzenie padło na wielopiętrową fontannę szampana, odbijającą się w licznych lustrach zdobiących ściany. Obraz ten był równie imponujący jak widok prominentów najwyższej rangi w wieczorowych toaletach, frakach i smokingach.

Gdy Maria pojawiła się w drzwiach, rozmowy i śmiechy natychmiast ucichły. Po chwili rozległa się burzliwa owacja, na co Callas łaskawie skinęła głową.

Onassis podszedł do niej i uniósł jej dłoń do ust.

– To dla mnie wielki zaszczyt móc gościć panią dzisiejszego wieczoru.

– *Efcharistó*. Dziękuję.

– Proszę zobaczyć, jak uwielbia panią publiczność. Doskonale to rozumiem i w pełni podzielam jej zachwyt. Jeszcze nigdy nie widziałem czegoś tak porywającego, jak pani Medea.

– Aż do przerwy – zauważyła, rozbawiona.

Onassis potrząsnął głową.

– Była pani fantastyczna. Oczarowała mnie pani. Siedziałem zafascynowany aż do ostatniej minuty.

Zaskoczona, uniosła brwi. Przed występem rozważała przez moment, czy przypadkiem nie poprosić inspicjenta, żeby zaobserwował, w którym momencie Onassis opuści operę. Ostatecznie jednak poskromiła ciekawość, dochodząc do wniosku, że wszystkim o tym rozpowie. Miliarder zapewne wyszedł z teatru, gdy tylko przedstawienie go znudziło, co w najlepszym przypadku oznaczało dotrwanie najdalej do przerwy. Później żałowała, że jednak nie poprosiła inspicjenta o tę drobną przysługę. Na wiadomość, że pozostał aż do końca, ogarnęło ją niezmierne uczucie szczęścia.

– Musiało to być dla pana nie lada poświęcenie – odparowała z błyskiem w oku.

– Przyznaję, że fascynują mnie silne kobiety. Zarówno na scenie, jak i w życiu.

Nie dała mu satysfakcji i nie przyznała, że odczuwa to samo w stosunku do pewnego rodzaju mężczyzn.

W międzyczasie otoczyli ją przyjaciele, znajomi i wielbiciele. Elsa Maxwell chwyciła ją w objęcia. George Lascelles przywitał się z nią serdecznie. A właścicielka jednego z teksańskich przedsiębiorstw, Mary Mead, z którą bardzo się przyjaźniła od czasu występu w Metropolitan w Nowym Jorku przed paroma laty, szepnęła jej:

– Ilekroć uzmysłowię sobie, że w tym samym pomieszczeniu jest też Gary Cooper, nogi mam jak z waty. Czyż nie jest to najatrakcyjniejszy mężczyzna na świecie?

Maria nigdy nie miała szczególnej słabości do przystojnych mężczyzn. Nigdy też nie zdarzyło jej się ulec w pełni urokowi żadnego gwiazdora filmowego. Przyszedł jej na myśl film *Miłość po południu*, na który poszła tylko dlatego, że główną rolę kobiecą grała uwielbiana przez nią Audrey Hepburn. Na ekranie towarzyszył jej Cooper. Jednak gdy przedstawiono jej filmowego amanta, poczuła się jak jej idolka, co okazało się wspaniałym uczuciem.

Orkiestra rozrywkowa grała chwytliwe melodie z hollywoodzkich filmów przeplatane francuskimi piosenkami.

– Czy podoba się pani muzyka? – zainteresował się Onassis. – Jeśli chciałaby pani, żeby zagrali coś innego, wystarczy tylko mi powiedzieć.

Spojrzała na niego znad trzymanego w ręce kieliszka szampana, z którego jak dotychczas nie upiła ani łyka, i zanim zdała sobie sprawę z tego, co mówi, wypaliła:

– Tango. Bardzo bym chciała usłyszeć tango.

– To z punktu widzenia towarzystwa zgromadzonego w tej sali będzie prawdopodobnie bardziej odpowiednie. Ale jeśli chodzi o prawdziwe greckie bouzouki, to tak czy siak nie mają tego w repertuarze. – Po tych słowach posłał jej konspiracyjny uśmiech, po czym odwrócił się i skierował się w stronę orkiestry, by dać dyrygentowi stosowne instrukcje.

I bez szampana Maria czuła się odurzona. Ten wspaniały wieczór, wystawność eleganckiego przyjęcia oraz charyzma gospodarzy sprawiły, że czuła się jak na cudownym rauszu. Przyjęcie w Dorchester było kontynuacją jej tryumfu w Covent Garden – niekończącego się sukcesu. Wszystko, co gnębiło ją w ostatnich miesiącach i tygodniach, nagle stało się bez znaczenia. Była sławna, uroczyście przyjmowana, co spowodowało, że czuła się jak w siódmym niebie. Śmiała się i żartowała, dostrzegając całkiem wyraźnie uwielbienie zgromadzonych wokół niej ludzi. Tej nocy była taka, jaką zawsze widziała się w marzeniach – piękna, błyskotliwa i pożądana. Odnosiła wrażenie, jakby znalazła się w raju stworzonym dla niej i na jej miarę.

Pod wpływem rozpierającego ją cudownego uczucia szczęścia, tak wielkiego jak nigdy przedtem, zmieniła zdanie na temat Arystotelesa Onassisa. W jej oczach był nie tylko okazującym jej przyjaźń rodakiem. Teraz coraz bardziej postrzegała go jako mężczyznę umiejącego znakomicie dozować swój urok. Mężczyznę, który sprawił, że nagle poczuła się równie pełna radości i szczęścia, jak podczas wykonywania największych arii. Było to jak gra w loterię możliwości, którą się rozkoszowała. Przy tym wszystkim przez cały czas była w pełni świadoma zarówno obecności jego żony, jak i swojego męża, a także doskonale zdawała sobie sprawę, że ta upojna noc zakończy się nieuniknionym świtem i że Maria na powrót stanie się, jak co dzień, ambitną diwą. Z nadejściem ranka małej Mary, spragnionej miłości i chęci zwrócenia na siebie uwagi, pozostanie znów jedynie tęsknota. Wszak ta fascynacja potrwa tylko okamgnienie. Chwilowe szaleństwo. Ostatecznie nie jest przecież kurtyzaną jak Violetta w *Traviacie*.

Pozwoliła, by Onassis ją objął. Gdy opuszczała przyjęcie o trzeciej nad ranem, ponieważ zmęczenie wzięło górę nad chęcią dalszego świętowania, odprowadził ją do drzwi sali balowej, cały czas mocno przytulając.

– W dalszym ciągu jest mi pani winna odpowiedź – szepnął jej do ucha.

– O mój Boże, rejs! Zupełnie zapomniałam – przyznała.

W udawanym przerażeniu położyła koniuszki palców na ustach.

– Będę czekał. – Onassis podszedł bardzo blisko, ujął jej dłoń i pocałował palce w miejscu, którym wcześniej dotykały jej ust. – Ale ostrzegam: nie jestem zbyt cierpliwy.

W tym momencie poczuła na ramionach płaszcz. I choć futro z szynszyli było lekkie niczym piórko, ugięła się pod nim jak pod ogromnym ciężarem. Meneghini otulił ją od tyłu cennym okryciem, po czym lewą rękę położył Marii na ramionach, a prawą podał Onassisowi. Być może tym gestem posiadacza chciał uwolnić dłoń żony z uścisku obcego mężczyzny. Możliwe też, że tak zainscenizowane pożegnanie miało być wyrazem wdzięczności za wystawne przyjęcie. Tak czy inaczej, był to dość osobliwy manewr, który sprawił, że Maria ni z tego, ni z owego znalazła się pomiędzy dwoma mężczyznami jak w imadle. Skonsternowana, spojrzała na stojącego przed nią Onassisa.

Tymczasem za drzwiami na znamienitych gości czatowała grupa fotografów. I gdy tylko dwaj lokaje w liberiach otworzyli drzwi, rozbłysły dziesiątki fleszy.

Zdjęcie, które w następnych dniach i tygodniach ukazywało się w najróżniejszych gazetach oraz czasopismach, przedstawiało Marię w tej niezręcznej sytuacji. Widać na nim było zmęczoną Callas, wciśniętą pomiędzy męża i gospodarza. Nie była to diwa, lecz zmieszana kobieta, najwidoczniej niewiedząca, gdzie jest jej miejsce. To wrażenie boleśnie ją poruszyło, uświadamiając, jak bardzo było bliskie prawdy.

Patrząc na niefortunną fotografię, postanowiła zdusić w zarodku to, co zaczęło kiełkować pomiędzy nią i Onassisem. Pochlebiało jej zainteresowanie armatora, lecz musiała natychmiast skierować swoje myśli na inne tory. Przede wszystkim powinna zadbać o to, żeby jej gaże przestały być wypłacane Meneghiniemu. Potem koniecznie należało uporządkować życie prywatne. I dopóki to się nie stanie, nie będzie odbierać telefonów od Ariego Onassisa. Jeśli zamierzała wziąć sprawy w swoje ręce, musiała zachować chłodny umysł. W żadnej mierze nie mogła pozwolić na zaprzątanie sobie głowy czymś innym.

ROZDZIAŁ 10

Paryż

Sierpień 1968 roku

„Dlaczego wszyscy myślą, że chciałam się zabić?" – zadawała sobie pytanie.

Maria uznała, że połknęła trochę za dużo tabletek nasennych jedynie po to, by móc zapomnieć o sprzeczce z Aristem i spędzić w spokoju parę godzin bez nieustannego rozważania, co zrobiła nie tak, jak powinna. Całkiem możliwe, że przesadziła z dawką. Coś takiego nie było zapewne niczym niezwykłym przy tej ilości lekarstw, które codziennie zażywała. Czasami zdarzało jej się przeoczyć, co było konieczne, a co nie. Teraz też nie wiedziała do końca, co w tym momencie było właściwe, a co nie. Wszak jeszcze dziś – po tylu latach tryumfów na najważniejszych światowych scenach – postrzegana była jako bogini, choć, prawdę mówiąc, czuła się raczej jak upadły anioł. Do szaleństwa doprowadzało ją zadawane sobie raz po raz pytanie, cóż takiego uczyniła, że uwielbiany przez nią mężczyzna wypędził ją ze wspólnego raju.

– Czy ktoś może dzwonił do mnie? – pytała co chwilę pielęgniarkę.

Młoda kobieta w zakonnym habicie za każdym razem wahała się przez moment, po czym niezmiennie odpowiadała jak zacinająca się płyta:

– Nie, madame. Nikt poza monsieur Kellym.

Od czasu, gdy odzyskała przytomność, minęło już kilka dni. Lekarze byli zdania, że koniecznie musi pozostać w klinice jeszcze przez tydzień. Kontrolowali jej stan za pomocą wszystkich nowoczesnych urządzeń, jakimi dysponowali. Bez przerwy pobierali też krew, by się upewnić, czy wszystkie organa wewnętrzne funkcjonują należycie. Maria czuła się źle, mimo zapewnień lekarzy, że stan jej zdrowia jest zadowalający. Najwidoczniej wydruki EKG nie wychwytywały złamanego serca.

O wiele łatwiej dało się stwierdzić bóle gardła spowodowane sondą, którą jej założono w celu wypompowania zawartości żołądka. Przeprowadzony zabieg nie pozostał też bez wpływu na krtań, czego dowodem był zachrypnięty głos. Przy każdym z trudem wypowiedzianym słowie ogarniała ją panika, że mogło dojść do uszkodzenia strun głosowych. I choć nieustannie ją zapewniano, że wszystko zostało przeprowadzone z największą ostrożnością i że wprowadzenie sondy do żołądka nie wiązało się z żadnym ryzykiem, nie mogła pozbyć się uczucia strachu. Twierdzono, że gdy tylko trochę odpocznie, wszystko wróci do normy. Lecz cóż mogli wiedzieć lekarze i pielęgniarki w amerykańskim szpitalu? Nie mieli pojęcia, czego potrzebowała, żeby znów stanąć na nogi i wrócić do formy.

Gdy wreszcie zapadła decyzja, że może zostać wypisana, Larry odebrał ją ze szpitala.

Odczekała, ukryta za ciemnymi szybami wynajętej limuzyny, aż opuszczą teren kliniki, po czym zadała mu dręczące ją pytanie:

– Czy Aristo się odezwał?

Larry zawahał się przez moment.

– Nie. Nie dzwonił do mnie.

– Może jest za bardzo zajęty i nawet nie wie, że byłam chora. – Jej dłonie drżały niczym skrzydła przerażonego ptaka. – On… – Przerwała, gdyż siedzący obok Larry złapał ją za nadgarstki i mocno ścisnął.

– Posłuchaj, Mario. – Milczał przez moment, jakby chciał się upewnić, czy faktycznie go słucha. – Onassis rzeczywiście jest bardzo zajęty. Zapewne też świetnie się bawi. „Time Magazine" pisał, że podejmuje Jacqueline Kennedy i jej szwagra, Edwarda Kennedy'ego, na Christinie. Zapewne to ich miał wówczas na myśli.

Nie zaprzeczyła. Dlaczego właściwie miałaby to zrobić? Wszak od początku zdawała sobie sprawę, że tak naprawdę chodzi o nowy romans Arista – tym razem z wdową po prezydencie. Że zapragnął nowego trofeum. Przecież Maria Callas nie była już najsławniejszą kobietą na świecie. Jej miejsce zajęła inna. I to właśnie po nią teraz sięgnął, gdyż należał do mężczyzn, którym posiadanie kobiety otoczonej blaskiem sławy znacząco poprawia samopoczucie. Pomyślała, że lepiej byłoby pozwolić mu bawić się nową laleczką do czasu, aż się nią znudzi.

Maria spoglądała apatycznie przez okno, a tymczasem samochód zatrzymał się na czerwonym świetle. Jej wzrok padł na stojący na rogu kiosk z gazetami. Była to jedna z typowych ciemnozielonych paryskich bud z metalowymi zdobieniami i niewielką kopułą. Ściany boczne były niemal całkowicie zasłonięte przez niezliczone francuskie i zagraniczne czasopisma, które wydawały się konkurować ze sobą o czytelniczki i czytelników krzykliwymi tytułami.

Choć Maria zazwyczaj nie interesowała się tego rodzaju historiami, wiedziała doskonale, że jak świat długi i szeroki, bezustannie wygrzebuje się wszelkie skandale, a jeśli nie są wystarczająco pikantne, dodatkowo rozdmuchuje się je ponad miarę. Te rozmyślania przekonały ją, że skok w bok Arista przybierze zupełnie inny wymiar, gdy tylko prasa zacznie się o nim rozpisywać. Jego zachowanie raniło nie tylko Marię jako jego życiową partnerkę, lecz również wielką Callas, której dodatkowo w ogromnym stopniu szkodziło wystawianie na widok publiczny niewierności kochanka. Ponadto zdrada Onassisa, która miała miejsce na oczach całego świata, stawiała ją w wyjątkowo niezręcznej sytuacji, co jeszcze bardziej pogarszało jej sytuację i zwiększało rozpacz.

Nie, tym razem mu tego nie daruje. Nie przejdzie nad jego skandalicznym zachowaniem do porządku dziennego.

Ale z drugiej strony, co pocznie bez niego? Wszak Arystoteles Onassis był całym jej życiem. Jej, a nie Mrs. Kennedy.

Uwolniła się z jednocześnie delikatnego i mocnego uścisku przyjaciela, a następnie położyła ręce na kolanach.

– Aristo odezwie się, jak tylko będzie miał czas – oznajmiła ochrypłym głosem, po czym mocno zacisnęła usta. Tak bardzo chciała wierzyć w to, co przed chwilą powiedziała, choć wewnętrzny głos mówił jej, że kochanek już nigdy więcej się z nią nie skontaktuje. Mimo wszystko nadzieja ubrana w słowa była bardziej przekonująca niż pełne tęsknoty myśli.

– Z całą pewnością – mruknął Larry.

Maria poczuła wdzięczność, że jej nie zaprzeczył.

Gdy weszła do mieszkania, poczuła nagle ogromną pustkę. I choć Bruna bardzo się postarała i ozdobiła każdy pokój świeżymi kwiatami, na niewiele się to zdało. Pomimo panującego w Paryżu sierpniowego upału Marią wstrząsnęły dreszcze. Jeszcze gorzej poczuła się na widok salonu udekorowanego niczym scena operowa okazałymi antycznymi meblami. Wchodząc do ulubionego pomieszczenia, nie rozpromieniła się jak zakochana Aida, lecz zmieniła się w godne pożałowania, trzęsące się z zimna dokładne przeciwieństwo etiopskiej księżniczki. Obejmując ramionami wiotką kibić, Callas snuła się bez celu po pokojach, pragnąc w zasadzie tylko jednego – położyć się wreszcie do łóżka i naciągnąć kołdrę na głowę. Lecz by zapaść w zbawczy sen, potrzebowała środków nasennych. A to oznaczało spore niebezpieczeństwo ponownego ich przedozowania. Nie miała ochoty raz jeszcze obudzić się w klinice z wypompowanym żołądkiem.

Larry czekał na nią w gabinecie. Stał obok regału z książkami, kartkując album o mediolańskiej La Scali. Gdy tylko weszła, na jego twarzy pojawił się krzepiący uśmiech.

– Jak tylko się pozbierasz, znów wszystkie sceny operowe na świecie staną przed tobą otworem – przepowiedział, zamykając książkę z głuchym trzaskiem.

– Może powinnam zająć się czymś innym. – Jej ręka odruchowo powędrowała ku szyi. – Na przykład aktorstwem.

– Dlaczego nie? – Uśmiech Larry'ego stał się szerszy. – Dobrze, że zaczynasz myśleć o przyszłości. Ale zanim zaczniesz układać konkretne plany, powinnaś porządnie odpocząć. Ostatnie tygodnie były dla ciebie niezmiernie... wyczerpujące.

Maria zaczęła krążyć po gabinecie, dotykając mebli i zgromadzonych w nim przedmiotów, zupełnie jakby chciała się z nimi przywitać po długiej nieobecności. W rzeczywistości jednak dziwiła się niepomiernie, że wszystko stoi na swoim miejscu, podczas gdy całe jej życie legło w gruzach. Ogromne zwątpienie, które czuła aż do tej chwili, zmieniło się w niepohamowaną złość, gdy uświadomiła sobie, jak bardzo ważną rolę nie tylko w jej życiu, lecz także w tym domu odgrywał niewierny kochanek. Jak

Aristo śmiał zniszczyć jej spokój, a jeszcze do tego ośmieszyć Callas, odbierając jej godność w oczach świata?! Nieśmiałe spojrzenie w przyszłość, które właśnie odważyła się rzucić, zniknęło za ogromną, ciemną, burzową chmurą.

Oczywiście, stary przyjaciel miał rację. Wpierw musi odzyskać spokój. Nie wolno bowiem pozwolić, by nadal targały nią wątpliwości. Tak naprawdę wcale nie miała zamiaru zastanawiać się nad swoją przyszłością sceniczną. Prawdę mówiąc, chciała tylko jednego: być znów z Aristem. Razem i tylko z nim.

– Tak – mruknęła bez przekonania – masz rację, Larry.

– Potrzebny ci jest urlop.

W tej kwestii miał całkowitą rację. Ale przecież żaden szanujący się człowiek nie spędza w sierpniu urlopu w Paryżu. Dawniej latem, gdy razem z Meneghinim nie byli już dłużej w stanie wytrzymać nad jeziorem Garda, jechali do Wenecji, na Lido. Z Aristem spędzała zazwyczaj tę porę roku na morzu. Jedynie czasami zatrzymywali się na krótko w jego mieszkaniu w Monte Carlo. Lecz ani Włochy, ani południowa Francja nie wchodziły teraz w grę. A tym bardziej greckie wyspy. Istniało za duże niebezpieczeństwo, że Christina zakotwiczy w którymś z portów i Maria wpadnie prosto w ramiona zabawiającego się z inną kochanka.

– Prawdę mówiąc, nigdzie mnie nie ciągnie. Nie ma też takiego miejsca, w którym czułabym się bezpiecznie.

„Ze względu na Jacqueline Kennedy" – dodała w myślach.

– Leć ze mną do Stanów. – Głos Larry'ego brzmiał natarczywie. – Przecież twoi przyjaciele czekają na ciebie. Wszyscy chcemy ci pomóc, pozwól nam na to.

Kraj Kennedych nie był miejscem, w którym chciałaby odpoczywać, wracać do równowagi i odzyskiwać utracony spokój. Z drugiej strony USA były dostatecznie duże, by bez trudu mogła schodzić z drogi wdowie po prezydencie.

Dotychczas Maria nigdy jeszcze nie spotkała swojej rywalki, choć kilkakrotnie była po temu okazja. Ale w owym czasie Jacqueline Kennedy była zdradzaną żoną, usuwającą się w cień ze wstydu, którego powodem byli mąż i Marilyn Monroe. Wówczas Callas nie rozumiała zachowania Jackie Kennedy, natomiast teraz zadawała sobie pytanie, czy przypadkiem nie postępowałaby tak samo. A może dziś dokładnie tak się zachowuje na każdym kroku?

ROZDZIAŁ 11

Nowy Jork

19 maja 1962 roku

Jakież to było fantastyczne!
Publiczność szalała z zachwytu. Żywiołowy aplauz nie miał końca. Ponad piętnaście tysięcy urzeczonych widzów w Madison Square Garden nie chciało puścić jej ze sceny. Obie arie z opery *Carmen* Callas zaśpiewała tak wspaniale, że ludzie zerwali się z miejsc. Ogromna arena drżała od tupotu tysięcy nóg. Burza niekończących się oklasków sprawiła, że skąpana w światłach reflektorów Maria poczuła się jak unoszona na fali. Kłaniała się, znikała za kulisami, ponownie pojawiała się na scenie i znów wykonywała ukłon, kładąc dłoń na sercu, które biło jak oszalałe.
Jeszcze nigdy nie śpiewała dla takiego tłumu. Jeszcze nigdy nie przeżyła takiej masowej owacji.
Tym razem głos jej nie zawiódł. Udało jej się wyśpiewać ze swobodą nawet najwyższe tony. Także jej słuch funkcjonował tego wieczoru bez zarzutu, co nie było tak oczywiste, jak by się mogło wydawać, gdyż w ostatnim czasie wielokrotnie przechodziła zapalenie zatok. Dlatego też zachwyt widzów na tym jakże ważnym dla niej koncercie był niczym balsam dla duszy. Wstrzymując oddech, słuchała niekończącej się owacji po wyczerpującym występie, promieniejąc ze szczęścia. To był szczytowy punkt w jej karierze.
Tak, ów wieczór był pod każdym względem wyjątkowy. Prezydent Ameryki połączył obchody swoich

czterdziestych piątych urodzin z akcją dobroczynną Partii Demokratycznej. Wielka gala, mająca miejsce na dziesięć dni przed właściwą datą urodzin, zgromadziła na Manhattanie wszystkie największe osobistości Stanów Zjednoczonych, ucieleśniające blichtr, sławę i pieniądze. I choć Maria zasadniczo czuła się Greczynką, kolejny raz uświadomiła sobie, jakie korzyści dawał jej amerykański paszport, który zawdzięczała narodzinom w Nowym Jorku. Mając inne obywatelstwo, nie miałaby niemal żadnych szans wystąpić na koncercie zorganizowanym na cześć Johna F. Kennedy'ego. Z drugiej strony program imprezy z całą pewnością nie byłby w żadnej mierze doskonały, gdyby zabrakło w nim najsłynniejszej sopranistki stulecia. A teraz brylowała swoim głosem i perfekcją, co sprawiło, że czuła się wyśmienicie. Pragnęła, żeby ta chwila – gdy tak stała w świetle reflektorów – trwała wiecznie i żeby mogła dalej się nią upajać...

Żałowała jedynie, że Aristo nie mógł widzieć jej występu. Jej towarzysz życia nie otrzymał zaproszenia. Mimo że od dawna nie szczędził wysiłków, by móc osobiście poznać prezydenta Stanów Zjednoczonych, jego starania jak do tej pory nie przyniosły rezultatu. Po dzisiejszej gali to właśnie jej przypadnie ten zaszczyt, co w duchu niesłychanie ją bawiło. Wiedziała, że po koncercie zostanie przedstawiona Johnowi F. Kennedy'emu i będzie miała możliwość uściśnięcia najpotężniejszej dłoni zachodniego świata. Jedynie jego dłoni.

Nieobecność pierwszej damy kłuła w oczy. Zgodnie z oficjalnym komunikatem Jacqueline Kennedy zatrzymały inne obowiązki, co Marię niezmiernie zdziwiło. Nie była w stanie zrozumieć, dlaczego żona, zamiast towarzyszyć mężowi podczas imprezy tej rangi, ma coś innego do roboty. Co takiego mogło być przyczyną jej odmowy pojawienia się w Madison Square Garden? Maria chętnie obejrzałaby sobie z bliska Jackie Kennedy, a jednocześnie doskonale zdawała sobie sprawę, iż obecność Pierwszej Damy postawiłaby pod znakiem zapytania jej status najsławniejszej kobiety na świecie. Ale może tak było lepiej, gdyż niemal legendarna elegancja młodszej od niej pani prezydentowej z pewnością mogłaby wywołać jej zazdrość, co w żadnej mierze nie było dobre. Ani dla niej, ani tym bardziej dla interesów Arista.

Maria obserwowała kątem oka stojącego na brzegu sceny, przestępującego nerwowo z nogi na nogę Petera Lawforda. Aktor filmowy i zarazem szwagier Kennedych chciał zapowiedzieć kolejny punkt programu, jednak niekończące się owacje po występie Callas uniemożliwiały chwilowo kontynuację koncertu. Wreszcie Maria definitywnie zniknęła za kulisami.

– Czy widzieliście już Marilyn? – Z tymi słowy Lawford wszedł na scenę. Gdy dotarł na środek, omiótł wzrokiem publiczność. – Marilyn zjawi się jeszcze później, niż się tego obawiałem.

Po dowcipie, który Lawford powtarzał zapewne kolejny już raz, aplauz na zakończenie występu Marii Callas przeszedł w złośliwy chichot. Ciągłe spóźnienia Marilyn Monroe były bowiem powszechnie znane. Nawet Maria o nich słyszała. Zupełnie nie pojmowała zachowania aktorki, gdyż nie mieścił jej się w głowie taki brak zdyscyplinowania. Marny dowcip konferansjera nie przypadł jej do gustu, gdyż odniosła wrażenie, że za szybko uciął oklaski, które zasadniczo wciąż jeszcze jej się należały.

Poczuła pot spływający po plecach, czego przyczyną był nie tyle upał panujący w jak dotychczas najgorętszym dniu tej wiosny, co zmęczenie, które wciąż jeszcze odczuwała po zakończonym występie. Do tremy, która nie całkiem z niej opadła, i powoli ogarniającego ją uczucia odprężenia doszła złość, spowodowana niedopuszczalnym i nietaktownym z jej punktu widzenia, nagłym przerwaniem należnego jej aplauzu. Zdecydowanie nie była to dobra mieszanka uczuć. Właśnie zamierzała ze złością odtrącić pomocne dłonie, które zaoferowano jej, tak jak – jak to było w zwyczaju – każdemu z artystów schodzących ze sceny, gdy wtem coś spowodowało, że zamarła w połowie gestu.

Coś błyszczącego przemknęło tuż koło niej w towarzystwie tłoczącego się roju ochroniarzy, charakteryzatorów, wizażystek, garderobianych i techników scenicznych. Prowadzone w tle rozmowy nagle ucichły jak ucięte nożem. Nawet czarni – ubrany na ciemno, by nie rzucać się w oczy, pracujący za sceną personel – ba, nawet oczekujący na Marię, zwrócili się jak na komendę w stronę nowo przybyłej postaci.

A zatem to była ona – Monroe. W cielistej, ściśle przylegającej, bogato wyszywanej kryształkami sukni, która bardziej obnażała, niż ubierała, z platynowoblond włosami ułożonymi w delikatne fale, o lekko szklistym i zamglonym spojrzeniu, jakby była pod wpływem alkoholu. Niemal nie mogąc się poruszać w opiętej sukni, dreptała na niebotycznie wysokich obcasach niczym Chinka z zabandażowanymi stopami. Biegnąca za nią krawcowa w pośpiechu wiązała ze sobą dwie nici na plecach aktorki, najwidoczniej chcąc jeszcze w ostatniej chwili dokończyć zaszywanie kreacji. Ktoś pomógł Marilyn włożyć gronostajowe, sięgające bioder wdzianko, które wprawdzie nieco okryło błyszczącą nagość, ale też spotęgowało dwuznaczne wrażenie, jakie wywierał ekstrawagancki strój.

„Jezu Chryste, a cóż to za rolę ma grać Marylin Monroe na tej gali?" – przemknęło Marii przez głowę. – „Przecież wygląda jak…" – Callas szukała odpowiedniego słowa.

Pomimo wysiłków na myśl przychodziło jej właściwie tylko jedno określenie.

Mimowolnie jej spojrzenie podążyło za oddalającą się gwiazdą. Marilyn miała na sobie prześwitującą tiulową suknię, z głębokim dekoltem z przodu i z tyłu, dopasowaną tak bardzo, że sprawiała wrażenie drugiej skóry. Krój był bezsprzecznie idealny dla Callas. Noszona i upięta w odpowiedni sposób, zapewne nieprawdopodobnie droga kreacja byłaby odpowiednia dla diwy, a nie, co tu ukrywać – dziwki. Dlaczego Monroe pozwoliła sobie na ubiór, który eksponował wszystko, co powinno być zakryte?

– Panie prezydencie, Marilyn Monroe... – rozbrzmiał wzmacniany przez mikrofon głos Petera Lawforda.

Mimo zapowiedzi aktorka stojąca u podnóża schodów prowadzących na scenę nadal tkwiła w miejscu.

Gromki śmiech publiczności wypełnił salę.

Wtem zgromadzeni za kulisami rozstąpili się. W polu widzenia pojawili się dwaj młodzi mężczyźni w białych ubraniach roboczych. Ich kucharskie czapki połyskiwały w półmroku. Widoczne pod nimi twarze były zaczerwienione – z całą pewnością nie tylko z ogromnego zdenerwowania, lecz także z wielkiego wysiłku, z jakim taszczyli na czymś w rodzaju noszy przeogromny, pięciopiętrowy tort, który miał zostać pokrojony przez solenizanta. Obarczeni słodkim ciężarem cukiernicy postępowali za Monroe niczym za panną młodą.

Maria tak się zapatrzyła na ogromne arcydzieło sztuki cukierniczej, że nie usłyszała ani dalszej części zapowiedzi, ani muzyki stanowiącej oprawę rozgrywającego się na jej oczach spektaklu. Nie interesowali ją też zgromadzeni wokół, mówiący coś do niej ludzie, gdyż całą uwagę skoncentrowała wyłącznie na gigantycznym wypieku, stanowiącym jeszcze większą pokusę niż Monroe w wyzywającej sukni.

Mimo że Maria uwielbiała wyroby cukiernicze w każdej formie, to by utrzymać wagę, pozwalała sobie skubnąć od czasu do czasu zaledwie parę okruszków. Nie mogąc jeść słodyczy, rozkoszowała się ich widokiem. Teraz też zachłannie pożerała oczami bezowe i marcepanowe kolumny podtrzymujące sklepienie tego arcydzieła z cukru oraz bitej śmietany. Jej wzrok powoli powędrował w górę słodkiego kolosa, w miejsce, w którym inspicjent właśnie zapalał czterdzieści pięć urodzinowych świeczek.

Z widowni dało się słyszeć huczne oklaski. Dopiero gdy do uszu Marii dotarł szaleńczy aplauz, zauważyła, że omiatana światłami reflektorów Marilyn Monroe w międzyczasie wspięła się na szczyt schodów. Za nią podążał trzymający się w cieniu pianista.

Krótko potem rozległa się cicha śpiewna recytacja, której towarzyszyły wiwaty zgromadzonego tłumu.

– *Happy Birthday to you, Happy Birthday to you, Happy Birthday, Mister President...*

Sposób interpretacji popularnej urodzinowej piosenki śpiewanej na cześć solenizanta był do tego stopnia zaskakujący, że Maria w okamgnieniu zapomniała o torcie.

Głos Monroe wydawał się wibrować, drżeć i załamywać. Marilyn sprawiała wrażenie, jakby brakowało jej tchu. Brzmiała trochę tak, jakby znajdowała się we własnej sypialni i leżała w łóżku po tyle co odbytym akcie miłosnym. I gdy na zakończenie dodała przerobioną na potrzeby chwili wersję piosenki *Thanks for the Memory*, zapewne nikt już nie miał żadnych wątpliwości, za jakie wspomnienie Marilyn Monroe dziękowała Johnowi F. Kennedy'emu.

Cóż za afront w stosunku do żony! Jeżeli małżonka prezydenta była uprzedzona o tym występie, nic dziwnego, że wolała nie pokazywać się na koncercie. Kto wie…

Maria mimowolnie zadała sobie pytanie, jaka byłaby jej reakcja w takiej sytuacji. „Przecież miejsce żony zawsze jest przy mężu" – natychmiast przemknęło jej przez myśl. Ona sama nigdy nie wybaczyła matce odejścia od ojca z powodu jego zdrad. I mimo że później to właśnie ona osobiście przegoniła cudzołożnicę z łóżka ojca, rodzice i tak ponownie się nie zeszli. Tak, to prawda, matka całymi latami przymykała oko na romanse męża. Czy małżeństwo Kennedych opierało się na tej samej zasadzie tolerowania niewierności współmałżonka? Maria doszła do wniosku, że raczej nie, gdyż w przeciwnym razie Jackie byłaby teraz na gali.

Jej zrozumienie dla zdradzanej żony malało z każdym tonem docierającym za kulisy Madison Square Garden. W końcu Maria przestała się zastanawiać, co mogła teraz czuć oszukiwana strona.

Jej rozważania przerwał inspicjent, który machnięciem ręki przywołał do siebie wszystkich wykonawców. Ma się rozumieć, że diwa pokroju Callas nie weszła na scenę tak po prostu, lecz wkroczyła na nią z godnością, by przyłączyć się do piętnastotysięcznego chóru głosów, śpiewającego *Happy Birthday, Mister President*.

Gdy na cały głos śpiewano urodzinową piosenkę, świeczki na torcie wniesionym tryumfalnie na scenę na ramionach obu młodych cukierników migotały wesoło.

ROZDZIAŁ 12

Nowy Jork

Sierpień 1968 roku

Ilekroć Maria sięgała pamięcią wstecz, stwierdzała nieodmiennie, że jej najszczęśliwszy powrót na Manhattan miał miejsce jesienią tysiąc dziewięćset czterdziestego piątego roku, osiem lat po opuszczeniu miasta wraz z matką i siostrą. Jaka była wówczas szczęśliwa, widząc ojca wśród tłumu oczekujących na nabrzeżu, przy którym cumowały statki przybywające zza oceanu! Przyszedł do portu, mimo że nie poinformowała go o swoim przybyciu. Później dowiedziała się, że znalazł jej nazwisko na jednej z list pasażerów statków przypływających z Europy, drukowanych regularnie w gazetach. Jednak euforia Marii opadła w chwili, gdy tylko weszła do mieszkania w Washington Heights, w którym niegdyś mieszkała razem z siostrą i matką. Ku swojemu wielkiemu rozczarowaniu stwierdziła, że ojciec nie był sam. W białej, zdobionej koronkami pościeli, którą Evangelia wniosła w posagu, pod wiszącym na ścianie ślubnym wieńcem rodziców, spała Alexandra Papajohn, długoletnia kochanka ojca. Maria nie posiadała się z oburzenia i szybko zadbała o to, żeby kobieta opuściła mieszkanie. Wówczas wierzyła, że ojciec rozstanie się z Alexandrą, po czym wróci do matki i znów staną się rodziną. Nic bardziej mylnego.

Gdy tym razem – po kilku wcześniejszych podróżach do miasta, w którym przyszła na świat – wylądowała na lotnisku imienia Johna F. Kennedy'ego, czuła się okropnie jak nigdy do tej pory. Fakt, że port lotniczy nazwano nazwiskiem zamordowanego prezydenta i tym samym także jej rywalki, tylko pogarszał sprawę. Ale pocieszeniem było to, że za kontrolą paszportową również dzisiaj powitała ją znajoma twarz. Anastasia Gatos natychmiast wzięła Marię w ramiona. Przyjaciółka była żoną Costy Gatosa, bardzo bliskiego, zaufanego współpracownika Arista, prezesa spółek Onassisa w USA. Maria poinformowała małżonków o swoim przylocie i chętnie przyjęła zaproszenie zatrzymania się na czas pobytu w Nowym Jorku w apartamencie Gatosów na Upper East Side. Larry był zdania, że lepiej będzie jej u rodaków, którzy z pewnością troskliwie się nią zaopiekują, niż w jakimś hotelu na Manhattanie, gdzie będzie sama jak palec. Takie rozwiązanie faktycznie jej się spodobało, gdyż mogła być pewna, że Aristo dowie się, gdzie przybywa. Zadzwoni do niej, gdy tylko uświadomi sobie, jak wielki błąd popełnił. Uczepiła się tej myśli, ignorując wewnętrzny głos, który ostrzegał, że może się mylić.

Pierwszym rozczarowaniem, które spotkało ją niedługo po przybyciu, była rozmowa z Mary Mead. Przyjaciółka zapewniała ją przez telefon, że bardzo żałuje i jest jej niezmiernie przykro, ale nie jest w stanie wyjechać z Dallas, gdyż właśnie rozpoczyna się rok szkolny i nie może teraz zostawić dzieci. Maria zapewniła przyjaciółkę, że rozumie jej sytuację, jednak czuła się głęboko dotknięta odmową. Tak bardzo cieszyła się na zakupy w towarzystwie Mary. I to nie na Piątej Alei u Saksa czy u Bergdorfa Goodmana, ani też w żadnej z tych luksusowych świątyń, gdzie można było nabyć, co tylko dusza zapragnie, ale zwyczajnie, u Woolwortha. Od czasu ich znajomości Maria uwielbiała kupować z Mary na wyprzedażach najróżniejsze rzeczy, przeważnie ładne, lecz w większości zupełnie nieprzydatne.

Zakupione drobiazgi szybko popadały w zapomnienie, za to szał polowania na okazje i towarzyszący temu radosny nastrój na długo pozostawały w pamięci obu kobiet. Takie wyprawy stanowiły wspaniałą odmianę.

Anastasia była całkowitym przeciwieństwem Mary. Znając panią Gatos, postać doskonale rozpoznawalną w elitarnych kręgach towarzyskich Nowego Jorku, Maria była pewna odmowy szwendania się po tanich domach towarowych.

Zaszyła się w przydzielonym jej pokoju, urządzonym na modłę francuskiego buduaru. Nawet nie zwracała uwagi na wspaniały widok Central Parku w pełnej letniej krasie. Spędzała cały czas przed telewizorem na oglądaniu zarówno nowych, jak i starych odcinków *Bonanzy* oraz *Strzałów w Dodge City*. I choć zazwyczaj miała słabość do westernów, to tym razem zupełnie nie mogła się skoncentrować na akcji, gdyż wciąż przywoływany w myślach obraz Arista całkowicie przesłaniał przygody Cartwrightów czy wydarzenia w Dodge City. Rysy i włosy Onassisa nakładały się na przetykaną siwizną czuprynę Lorne'a Greene'a, aż w końcu aktor grający głowę rodziny zmieniał się w greckiego armatora.

Jej oczy zachodziły łzami, ilekroć uświadamiała sobie, jak bardzo czepiała się w myślach kochanka. By oderwać się od prześladującej wizji, podeszła do telewizora i wybrała inny program.

Wiadomości, informujące od kilku dni o wkroczeniu radzieckich wojsk do Pragi, wcale nie poprawiły jej nastroju. Ponownie nacisnęła odpowiedni guzik, by przełączyć na stację nadającą coś bardziej optymistycznego. Przypadkowo natrafiła na program dyskusyjny Merva Griffina.

Sceneria przypominała nowocześnie urządzony salon. Zaproszeni prominenci siedzieli na sofach i krzesłach wokół gospodarza, królującego za stylowym biurkiem. Miejsce koło Merva Griffina zajmowała kobieta, którą Maria w pierwszej sekundzie wzięła za Doris Day. Dopiero po kilku zdaniach zorientowała się, że chodzi o Doris Lilly, zdumiewająco podobną do gwiazdy filmowej autorkę niezwykle popularnej kolumny plotkarskiej. Chcąc czymś zająć myśli, zaczęła przysłuchiwać się wywiadowi bez zbytniego zainteresowania.

Merv Griffin trzymał w jednej dłoni papierosa, a w drugiej nowe wydanie „New York Post".

– Co pani sądzi o plotkach na temat zaręczyn pani Kennedy z Arystotelesem Onassisem? – zapytał prowadzący program.

– Wkrótce będzie pan mógł się przekonać, jeśli przeczyta pan mój artykuł – odpowiedziała Doris Lilly z promiennym uśmiechem.

Maria głęboko wciągnęła powietrze.

– Doris, proszę nie trzymać nas w niepewności! Niech pani da nam choćby jakąś wskazówkę. Czy sądzi pani, że faktycznie się pobiorą?

Marię zamurowało. Z otwartymi ustami wpatrywała się, osłupiała, w ekran telewizora.

Tymczasem Doris Lilly milczała przez moment, po czym oznajmiła:

– Przypuszczam, że tak. Sądzę, że Jacqueline Kennedy już wkrótce zostanie panią Onassis.

Maria zaczęła krzyczeć, zanim jeszcze w pełni dotarło do niej znaczenie usłyszanej wypowiedzi. Zareagowała spontanicznie, gdyż poczuła się, jakby znajdowała się w windzie spadającej z osiemdziesiątego szóstego piętra Empire State Building. Nagle zaczęła wzbierać w niej agresja, której towarzyszyło wrażenie utraty przytomności. Rzuciła się na podłogę i tupała nogami z taką zaciekłością, jakby oganiała się od chmary szczurów. Ukryła twarz w dłoniach, co przytłumiło okrzyki bólu i rozpaczy, ale w żaden sposób nie zatrzymało płynącego z oczu strumienia łez.

Nie wiedziała, jak długo znajdowała się w stanie najgłębszego zwątpienia. W którymś momencie rozległo się energiczne pukanie do drzwi.
– Mario? – Rozpoznała głos Anastasii Gatos. – Mario? Dobrze się czujesz?
Nie była w stanie wydusić z siebie żadnego sensownego słowa. Pukanie stało się głośniejsze.
Po chwili Anastasia nacisnęła klamkę i otworzyła drzwi.
– O mój Boże! Mario! – W głosie przyjaciółki słychać było strach.
Maria przełknęła ślinę, załkała i zaczęła gwałtownie łapać powietrze. Nadal nie była w stanie ani powstrzymać łez, ani wykrztusić słowa. Nie krzyczała już i nie tupała. Widząc, co się dzieje, Anastasia podeszła do niej i uklękła obok, a następnie otoczyła ramionami drżące ciało Marii, która pozwoliła się przytulić przyjaciółce, pogrążając się w rozpaczy.
W tle Merv Griffin i Doris Lilly nadal plotkowali w najlepsze na temat jakiejś kolejnej osobistości, należącej do najważniejszych dziesięciu tysięcy osób tego świata.

Maria odstawiła na szklaną płytę okolicznościowego stolika lampkę koniaku, z której właśnie upiła niewielki łyk.
– Spędziłam z Aristem najpiękniejsze lata mego życia – przyznała bezbarwnym, łamiącym się od płaczu głosem,

dobitnie podkreślającym szczerość wypowiedzi. – A teraz przeżywam najgorszy koszmar – dodała, opierając się plecami o oparcie sofy w salonie Gatosów.

– Prawdopodobnie to tylko głupie gadanie – pocieszyła ją Anastasia. – A może ty coś wiesz, Costa? – Spojrzała przenikliwie na męża, którego minę skrywał gęsty dym palonego cygara.

– Zawsze byłem zdania, że Ari powinien się ożenić z Marią – wymamrotał. – Bardzo jest do ciebie przywiązany. Ty zaś jesteś dla niego właściwą kobietą.

– Może to faktycznie jakaś pomyłka. – Na ustach Marii pojawił się lekki uśmiech. – Prawda, że Aristo zadzwoni do mnie i wszystko wyjaśni?

Spojrzała na przyjaciół błyszczącymi oczami. Nadzieja rozgrzała płynącą w żyłach krew niczym ciepłe źródło.

– Nie powinnaś cały czas tkwić w Nowym Jorku, czekając na jego telefon – uznał oburzony do głębi Larry. Anastasia zadzwoniła do niego i poinformowała o załamaniu nerwowym Marii, a on natychmiast zjawił się u Gatosów. – Przecież chcieliśmy zaplanować twój powrót na scenę.

– I zaplanujemy – potwierdziła.

Jednak wszystko, czego tak naprawdę chciała w tym momencie, to nie przygotowywania się do postawienia kolejnego kroku na drodze kariery, lecz spędzenia reszty życia u boku Arista. Zachowała to jednak dla siebie.

Larry wymienił szybkie, pełne obaw spojrzenie z Anastasią, które nie uszło uwadze Marii. Po czym zwrócił się do niej:

– Co myślisz o tym, żebyśmy polecieli do Dallas? Moglibyśmy odwiedzić Mary Mead i przy okazji zorganizować pierwsze występy w tamtejszej operze.

Dlaczego nagle wszyscy chcieli się jej pozbyć z Nowego Jorku? Wszak była tu zaledwie od paru dni. Maria wahała się, jednak zdawała sobie sprawę, że goszcząc u Gatosów, też nie bardzo wiedziała, co miałaby robić. Manhattan w sierpniu był równie nudny jak Paryż. Dlatego też odwiedzenie Mary nagle wydało jej się pociągającą perspektywą. Z drugiej jednak strony miała tyle do przemyślenia. Na przykład czy Aristo zadzwoniłby do niej do Dallas...

– Zastanowię się – obiecała.

Larry sprawiał wrażenie, jakby przyjął jej obietnicę za dobrą monetę. Z przesadnym entuzjazmem klepnął się w udo.

– A zatem dzwońmy do Mary. Dlaczego od razu nie przyszło mi do głowy, żeby do niej polecieć, gdy powiedziała nam, że nie może teraz wyjechać z powodu dzieci?

Lot do Dallas będzie oznaczać, że jej życie znów nabierze tempa. „Wszystko, tylko nie stagnacja" – przeszło jej przez myśl. A osiągalna będzie wszędzie. Podobnie jak Aristo na Christinie. Co prawda nie będzie to rejs statkiem po Morzu Śródziemnym, lecz podróż po Stanach Zjednoczonych. Jednak taka odmiana nagle wydała się jej równie dobrą alternatywą. Odpoczynek połączony z przygodą. Przyznała w duchu, że Larry w gruncie rzeczy może miał rację. Równocześnie jednak była w pełni przekonana, że nigdzie już nie zazna takiego uczucia wolności, jakie zawsze towarzyszyło jej na pokładzie Christiny u boku Arista.

ROZDZIAŁ 13

Amsterdam

Początek lipca 1959 roku

– Mario, raz jeszcze powtarzam, że nasze dalsze wspólne życie będzie bez sensu, jeśli pozbawisz mnie kontroli nad wszystkim, co dotyczy ciebie.

Słowa Meneghiniego rozbrzmiewały w uszach Marii niczym złowieszcze przekleństwo. Czuła się jak damskie wcielenie Rigoletta, chociaż pomimo rozsadzającej wściekłości nie ogarnęła jej żądza mordu. W przeciwieństwie do tragicznego bohatera opery Verdiego, w jej przypadku nie chodziło o miłość, lecz o pieniądze. Oszustwo i zdrada stały wszak na tym samym poziomie. Pytanie, czy na końcu uda jej się wygrać – w odróżnieniu od Rigoletta. Lecz, by postawić na swoim, oczywiście wcale nie zamierzała zamordować męża. W międzyczasie uświadomiła sobie wyraźnie, że ich finansowe drogi muszą się rozejść.

Temat ten zajmował ją bezustannie. Od wyjazdu z Londynu zastanawiała się, gdzie otworzyć konto, do którego Meneghini nie będzie miał dostępu, a tym bardziej nie będzie miał pojęcia, gdzie zostało założone. Coś takiego nie było przecież oczywiste w przypadku kobiety, a już z pewnością nie we Włoszech.

„W operach aż roi się od bohaterów, którzy postradali zmysły" – pomyślała, łapiąc się po raz nie wiedzieć który na tym, że jej rozważania uparcie krążą wokół niezależności finansowej. Równocześnie dopiero teraz uświadomiła sobie rzecz oczywistą, która jak dotychczas nawet nie przeszła jej przez myśl – własny rachunek bankowy, którym tylko ona będzie mogła dysponować, był pierwszym krokiem na drodze do rozstania z mężem. Czyżby zwariowała? Gdy tak stała na skąpanym w słońcu, tętniącym życiem Leidseplein, w samym sercu Amsterdamu, aż jej się kręciło w głowie od tych wszystkich cyfr i nieustannie rozważanych możliwości. Analizując wchodzące w grę rozwiązania, zadawała sobie zasadnicze pytanie, co się stanie z nią i Meneghinim, gdy jej honoraria przestaną wpływać na ich wspólne konto.

Poprosiła Petera Diamanda, dyrektora Festiwalu Holandia, o rozmowę w cztery oczy. Meneghiniemu powiedziała, że umówiła się na masaż. Dlaczego wcześniej nie dostrzegła, że praktycznie nigdy nie była sama? Battista zawsze był przy niej, nieodłączny niczym cień. Wszystko widział, wszystko słyszał, kontrolując w ten sposób zarówno rozkład jej dnia, jak i jej noce. Wiedział, z kim rozmawiała, kogo spotykała, na kogo krzyczała, gdy traciła panowanie nad sobą. Takie chwile jak w Harewood House, gdy udało jej się wyrwać na samotny spacer, a potem spokojnie porozmawiać na tarasie z Onassisem, należały do rzadkości. Meneghini stawał się coraz bardziej zaborczy i podejrzliwy, gdyż – naturalnie – zauważył zainteresowanie miliardera Marią. Na szczęście Onassis był żonaty i tym samym żaden związek z nim nie wchodził w grę.

Rozstanie, względnie rozwód, były dla Marii drażliwymi kwestiami. Wszak nie była Carmen, kobietą biorącą sobie mężczyzn, gdy tylko przyszła jej na to ochota. W głębi serca zawsze była przywiązana do tradycji. Określała siebie jako realistkę twardo stąpającą po ziemi. Tak naprawdę nigdy nie odcięła się od wpojonych jej w dzieciństwie zasad greckiego wychowania. Nigdy też nie kwestionowała klasycznego podziału ról w małżeństwie. Uważała za oczywiste, że mąż zawsze powinien być lojalny wobec niej i że zarówno ona, jak i on zadbają o to, by się wzajemnie pragnąć, a w razie potrzeby wspierać. I właśnie takich relacji zabrakło w ich związku. Za bardzo przywykła do tego, że inni decydowali za nią, i jak do tej pory nie znalazła rozwiązania dręczącego ją dylematu, co powinna zrobić w tej kwestii. Ponadto obawiała się konsekwencji, jakie przyniósłby rozwód. W amerykańskich kręgach formalne rozwiązanie małżeństwa nie było niczym nadzwyczajnym. Zwłaszcza artystycznych. Ale we Włoszech, podobnie jak w Grecji, rozstanie z mężem zawsze oznaczało dla kobiety swoiste wykluczenie towarzyskie. Dokładnie rzecz biorąc, prawo we Włoszech – w przeciwieństwie, przykładowo, do prawa w USA – nie dopuszczało rozwodów. A jak zareagowałaby operowa publiczność, w dużej mierze bardzo konserwatywna, na pragnienie diwy uwolnienia się od małżonka? Czy wynoszonej pod niebiosa „boskiej" śpiewaczce w ogóle wypadało podążyć za pragnieniami? Czasami Maria odnosiła wrażenie, że jej problemy są nie do rozwiązania.

Peter Diamand czekał na nią przy wejściu dla artystów. Dyrektor festiwalu był atrakcyjnym mężczyzną o ciemnych, lekko kręcących się na karku włosach, ostrym nosie i przyjemnym wyrazie twarzy. Gdy z uśmiechem wyciągnął obie ręce w jej stronę, światło słoneczne odbiło się w szkłach jego okularów.

– Cóż za niezwykłe wydarzenie – zawołał zachwycony. – Potajemna randka z Marią Callas!

Po tych słowach pocałował ją w oba policzki.

– Dziękuję, że znalazł pan dla mnie czas.

– Ależ proszę nie żartować. Co sądzi pani o małym spacerze?

W odpowiedzi na to pytanie ujęła go pod ramię i ruszyli przez Leidseplein. Budynek teatru Stadsschouwburg został wzniesiony w stylu klasycystycznym. Jego blanki i wieże trochę przypominały Marii paryski Luwr. Po drodze mijały ich tłumy mieszkańców i rzesze turystów, zajadających lody, zadumanych, rozbawionych i zabieganych. Wtem zgromadzona wokół przewodniczki w kapeluszu ozdobionym proporczykiem amerykańska grupa, oglądająca właśnie gabloty teatralne, rozpoznała Marię pomimo chusty szczelnie zasłaniającej głowę i okularów słonecznych. Nagle wszyscy rzucili się w jej stronę. Śpiewaczka cierpliwie rozdawała autografy do chwili, aż Diamand delikatnie pociągnął ją w kierunku mostu na kanale.

– Nie chciałbym pozbawiać pani przyjemności obcowania z wielbicielami, ale może powinniśmy już pójść.

– Ach – wyrzuciła z siebie – w zasadzie nigdy nie czuję się dobrze w tłumie. Ale ci ludzie byli niezmiernie mili i uprzejmi.

– Mimo wszystko wydaje mi się, że o wiele ważniejszą kwestią są pani zmartwienia, o których chciałbym z panią porozmawiać – rozpoczął Peter Diamand.

– Skąd pan wie, że mam jakieś zmartwienia?

– Gdyby tak nie było, nie prosiłaby mnie pani o spotkanie – zauważył pragmatycznie. I, nie czekając na jej reakcję, dodał: – Nasz wspólny przyjaciel George Lascelles wspomniał ostatnio, że w czasie wizyty u niego i Marion w Harewood House była pani… niespokojna.

– Niespokojna? – powtórzyła zaskoczona. Poprawiła okulary słoneczne na nosie, jakby lepsza ostrość widzenia tego, co się wokół dzieje, pozwoliła jej także lepiej zajrzeć w głąb siebie. Po chwili wyznała: – Wydaje mi się, że wkroczyłam na drogę zmierzającą do rozwodu.

– A zatem obrała pani kierunek – skonstatował Diamand ze zrozumieniem. – Jak mógłbym zatem pomóc pani, moja droga?

Maria przełknęła ślinę. Nadszedł moment, w którym po raz pierwszy miała powiedzieć na głos to, co od jakiegoś czasu nieustannie chodziło jej po głowie. I choć niejednokrotnie dokładnie przemyślała swój zamiar, uświadomiła sobie, że w momencie ubrania go w słowa nabierze on realnego, być może – jak to przeważnie bywało – całkiem innego kształtu, po czym zamieni się w konkret. Jeszcze mogła pozostawić wszystko po staremu i nadal pozwolić mężowi kierować sobą, odgrywając równocześnie rolę perfekcyjnej i będącej na każde zawołanie śpiewaczki bez jakichkolwiek potrzeb i tęsknot. Swoistego automatu, jaki uczyniła z niej matka w momencie, gdy odkryła wybitne uzdolnienia ośmioletniej wówczas Mary. Jeśli teraz zbędzie Diamanda jakąkolwiek wymówką, w jej życiu nic się nie zmieni. Wszak było dość innych tematów, na przykład stan jej zdrowia.

– Proszę zatrzymać moją gażę – wyrzuciła z siebie. – Proszę nie wypłacać mi pieniędzy do czasu, aż się z panem skontaktuję.

Diamand zawahał się przez moment, po czym skinął głową.

– Naturalnie, postąpię zgodnie z pani życzeniem.

I zanim zdążyła pomyśleć, o co poprosiła, zaczęła mówić dalej. Nad głową miała wierzchołki drzew obsypane liśćmi, szeleszczącymi cicho pod wpływem delikatnej bryzy. Żwir, którym wysypane były alejki Vondelpark, chrzęścił pod jej stopami. Z pobliskiej polany dochodziły krzyki bawiących się dzieci. Miła atmosfera sprawiła, że zaczęła wyrzucać z siebie wszystko, o czym zabroniła sobie nawet myśleć i co nagle wydało jej się nieuniknione.

– Zamierzam dokonać pewnych zmian w moim życiu.
Diamand znów milczał przez moment. Gdy przemówił, jego głos był łagodny i nieco zatroskany.

– Musi pani na siebie bardzo uważać, Mario.

– Wiem. Ostatnio mój stan zdrowia bardzo mnie niepokoi. Zastanawiam się też nad innymi związanymi z tym sprawami.

Przypomniała sobie słowa Meneghiniego, gdy napomknęła o przerwie w występach. Z jakim chłodem zareagował na jej propozycję! Wydawać by się mogło, że jej mąż zainteresowany jest wyłącznie tym, by w pełni wyeksploatować cały potencjał tkwiący w Callas, nie przejmując się wcale jej stanem fizycznym i psychicznym. Jeśli by się dobrze zastanowić, to taka postawa na zawsze dyskwalifikowała go jako małżonka. Gdy uświadomiła sobie ten fakt, niemal automatycznie nasunęło się pytanie, dlaczego właściwie aż tak długo czekała na krok, który zamierzała zrobić.

– Powinna pani pojechać na urlop, Mario – stwierdził Diamand i dodał, jakby wiedział, co chodzi jej po głowie: – Najlepiej nad morze. Pobyt nad wodą dobrze pani zrobi. Wypocznie pani psychicznie i zregeneruje się fizycznie. Trochę dystansu zawsze sprzyja podejmowaniu ważnych decyzji.

Odetchnęła głęboko, jakby już teraz chciała wciągnąć do płuc ożywcze powietrze znad Morza Północnego.

– Proszę mi obiecać, że pozostanie pan moim przyjacielem niezależnie od tego, co się stanie.

– Może pani na mnie polegać – potwierdził, impulsywnie ściskając jej dłoń.

W holu hotelu De l'Europe Elsa Maxwell królowała wśród skaczącego wokół niej personelu i w otoczeniu dwóch asystentek, popijając kawę, paląc papierosa i przeglądając nieskończenie długi zwój papieru. Najwidoczniej był to otrzymany przed chwilą teleks. W momencie, gdy Maria szła przez foyer w stronę recepcji, by odebrać klucz do pokoju, dziennikarka podniosła wzrok. Szerokim gestem przywołała przyjaciółkę.

– Witaj, Elso. Pracujesz?

Podchodząc do reporterki, Maria próbowała rozwiązać jedwabną apaszkę.

– Czytam wiadomości. – Elsa z westchnieniem upuściła wstęgę papieru, po którą natychmiast schyliła się jedna z asystentek. – Redakcja w Nowym Jorku przysłała mi teleks ze wszystkimi nowinami, którymi właśnie zajmuje się świat. Ale co mnie obchodzi wizyta wiceprezydenta Nixona w Moskwie u Chruszczowa? Równie niewiele interesują mnie inscenizacje oper Wagnera przygotowywane na festiwal w Bayreuth. Lepiej opowiedz mi coś o sobie.

– Niestety nie przytrafiło mi się nic, co choć w niewielkim stopniu mogłoby się równać z twoimi wiadomościami – stwierdziła Maria, usadawiając się na poręczy szerokiego fotela, który niemal w całości wypełniała mała, okrągła postać przyjaciółki.

– Tere-fere – zaoponowała Elsa. – Sprawiasz wrażenie niezmiernie zadowolonej. Powiedz mi, Mario, co takiego się wydarzyło?

W odpowiedzi Maria potrząsnęła głową. Nie miała nic do powiedzenia. Nie miała też zamiaru wyznawać Elsie Maxwell, że balansowała na cienkiej granicy, wahając się z podjęciem decyzji, która miała zadecydować o jej dalszym życiu. Taka nowina z pewnością niezmiernie by ją zainteresowała.

– Właśnie byłam na relaksującym spacerze z Peterem Diamandem.

– Beznadziejna nuda.

– Wcale nie – zaprzeczyła Maria. W zamyśleniu bawiła się apaszką, po czym niemal obojętnym głosem zapytała: – Czy wiesz może, jak mogłabym się skontaktować telefonicznie z panią Onassis?

Pytanie to zdziwiło ją w nie mniejszym stopniu niż Elsę. Od chwili pożegnania z Diamandem jej myśli cały czas krążyły wokół rzuconej mimochodem propozycji odpoczynku nad morzem. Oczywiście, mogła pojechać na urlop do Wenecji, na Lido. Ale dlaczego tym razem nie miałaby spędzić paru dni nad morzem? Meneghini z pewnością będzie marudził. Ale czy w ogóle było coś, co mogłoby go zadowolić? Od spaceru w Vondelpark miała świadomość, że już nic jej nie łączy z mężem. Nic, co miałoby jakąkolwiek wartość dla ich małżeństwa. Nie było żadnych wspólnie układanych planów, żadnych wspólnych marzeń czy pragnień. Nic, co mogliby dzielić. Nic, oprócz spraw związanych z jej karierą sceniczną, będącą jedynym sensem ich życia we dwoje. Albo przyjmowała jego propozycje, albo on jej, co zdarzało się o wiele rzadziej. I jeśli już je akceptował, to zawsze kwestią nadrzędną, którą miał na uwadze, była wyłącznie jej kariera. Nigdy natomiast nie brał pod uwagę jej potrzeb.

– Chcesz rozmawiać z Tiną? – Elsa nie potrafiła ukryć zaskoczenia. – Dlaczego?

– Chciałabym się dowiedzieć, co się nosi na jachcie – odpowiedziała ze śmiechem.

Od czasu rozmowy z Diamandem i zwróceniu jej uwagi na zbawienny wpływ morza na kondycję fizyczną oraz samopoczucie nie mogła przestać myśleć o zaproszeniu Onassisa. Wierzyła w potęgę przypadku. Wszak nie dało się zaprzeczyć, że los pcha ją w określonym kierunku.

– O la la! – Elsa mlasnęła językiem. – Naprawdę zamierzasz żeglować z Tiną i Arim po morzu?

– Nie mam pojęcia. Szczerze mówiąc, w tej chwili sama nie wiem, czego chcę. – Na tyle szczerości mogła sobie pozwolić, nie zdradzając zarazem zbyt wiele na temat swoich planów. – W pierwszej kolejności chciałabym wiedzieć, w co się należy ubrać na taki rejs. Dopiero potem zadecyduję, czy mi to odpowiada.

– Hmm. – Elsa zaczęła się zastanawiać, gdy tymczasem Maria zadawała sobie w duchu pytanie, czy przyjaciółka myśli w tej chwili o garderobie, czy też może zastanawia się, co nią powoduje. Z pewnością mądra Elsa zdawała sobie sprawę, że jej odpowiedź może otworzyć puszkę Pandory. Wreszcie powiedziała: – Oboje są najprawdopodobniej w Monte Carlo. Podam ci numer te...

– Dziękuję – przerwała. – Mam go.

Onassis już dawno temu dał jej wizytówkę ze wszystkimi adresami i numerami telefonów, pod którymi można było się z nim skontaktować. W tym także połączenia radiowego ze swoim jachtem.

– Och! – Elsa zrobiła nadąsaną minę.

– Nie czuj się urażona. – Maria pochyliła się i złożyła siostrzany pocałunek na siwych włosach dziennikarki. – Chodzi mi wyłącznie o garderobę.

– Hmm – mruknęła ponownie Elsa Maxwell. – Czy wiesz, że Tina Onassis miała bardzo namiętny romans z Porfiriem Rubirosą? Nie jestem pewna, czy wciąż jeszcze ma bzika na jego punkcie. To były mąż Barbary Hutton, spadkobierczyni Woolwortha. Czy to przypadkiem nie te domy towarowe, w których tak chętnie kupujesz, gdy jesteś w Stanach?

– Gdy będę następnym razem w Nowym Jorku, z pewnością znów pójdę do Woolwortha. – Twarz Marii nie zdradzała najmniejszego nawet poruszenia. Nie dała po sobie poznać, jak bardzo poruszyła ją wiadomość o niewierności Tiny Onassis. I jak bardzo ucieszyła. Posłała Elsie nic niemówiący uśmiech. – A teraz położę się na chwilę.

– Nie. Wcale się nie położysz – zauważyła dziennikarka. – Będziesz telefonować.

Maria wzruszyła ramionami, po czym się odwróciła.

– Tina ma słabość do mężczyzn pokroju Rubirosy – doszedł ją głos Elsy. – Podobnie jak przed nią Marilyn Monroe, Ava Gardner, Joan Crawford czy Jayne Mansfield. No i Zsa Zsa Gabor. Nawet trudno spamiętać, kto jeszcze. Całe mnóstwo...

Gdy Maria wróciła do zajmowanego wspólnie z mężem apartamentu, Meneghini siedział w salonie i rozmawiał przez telefon z niemieckim organizatorem jakiejś kolejnej imprezy, co Maria momentalnie rozpoznała po skupieniu i starannej artykulacji, z jaką zawsze wymawiał poszczególne słowa w negocjacjach z obcokrajowcami. Poza tym padła nazwa miasta Hamburg. Zatem rozmowa z pewnością potrwa jeszcze jakiś czas.

Odetchnęła z ulgą, że może mu zejść z drogi. Idąc do sypialni, zrzuciła buty, nawet się nie zatrzymując, po czym położyła się w ubraniu na łóżku. Nie podnosząc się, otworzyła torebkę i wygrzebała wizytówkę z jednej z bocznych kieszeni. Przez moment w zamyśleniu obracała w palcach niewielki kartonik, po czym zdecydowanym ruchem obróciła się na bok, podniosła słuchawkę stojącego na nocnej szafce telefonu, wybrała numer hotelowej centrali i kazała się połączyć z Monte Carlo.

– *Âllo, c'est qui?* – Usłyszała po drugiej stronie głęboki męski głos.

– *Bonjour* – odpowiedziała, po czym kontynuowała po francusku: – chciałabym rozmawiać z madame Onassis. Mówi Maria Callas.

– *Kaliméra* – rozległo się nagle po grecku. – Jak się pani miewa?

– Dziękuję. Dobrze. – Na ustach Marii pojawił się lekki uśmiech. – Właściwie chciałam rozmawiać z pana żoną.

– Niestety musi pani zadowolić się mną. Tiny nie ma.

– Och... – Maria zawahała się.

– O co chodzi? Chętnie odpowiem na wszystkie pytania. Jestem do pani dyspozycji.

– Ja... tylko... no... w zasadzie... – Nie wiedziała, co powiedzieć, gdyż niezręcznie było pytać Onassisa, jaka aktualnie panuje moda nad Morzem Śródziemnym.

– Tak? – przerwał jej jąkanie.

Wciąż jeszcze leżąc na boku, przewróciła się na plecy ze słuchawką przy uchu. Zamknęła oczy i momentalnie pod powiekami pojawił się obraz wody połyskującej srebrzyście w jasnym świetle słonecznym.

– Chciałam tylko się dowiedzieć, w co się ubrać na rejs po morzu. – Jej głos mimowolnie stał się głębszy i bardziej łagodny.

– Czy to oznacza tak? Mario? – Usłyszała cichy śmiech.

– Nie. – Na jej twarzy pojawił się szelmowski grymas. Otworzyła oczy. Jej wzrok padł na sufit, na którym dostrzegła grę cieni i światła wpadającego przez okno. – Nie. Nie, nie. Chciałam się tylko zapytać, co zazwyczaj nosi się na jachcie.

– Wszystko, co tylko pani odpowiada. Może pani...

„Typowy mężczyzna" – pomyślała rozbawiona. „Niezmiernie pomocny".

– ... zabrać parę butów, kilka swetrów i coś, w czym można popływać. W zasadzie więcej nie potrzeba.

Jej uśmiech zamarł. Swetry i kostiumy kąpielowe niekoniecznie należały do jej ulubionych elementów garderoby.

Onassis zauważył, że zamilkła. Jednak wcale się tym nie przejął, tylko kontynuował ze śmiechem:

– Niech pani kupi sobie coś ładnego. Dwudziestego pierwszego oczekuję pani w Monte Carlo. Następnego dnia Christina wypływa w morze. I chcę mieć panią na pokładzie, Mario.

– Tak, ale... – wyjąkała, podnosząc się z łóżka.

Jednak Onassis już tego nie usłyszał, gdyż właśnie odłożył słuchawkę.

„Nie" – pomyślała, siadając na brzegu łóżka. Wpakowanie ciała w sweter i prezentowanie klocowatych nóg w kostiumie kąpielowym w towarzystwie wiotkiej niczym elf Tiny było zdecydowanie zbyt wysoką ceną, której w żadnym wypadku nie zamierzała płacić. Arystoteles Onassis może sobie żeglować, z kim mu się żywnie podoba, ale w żadnym razie nie z Callas.

Do oczu Marii napłynęły łzy rozczarowania.

ROZDZIAŁ 14

Mediolan

Połowa lipca 1959 roku

Maria przemierzała szybkim krokiem Via Monte Napoleone z nadzieją, że uniknie stale biegających za nią łowców autografów oraz wielbicieli. Przez ciemne okulary słoneczne niemal nie dostrzegała mijanych przechodniów. Całą uwagę skupiała na tym, żeby na nikogo nie wpaść. Od czasu do czasu jej wzrok zatrzymywał się na wystawach z niezmiernie szykownymi wyrobami. Nie znała drugiej ulicy na świecie z tak fantastycznymi rzeczami, jakie prezentowali kreatorzy mody na tych raptem paruset metrach kwadratowych, w stosunkowo wąskich, neoklasycznych pałacykach po obu stronach ulicy. Nawet na Piątej Alei w Nowym Jorku czy Avenue Montaigne w Paryżu nie można było kupić tego co tutaj, w Mediolanie. Tym razem Maria nie zamierzała liczyć się z pieniędzmi i planowała wydać na skompletowanie perfekcyjnej garderoby tyle, ile będzie trzeba.

Upór Onassisa doprowadził do tego, że w końcu przyjęła jego zaproszenie. Ale przynajmniej próbowała wszystkiego, by się jakoś wykręcić od rejsu luksusowym jachtem. Co by nie powiedzieć, opierała się długo i wytrwale. Po powrocie do Sirmione po niezwykle udanym, ale też niezmiernie wyczerpującym tournée, którego trasa wiodła przez Holandię i Belgię, była przekonana, że ich drogi muszą się ostatecznie rozejść. Jednak wytrwałe telefony miliardera wszystko zmieniły.

Maria siedziała odprężona w zacienionej loggii, popijając herbatę i rozkoszując się chwilą spokoju. W milczeniu przeglądała któreś z czasopism. Czuła wewnętrzny spokój, którego nie była w stanie zakłócić nawet obecność Meneghiniego.

– Dzwoni signor Onassis i prosi o rozmowę z panią Callas. – Błogi nastrój został nagle przerwany pojawieniem się gospodyni.

Ostre spojrzenie Meneghiniego spoczęło na Marii. Jednak mężczyzna nie odezwał się ani słowem.

Odetchnęła głęboko. Nagle ogarnęło ją nieodparte pragnienie usłyszenia głosu armatora. W tej samej sekundzie dotarł do niej bezsens tej zachcianki. Zaraz potem przyznała się przed samą sobą, że w głębi ducha wcale nie chciała z nim rozmawiać, gdyż doskonale wiedziała, o co Onassis zapyta. Dokładnie za tydzień zamierzał wypłynąć z Monaco na pełne morze. „Trzeba z tym wreszcie skończyć" – przemknęło jej przez głowę.

– Proszę powiedzieć panu Onassisowi, że wyszłam.

– Najlepiej, jeśli mu pani powie, że wyjechaliśmy do Mediolanu – dorzucił Meneghini, wsypując cukier do kawy.

– Jak pan sobie życzy, panie Meneghini.

Dobry nastrój Marii nagle zniknął niczym słońce za rosnącymi w ogrodzie cyprysami. Ma się rozumieć, że rozsądek nakazywał odprawienie Onassisa z kwitkiem. Jakakolwiek dalsza dyskusja w kwestii wspólnej żeglugi była bezsensowna. Musiała się bronić przed jego natarczywością, choć w zasadzie najchętniej porozmawiałaby z nim na temat rejsu. Tak bardzo chciała snuć plany i dać się ponieść marzeniom. Ale marzenia to jedno, a rzeczywistość to drugie.

– Kiedy wyjeżdżamy do Wenecji, na Lido? – zapytała męża.

– Jak tylko zawiadomię Hotel Excelsior, że masz zamiar przyjechać. To znaczy, kiedy tylko zechcemy.

– W takim razie poczekajmy jeszcze trochę. Bardzo się cieszę, że mogę wreszcie pobyć w domu.

Pochyliła głowę i zaczęła machinalnie przeglądać trzymane w rękach czasopismo; nie chciała, żeby wyraz jej twarzy zdradził mężowi, że wypowiedziane słowa w gruncie rzeczy stoją w sprzeczności z pragnieniami, które nagle nią zawładnęły.

– Już niedługo wyjedziemy – zapewnił Meneghini, jednak ton jego głosu sprawił, że odniosła wrażenie, jakby mąż celowo zignorował jej życzenie. – Lekarz zalecił ci pobyt nad morzem. Musisz odpocząć przed kolejnym sezonem koncertowym.

– Tak – przyznała, nie mając nic więcej do dodania w tej kwestii.

– Przepraszam, signora – ponownie doszedł do niej głos gospodyni. Kobieta stała w drzwiach balkonowych i załamywała ręce. – To znowu pan Onassis. Koniecznie chce z panią rozmawiać.

Maria rzuciła czasopismo na posadzkę. Nerwy miała napięte niczym struny.

– Czy nie poleciłam powiedzieć mu, że nas nie ma?

– Oczywiście, signora. Ale signor Onassis najwidoczniej dzwonił do Mediolanu, gdzie go poinformowano, że jest pani tutaj, w Sirmione. Nalega na natychmiastową rozmowę z panią.

– Nie. Ma. Mnie.

– Proszę mu powiedzieć, że signora jest niedysponowana – zaproponował spokojnie Meneghini.
– Jak pan sobie życzy, signor.

"Dlaczego Arystoteles Onassis tak na mnie działa?" – roztrzęsiona Maria kolejny raz zadała sobie nurtujące ją od jakiegoś czasu pytanie. Wszak ani nie był atrakcyjny w klasycznym rozumieniu, ani też jego wzrost w żadnej mierze nie przystawał do wizerunku adonisa. Na dodatek był prawdziwym ignorantem w sprawach kultury. Mimo to była oczarowana jego osobowością, dostrzegała jego szarmanckość, ceniła mądrość i poczucie humoru. Lubiła też przebywać w jego towarzystwie. Niezmiernie podobała jej się wytrwałość, z jaką zabiegał o jej względy pomimo niejednokrotnie bardzo szorstkich reakcji z jej strony. Ale kogo tak naprawdę pragnął – Marii czy Callas? Jeśli ulegnie jego zabiegom, wówczas wszystko się zmieni. Może nie dla niego. Za to ona z pewnością nie wyjdzie bez uszczerbku z afery z Onassisem, gdyż nie pragnęła najbogatszego mężczyzny na świecie, lecz mężczyzny jako takiego, przy którym czułaby się tak, jak z nikim innym do tej pory. Mężczyzny, który pożądałby jej wyłącznie dla niej samej.

"Oszalałam" – stwierdziła w duchu. "Przecież jest żonaty i zaproszenie było zawsze w imieniu ich obojga. Najwyraźniej tolerował romanse żony". Maria była zdania, że jest za dobra, by służyć jako odwet na Tinie lub jako kolejne trofeum.

Radosny nastrój, jaki towarzyszył jej do tej pory, bezpowrotnie się ulotnił. Pod wpływem nerwów dostała drżączki mięśni. Mimowolnie zaczęła poruszać stopami i bębnić palcami w poręcz krzesła ogrodowego wykonaną z kutego żelaza.

Zanim jeszcze spojrzała na Meneghiniego, poczuła na sobie jego zdziwione spojrzenie. Ponieważ nie zamierzała wyjaśniać mężowi, co się z nią dzieje, szybko wstała. Prawdę mówiąc, nawet przez samą sobą nie chciała się przyznać, co ją nagle tak bardzo poruszyło i zaniepokoiło.

– Idę do siebie – oznajmiła, opuszczając taras.

Nie wiedząc, co ze sobą zrobić, włączyła radio, po czym rzuciła się na łóżko. Radiostacja nadawała właśnie hity tego lata – Domenico Modugno śpiewał o długiej samotnej nocy, Adriano Celentano o cudownym pocałunku, natomiast The Platters usychali z tęsknoty w *Smoke Gets in Your Eyes*. Maria lubiła tę piosenkę ze względu na jej prostotę i ciepło melodii. Jednak tego dnia popularny szlagier nie był w stanie skierować jej myśli na tory rozsądku. W głowie miała istną karuzelę uczuć, możliwości, obaw i rozczarowań, stanowiących kalejdoskop najrozmaitszych barw i emocji. Mimo to nie wyłączyła radia.

Dobrą chwilę po wiadomościach i kilku kolejnych piosenkach rozległo się pukanie do drzwi.

– To ja. – Usłyszała głos Meneghiniego.

Szybko usiadła na krawędzi łóżka, przesunęła dłonią po lekko zwichrzonych włosach i rozejrzała się za czymś, co mogło wskazywać, że jest zajęta. Nic takiego nie znalazła.

Nie mogąc dłużej kazać mężowi czekać, zawołała:

– Wejdź!

Położyła ręce na kolanach.

W radio Frankie Avalon śpiewał *Venus*.

Meneghini po wejściu do pokoju momentalnie skierował się w stronę radioodbiornika i go wyłączył.

– Że też musisz słuchać takiej okropnej stacji – mruknął, odwracając się do niej.

– Czy teraz chcesz mi jeszcze narzucić, jakiej muzyki mam słuchać?

– Niczego ci nie narzucam, Mario. Po prostu chcę dla ciebie jak najlepiej.

Skrzyżowała ręce na piersiach z obawy, że wydrapie mu oczy, jeśli powie jeszcze choć jedno słowo.

– Znów dzwonił Onassis. Aż dwukrotnie – oznajmił.

Na tę informację Maria wciągnęła głęboko powietrze.

– Za pierwszym razem usłyszał, że cię nie ma – kontynuował tymczasem Meneghini, dozując informacje. – Za drugim razem chciał rozmawiać ze mną, więc nie mogłem się wymigać.

„Cóż za niespotykana konsekwencja!" – pomyślała z ironią. Ugryzła się w język, żeby nie powiedzieć mężowi, że zachował się niczym prawdziwy bohater. Nadal milczała, chcąc oszczędzić mu, a może też i sobie, sarkazmu.

– Rozmawiałem nie z nim, lecz z signorą Onassis. I potwierdziłem przyjęcie zaproszenia na rejs także w twoim imieniu.

Osłupiała Maria patrzyła na męża. Przez moment nie wiedziała, czy powinna się śmiać, czy płakać. Po wpływem nagłego impulsu zerwała się z łóżka i rozłożyła ręce w niemal rozpaczliwym geście.

– Co zrobiłeś?

Uśmiechnął się do niej ponuro, półgębkiem, podczas gdy jego oczy pozostały niewzruszone.

– Czemu się denerwujesz? Onassis nie da się spławić. A lekarz zalecił ci przecież morskie powietrze. W takim razie popłyniemy razem. Onassis postawi na swoim, ty zaś odpoczniesz i pooddychasz na morzu. Tym samym każdy na tym skorzysta.

– Nawet mnie nie zapytałeś – fuknęła na niego.

– A po co miałbym cię pytać? – zdziwił się. – Przecież tak czy siak to ja zawsze decyduję, co jest dla ciebie najlepsze.

Wzięła głęboki oddech, lecz zanim zaczęła na niego krzyczeć, dodał zadziwiająco łagodnie:

– Przecież w każdej chwili będziemy mogli wrócić do domu. Jeśli ci się nie będzie podobać, wysiądziemy w pierwszym porcie, do którego zawiniemy, i stamtąd pojedziemy na przykład do Wenecji.

Wydawało się, że takie rozwiązanie w pełni go zadowala, czego Maria w żadnym razie nie mogła powiedzieć o sobie.

Bez słowa ponownie opadła na łóżko. Nie rozumiała powodu, dla którego Meneghini nagle zmienił zdanie. Być może faktycznie miał na względzie jej dobro albo też uległ sile przekonywania Onassisa. Właściwie już ją nie interesowało, co skłoniło Meneghiniego do przyjęcia zaproszenia po tym, jak początkowo bardzo był temu przeciwny. Ważniejsze było samo podjęcie decyzji.

– *Moira* – mruknęła do siebie.

Było to greckie określenie losu.

I to właśnie los powiódł ją następnego dnia do Mediolanu, a następnie skierował na Via Monte Napoleone. Sprawa była pilna, gdyż na skompletowanie i uszycie garderoby na rejs miała jedynie pięć dni, w tym niedzielę. A zatem w rzeczywistości do dyspozycji pozostawały tylko cztery dni.

Maria była zdenerwowana niczym nowojorska debiutantka na swoim pierwszym balu albo absolwentka szkoły wokalnej mająca po raz pierwszy zaśpiewać główną rolę operową. Tego pierwszego zaszczytu nigdy nie dostąpiła, a drugiego wolała sobie nie przypominać. Ogarnęła ją trema, jak przed występem. Równie silna, jak owego kwietniowego dnia przed dokładnie dwudziestu laty, kiedy to w Atenach miała zagrać Santuzzę w operze *Rycerskość wieśniacza*.

Wówczas przypadkowo usłyszała nieprzeznaczony dla jej uszu szept wyśmiewającej się z niej jednej z trzeciorzędnych śpiewaczek – ona sama należała wówczas jedynie do drugiego garnituru, występującego w zastępstwie. Zamiast zażądać wytłumaczenia lub wszcząć awanturę, bez namysłu wymierzyła tamtej siarczysty policzek. Krótko po tym wydarzeniu Maria Kalogeropoulou – która na żądanie matki na powrót podczas pobytu w Grecji posługiwała się starym nazwiskiem – otrzymała nawet nagrodę za tę rolę. Potem już nigdy nie policzkowała swoich konkurentek, za to trema pozostała na zawsze, a z czasem dołączyły do niej jeszcze niepohamowane wybuchy złości. Za kulisami, gdy tylko coś nie szło po jej myśli, natychmiast traciła cierpliwość. W końcu za ciężko pracowała, żeby tolerować czyjeś niedbalstwo. Ale, ma się rozumieć, nie miała zamiaru atakami złości zmuszać Biki Bouyeure do przygotowania garderoby na rejs po Morzu Śródziemnym.

Energicznie pchnęła drzwi *palazzo*, w którym mieściło się atelier słynnej projektantki. Biki, a w zasadzie Elvira, była wnuczką kompozytora operowego Giacoma Pucciniego. Maria została jej przedstawiona przez Wally Toscanini. Wówczas jej kształty były znacznie bardziej obfite.

Maria od razu poczuła się znakomicie w towarzystwie tej ładnej kobiety o trudnym do określenia wieku. Gust Biki i jej talent uczyniły z wyglądem Marii prawdziwe cuda. A od czasu, gdy zeszczuplała, pełna werwy i fantazji projektantka tworzyła dla Callas jedyne w swoim rodzaju, zapierające dech w piersi kreacje.

Dziś, gdy znajdowała się w ogromnej potrzebie, projektantka była jedyną osobą, na którą liczyła. Nic nie było gorsze od myśli, że zjawi się nieodpowiednio ubrana na pokładzie najwspanialszego jachtu na świecie. Suknia była dla Marii czymś więcej niż tylko ubiorem, stanowiła bowiem chroniący ją przed zranieniem pancerz. Ochronę przed doskonale zapamiętanymi szyderstwami kolegów szkolnych z jej figury. Do dziś jeszcze, gdy spoglądała w lustro, dźwięczały jej w uszach tamte drwiny. Później zazdrosne śpiewaczki w niewybredny sposób żartowały z jej obfitych kształtów. W końcu utalentowany reżyser operowy, Luchino Visconti, zmusił ją do zrzucenia wagi. Zagroził, że jeśli nie schudnie, nie będzie z nią pracował.

Poza tym chciała zrobić możliwie jak najlepsze wrażenie na Arystotelesie Onassisie, do czego niechętnie przyznawała się przed sobą.

Marię przyjęła *directrice* Biki Bouyeure i poprosiła do salonu. Niemal natychmiast pojawił się Alain Reynaud – wysoki, ciemnowłosy mężczyzna w czarnych rogowych okularach, zięć Biki, dawny asystent Jacques'a Fatha w Paryżu. Na jego widok Maria odetchnęła z ulgą. Na powitanie Jacques pocałował ją w oba policzki. Był dokładnie tą osobą, której potrzebowała w obecnej sytuacji. Przed laty to właśnie on uczył ją, jak po pozbyciu się nadmiaru kilogramów ma się wdzięcznie i elegancko poruszać, a także jak należy chodzić – nie, nie chodzić, lecz stąpać – wreszcie, w co się najlepiej ubierać, by jak najkorzystniej wyglądać, i jak dobierać odpowiednie stylowe dodatki. Z pewnością doradzi jej, co powinna zabrać ze sobą na pokład jachtu. Była pewna, że nie ograniczy jej garderoby wyłącznie do swetrów i kostiumów kąpielowych.

– Biki zaraz się zjawi – powiedział Reynaud po serdecznym powitaniu. – Powiedziała mi, że gdy rozmawiała z panią przez telefon, była pani bardzo zdenerwowana. Co się stało? Proszę wyznać mi, co panią gnębi, moja kochana. Jestem przecież po to, by panią wysłuchać.

Zamieniając okulary słoneczne na jasne szkła, podała fakty, nie wspominając nic o targających nią uczuciach.

– Zostaliśmy zaproszeni na prywatny rejs jachtem po Morzu Śródziemnym. Za niespełna pięć dni musimy być na pokładzie, a ja nie mam się w co ubrać.

– Czy gospodarzem nie jest przypadkiem Ari Onassis? – Reynaud przyglądał jej się w zamyśleniu.

– Och... skąd pan wie? – Maria była wyraźnie skonsternowana.

– Czytam wszystko, co się tylko się da, na temat moich klientek – wyznał z uśmiechem. – Gazety były pełne zdjęć was obojga na przyjęciu w Londynie. – Klasnął w ręce. – No dobrze. Zaraz zobaczę, co możemy dla pani zrobić, żeby odpowiednio panią wyekwipować, moja droga.

Biki Bouyeure zjawiła się, ubrana w prostą, elegancką sukienkę. Jej szyję zdobiło kilka sznurów pereł. Poleciła, by podać Marii kawę, po czym spędziła swoje modelki w stosownych kreacjach z letniej kolekcji, każąc im paradować po salonie. Maria siedziała na ogromnym krześle w stylu Ludwika XVI, przyglądając się spodniom, bluzkom, żakietom, sukienkom oraz płaszczom z ogromnym zdumieniem i zarazem rosnącym poczuciem dyskomfortu. Trapez i podkreślenie talii – Reynaud używał tych pojęć oznaczających wiązanie w talii żakietów oraz sukienek szerokim paskiem, co było niezmiernie twarzowe, a także w stylu Marii. Wiele sukienek było jak w czasach empire zebranych pod biustem delikatną wstążką, z tą różnicą, że dół nie opadał swobodnie aż do kostek, jak przed niemal stu pięćdziesięciu laty, lecz był podszyty halką. Spódnice były znacznie krótsze niż w poprzednim sezonie i kończyły się tuż nad kolanem, spodnie zaś nieco powyżej kostki, co było niezbyt korzystne w przypadku jej nóg, jak stwierdziła, zdruzgotana. Znacznie lepsze były modne pastelowe barwy, doskonale harmonizujące z czarnymi włosami Marii.

– Jesienią znów wszystko będzie w ciemnych kolorach – oznajmiła Biki – ale obecnie wszystkie materiały skrzą się niczym obrazy Claude'a Moneta. Radziłabym pani zdecydować się głównie na len. To najlepszy materiał na letnie upały, ponieważ cudownie chłodzi. Będzie pani świetnie wyglądać.

Jakiś czas później Maria znalazła się w obszernej kabinie o ścianach wyłożonych lustrami, gdzie dopasowano do jej figury garderobę, na którą się w końcu zdecydowała. Biki klęczała obok niej z poduszką pełną szpilek na przedramieniu, skracając, zmniejszając oraz poszerzając szwy w poszczególnych ubraniach. Reynaud stał nieco z tyłu, doradzając i służąc pomocą stopniowo nabierającej pewności siebie Marii. W pewnej chwili sięgnął po kapelusz z białej lakierowanej słomki, który włożył na jej misternie upięte włosy.

– Co prawda wszystkie dzisiejsze kapelusze wyglądają nieco jak abażury lamp – zauważył z uśmiechem – ale w tym, Mario, wygląda pani cudownie.

Spojrzała w lustro. Odwróciła głowę wpierw w jedną, a potem w drugą stronę. W końcu wykonała obrót wokół własnej osi. Tak, ten kapelusz faktycznie był wyjątkowo twarzowy. A co najważniejsze, odwracał uwagę od jej niezgrabnych łydek. W takim razie stanowił doskonały wybór.

Salon mody opuściła z naręczem toreb i pudeł na kapelusze w obu rękach. Za nią podążał młody uczeń z warsztatu krawieckiego, obładowany pokrowcami na ubrania oraz kolejnymi torbami. Reszta zakupionych rzeczy miała być dostarczona w najbliższy wtorek, tuż przed odlotem do Nicei. Do tej pory, jak zapewnili Biki i Reynaud, miano dokonać wszystkich przeróbek. Maria była pewna, że faktycznie tak będzie.

Gdy tylko kierowca wsadził wszystkie zakupy do bagażnika, wsiadła do samochodu, w którym czekał na nią Meneghini.

– Ile milionów lirów wydałaś w ciągu ostatnich dwóch godzin na te wszystkie rzeczy? – zapytał, unosząc brwi.

– Nie mam pojęcia – przyznała.

– To nie tylko absurd, ale jeszcze do tego całkowita przesada.

– Tak uważasz? – Odwróciła się od niego i zaczęła wyglądać przez okno. – Bo ja nie.

Ku jej wielkiemu zaskoczeniu poszukał jej dłoni.

– Nie potrzebujesz obawiać się innych gości. Co prawda na pokładzie będzie sir Winston Churchill wraz z małżonką, ale przecież nie powinno cię to przerażać. Jak dotychczas opanowałaś już każdą z ról.

„Za wyjątkiem roli cudzołożnicy" – pomyślała.

– Masz rację. – Wyzwoliła dłoń z jego delikatnego uścisku. – Faktycznie nie ma najmniejszego nawet powodu do zdenerwowania.

ROZDZIAŁ 15

Monte Carlo

22 lipca 1959 roku

Z tarasu Hôtel Hermitage rozciągał się wspaniały widok na port i górujący nad nim, stojący na nagiej, stromej, wystającej wprost z morza skale zamek Grimaldich. U podnóża skały kołysał się na wodzie ogromny, połyskujący w promieniach słońca oślepiającą bielą prywatny jacht Arystotelesa Onassisa z charakterystycznym żółtym kominem, stanowiącym – wydawać by się mogło – dodatkową ekstrawagancję. Na górze nadgryziona już nieco zębem czasu budowla, a pod nią okazały, wytworny, biały jacht wydawały się symbolizować układ posiadania w Monaco. Co prawda Rainier III był panującym księciem, jednakże prawdziwym władcą tego skrawka ziemi był bez wątpienia Onassis. Swoimi gigantycznymi inwestycjami w hotele i kasyno uratował mocno podupadłe ekonomicznie księstwo, które teraz jako takie w mniejszym lub większym stopniu należało do niego. Dlatego też miliarder często rezydował w Monte Carlo.

Gdy Maria i Meneghini przylecieli poprzedniego wieczoru z Mediolanu, na lotnisku w Nicei czekał już na nich samochód, który zawiózł ich wraz z nieprawdopodobną ilością bagaży do Monte Carlo, gdzie zarezerwowano dla nich apartament. Zadbano też o wszystko. Maria czuła się jak noszona na rękach. Była traktowana niczym bogini, stosownie do swojego statusu. Miejsce, w którym się zatrzymali – sąsiadujące bezpośrednio z równie wytwornym Hôtel de Paris – było prawdziwą perłą architektury z czasów *belle époque* i stanowiło elegancką oprawę dla światowej sławy gwiazdy opery.

Na szczęście Bruna, gospodyni Marii, przezornie tak spakowała jej rzeczy, że wszystko, czego śpiewaczka potrzebowała podczas noclegu w Monte Carlo, zmieściło się w jednej walizce oraz neseserku z kosmetykami. Tym sposobem reszta jej ogromnego bagażu mogła czekać w specjalnym pomieszczeniu hotelowym aż do czasu odtransportowania wszystkiego na pokład Christiny. Przymierzając suknię na kolację z Onassisami, Maria stwierdziła, że jednak wybrała nieodpowiednią toaletę. Pasująca na tę okazję kreacja znajdowała się w kufrze rozmiarów szafy. A może nie? Poczuła się niepewnie, nie mając pojęcia, co powinna na siebie włożyć, żeby za pomocą środków, którymi dysponowała, wywrzeć takie wrażenie na armatorze, jakie on swego czasu zrobił na niej. Naturalnie niemal zawsze miała pod ręką nieodpowiednią suknię, niezależnie od tego, jak długo i starannie ją wybierała. Będąc tego świadoma, w końcu zadowoliła się tym, co miała przygotowane.

Kolacja w restauracji w Hôtel de Paris przebiegła w ciężkiej atmosferze. Onassisowie zaprosili na nią także Elsę Maxwell, która nie miała wziąć udziału w rejsie, co było powodem jawnie demonstrowanej urazy. W chwilach, gdy dziennikarka nie stroiła fochów, czyniła złośliwe uwagi, głównie pod adresem Tiny i Meneghiniego, przy czym ten ostatni nie rozumiał ani słowa z rozmowy prowadzonej po angielsku i francusku. Arystoteles Onassis próbował podtrzymywać konwersację, w której Maria brała udział, ale której forma zupełnie nie przypadła jej do gustu. Wszystkie wypowiedziane zdania były tak banalne, że jak tylko dobrała odpowiednią ripostę, momentalnie zapominała, o czym była mowa. Gdy później wspominała ten wieczór, nie mogła sobie przypomnieć, o czym rozmawiali, poza paroma zawoalowanymi uwagami, które Elsa z Tiną rzuciły na temat kobiet, mężczyzn i łączących ich związków. Mimo podejmowanych starań nastrój w żadnej mierze nie uległ poprawie.

– Nie lubię twojej przyjaciółki. Tej Elsy Maxwell – oznajmił Meneghini, zanim położył się spać. Siedział na krawędzi swojego francuskiego łóżka oddzielonego od posłania żony szafką nocną. W niebieskiej piżamie i z potarganymi włosami wydał się Marii dziwnie wzruszający, a przede wszystkim stary. Mężczyzna po sześćdziesiątce, który nie trzymał się zbyt dobrze. Gdy ich spojrzenia się spotkały, z goryczą pokręcił głową. – Wprowadziła cię w towarzystwo ludzi, którym w głowie tylko pieniądze i dla których moralność nie ma żadnego znaczenia.

Przyjazny uśmiech Marii zastąpił wyraz zdziwienia. Jak to możliwe? Stała w drzwiach łazienki, otulona jedwabnym szlafrokiem w wielkie kwiaty, z twarzą błyszczącą od kremu na noc, którym się właśnie posmarowała. Czyżby jakimś cudem udało mu się zrozumieć, co Tina Onassis powiedziała do Elsy Maxwell? „Wie pani, moja droga, że to właściwie niewielka różnica między poślubieniem w miarę bogatego i niesamowicie bogatego mężczyzny..." Maria zapamiętała to zdanie, gdyż uważała je za najgłupsze, jakie padło tego wieczoru. Natomiast Elsa gorliwie przytaknęła, radząc Tinie, żeby podczas rejsu dobrze pilnowała Ariego. Cóż za niesmaczny dialog.

– Ci ludzie żyją całkiem inaczej niż my, Mario – dodał Meneghini.

Te słowa nasunęły jej myśl, która wprawiła ją w najgłębszą konsternację.

– Czyżbyś chciał zrezygnować z naszego rejsu? – I, nie czekając na odpowiedź, kontynuowała: – Teraz już w żadnym razie nie możemy się wycofać. To niemożliwe.

Myśl, że mogłaby nie pojawić się na pokładzie Christiny, była niczym cios w serce. Niczym sztylet wbity przez Medeę. Nie zamierzała niczego odwoływać, mimo że początkowo biła się z myślami, czy przyjąć zaproszenie Onassisa – z obawy, że decyzja o udziale w rejsie będzie wyrazem braku lojalności wobec męża. Ale z drugiej strony cieszyła się z całego serca na tę podróż. Biki i Reynaud w znacznym stopniu spotęgowali jej pragnienie żeglowania po morzu pod bezkresnym błękitnym niebem. Towarzyszące temu marzeniu wyobrażenie łagodnych powiewów wiatru dawało jej poczucie niemalże magicznej wolności. Co prawda znała morze, gdyż już kilkakrotnie przemierzała Atlantyk, ale zawsze w kabinie podrzędnej klasy. Nigdy natomiast nie była honorowym gościem na prywatnym jachcie, a zwłaszcza na romantycznym Morzu Śródziemnym, o wiele spokojniejszym od oceanu. Nie pozwoli, by mąż unicestwił jej cudowne marzenie. Nie da się też pozbawić przyjemnego uczucia, jakim napawało ją zainteresowanie Onassisa.

Tymczasem Meneghini uniósł kołdrę, wsunął się pod nią i zamknął oczy.

– Jeśli ma ci to sprawić radość, to naturalnie popłyniemy. – Z tymi słowy zapadł w sen.

Próbując otrząsnąć się z zaskoczenia, powoli wciągnęła powietrze. Gdy starała się uregulować oddech, do jej uszu dochodziło ciche pochrapywanie.

Maria zmierzała w kierunku Christiny, mając za sobą Meneghiniego oraz pazia pchającego wózek ze stertą jej walizek, pokrowców z odzieżą i toreb. Była trzecia po południu i słońce stało wysoko na bezchmurnym, lazurowo błękitnym niebie. Biki Bouyeure zapewniała, że w białokremowym, lnianym komplecie będzie się czuła świeżo niczym wiosna, jednak jej wiara w słowa projektantki mody rozwiała się już na Place du Casino. Panował taki upał, że Maria obawiała się, iż zjawi się na pokładzie spocona w wygniecionym ubraniu...

Onassis oczekiwał na nią przed trapem. Miał na sobie jasny garnitur, białą koszulę oraz ciemny krawat. Wyglądał elegancko, jak przystało na światowca. A już z całą pewnością nie jak żeglarz, którego spodziewała się zastać. Tak często opowiadał o swojej fascynacji pełną przygód podróżą Odyseusza, że Maria w żadnej mierze nie wyobrażała sobie właściciela Christiny na pokładzie jachtu w oficjalnym stroju. Sądziła, że przypuszczalnie będzie miał na sobie to, co nosi, pracując za biurkiem w zaciszu swego gabinetu. Miała nadzieję, że jej garderoba nie była równie nieodpowiednia, co wyobrażenia o przyzwyczajeniach Onassisa w kwestiach ubioru. Jej niepokój rósł z każdą minutą.

Podczas gdy jeden z marynarzy otwierał drzwi samochodu po stronie Meneghiniego, armator podszedł do niej, by pomóc jej wysiąść.

– *Kalós irthes* – powiedział, unosząc do ust jej dłoń, którą mocno trzymał. – Serdecznie witamy.

Coś ją onieśmieliło w zachowaniu gospodarza jachtu.

– Dziękuję za zaproszenie – odpowiedziała formalnie na powitanie.

– Ponieważ jesteśmy w komplecie, chciałbym przedstawić pani moich pozostałych honorowych gości. Sir Winston przybył już godzinę temu.

Po tych słowach pociągnął ją za sobą na trap, zupełnie nie poświęcając uwagi Meneghiniemu.

Maria podążyła za nim w sandałach na płaskich obcasach. Celowo wybrała takie buty, by zbytnio nie górować nad o niemal dziesięć centymetrów niższym od niej Onassisem. Poza tym w takim obuwiu mogła swobodniej poruszać się po pokładzie. Wchodząc na jacht, czuła się niepewnie jak rzadko kiedy. Mocny uścisk gospodarza miał zapewne na celu dodać jej odwagi, w rzeczywistości jednak przynosił odwrotny skutek, zwiększając jej niepokój. Nawet nie mogła się cofnąć, gdyż na wąskim, prowadzącym na pokład trapie nie było miejsca. Gdy znaleźli się na statku, nadal nie cofnęła dłoni, poddając się jego woli.

Zgodnie z oczekiwaniami Marii, sir Winston Churchill sprawiał imponujące wrażenie. Osiemdziesięciopięcioletni, siwowłosy, budzący respekt arystokrata miał widoczną w każdym calu skłonność do tycia. Ubrany w oficjalny garnitur były premier brytyjskiego rządu oraz laureat literackiej nagrody Nobla sprawiał wrażenie, jakby składał oficjalną wizytę, a nie udawał się w prywatną podróż. Siedział na pokładzie na krześle, pod chroniącym od słońca zielonym, płóciennym zadaszeniem, mając obok sporych rozmiarów klatkę z papugą, która coś wygadywała. Churchill nie podniósł się, gdy Onassis wraz z Marią podeszli do niego.

– Czy pozwoli pan, że przedstawię mu Marię Callas?

Pochyliła się, by ująć dłoń znanego polityka. Jej serce biło jak oszalałe. Nie pamiętała, kiedy w ostatnich latach odniosła wrażenie, że tak niewiele dokonała w dotychczasowym życiu, jak w obliczu tego mężczyzny. To oziębłe powitanie z pewnością nie było dobrą zapowiedzią harmonijnego spędzania czasu w trakcie ich wspólnej podróży, która już wkrótce miała się rozpocząć.

– Bardzo się cieszę, mogąc pana poznać – powiedziała uprzejmie.

– Ja również – mruknął Churchill.

Nagle papuga wrzasnęła, wydobywając z siebie nieokreślony dźwięk, a następnie zaskrzeczała:

– Buzi!

Maria zamarła. Nieprzyjemnie dotknięta i zarazem zawstydzona, patrzyła to na papugę, to na jej właściciela. Miała nadzieję, że Churchill zza ciemnych szkieł okularów słonecznych nie zauważy osłupienia w jej oczach.

– Buzi! – powtórzyła papuga.

Wtem uśmiech rozjaśnił poważną, pooraną zmarszczkami twarz o okrągłych policzkach. Stary arystokrata wybuchł gromkim śmiechem.

– To jest Toby – przedstawił pierzastego towarzysza.

Rozbawiona Maria zawtórowała mu z uczuciem ulgi.

Wkrótce potem Maria i Meneghini poznali pozostałych uczestników rejsu: żonę Churchilla, lady Clementine, ich najstarszą córkę, Dianę, oraz szesnastoletnią wnuczkę, prywatnego sekretarza byłego premiera, Anthony'ego Montague Browne'a wraz z żoną Noel, która przedstawiła się niezwykle serdecznie swoim zdrobnieniem „Nonie", a także część zatrudnionego personelu – butlerów oraz prywatnych nauczycieli, nienależących do załogi. Następnie przestawiono im dzieci Tiny i Arystotelesa Onassisów: jedenastoletniego Alexandra, ładnego, spokojnego chłopca, i ośmioletnią Christinę, na której cześć nosił imię jacht jej ojca. Od razu było widać, że Onassis uwielbia swoje dzieci, czego nie dało się na pierwszy rzut oka stwierdzić w przypadku ich matki. Marię ogarnęła zazdrość, gdy uświadomiła sobie, jakie szczęście miała młoda Tina, choć zupełnie go nie doceniała. Jak wiele dałaby za to, by mieć dwójkę udanych dzieci!

Później, leżąc na łóżku w przydzielonej im kabinie – apartamencie Itaka – by odpocząć przed cocktailem na pokładzie, nadal myślała o dzieciach i o tym, jak bardzo sama chciałaby zostać matką. Jak do tej pory to marzenie pozostało niespełnione, gdyż Mehnegini w żadnej mierze nie nadawał się na ojca. Od pewnego czasu Ari Onassis zaczął pojawiać się w jej myślach w roli ojca dzieci, które właśnie poznała. Nie powinna i nie chciała rozdzielać go z nimi. Żeby do tego nie dopuścić, gotowa była nawet jakoś dogadywać się z Meneghinim. Przynajmniej podczas tego rejsu.

Na kolację ponownie udali się do Hôtel de Paris, co Maria uznała za niemądre. Nie mogła zrozumieć, po co miała opuszczać jacht, na który przybyła raptem parę godzin wcześniej, lecz gdy tylko zajęła miejsce przy stole, po lewej stronie Onassisa, i spojrzała na monakijski port, w mig pojęła sens tej inscenizacji. Lampy na statkach połyskiwały niczym małe robaczki świętojańskie na tle pogrążonego w mroku Morza Śródziemnego. Oświetlenie Christiny sprawiało wrażenie wysadzanej diamentami kolii. Było to nie tylko ostentacyjne wystawienie na pokaz ogromnego bogactwa, lecz również duma posiadacza, niepozwalająca mu wyłączyć świateł na jachcie. Onassis chciał zademonstrować swoim gościom cały przepych, w jakim przyjdzie im spędzić najbliższe dwa tygodnie. Na digestif znów mieli wrócić na statek.

Po rzuceniu przez gospodarza hasła powrotu na jacht, gdy całe towarzystwo zgromadziło się przed Hôtel de Paris, Maria straciła z oczu męża. Omiotła wzrokiem Place de Casino, rzucające się w oczy sportowe samochody, eleganckie limuzyny, wytworne damy u boku odpowiednich małżonków i towarzyszy spieszących do stołów gry. Klejnoty błyszczały niczym lampiony na statkach. Nawet podczas ciepłego wieczoru, który nastał po upalnym letnim dniu, kobiety miały na opalonych ramionach futrzane etole. Bez okularów nie była w stanie rozpoznać twarzy spacerowiczów, ale zapewne były wśród nich zarówno koronowane głowy, jak również królowe Hollywood oraz innych sławnych miejsc. Była to klientela wysoko ceniona przez Elsę Maxwell. Dziennikarka nie została zaproszona tego wieczoru. Stojąc przed hotelem, Maria zadawała sobie pytanie, w jakim futrze przyjaciółka właśnie ją obserwuje.

– Mario! – Koło niej pojawił się Meneghini i złapał ją za ramię. – Wolałbym nie wracać na statek.

– Co takiego? – Zmrużyła oczy.

– Niestety, kolejna noc w hotelu nie wchodzi w grę. – Usłyszała dochodzący zza pleców niski głos Onassisa. Maria nie zauważyła, że stał za nimi i, ma się rozumieć, słyszał słowa Meneghiniego. – Dałem kapitanowi polecenie wypłynięcia w morze zaraz po północy.

– Nie możemy popłynąć – upierał się Meneghini. – Nie wiem, czy jest pan zorientowany, ale moja matka jest ciężko chora. W jej wieku trzeba się liczyć ze wszystkim. Dlatego też lepiej będzie, jeśli wrócimy do Włoch i będziemy w jej pobliżu.

– Ależ nie ma się czym martwić, mój drogi. – Onassis poklepał Meneghiniego przyjaźnie po ramieniu. – Będzie pan osiągalny zawsze i o każdej porze. W każdej chwili, kiedy tylko pan zechce, będzie pan mógł się dowiedzieć o zdrowie mamy. Na pokładzie mamy dwadzieścia cztery radiotelefony, za pomocą których w ciągu paru minut można się połączyć z dowolnym miejscem na świecie.

– Hmmm... – mruknął niezdecydowany Meneghini.

– Gdyby faktycznie tak się zdarzyło, że musiałby pan opuścić jacht, ma się rozumieć, dam panu do dyspozycji wodnosamolot, który zawsze jest na górnym pokładzie, gotów do startu. Poza tym mamy jeszcze cztery łodzie sportowe i bardzo szybki wodolot. – Armator ponownie poklepał Meneghiniego po ramieniu. – Proszę popłynąć z nami. Z pokładu mojego jachtu będzie pan równie szybko w Varese, jak z Mediolanu w Sirmione.

Maria zadała sobie w duchu pytanie, skąd Onassis wiedział, gdzie mieszka jej teściowa. Przypuszczała też, że prawdopodobnie szybkość, z jaką jego gość na Christinie w razie potrzeby może znaleźć się we Włoszech, nie była w żadnej mierze przechwałką. Z ulgą i cichym zadowoleniem przyjęła taki obrót sprawy, gdyż konieczność powrotu z Meneghinim do Włoch już teraz byłaby dla niej koszmarem. Pomyślała o greckiej gościnności i o tym, że w ojczyźnie jej przodków odrzucenie zaproszenia stanowiło wyjątkowy afront. Zachowanie Meneghiniego było nie tylko niemądre i niestosowne, ale na dodatek obraźliwe.

W czasie, gdy w milczeniu przysłuchiwała się dialogowi obu mężczyzn, podjechał samochód, który miał zawieźć ją wraz z mężem do portu. Wcale nie była zła, gdy tym razem Onassis nie puścił jej przodem, lecz wpierw pchnął delikatnie Meneghiniego na tylne siedzenie. Gdy się wyprostował, jego dłoń musnęła niby przypadkiem jej ramię.

– Zadbam o to, żeby pani mąż miał na pokładzie wszystko, czego potrzebuje – zapewnił ją po grecku. – Chciałbym, żeby czuła się pani dobrze jako mój gość.

– Wiem – przyznała z uśmiechem.

Po ich powrocie na jacht Meneghini niezwłocznie udał się do przydzielonej im kabiny. Maria podążyła za nim do apartamentu Itaka. Po niemiłym incydencie była tak zdenerwowana, że nie mogło być mowy o śnie. Siedziała w fotelu całkowicie ubrana, nie mogąc się uspokoić, podczas gdy mąż chrapał w najlepsze, co było oczywistym dowodem na to, że matka obchodzi go znacznie mniej, niż twierdził. Nie miała najmniejszego pojęcia, co spowodowało, że tak nagle zmienił zdanie. Jego zachowanie zirytowało ją. By skierować myśli na inne tory, zaczęła przysłuchiwać się tępym uderzeniom zamykanych drzwi do sąsiednich kabin, próbując sobie przypomnieć, kto gdzie został ulokowany. Jednak złości nie dało się z siebie zrzucić równie szybko jak sukienki. Nie uspokoiła się nawet wówczas, gdy po lekkim kołysaniu zauważyła, że statek odbił od brzegu. Obok Meneghini głośno wciągnął powietrze.

Przez chwilę zastanawiała się, czy go nie obudzić i nie uświadomić, jak dalece niestosowne było jego zachowanie. W końcu jednak porzuciła ten zamiar, po czym ogarnęła się naprędce i szybko opuściła kabinę. Na pokładzie z pewnością poczuje się lepiej. Przez moment rozważała nawet, czy nie przespać się na leżaku, co byłoby z pewnością o wiele przyjemniejsze niż spędzenie nocy w jednym pomieszczeniu z mężem.

Na korytarzu, za sprawą dyskretnego, rozproszonego i umiejętnie przytłumionego oświetlenia, panował półmrok. Maria prześlizgnęła się cicho przed drzwiami innych kabin, kierując się w stronę spiralnych schodów łączących ze sobą poszczególne poziomy. Poręcz z brązu połyskiwała chłodną, metaliczną barwą. Onyksowe kolumny wtapiały się w półmrok. Wędrowała po statku, zadowolona, że nikogo nie spotkała, chłonąc jego atmosferę. Będąc sama, postrzegała otoczenie zupełnie inaczej niż po południu, gdy Onassis oprowadzał ich po jachcie. Na każdym kroku dało się zauważyć ostentacyjne bogactwo. Pomimo wszechobecnego przepychu wyposażenie było gustowne i funkcjonalnie zaprojektowane. Parząc na całość, wierzyła w to, co Ari oznajmił swoim gościom – że Christina jest jego prawdziwym domem.

Na pokładzie wibracja silników była głośniejsza. Wiatr, który owiał Marię, był zaskakująco orzeźwiający. Ciche posapywanie statku współgrało z szumem morza i uderzeniami fal o burty. Nie zastanawiała się, dokąd właściwie chciała pójść. Jakaś magiczna siła skierowała jej kroki na rufę. Prawdopodobnie instynktownie podążyła w kierunku łańcucha świateł na pokładzie oraz jasno migoczących, z każdą chwilą bardziej odległych pucików na lądzie.

Zaskoczona, stwierdziła, że nie jest sama. Jakiś mężczyzna w smokingu, z papierosem w dłoni, stał oparty o reling. Prawdopodobnie usłyszał zbliżające się kroki. Nie widział jej, gdyż nie patrzył na pogrążony w mroku pokład, lecz obserwował wyjście Christiny z portu. Odwrócił się dopiero wówczas, gdy znalazła się tuż koło niego.

– Zawsze tu stoję i patrzę, jak odbijamy. – Głos Onassisa był przytłumiony i uroczysty. – Proszę stanąć koło mnie, żebyśmy oboje mogli spoglądać za siebie.

– Cóż za piękny widok – stwierdziła, stając obok niego.

Z oddali światła Monte Carlo sprawiały wrażenie, jakby się unosiły w powietrzu. Nad nimi połyskiwały liczne gwiazdy, niczym wstęgi cekinów łączące ląd z morzem.

Zatopiony w myślach Onassis zaciągnął się papierosem. Po chwili zaczął opowiadać.

– Po raz pierwszy zobaczyłem to wybrzeże przed trzydziestu sześciu laty, gdy podróżowałem z Neapolu do Argentyny w kabinie trzeciej klasy. Statek płynął wzdłuż brzegów Włoch i Francji. Byłem młody i biedny jak mysz kościelna. Wówczas jedynie z bardzo daleka mogłem podziwiać blask i uroki Monako. Ale przysiągłem sobie, że tu wrócę w bardziej sprzyjających okolicznościach.

Maria uświadomiła sobie, że urodziła się w grudniu dokładnie tego roku, w którym armator wyruszył do Ameryki Południowej. Następnie przypomniała sobie, jak po wojnie, pełna nadziei, płynęła w podobnym kierunku. Gdy we wrześniu tysiąc dziewięćset czterdziestego piątego roku wreszcie mogła wrócić do Nowego Jorku, wierzyła, że w Stanach Zjednoczonych świat operowy stoi przed nią otworem. Nadzieja ta okazała się jednym z największych rozczarowań jej życia. Porażka marzeń zmusiła ją do powrotu do Europy. Wracając na stary kontynent, była co prawda niewiele starsza od Onassisa, gdy emigrował do Argentyny, lecz równie biedna jak on. I tak jak on przysięgła sobie, decydując się ponownie przepłynąć ocean, że wróci do rodzinnego miasta jako gwiazda. Dotrzymała przysięgi, podobnie jak Onassis, który nie tylko dokładnie poznał skąpane w morzu świateł uroki Monako, lecz także stał się jego niekoronowanym władcą.

– Doskonale pana rozumiem – przyznała po dobrej chwili – gdyż ze mną było podobnie. Okoliczności były niemal takie same.

– A zatem mamy ze sobą wiele wspólnego?

Jej serce zaczęło bić jak szalone, niemal w rytmie rocka wygrywanego przez liczne zespoły.

– Tak – przyznała cicho. – Tak się wydaje. – Po czym odważnie dodała: – Oboje jesteśmy Grekami pozbawionymi ojczyzny.

– Wcale tak nie uważam.

– No cóż. Pana ojczyzną jest ten jacht.

Nie odwrócił się w jej stronę, nadal wpatrzony w oddalający się brzeg, na którym światła malały z każdą minutą, aż wreszcie stały się mniejsze od gwiazd na niebie.

– Kocham ten statek. Moja żona twierdzi, że na jego pokładzie zachowuję się jak despotyczna gospodyni dostrzegająca najdrobniejszy pyłek i robiąca z tego powodu prawdziwe piekło.

– To niezbyt miłe – wyrwało się jej.

– Faktycznie – potwierdził nieporuszony, po czym kontynuował zadziwiająco lekkim tonem: – Tina z największą chęcią jeszcze dziś rzuciłaby mnie i to wszystko. Reinaldo Herrera, jej aktualny kochanek, całkiem zawrócił jej w głowie.

Mówił o niewierności żony głosem całkowicie pozbawionym emocji. Zupełnie jakby dyskutował z Marią o kursie akcji.

Maria przygryzła dolną wargę, powstrzymując się od cisnącego jej się na usta komentarza. Wolała milczeć. Z doświadczenia wiedziała, że greccy mężczyźni przeważnie wykazywali skłonności do dominacji w małżeństwie i zachowywali się niczym paszowie. Natomiast rzadko kiedy wykazywali skłonność do fatalizmu. Nie była w stanie sobie wyobrazić, żeby mężczyzna, któremu żona przyprawiła rogi, tak rzeczowo i beznamiętnie jak Onassis podchodził do jej zdrady. Zresztą romans Tiny Onassis nie był jej sprawą. Równie niewiele obchodziło ją, jak Onassis w głębi duszy traktował niewierność żony. Mimo to w jej głowie odezwał się cichy głos podpowiadający, że być może nie powinna ot tak sobie ignorować tego, co właśnie usłyszała. Zwłaszcza w sytuacji, gdy zainteresowanie Onassisa jej osobą niewątpliwie miało związek z zachowaniem jego małżonki. W geście obronnym otoczyła ciało ramionami. A może chciała tylko wypuścić powietrze z płuc, by zyskać na czasie i zastanowić się nad odpowiedzią na zwierzenia armatora?

Po chwili wyrzuciła za burtę dręczące ją wątpliwości.

– Czy naprawdę jest pan ze mną szczery? – zapytała wprost. I, nie czekając na jego odpowiedź, dodała pod wpływem nagłego impulsu: – Przecież w głębi serca jest pan równie konserwatywnym Grekiem jak każdy, kto pochodzi z Anatolii.

– A zatem wciąż uważa mnie pani za *tourkosporos*. – Roześmiał się cicho. – Być może ma pani rację. Muszę przyznać, że naprawdę próbowałem przejść do porządku nad romansami mojej żony. Wszak, jakkolwiek by było, sam jestem *romios*.

– Co oznacza, że jest pan prawdziwym, szowinistycznym greckim mężem – podsumowała. Kontynuowała swoją wypowiedź, zanim uświadomiła sobie, jak bardzo intymna stała się ich rozmowa. Gdy ten fakt do niej dotarł, było już za późno. – Nie rozumiem, jak Greczynka może twierdzić, że kocha męża, i równocześnie iść do łóżka z innym.

– Jest mi obojętne, co robi, dopóki jej zachowanie nie odbija się na dzieciach. – Zamyślony Onassis obrócił w palcach papierosa. – Jedynie ze względu na Alexandra i Christinę do tej pory nie wystąpiłem o rozwód.

Przez dobrą chwilę stali obok siebie w milczeniu, zapatrzeni w atramentowe morze. Gdy tak patrzyli w dal, ponownie uświadomiła sobie, jak dobrze czuła się w towarzystwie Onassisa. Nawet wówczas, gdy stali w milczeniu ramię w ramię. Przeważnie mówili zbyt dużo, by ukryć ogarniającą ich nieśmiałość. Jednak w tym momencie nic nie wprawiało ich w zakłopotanie. Ani jego dominująca osobowość, którą w tym samym stopniu się delektowała, co podziwiała i której równocześnie chętnie by się przeciwstawiła, ani odbijający się w wodzie sierp księżyca, sprawiający wrażenie, jakby został wyjęty z kiczowatej scenerii *Aidy*. Pomimo że każde z nich pogrążyło się w swoich myślach, Marii wydawało się, że łączy ich niewidzialna więź, dająca jej dziwne i zarazem cudowne poczucie bezpieczeństwa.

– Z natury jestem nocnym markiem i nie potrzebuję dużo snu. – Onassis odwrócił się do niej. – A pani?

Kolejna wspólna cecha.

– Ja również – przyznała tak cicho, że obawiała się, iż jej nie usłyszał.

– Mógłbym tak stać tu z panią aż do wschodu słońca. Milcząc. Rozmawiając. Wszystko jedno. Ale… – Mimowolnie wstrzymała oddech. – Ale nie powinniśmy łamać konwenansów. Nie wypada, żeby dwie zamężne osoby stały samotnie na pokładzie i wpatrywały się w gwiazdy. Sir Winston i lady Clementine uznaliby to za wysoce niestosowne. Gdyby się dowiedzieli o naszym spotkaniu, bylibyśmy skompromitowani w ich oczach.

Cichy śmiech złagodził wymowę jego słów, które – wydawać by się mogło – pochodziły z innego stulecia.

„Mój Boże – przemknęło Marii przez myśl – przecież nawet żeśmy się nie dotknęli. A przecież tyle co rozmawialiśmy o romansie jego żony. Może dotarła do niego niezręczność sytuacji i nagle poczuł się zakłopotany". Najwidoczniej chciał, żeby się w tym momencie pożegnała. Nie była pewna, czy powinna czuć się rozbrojona, czy rozczarowana. I żeby upewnić się w swoich przypuszczeniach, stwierdziła:

– Bardzo zależy panu na Churchillu.

„Dużo bardziej niż na moim towarzystwie" – dodała w myślach.

– To mój mentor. Jest dla mnie kimś w rodzaju ojca.

Wtem zrozumiała, co miał na myśli. Zawsze szukała ojca, który nigdy nie miał dla niej czasu, którego musiała opuścić i którego niezłomna miłość do Alexandry Papajohn była dla niej niezwykle gorzkim faktem, z którym nigdy się nie pogodziła. Przez pewien czas sądziła, że Meneghini wypełni tę lukę, jednak później zrozumiała, że się pomyliła i że wciąż szuka.

Skinęła głową w zamyśleniu.

– Gdzie pan go poznał?

– Zostaliśmy sobie przedstawieni na przyjęciu u agenta literackiego sir Winstona, właściciela willi na Roquebrune na Côte d'Azur. Byłem wówczas bardzo zdenerwowany, gdyż nieczęsto ma się okazję spotkać prawdziwych bohaterów. Podczas rozmowy odniosłem wrażenie, że zbyt szorstko potraktowałem tego wielkiego męża stanu nieopatrzną uwagą na temat Cypru. Jednak na końcu sir Winston powiedział do Anthony'ego Montague Browne'a: „Onassis ma charakter. Niewątpliwie po kres swoich dni będzie bardzo dumny z tego komplementu". Od tego czasu jesteśmy czymś w rodzaju przyjaciół.

Uśmiechając się w duchu, pomyślała o papudze polityka.

– Jak widać, sir Winston Churchill zawsze potrafi czymś zaskoczyć.

– Tym sposobem uratował wolny świat od faszyzmu. Nie należy zapominać, że gdyby nie on, dziś wszystko wyglądałoby zgoła inaczej.

– Tak – przyznała. Pomyślała, czy nie opowiedzieć Onassisowi o swoich przeżyciach pod niemiecką okupacją. O tym, jak matka próbowała wpychać ją do łóżek niemieckich żołnierzy, gdy miała niespełna dwadzieścia lat, chcąc w ten sposób zdobyć pieniądze na jedzenie i inne przyjemności, jednak ona ograniczyła się jedynie do śpiewu. Ariami Richarda Wagnera i Eugena d'Alberta z *Nizin* oraz z *Fidelia* Beethovena osiągnęła dokładnie to samo, co zdobyłaby prostytucją. Po wojnie zarzucano jej, że występowała w niemieckich operach. Ale jak inaczej miała zaspokoić swój głód i jeszcze dodatkowo napełnić żołądek matki i siostry? Poza tym cóż to była za wspaniała muzyka!

Przyszło jej na myśl, że Onassis chyba dopiero teraz zauważył, jak mało stosowne wydało mu się to ich przypadkowe spotkanie na pokładzie. I jak bardzo niestosowne byłoby ono w oczach Churchilla. Lepiej będzie, jeśli wróci do kabiny, aczkolwiek niechętnie, bardzo żałując, że ta rozmowa zaraz się skończy.

Zupełnie jakby czytał w jej myślach, powiedział łagodnie:
– Chciałbym, żebyśmy mogli każdej nocy tak rozmawiać, siedząc blisko siebie. Bardzo bym chciał, żeby było to także i pani pragnienie. Jeśli tylko któryś z gości dotrzymywałby nam towarzystwa, wówczas uczyniłoby to zadość zasadom moralności, jakimi kierują się sir Winston i lady Clementine. A zatem zadbam, żebyśmy już nigdy nie byli sami.

Uśmiechnął się tak szeroko, że w ciemności błysnęły zęby.

Zdziwiona, uniosła brwi. Uważała, że w tym wieku nie potrzebuje już przyzwoitki. Po tej myśli ogarnął ją nagły strach, że przecież Meneghini mógłby się pojawić i do nich dołączyć. Lecz jej mąż, który w odróżnieniu od niej nie był nocnym markiem, spał teraz w najlepsze. Wkrótce dowie się, co zamierza Onassis. I jeśli nie będzie jej to odpowiadać, w każdej chwili może opuścić pokład.

Odwróciła się, wzruszając ramionami, rozdarta pomiędzy pragnieniem pozostania z nim i koniecznością podporządkowania się jego życzeniu przez wzgląd na obawy zirytowania innych gości. Odchodząc, zdjęła buty i pobiegła boso po deskach pokładu, wciąż jeszcze ciepłych od słońca. Dotyk drewna gołymi stopami był cudowny. Gdy powiew wiatru zburzył jej starannie upiętą licznymi spinkami i klamrami fryzurę, uwalniając kilka kosmyków, uzmysłowiła sobie, że za żadne skarby nie opuści tego jachtu. Pozostanie na nim, cokolwiek by się nie wydarzyło.

– *Kalinýchta*, Mario.

W jego ustach wypowiedziane słowo brzmiało niczym obietnica, choć było jedynie życzeniem dobrej nocy.

ROZDZIAŁ 16

Santa Fe

Początek września 1968 roku

Mary Mead, przyjaciółka Marii, ze względu na panujący upał i dużą wilgotność powietrza stanowczo odradzała jej przyjazd o tej porze roku do Teksasu. Być może też sądziła, że uroczystość rozpoczęcia roku szkolnego, kiedy to z konieczności była zmuszona zajmować się dziećmi o wiele bardziej niż zazwyczaj, nie była zbyt dobrą okazją, by pomóc Marii wydobyć się z rozpaczy. Z drugiej strony Maria w żadnym wypadku nie chciała zostać w Nowym Jorku. Od czasu pamiętnego programu telewizyjnego pokój gościnny Gatosów wydawał jej się zbrukany. Koniecznie musiała stąd uciec. Obojętnie dokąd. Miała cichą nadzieję, że w innym miejscu uwolni się od prześladującego ją koszmaru.

Pod oczywistym pretekstem przygotowania powrotu Callas na scenę Larry zorganizował dla niej zaproszenie przemysłowca i zarazem kolekcjonera sztuki, Davida Stickelbara, do Kansas City. Maria na wszystko się zgodziła. Zarówno na nowy początek swojej kariery, jak i na pobyt u zupełnie obcej jej osoby. Oprócz niezliczonej liczby walizek w podróży na Środkowy Wschód towarzyszył jej przez cały czas Aristo, nieustannie obecny w jej myślach. Nie potrafiła też otrząsnąć się z rozpaczy, w jaką popadła po ich kłótni.

Przed wyjazdem z Nowego Jorku dokładnie poinstruowała Costę Gatosa, jak ma się zachować, na wypadek gdyby Aristo zadzwonił i o nią zapytał. Jednak gdy po trzech dniach pobytu w Kansas City telefon milczał, Maria stwierdziła, że już dłużej nie zniesie ciągłego czekania i woli pojechać gdzie indziej. Tym razem poleciała firmowym odrzutowcem Stickelbara. Jej niezliczone walizki i torby musiały zostać ulokowane w toalecie samolotu, gdyż w przeciwnym razie nie starczyłoby miejsca dla niej i wszystkich towarzyszących jej osób. Sterta bagażu ważyła chyba z tonę, jednak znacznie większy ciężar wiozła w duszy, z czego wciąż jeszcze nie zdawała sobie sprawy.

Kolejnym miejscem, do którego się udała, było Colorado Springs, malownicze duże miasto u stóp Gór Skalistych, położone po ich wschodniej stronie. W złożonym z bungalowów kompleksie hotelowym Garden of the Gods Maria czuła się równie źle jak w Nowym Jorku czy Kansas City. Nawet wspaniały widok na prastare, osobliwe formacje skalne z czerwonego piaskowca nie złagodził jej bólu. Każdy drobiazg przypominał jej o utracie miłości swego życia. Podobnie było też i w Kansas City, gdzie w hotelu, w którym się zatrzymała, był apartament o nazwie Kissing Camels. Ilekroć, idąc do siebie, spojrzała na napis na mijanych drzwiach, od razu przychodziło jej na myśl, że tak w zasadzie to Aristo i Kennedy niczym się nie różnili od całujących się wielbłądów. I wówczas znów zaczynała płakać. Łzy płynęły i płynęły. Czterdzieści osiem godzin wytrzymała, zmagając się z tym skojarzeniem, po czym trzeciego dnia poleciała wraz ze swoimi towarzyszami dalej. Tym razem na południe.

Podczas lotu nad górami do Nowego Meksyku odniosła wrażenie, jakby żeglowała. Kłębiące się pod samolotem chmury nasuwały jej na myśl morze. Im bardziej uciekała od wspomnień, tym bardziej one stawały się natrętne.

Ta odyseja przez Stany Zjednoczone przywodziła jej na myśl podróże statkiem, które odbywała wspólnie z Aristem. Pierwsza ich wspólna trasa została zaplanowana na życzenie sir Winstona Churchilla. Zapytany przez Onassisa, gdzie chciałby popłynąć, starszy pan odpowiedział bez namysłu, że chętnie odwiedziłby ojczyznę swego gospodarza. Z tego właśnie powodu tureckie wybrzeże pojawiło się wówczas w programie rejsu.

Najpierw Christina rzucała kotwicę w różnych włoskich portach. Na samym początku w znanym w całym świecie Portofino, na którego zwiedzanie Maria wyruszyła w towarzystwie Tiny Onassis i Noni Montague Browne. Stamtąd popłynęli do Neapolu, a następnie na Capri i Stromboli, po czym jacht skierował się przez Cieśninę Mesyńską w stronę Grecji. Przed dziewięciu laty było równie upalnie jak w tym roku. Do dziś Maria doskonale pamiętała intensywny zapach pinii towarzyszący im podczas spacerów po lądzie. Dokładnie tę samą woń poczuła zaraz po wylądowaniu na lotnisku w Santa Fe. Nagle wydało jej się, że czas się cofnął, zupełnie jakby nie chciał, żeby zapomniała o przeżyciach sprzed lat.

W foyer hotelu Rancho Encantado czekała na nią niespodzianka. Nagle ze skórzanego fotela wstała Mary Mead.

– Tak mi przykro, że nie udało mi się przyjechać wcześniej, żeby się z tobą spotkać. Ale teraz już jestem całkowicie do twojej dyspozycji.

– W takim razie na początek powinnyśmy załatwić, żeby twoja *casita* była zaraz obok mojej. – Maria uścisnęła dłoń przyjaciółki. – Chyba tak się tu mówi?

Przy wjeździe na teren należący do hotelu widziała urocze, niewielkie bungalowy rozrzucone wokół głównego budynku recepcji. Perspektywa, że już wkrótce zasiądzie wraz z Mary na tarasie i przez całą noc będzie wyrzucać z siebie wszystko, co leży jej na duszy, była cudowna. W tym momencie wolała nie pamiętać, że przed dziewięciu laty prowadziła z Aristem niekończące się nocne rozmowy, które tak bardzo zbliżyły ich do siebie. W każdym razie nie w recepcji, czekając wraz z Mary na klucze do przydzielanych im kwater.

– Najpierw trochę odpocznijcie – zaproponował Larry. – A ja w tym czasie w swoim pokoju załatwię parę telefonów. Zobaczymy się później w barze na cocktailu.

– Przepraszam, mister Kelly – wtrącił się portier. – Ale nasze *casitas* nie mają przyłączy telefonicznych.

Na te słowa Maria szybko się obróciła.

– Czy chce pan przez to powiedzieć, że w pokojach i apartamentach dla gości nie ma telefonów?

– Dokładnie, proszę pani. – Portier wzruszył ramionami w geście, który miał wyrażać żal i rezygnację zarazem.

Przez moment zaniemówiła. Jak przyjaciele mogli przywieźć ją do hotelu, w którym nie można dzwonić z pokoju, a – co ważniejsze – nie można było uzyskać przełączenia rozmowy do pokoju? Przecież Aristo w żaden sposób nie dodzwoni się do niej, gdyż zwyczajnie będzie nieosiągalna.

– Nie mogę tu zostać – zareagowała ostro, nie panując nad sobą, na co jej przyjaciele wymienili wymowne spojrzenia. – Co się dzieje? – Maria oparła ręce na biodrach i spojrzała na nich wyzywająco. – Potrzebuję telefonu przy łóżku, gdyż inaczej nie jestem w stanie spać. Wykluczone, żebym miała pokój bez telefonu.

Odpowiedziało jej pełne konsternacji milczenie.

W tym czasie w holu pojawili się kolejni goście. Nowo przybyli cierpliwie czekali przy walizkach na przydzielenie im pokojów, podobnie jak zameldowani już turyści, którzy wrócili ze zwiedzania okolicy, spaceru lub rozegranej partii golfa, by odebrać klucze. Kolce przy podeszwach butów do golfa stukały metalicznie o kamienne płyty posadzki. Zaciekawione spojrzenia uważnie obserwowały zachowanie diwy. Rozległy się szepty. Najwidoczniej ludzie zastanawiali się, czy dama w towarzystwie dwóch elegancko ubranych osób przy recepcji, która wyraźnie straciła panowanie nad sobą, to faktycznie słynna Callas.

Pierwszy zareagował David Stickelbar.

– W takim razie musimy zamieszkać gdzie indziej – zauważył oschle, na co portier skinął głową.

– W hotelu La Fonda w centrum miasta mają telefony w pokojach. Jeśli państwo sobie życzą, chętnie zadzwonię i dowiem się, czy mają jeszcze wolne miejsca.

– To przecież oczywiste, że dla Marii Callas powinien znaleźć się wolny apartament – zauważył Larry.

– Trzy apartamenty – poprawiła go Mary. – Potrzebujemy trzech.

– Zrobię, co tylko w mojej mocy – zapewnił portier – ale nie chcę robić państwu nadziei, że uda mi się znaleźć aż tyle wolnych pokoi. W ten weekend mamy przecież Święto Pracy, a że Santa Fe jest ulubionym celem wycieczek... – Przerwał, zapadając w wymowne milczenie.

– Proszę z łaski swojej spróbować – włączył się do rozmowy Larry.

Maria spostrzegła jego zdenerwowanie. W końcu był na każde jej skinienie od czasu fatalnego w skutkach opuszczenia jachtu. Tkwił przy niej nieustannie, za wyjątkiem owych dni w Paryżu, kiedy to znalazła się w klinice. Tak, Larry zawsze był do jej dyspozycji, starając się na wszystkie sposoby rozweselić ją i pomóc znaleźć nowe perspektywy. Uważał, że powrót na scenę będzie najlepszym sposobem na zapomnienie o zdradzie Arista. Bardzo to doceniała. Mimo to jej odpowiedzi na snute przez przyjaciela plany zawsze były mgliste i bardzo niejednoznaczne. Chciała jedynie odzyskać mężczyznę, którego kochała, czego Larry zdawał się nie rozumieć. Ale, naturalnie, wybaczy mu ten brak spostrzegawczości.

– Wiecie co? – Maria zmusiła się, by nadać głosowi pogodny ton, posyłając równocześnie Larry'emu życzliwy uśmiech. – W takim razie pojedziemy gdzie indziej. Jeszcze nigdy nie byłam w Las Vegas. Lećmy tam.

– Za dwie godziny możemy być na Strip – zgodził się Stickelbar, którego firmowy odrzutowiec Maria zaczęła już traktować jak własny samochód.

– Jest tam wystarczająco dużo hoteli. I z tego, co wiem, Desert Inn ma w każdym apartamencie telefon – stwierdziła Mary.

– Mam nadzieję. – Maria uśmiechnęła się do przyjaciół. – Las Vegas jest zdecydowanie mniej sielskie od tej okolicy.

W myślach dodała, że pobyt w zadymionych kasynach z pewnością będzie zabawniejszy niż prześladujący ją zapach pinii.

Portier zakończył rozmowę z kolegą z telefonu w recepcji – przypuszczalnie jedynego w całym hotelu. Odłożył słuchawkę, potrząsając głową.

– Niezmiernie mi przykro, ale w La Fonda nie ma już ani jednego wolnego miejsca.

– W takim razie proszę połączyć mnie z biurem dyrektora hotelu Desert Inn w Las Vegas – zażądała Mary, ściskając przy tym dłoń Marii, by dodać jej otuchy.

– A to ci dopiero krótki pobyt – mruknął Larry pod nosem. – Jak dotychczas, zanim wyruszaliśmy dalej, zatrzymywaliśmy się każdorazowo na co najmniej trzy dni.

– Zupełnie jakbyśmy byli w rejsie – zauważyła Maria. – Bywa, że czasami statek kotwiczy w porcie dłużej, a czasami krócej.

ROZDZIAŁ 17

Morze Śródziemne

Lipiec 1959 roku

W ostatnich dziesięciu latach Maria dużo podróżowała, co powodowało, że czas, w którym mogła pozwolić sobie na urlop, był niezmiernie krótki; ograniczał się do raptem paru dni. Dlatego też z reguły odpoczywała w najbliżej położonych miejscach, nad jeziorem Garda lub w Wenecji. Spędzanie całych dni wyłącznie na przyjemnościach, do których należało obserwowanie kobaltowoniebieskiego nieba i nieustannie zmieniającego się koloru morza, bujanie w obłokach i całkowity relaks, było całkiem nowym doświadczeniem, które uznała za wspaniałe. Życie na statku oferowało tak wiele atrakcji godnych obejrzenia. Już samo morze było na tyle cudowne, że mogłaby godzinami wpatrywać się w wodę, liczyć fale i białe grzywy piany na ich grzbietach. W takich razach ogarniało ją zupełnie nieznane do tej pory uczucie wolności. Nonie Montague Browne twierdziła, że o wschodzie słońca można zobaczyć delfiny. O tej porze Maria zawsze spała, dlatego nie mogła się przekonać, czy jest to zgodne z prawdą. Onassis potwierdził, że też widział te rozbrykane ssaki morskie, co nasunęło Marii przypuszczenie, że widocznie potrzebował jeszcze mniej snu niż ona.

O ile armator w ciągu dnia poświęcał wiele uwagi Winstonowi Churchillowi, o którego się bardzo troszczył, o tyle noce rezerwował wyłącznie dla Marii. Po kolacji oboje zostawali na pokładzie i rozkoszowali się ciepłymi podmuchami wiatru, wsłuchiwali w szum fal i rozmawiali o tym i owym. Gdy tylko zaczynali mówić po grecku i jedynie od czasu do czasu przechodzili na angielski, ich małżonkowie oraz uczestniczący w rejsie goście przeważnie znikali w swoich kabinach. Zgodnie z obietnicą Onassis zadbał o zachowanie wszelkich zasad przyzwoitości. Podczas ich niekończących się rozmów na pokładzie zawsze towarzyszył im ktoś godny zaufania. Przeważnie Nonie albo Anthony Montague Browne. Mimo ich obecności byli w pewnym sensie sami, gdyż słaba znajomość greckiego nie pozwalała ich guwernantce i zarazem przyzwoitce nawet w niewielkim stopniu zrozumieć, o czym rozmawiali. Maria przypuszczała, że Onassis jedynie z uprzejmości przechodził niekiedy na angielski. Albo w celu utrzymania ich dozorców w dobrym nastroju. Nie miała nic przeciwko temu, gdyż zawsze chętnie słuchała jego dźwięcznego głosu, niezależnie od języka, jakim się posługiwał.

Już od jakiegoś czasu siedzieli obok siebie, odprężeni, na krzesłach ustawionych koło basenu. Onassis pokazał jej z dumą, jak po przesunięciu dźwigni basen zmienia się w parkiet do tańca. Przyciśnięcie guzika uruchamiało zamocowane na brzegach dysze, które zaczynały wypluwać fontanny wody opalizującej w ciemnościach. Widać było gołym okiem, jak bardzo lubił te swoje zabawki, gdyż ogromną przyjemność sprawiało mu nieustanne ich uruchamianie.

Tego wieczoru jedynie podwodne reflektory rozpraszały ciemność, oświetlając minojską mozaikę na dnie basenu. Jedynymi dźwiękami na pokładzie był cichy szum pompy cyrkulacyjnej oraz regularne uderzenia o wodę ramion Nonie wykonującej tradycyjną wieczorną rundę.

Maria powoli sączyła whisky, którą podał jej sam gospodarz. Najwidoczniej nikt nie był w stanie odmówić niczego Arystotelesowi Onassisowi. Ani ona szklaneczki whisky, pomimo że nie przywykła do alkoholu, ani Angielka wieczornej dawki sportu, po to tylko, żeby Maria i Onassis mogli przebywać w swoim towarzystwie.

Ponieważ odniosła wrażenie, że każde bez wyjątku działanie armatora ma jakiś ukryty cel, uniosła trzymaną w dłoni ciężką, kryształową szklankę i zapytała z uśmiechem:

– Czyżby zamierzał mnie pan upić?

– Ależ skądże znowu – zaprzeczył, rozbawiony. – Wręcz przeciwnie. Chciałbym po prostu wypić z panią szklaneczkę, jak to mają w zwyczaju przyjaciele.

„Przyjaciele" – pomyślała w zadumie. Tak, prawdopodobnie byli już przyjaciółmi. A nawet bliskimi przyjaciółmi. Przez ostatnich pięć nocy celebrowali swoje nocne spotkania towarzyskie, stopniowo zbliżając się do siebie. Początkowo rozmawiali na wszystkie możliwe tematy, jakie tylko im się nasunęły. Później Onassis opowiedział jej więcej o szczególnym związku łączącym go z Winstonem Churchillem, który przerodził się w niemal synowską miłość. Jego uwielbienie dla sławnego męża stanu było tak duże, że co wieczór schodził wraz z kapitanem do kabiny starego polityka, by uzgodnić z nim trasę na kolejny dzień i sprawdzić, czy przypadkiem nie przeszkadza mu szum silników i czy w związku z tym nie należy zmniejszyć ich obrotów. Maria bez wątpienia podziwiała Churchilla, lecz jeszcze większy podziw żywiła dla Onassisa za jego niezwykłe, głębokie przywiązanie do leciwego męża stanu.

– Czy mogę nazywać pana Aristo? – zapytała nagle. – Nie Ari, jak wszyscy, lecz Aristo.

– Znakomicie. – Najwyraźniej spodobała mu się gra słów. „Aristo" znaczyło bowiem po grecku „wspaniały". I nie było wątpliwości, że właśnie tak siebie postrzegał.

– Maria *assoluta*, doskonała – dodał. – *La divina*, czyli boska, hmm... sądzę, że raczej zostanę przy Marii.

– Jak przystało na przyjaciół.

Wtem głowa Nonie pojawiła się nad lustrem wody. Na moment przerwała pływanie, uniosła rękę i pomachała Onassisowi, na co odpowiedział podobnym gestem.

Po czym małżonka sekretarza Churchilla zmieniła styl i zaczęła przemierzać basen kraulem.

– Nie powinna aż tak długo przebywać w wodzie – stwierdziła Maria. – Musi uważać, żeby jej skóra nie pokryła się rybią łuską.

– To Angielka. Kobiety tej narodowości są niezmiernie wytrzymałe i bardzo odporne.

Nie wiadomo czemu, Maria przypomniała sobie rozmowę prowadzoną przez Nonie, Tinę Onassis i lady Clementine. Chodziło o prywatnych nauczycieli oraz elitarne internaty w Wielkiej Brytanii. Wszystkie trzy śmiały się z niewinnych figli, które płatały w szkole, gdy były dziećmi, a potem młodymi dziewczynami. Nie uczestniczyła w tych rozmowach, gdyż nigdy nie było jej dane uczęszczać do tak szacownych i ekskluzywnych przybytków kształcenia młodych panien. Poza tym bardzo wcześnie przerwała naukę. A ponieważ matka zabroniła jej wszelkich kontaktów z rówieśnikami, nie mogła nawet wspominać jakichkolwiek szczenięcych wygłupów z czasów szkoły podstawowej. Im mniej udziału brała w toczonych dyskusjach, tym bardziej czuła się wyobcowana w kręgu tych bogatych dam z dobrych domów. Odniosła wrażenie, że jej niewiedza wywoływała konsternację, do której przywykła, podobnie jak do zazdrości i posiadania jedynie niewielu przyjaciół. Na domiar złego w tym otoczeniu poczuła się wyjątkowo nie na miejscu.

Przerywając swoje wewnętrzne dywagacje, pochyliła się do przodu pod wpływem nagłego impulsu i skinęła głową w kierunku Nonie, mówiąc cicho po grecku do gospodarza:

– W każdym porcie aż się roi od czyhających na nas paparazzich. Jej zdaniem to moja sprawka, co nie jest prawdą.

– No i co z tego? – Aristo pociągnął łyk whisky ze szklanki. – Dla niektórych wieczne utyskiwanie na prasę jest w dobrym tonie.

– Callas jest na tyle sławna, że nie musi uciekać się do tego typu sztuczek. Cudownie, że ta podróż pozwala nam się oderwać od wszystkich spraw dnia codziennego. Uważam, że jeśli ktoś stanowi centrum zainteresowania prasy na lądzie, to sir Winston. Jeśli o mnie chodzi, nie potrzebuję żadnej szczególnej uwagi reporterów.

– Nie? W takim razie przy okazji chętnie pokażę pani, co mam w zanadrzu.

Jego słowa zdumiały ją. Nie tylko z powodu wielkiego spokoju, z jakim zareagował na jej uwagę. Czyżby to za sprawą Onassisa w każdym porcie, do którego zawijała Christina, pojawiało się tylu fotografów? Spróbowała zajrzeć mu w oczy, lecz uniemożliwiły to ciemne szkła okularów, które nosił nawet po zapadnięciu zmroku. I choć cisnęło jej się na usta pytanie o jego rolę w tym wszystkim, ugryzła się w język. Aristo z pewnością odeprze każdą uwagę i powie tylko to, co uzna za stosowne. Czyżby Callas była dla niego nowym trofeum, które chętnie pokazywał światu? Ale przecież z Winstonem Churchillem łączyła go prawdziwa przyjaźń. Dlaczego zatem ten przywilej nie miał stać się także i jej udziałem?

– Tam! – krzyknął nagle Onassis, gwałtownie zrywając się na równe nogi. Omal nie przewrócił podręcznego stolika ustawionego między krzesłami. – Proszę popatrzeć, Mario!

Podążyła wzrokiem we wskazywanym przez niego kierunku, wstając równocześnie z krzesła. Nagle poczuła równocześnie wielką pokorę, ogromny strach i niezwykły zachwyt. Pełna sprzecznych uczuć, patrzyła na wybuchający na ich oczach wulkan.

Już w czasie cocktailu, który zawsze serwowano o zmierzchu, Onassis zwrócił uwagę swoich gości na wystającą z morza skalistą wyspę w kształcie piramidy, Stromboli, na której – jak wyjaśnił – znajdował się wulkan z kilkoma czynnymi kraterami. Jednak, ku jego wielkiemu rozczarowaniu, tym razem żaden z nich się nie uaktywnił. Niezmiernie żałował, że nie mógł zaprezentować swoim gościom tej gry potężnych sił natury. Gdy Christina żeglowała dalej na wschód, nie pozostawało mu nic innego, niż zabawiać towarzystwo na pokładzie opowiadaniem greckich mitów. Tego dnia snuł opowieść o swoim ulubionym bohaterze, Odyseuszu, który – chcąc ominąć niebezpieczne Plankty, dwie płonące silnym ogniem skały – wybrał trasę prowadzącą przez Cieśninę Mesyńską. Dokładnie tą, którą zamierzał płynąć Onassis.

– No, dalej! – Tym razem jego krzyk skierowany był do wulkanu. – Pokaż, co potrafisz!

Maria niemal nie zauważyła, jak Nonie Montague Browne wyszła z basenu. Teraz ona również wpatrywała się w ciemny trójkąt nad powierzchnią morza, wznoszący się coraz wyżej i wyżej ku rozjaśnionemu światłem księżyca niebu. Płomień buchał w górę prosto, jak strzelił, sypiąc wokół iskry przywodzące na myśl spadające gwiazdy. Wyrzucona na zewnątrz lawa płynęła teraz po zboczach wąskimi, jasnymi, pomarańczowo-czerwonymi strumieniami, tworząc kontrast z czarnymi skałami.

– Jeszcze nigdy nie widziałem aż tak silnej erupcji. – W głosie Onassisa słychać było respekt oraz nutę przygnębienia. Jego zachwyt wyraźnie zmalał. – Nie podoba mi się to.

Urzeczonej niezwykłym widokiem Marii nie przyszło na myśl, że taki wybuch wulkanu jak ten może być złym omenem. Dopiero jego słowa sprawiły, że przeżegnała się bezwiednie. Może czyniąc znak krzyża, uda jej się ochronić Arista przed czyhającym złem; bardzo dużo by dała, żeby nie spotkało go żadne nieszczęście.

– Imponujące – stwierdziła rzeczowo stojąca nieco z tyłu Nonie.

Maria zauważyła kątem oka, jak owija się ręcznikiem.

– W mitologii greckiej Hefajstos jest bogiem ognia – wyjaśnił Onassis po angielsku. Sprawiał wrażenie, jakby mówił bardziej do siebie niż do Marii czy Nonie. – Stary dobry kowal, mąż Afrodyty, która zdradziła go z Aresem. Aby zemścić się na niewiernej żonie i jej kochanku, Hefajstos wykuł sieć, w którą złapał oboje w chwili, gdy uprawiali miłość. Następnie pokazał swoich więźniów bogom, żeby ich ukarali. Ci jednak wybuchli gromkim śmiechem.

Gdy zakończył opowiadanie, zapadła przytłaczająca, pełna napięcia cisza. Maria nie wiedziała, co powiedzieć, żeby poprawić nastrój. Doskonale zdawała sobie sprawę ze związku między mitem i sytuacją Onassisa. Ukradkowe spojrzenie na Nonie upewniło ją, że Angielka również zrozumiała aluzję. Cała trójka zamarła z przerażenia.

Meneghini cierpiał na chorobę morską. Pomimo że Morze Śródziemne wydawało się równie gładkie jak jezioro Garda w środku lata, mąż Marii twierdził, że czuje nawet najmniejsze kołysanie. Nie kwestionowała tego, co mówił, choć w głębi ducha była przekonana, że prawdziwym powodem jego utyskiwań jest nuda. Lamentując, znikał w kabinie, w której pozostawał do chwili kolejnego zejścia na ląd. Z jednej strony Maria miała mu za złe takie zachowanie, z drugiej natomiast przyjmowała je z ulgą, bo gdy Meneghini zaszywał się w ich apartamencie, nie musiała odgrywać przed pozostałymi uczestnikami rejsu roli kochającej, troskliwej żony. Spostrzegła też, że pod jego nieobecność czuła się znacznie lepiej i o wiele swobodniej. Powoli to spostrzeżenie przeradzało się w pewność. Mimo większej niż kiedykolwiek swobody przytłaczała ją sytuacja, w jakiej się znalazła.

– Sprawia pani wrażenie zmartwionej – zauważył Onassis, gdy spotkali się na pokładzie na wieczornej pogawędce, co stało się ich tradycją. Jak zawsze paliło się jedynie kilka świec, których płomienie migotały niespokojnie w szklanych osłonach, a światło księżyca zamieniło powierzchnię morza w ciekłe srebro. Tej nocy towarzyszył im Anthony Montague Browne, który wyciągnął się na leżaku i udawał, że czyta książkę wziętą z biblioteki znajdującej się na jachcie. Anglik sprawiał wrażenie, jakby lada moment miał zasnąć. Pomimo widocznego zmęczenia przyjaciela Onassis trzymał się wyznaczonych reguł i nawet nie musnął ręki Marii, a tym bardziej jej twarzy. – Co panią tak martwi? – zapytał. – Co mogę zrobić, żeby zniknęła ta drobna zmarszczka między pani oczami?

– Mój mąż – stwierdziła zgodnie z prawdą, masując odruchowo czoło u nasady nosa, mimo że w pierwszym odruchu zamierzała zbyć Arista jakąś wymówką.

– Czy mam obudzić pielęgniarkę? Jesteśmy przygotowani na wszelkie możliwe nagłe zachorowania oraz wypadki. Mamy tu pełne wyposażenie medyczne.

– Nie, proszę się nie kłopotać – przerwała mu gwałtownie. – Nie martwi mnie stan zdrowia Battisty. O wiele bardziej… – zająknęła się, gdyż nagle zabrakło jej słów.

Jak dużo mogła mu wyznać? Czy mogła mu się zwierzyć z dręczącego ją dylematu spowodowanego uwagą Meneghiniego na temat jej sytuacji finansowej? Noc była przecudowna. Gwiazdy na niebie – jedyni świadkowie – wabiły swoim pięknem. A szampan rozwiązywał języki. Ich strażnik pełniący funkcję przyzwoitki nie mówił po grecku, zresztą i tak nie przysłuchiwał się ich pogawędce, co sprawiało, że rozmowa toczyła się praktycznie w cztery oczy. A mimo to było dla niej jasne, że gdyby zwierzyła się Onassisowi, jak źle Meneghini zarządza jej pieniędzmi, popełniłaby zdradę w stosunku do niego. Oznaczałoby to jeszcze większe złamanie zasady lojalności niż prośba o wstrzymanie wypłaty jej gaży mężowi, skierowana w Amsterdamie do Petera Diamanda.

Powoli pociągnęła łyk szampana, spoglądając znad brzegu kieliszka na Arista. Skupił na niej przyjazne i zarazem uważne spojrzenie bez krzty ciekawości, w którym było wyczekiwanie bez cienia ponaglenia. Pomyślała o życzliwej trosce, z jaką traktował Churchilla, co wystarczyło, żeby uznać, że człowiek o takim charakterze jak Onassis nie wykorzysta jej szczerości, nie odwróci się od niej, jak również jej nie wyśmieje.

– Boję się, że pewnego dnia mogłabym zostać bez środków do życia. – W końcu zdobyła się na szczerość. Zamierzał coś powiedzieć, lecz Maria powstrzymała go ruchem ręki, dając znak, że jeszcze nie skończyła. – To, że w młodości często głodowałam, ma naturalnie związek z wojną.

Ale nie tylko. Moja matka, która została bez męża i ojca swoich dzieci, zwyczajnie nie dawała rady wystarczająco zadbać o córki. – Z trudem przełknęła urazę, jaką żywiła do Evangelii, gdyż to mroczne uczucie spowodowałoby zmianę tematu i tylko niepotrzebnie zwiększyło jej rozgoryczenie, odwodząc ją od bieżących trosk. – A teraz znów się obawiam biedy. Boję się, że na starość z powodu braku środków nie będę mogła zadbać o siebie i umrę w biedzie.

– Nie potrafię sobie wyobrazić, co sprawia, że słynna Callas widzi przed sobą tak mroczną przyszłość. – Pokręcił głową ze zdziwieniem. Jednak po chwili wydało się jej, że zrozumiał, co miała na myśli. Wyprostował się. – Czy może pani mąż trwoni pani pieniądze?

Jego bezpośredniość sprawiła, że się uśmiechnęła. Był to smutny uśmiech, jednak sprawił, że coś się w niej otworzyło i wybuchła potokiem słów.

– Nie mam pojęcia, co z nimi robi. Zawsze się wszystkim zajmował i nie potrzebowałam się o nic martwić. Miałam wystarczająco dużo na głowie: niekończące się próby, ćwiczenia głosu, studiowanie ról. Ale niedawno Battista oznajmił, że nie mamy w banku ani centa i dlatego nie mogę pozwolić sobie na zrobienie przerwy, by odpocząć. A przecież tak bardzo potrzebuję choć odrobiny spokoju. Terminy narzucane przez teatry operowe są mordercze. To odbija się na moim zdrowiu i prowadzi do nadmiernego nadwyrężenia głosu. Czasami wydaje mi się, że nie jestem w stanie zaśpiewać nawet jednej nuty. Cały czas jestem przemęczona, bo nie mam czasu na odpoczynek, co nikogo nie obchodzi i czego nikt nie chce wziąć pod uwagę. Battista zmusza mnie do przyjmowania każdej propozycji...

Przerażona swoją szczerością, intymnością zwierzeń i tonem, w jaki uderzyła, zamilkła. Brzmiała równie płaczliwie jak Meneghini, co ją rozzłościło, gdyż w żadnym razie nie chciała żebrać o współczucie.

Jednak Aristo był jak najdalszy od rozczulania się nad nią czy też współczucia.

– Pieniądze to bez wątpienia nie wszystko – podsumował rzeczowo. – Ale są potrzebne, bo wiele ułatwiają. Dlatego też pani przychody powinny być właściwie zarządzane.

Przytaknęła ruchem głowy w milczeniu.

– Jeśli pani pozwoli, zajmę się pani sprawami finansowymi.

Spojrzała na tylny pokład z wyłożonym kreteńską mozaiką basenem, miejscem do tańca i kolorowymi fontannami. Na tym jachcie było wszystko, co można kupić za pieniądze. Za dużo pieniędzy. Więcej, niż była w stanie sobie wyobrazić. Popatrzyła Onassisowi w oczy. Którejś nocy powiedział jej ze śmiechem, jak jego przenikliwe spojrzenie było czasem pomocne podczas negocjacji mających na celu nakłonienie kontrahentów do przyjęcia jego warunków. Jednak w tym momencie wyraz jego oczu w łagodnym świetle migoczących płomieni świec był jedynie nieskończenie szczery.

– Zarządzam finansami większości członków mojej rodziny – wyjaśnił spokojnie. – Może mi pani wierzyć, że przy trzech siostrach nie narzekam na brak pracy. Będę się czuł zaszczycony, mogąc pani doradzać w tej kwestii.

Zdawała sobie sprawę, że Meneghini będzie szaleć ze złości, gdy ostatecznie zablokuje mu dostęp do swojego konta bankowego i da pełnomocnictwo Onassisowi. Jednak wyobrażenie, że jej finansami zajmie się ktoś, kto zna się na obracaniu pieniędzmi, i tym samym uwolni ją od ogromnego strachu o przyszłość, sprawiło, że poczuła się tak, jakby nagle zdjęto z jej ramion ogromny ciężar.

Ogarnęła ją nieopisana ulga i mało brakowało, a popełniłaby nieostrożność, łapiąc z wdzięczności Arista za rękę. Jednak w ostatniej chwili powstrzymała się w połowie ruchu. Zamknęła oczy. Gdy ponownie uniosła powieki, jej wzrok napotkał jego przenikliwe spojrzenie, w którym, odniosła wrażenie, malowała się niepewność, jakby się obawiał, że mogłaby odmówić.

– *Efcharistó* – powiedziała cicho. – Dziękuję. Uwolnił mnie pan od ogromnego ciężaru.

Na jego twarzy pojawił się pełen zadowolenia uśmiech. Przez chwilę milczał, po czym zaproponował:

– Co by pani powiedziała na własny teatr operowy? Mam na myśli to, że dobrze by było mieć własny zespół, na wypadek gdyby pani uznała, że terminy narzucane przez wielkie teatry z tych czy innych względów nie są dla pani dogodne.

Jak na kogoś, kto miał stosunkowo niewielkie pojęcie, do czego potrzebny był jej sopran, sprawiał wrażenie niezwykle zapalonego do swojego pomysłu.

– Jak pan to sobie wyobraża?

– Niedawno rozmawiałem z księciem Rainierem o tym, jak bardzo żałuje, że Monako nie ma własnego zespołu operowego. – Słowa zaczęły płynąć jak wartki potok, podobnie jak uprzednio jej, gdy wyznawała mu prawdę o swoich kłopotach finansowych. – O ile się nie mylę, w Monako jest odpowiedni budynek teatralny, zaprojektowany i zbudowany przez architekta Charlesa Garniera, projektanta Opery Paryskiej. Wydaje mi się, że ten obiekt stanowiłby odpowiednią oprawę dla Callas. Gdzież indziej, Mario, mogłaby pani mieć do dyspozycji własny zespół? Wyobrażam sobie, że decydowałaby pani o wszystkim, gdyż jest pani tą osobą, która wie najlepiej, jaką rolę chciałaby śpiewać i kto powinien pani partnerować.

Onassis ubrał jej marzenia w słowa. Gdy słuchała jego dźwięcznego głosu, w jej głowie zaczęły stopniowo pojawiać się obrazy. Powiedział dokładnie to, o czym myślała, ale o czym nigdy z nikim nie rozmawiała. W trakcie dyskusji z nim niemożliwe stało się nagle równie oczywiste jak równomierny oddech Anthony'ego Montague Browne'a, wyciągniętego na leżaku na brzegu basenu nieopodal ich krzeseł.

Wydawało się, że Aristo znów się zamyślił.

– Powinniśmy obudzić naszego przyjaciela, żeby nie czuł się zażenowany.

Najwidoczniej nie spieszyło mu się z pobudką, gdyż podniósł się z widocznym ociąganiem.

– Wszystko, co mi pan powiedział, jest niesamowicie poruszające. Po tym, co usłyszałam, nie mogłabym zasnąć.

– To nawet nie wchodzi w grę, Mario. – Aristo uśmiechnął się. Przez moment sprawiał wrażenie, że cieszył się jak jego syn Alexander, któremu pozwolono pohasać na nartach wodnych. – Proponuję, żebyśmy wszyscy razem zeszli do kambuza i zobaczyli, co kucharz przygotował na jutro. Jestem głodny. Jak tylko Anthony się obudzi, z pewnością też poczuje głód. A pani?

Skinęła głową, by nie psuć mu zabawy. Zresztą tej nocy sama miała zamiar porzucić wszystkie narzucone sobie ograniczenia i jeść to, na co miała ochotę. Wejście do kambuza postrzegła jak grubą kreskę, jak coś, na co dotychczas nigdy nie miała odwagi się zdecydować.

Po tygodniu żeglugi Christina dotarła do wybrzeży Grecji. Maria w obecności Onassisa czuła się Greczynką bardziej niż kiedykolwiek i gdziekolwiek do tej pory, choć nie mogłaby potwierdzić całym sercem, że ojczyzna jej rodziny faktycznie była także jej ojczyzną. Dorastanie w Ameryce odcisnęło na niej swoje piętno, podobnie jak długi pobyt we Włoszech. Jednak gdy jacht zacumował w małym porcie Itea poniżej Delf, serce zabiło jej mocniej. Dopiero po raz drugi od momentu wyjazdu z Aten, jesienią po zakończeniu wojny, zawitała do kraju swoich przodków. Mieszane uczucia towarzyszące jej przed dwoma laty, kiedy to przyjechała na występ, były tego przedpołudnia jedynie mglistym wspomnieniem. Zmusiła się, żeby nie myśleć o trudnościach, które wówczas napotkała. Dziś przybywała do Grecji jako Maria, a nie jako diwa mająca wystąpić na wielkiej scenie. W pełni świadomie chciała się rozkoszować tym, że była wyłącznie turystką, a nie wielką Callas, traktowaną przez rodaków nad wyraz sceptycznie, a nie – jak by tego pragnęła – z należytym poczuciem dumy.

Ubrana w skromną ciemnoniebieską szmizjerkę, z włosami ukrytymi pod szeroką białą opaską i ciemnymi okularami słonecznymi zasłaniającymi oczy miała nadzieję, że nie zostanie rozpoznana. Mimo to pojawiła się na relingu z obawą, że prawdopodobnie i tak wywoła sensację.

Na nabrzeżu małego malowniczego miasteczka zebrały się już grupki ciekawskich miejscowych oraz wszechobecnych fotografów prasowych, towarzyszących im przy każdej okazji z nieodłącznymi, wycelowanymi w ich stronę aparatami. Jednak tym razem uwaga zgromadzonych nie skupiała się na ludziach szykujących się do zejścia po trapie. Wszystkie oczy były skierowane na wóz terenowy przenoszony przy użyciu lin na brzeg. Jako pierwszy z gości Onassisa pokład jachtu opuścił Churchill, starszy mężczyzna w marynarskim ubraniu, który na powitanie zasalutował zgromadzonym, przykładając dłoń do czapki z daszkiem, na co tłum zareagował entuzjastycznie. Zupełnie jakby ponownie pojawiła się cała brytyjska armia, by wyzwolić Grecję.

Natomiast nikt nie interesował się Callas.

W pierwszej chwili poczuła się, jakby dostała obuchem w głowę, i momentalnie przypomniał jej się niefortunny przyjazd do Aten przed dwoma laty, niemal dokładnie co do dnia. Wówczas bardzo wyraźnie odczuła wrogość swoich rodaków. Uważano ją za zdrajczynię, gdyż w czasie wojny śpiewała dla Niemców. Tym razem jej nie dyskredytowano, ale zwyczajnie ją ignorowano. Obserwowała Arista sadowiącego się za kierownicą wozu, do którego także wsiadł Churchill z pomocą Anthony'ego Montague Browne'a. Tylne siedzenie zajęły Tina, lady Clementine oraz jej córka, Diana. Na pozostałych pasażerów czekały już kolejne samochody wraz z miejscowymi kierowcami, na które jednak nikt nie zwracał uwagi, gdyż wszyscy okazywali respekt wielkiemu mężowi stanu.

Maria była w głębi duszy bardzo zawiedziona, że nie jedzie do Delf tym samym wozem co Aristo. Rozczarowana, wsiadła bez entuzjazmu wraz z mężem do przydzielonego im samochodu.

— To z pewnością będzie dla mnie bardzo męcząca wycieczka — mamrotał Meneghini, ocierając chusteczką pot z czoła.

— Dlaczego nie cieszysz się, że jesteś na lądzie i że wreszcie nie masz choroby morskiej? — zapytała bez cienia współczucia.

— Bo jest za gorąco — narzekał w dalszym ciągu.

— A czego się spodziewałeś? Przecież to Grecja, a nie Grenlandia.

— Tak. Niestety, zdążyłem zauważyć. I wcale nie jestem tym zachwycony. Prawdopodobnie byłoby lepiej, gdybyśmy wysiedli zaraz po przybiciu na Capri. Przecież wiesz, że się nad tym zastanawiałem.

„Cóż on wygaduje" – pomyślała zirytowana Maria.

– A mnie się ta podróż bardzo podoba – przyznała głośno.

Po tych słowach odwróciła się od Meneghiniego i zaczęła wyglądać przez boczne okno, za którym przesuwały się srebrno-zielone gaje oliwkowe rosnące na skałach, na pylastym podłożu. Po chwili dostrzegła pokryty śniegiem szczyt Parnasu, miejsca zamieszkałego przez muzy. Do ruin w Delfach pozostało jeszcze zaledwie kilka kilometrów. Maria opuściła szybę, wystawiła głowę na zewnątrz i spojrzała w górę, na rząd kolumn oraz formacje skalne, które jeszcze dziś, podobnie jak w czasach antycznych, nawet z daleka robiły ogromne wrażenie. Swego czasu było to centrum ówczesnego świata, w którym znajdowały się miejsce kultu boga Apolla i najsłynniejsza wyrocznia o ogromnym znaczeniu.

Wtem usłyszała klaśnięcie, na które się wzdrygnęła. Brzmiało to tak, jakby Meneghini sam wymierzył sobie policzek. Przestraszona, odwróciła się w jego stronę, uderzając się przy tym w głowę.

– Te komary mnie wykończą. – Usłyszała lament męża.

– Komary w gajach oliwnych we Włoszech są równie dokuczliwe – zauważyła rzeczowo.

– Jutro wieczorem wydaję na pokładzie jedyne w swoim rodzaju przyjęcie. Takie, w jakim z pewnością jeszcze nigdy pani nie uczestniczyła – oznajmił Onassis z promiennym uśmiechem. – Poinformowałem kapitana, że ma rzucić kotwicę na wysokości Przylądka Sunion. Tym samym będziemy jedli kolację, mając przez oczami świątynię Posejdona.

Maria oczekiwała, że gdy Christina będzie zmierzać do następnego celu ich podróży, którym był najdalej wysunięty na południe skrawek Attyki, Onassis będzie zapewne zabawiać ją jak zazwyczaj opowieściami związanymi z historią miejsca, do którego zmierzali. Z pewnością też nie obejdzie się bez nawiązywania do greckiej mitologii. Tymczasem on w pełni pochłonięty był planowanym przyjęciem, do którego podchodził nad wyraz emocjonalnie.

– Z Aten przybędzie ambasador brytyjski. Swoją obecnością zaszczyci nas także premier Grecji wraz z małżonką. Zapewniam panią, że mój kucharz stanie na głowie, żeby pokazać, co potrafi. A tak na marginesie – czy zna pani osobiście Konstantinosa Karamanlisa?

– Spotkałam go przed dwoma laty, w Odeonie Heroda Attyka... – Przerwała w pół zdania, gdyż miała na końcu języka: „gdzie byłam zmuszona występować".

Meneghini wymusił wówczas na niej zgodę na występ na scenie antycznego teatru położonego u stóp skały, na której znajdował się Akropol, gdyż w żadnej mierze nie chciał zrezygnować z oferowanej jej gaży.

Na tamto bolesne wspomnienie zacisnęła mocno usta. Do dziś doskonale pamiętała ogromne rozczarowanie spowodowane zachowaniem męża. Wówczas zranił ją do żywego, i to w chwili, gdy bardzo potrzebowała wsparcia oraz zrozumienia. Za każdym razem na samą myśl o tamtym wydarzeniu ogarniała ją złość o sile orkanu.

Naturalnie jej mąż nie był świadkiem rozmowy z Aristem, gdyż zaraz po powrocie z Delf zaszył się w kabinie. Pomimo zmęczenia nie obyło się bez lamentów, tym razem na temat jego rozczarowania słynną wyrocznią.

Twierdził, że miejsce to nie ma w sobie nic mistycznego. Poza tym zazdrościł Winstonowi Churchillowi i Arystotelesowi Onassisowi, podziwiającym przy drinku spektakularny widok z hotelowego tarasu i zapewne prowadzącym jakąś budującą rozmowę, podczas gdy on wraz z damami musiał się wspinać po kamieniach. Zwiedzając słynne ruiny, zupełnie ignorował fakt, że starsza od niego o jedenaście lat, siedemdziesięcioczteroletnia lady Clementine w praktycznych butach turystycznych poruszała się po wyboistym terenie o wiele zręczniej niż on. Maria odcięła się od męża, niemile dotknięta jego nieustającym, obraźliwym biadoleniem.

Dobrych dwanaście godzin później siedziała na pokładzie na swoim tradycyjnym miejscu obok gospodarza jachtu. Christina nadal kotwiczyła u brzegu Itei. Pojedyncze, połyskujące w ciemnościach portowe światła sprawiały wrażenie robaczków świętojańskich. Dopiero jutro wczesnym rankiem jacht miał popłynąć dalej, najpierw przez Kanał Koryncki, by potem wziąć kurs na Attykę. Przemierzanie kanału nocą było zbyt niebezpieczne, a poza tym podróż za dnia dawała niesamowite wrażenia z powodu niespotykanych widoków.

Dziś towarzystwa dotrzymywały im Nonie Montague Browne oraz córka Churchilla, Diana, które Maria ochrzciła w duchu mianem „dyżurnych guwernantek". Siedząc naprzeciwko siebie, przy stoliku ustawionym pomiędzy dwoma leżakami, kobiety rozgrywały partię pikiety w pewnej odległości od rozmawiającej pary.

Uwagi Arista nie uszedł półton w głosie Marii, gdy mówiła o pierwszym spotkaniu z premierem Karamanlisem.

– Co się stało? – Nagle zainteresował się ówczesnym wydarzeniem.

– Czy nie uważa pan, że my, Grecy, czasami jesteśmy odrobinę zbyt dumni? – Maria uśmiechnęła się z goryczą. – To właśnie się stało.

Zaciągnął się papierosem, czekając na ciąg dalszy. Jednak Maria nie zamierzała powracać do tamtych wspomnień. Dopiero pod wpływem zdziwionych spojrzeń rzucanych jej przez obie Angielki przerwała milczenie. Obie damy były zaintrygowane rwącą się rozmową. Nie chcąc dawać im powodu do bezpodstawnych spekulacji, zaczęła opowiadać.

– Miałam wystąpić na festiwalu w Atenach na dwóch koncertach. To miał być mój powrót do ojczyzny przodków. Byłam przeszczęśliwa do tego stopnia, że odwołałam nawet dawno zaplanowany urlop. Niestety, organizatorzy wcale mi za to nie podziękowali. – Zrobiła krótką przerwę i upiła niewielki łyk wina. Kątem oka zauważyła, zadowolona, że Nonie i Diana znów zajęły się sobą. – Tak się cieszyłam na powrót do Aten, że spontanicznie postanowiłam przeznaczyć całe honorarium na wsparcie festiwalu, lecz moja oferta nie została przyjęta. Wyjaśniono mi, że festiwal w żadnej mierze nie potrzebuje mojej dotacji…

Aristo głośno wciągnął powietrze, jednak nic nie powiedział.

– Ma się rozumieć, że byłam zła. Nie, nie tylko. Poczułam się zraniona. I to bardzo. Ten gest miał być przecież podkreśleniem mojej więzi z Grecją. Nie jestem pewna, czy rozumie pan, co mam na myśli. Tymczasem moje dobre intencje zostały po prostu odrzucone. Ot tak sobie. Do dziś nie wiem dlaczego. Prawdopodobnie powodem była ta przeklęta, nazbyt wybujała duma Greków. W odwecie zażądałam horrendalnego honorarium, informując intendenta, że z radością przyjmę pieniądze.

„Co bardzo ucieszyło Meneghiniego" – dokończyła w myślach.

– A potem? – Dym z papierosa zasłonił twarz Onassisa.

– To była bardzo wyczerpująca wiosna. W zasadzie już lecąc do Aten, byłam chora. Po przylocie miałam tak silne bóle gardła, że nie byłam w stanie mówić, a tym bardziej śpiewać. Lekarz stwierdził zapalenie strun głosowych. Gdy dowiedziałam się, co mi dolega, poprosiłam dyrekcję festiwalu, żeby zorganizowali jakieś zastępstwo. Naturalnie zrezygnowałam z honorarium. Jednak i tym razem potraktowano mnie równie obcesowo, jak wówczas, gdy zaproponowałam dotację na rzecz festiwalu.

– Nie miałem pojęcia, że ci ludzie są aż do tego stopnia niekompetentni. I tak bardzo pozbawieni ogłady.

– Zachowują się niemądrze pod każdym względem. – Wzruszyła ramionami. – I choć znacznie wcześniej było wiadomo, że nie będę mogła wystąpić, informację o mojej rezygnacji podano do publicznej wiadomości dopiero na niespełna godzinę przed koncertem. Zapewne może pan sobie wyobrazić, jakie to wywołało protesty. Prasa rzuciła się na mnie niczym hieny na padlinę. – Przemilczała, że przy tej okazji greckie gazety szeroko rozpisywały się o jej fatalnych relacjach z matką. Zamiast zdradzać mu te jakże nieprzyjemne szczegóły, zmieniła temat i skoncentrowała się na gościu, którego Onassis zaprosił na przyjęcie. – Opozycja w greckim parlamencie zarzuciła wówczas Karamanlisowi szastanie pieniędzmi podatników. Jak twierdzili, moje wymagania finansowe były zbyt wygórowane. Natomiast o tym, że nie chciałam pieniędzy, nie wspomniano ani słowem. W zamian rozpowszechniano informację, iż odmówiłam występu z powodu tego, że królowa Fryderyka nie mogła przybyć na koncert. Byłam bardzo rozczarowana takim potraktowaniem przez Greków. Przecież, co by nie powiedzieć, przyczyniłam się do rozsławienia tego kraju na świecie. Chyba mam rację?

– Bez wątpienia – przyznał. Pochylił się, by zgasić niedopałek papierosa w popielniczce, którą postawił na deskach pokładu. Prostując się, powiedział: – Najwidoczniej mój pomysł co do przyjęcia nie był tak dobry, jak mi się wydawało. Karamanlis naturalnie przyjedzie, gdyż chce spotkać się z sir Winstonem i złożyć mu uszanowanie. Czy sądzi pani, Mario, że premier może żywić do pani urazę?

Jego obawa, że jutrzejszego wieczoru mogłyby dojść do jakichś dysonansów, poruszyła Marię. Arystoteles Onassis był znakomitym gospodarzem, pragnącym zadowolić każdego, kto znalazł się na pokładzie jego statku. Ale jak by postąpił, gdyby odpowiedziała mu twierdząco na zadane pytanie? Postanowiła zapytać o to przy okazji. Zamiast tego powiedziała, mimowolnie się uśmiechając:

– Nie sądzę. Nie. Jeśli tylko premier nie weźmie mi za złe, że potrafię dobrze śpiewać jedynie na bis, wówczas wszystko powinno być w porządku.

– Czyli jednak wówczas pani zaśpiewała? – Zdziwiony uniósł brwi.

– Drugi koncert odbył się zgodnie z planem. – „Gdyż Meneghini w żadnej mierze nie chciał zrezygnować z pieniędzy", dodała w duchu. Również i ten fakt postanowiła przemilczeć. – Publiczność zachowywała się wobec mnie wyjątkowo wrogo, co doskonale wyczuwałam. Mimo to próbowałam wyśpiewać sobie jej życzliwość. Chciałam, żeby mnie kochali. Prawdopodobnie pragnęłam ukarać ich perfekcyjnym występem za uprzedzenie, z jakim do mnie podeszli. Aplauz nie miał końca. Karamanlis osobiście poprosił mnie o *da capo*. Po tym wydarzeniu dyrekcja festiwalu przeprosiła mnie i zaprosiła na następny rok.

– I co im pani powiedziała?
– Nigdy w życiu. Powiedziałam, że nigdy już nie zaśpiewam w Grecji.

Skinął głową, pogrążony w myślach.

Wydawało się, że dokładnie rozważał jej słowa. Sukces planowanego przyjęcia już nie zależał od wydarzeń w Atenach sprzed dwóch lat. Była pewna, że Konstantinos i Amelia Karamanlis nie będą mieli nic przeciwko towarzystwu Callas. Wręcz przeciwnie. Oby tylko nikt nie oczekiwał, że będzie śpiewać. Premier był wówczas zachwycony jej wykonaniem *Normy*.

Właśnie zastanawiała się, jak uprzejmie odmówić ewentualnej prośbie gospodarza, gdy powiedział:

– Miałem nadzieję choć raz usłyszeć pani głos w tej wyjątkowej scenerii.

– Och! Nie sądzę...

– Czy zaśpiewa pani dla mnie? – przerwał jej w pół słowa, nie dopuszczając do odmowy i patrząc na nią przenikliwie. – Wyłącznie dla mnie. Pojutrze będziemy w Nafplio. W pobliżu, w Epidauros, znajduje się antyczny teatr, który chciałbym pani pokazać. Czy nie jest to odpowiednie miejsce do złamania przysięgi niewystępowania już nigdy w Grecji?

Była zaskoczona jego prośbą. I choć podczas tej wycieczki, podobnie jak w czasie poprzednich, nie będą sami, jego prośba była jakby zapowiedzią wspólnych intymnych chwil. W duchu dziękowała mu, że nie wymagał od niej występu przed publicznością.

Ich spojrzenia spotkały się.

– Podobno akustyka w Epidauros nie ma sobie równej.

Z miejsca, w którym usadowiły się Angielki, doszedł do nich głośny śmiech. Zapewne któraś z nich powiedziała coś zabawnego.

Onassis wytrzymał spojrzenie Marii, niemal przyszpilając ją przenikliwym wzrokiem.

Przyjęcie udało się nadzwyczajnie. Poczynając od cocktaili serwowanych na pokładzie, a na wybornym menu i nad wyraz interesujących rozmowach kończąc. Bezdyskusyjną gwiazdą wieczoru był Winston Churchill, co tym razem Maria przyjęła z zadowoleniem. Zresztą jaką mogła stanowić konkurencję dla tego wielkiego męża stanu, którego z każdym wspólnie spędzonym dniem coraz bardziej podziwiała? Cytując lorda Byrona, honorowy gość dał wyraz głębokiej miłości do Grecji i stał się niekwestionowanym bohaterem wieczoru. Wybrany fragment poematu niezmiernie poruszył Marię, a głęboki, dźwięczny głos starszego pana jeszcze długo brzmiał w jej duszy.

> *U Sunijonu podnóża sięde*
> *I będę patrzał na morze sine,*
> *Z falą się szumną puszczę w gawędę*
> *I jako łabędź śpiewając – zginę,*
> *Nie chcę niewolnej ziemi być synem…*
> *Roztłucz tę czaszę z samijskim winem!**

Wsłuchując się w piękne wersy, spoglądała ze swego miejsca pod pokładem, przy odświętnie nakrytym stole, na oświetlone marmurowe kolumny świątyni Posejdona na przylądku Sunion. Uświadomiła sobie, że nigdy nie czuła się bardziej Greczynką niż tego wieczoru.

---

* G.G. Byron, *Don Juan*, tłum. E. Porębowicz, Warszawa 1959, s. 109.

Po północy – po tym, jak motorówka przewiozła gości z Aten na ląd – kapitan podniósł kotwicę. Sir Winston i lady Clementine udali się na spoczynek. Meneghini spał w kabinie Itaka. Przez cały wieczór był bardzo blady i wyjątkowo milczący. Najwyraźniej nie czuł się najlepiej, co zapewne było powodem jego zniknięcia niemal tuż po kolacji. W odróżnieniu od niego pozostali na pokładzie goście bawili się znakomicie, wciąż jeszcze będąc pod urokiem tego szczególnego wieczoru. Noc była jasna, bezwietrzna i rześka. Wydawało się, że księżyc płynie po spokojnym morzu. Fontanny przy basenie tryskały ku niebu kolorowymi kaskadami wody.

Nonie Montague Browne szukała jakiejś muzyki w przenośnym radio, które nie wiadomo skąd pojawiło się na rufie.

Gdy rozległy się pierwsze, nie do pomylenia z jakimkolwiek innym utworem, tony *Symfonii Patetycznej* Czajkowskiego, granej przez orkiestrę symfoniczną, Maria załamała ręce.

– Proszę poszukać czegoś innego. Jakiejś lekkiej, wesołej muzyki – poprosiła. I zanim Nonie zdążyła zareagować, dodała szybko: – Tylko, broń Boże, nie operowej.

– Czy przynajmniej lubi pani jazz? – zapytała nieco zdenerwowana Angielka.

– Istotnie. Nawet bardzo.

Maria nie czekała przy odbiorniku, aż Nonie znajdzie coś, co by ją mogło zadowolić. Wzruszeniem ramion skwitowała trzaski, świsty i piski wydobywające się z głośnika, po czym odwróciła się i zrobiła krok w stronę Onassisa, stojącego samotnie na relingu i wpatrującego się w zadumie w coraz bardziej oddalającą się słynną ruinę. Powodowana impulsem, otworzyła jedwabną torebkę przewieszoną przez ramię. Wolną ręką wyjęła okulary, które następnie założyła, i rozejrzała się uważnie wokół, w poszukiwaniu Tiny. Prawdę mówiąc, już jakiś czas temu spostrzegła, że gospodyni gdzieś zniknęła. Ale że była krótkowzroczna, chciała się jeszcze co do tego upewnić. W przeciwieństwie do czasami niemal przesadnej troskliwości Ariego o swoich gości, Tina wykazywała w tym względzie jawny brak zainteresowania, co wyraźnie dało się zauważyć.

– Czy wie pani, że lord Byron wyrył swoje nazwisko na jednej z tych kolumn? – zapytał Onassis, rzuciwszy uprzednio krótkie spojrzenie przez ramię.

Podeszła bliżej, chowając okulary torebce.

– Wiem jedynie, że w dziewiętnastym wieku bardzo się angażował w sprawę niepodległości Grecji. W czasach mojej młodości uważano go za greckiego bohatera narodowego.

– W tej kwestii nic się nie zmieniło. Lord Byron potrafił kochać. Kochał kobiety, ale jego największą miłością był ten kraj. – Przerwał na moment, odwracając głowę w jej stronę. – Jednak, jeśli o mnie chodzi, to mimo wszystko w tym miejscu wolę cytować Homera.

– Prawdę mówiąc, czekałam, aż nawiąże pan do mitologii.

Wtem do ich uszu dotarł głośny szmer, a po nim rozległ się słodki głos Franka Sinatry śpiewającego *I've Got You Under My Skin*.

– Czy to pani odpowiada? – zawołała Nonie, zagłuszając solo na trąbce. W jej głosie nie dało się nie zauważyć nutki prowokacji.

– Znakomicie – odkrzyknął Aristo, wyręczając Marię.

– Dziękuję – powiedziała cicho. – Poza sceną unikam, jak mogę, muzyki poważnej. Dla mnie to sztuka, którą param się zawodowo. Natomiast prywatnie słucham głównie czegoś lżejszego. Lubię swing, jazz. Podoba mi się też muzyka ludowa.

– Ja zaś lubię ucztować z rybakami w prostej tawernie. Pić z nimi i tańczyć. Czy lubi pani ouzo?

Skrzywiła się.

– Niekoniecznie. Ale, jeśli trzeba, piję też i ouzo.

– Zauważyłem, że praktycznie nie pije pani alkoholu.

– Gdybym wlewała w siebie cały ten szampan, jaki mi się bez przerwy oferuje, byłabym nieustannie pijana jak bela.

Uśmiechnął się. W tle wciąż słychać było Franka Sinatrę śpiewającego, jak dalece pewna osoba zaszła mu za skórę, jak poruszyła jego serce i jak bardzo stała się jego częścią. Tymczasem świątynia Posejdona za plecami Arista stała się już tylko niewielkim świecącym punkcikiem pod rozgwieżdżonym namiotem nieba. Maria pomyślała, że nawet najbardziej kiczowata dekoracja sceniczna nie mogłaby się równać z tą scenerią. Chciała powiedzieć coś banalnego, by przerwać tę dziwnie pełną wzajemnego zrozumienia ciszę pomiędzy nią i mężczyzną u jej boku, lecz nie mogła się na to zdobyć.

Gdy muzyka ucichła, Aristo zaczął deklamować tak cicho, że tylko ona mogła go usłyszeć, choć na pokładzie nie było poza nią żadnej kobiety mówiącej po grecku:

Usłysz mię, Lądowstrzęsco! Usłysz, Posejdonie!
Czej cię szczerą modlitwą do życzeń mych skłonię[*]

Było dla niej jasne, że cytat z pewnością ma związek z jakimś antycznym żeglarzem. W grę wchodziła albo

---

[*] Homer, *Odyseja*, tłum. L. Siemieński, Wrocław 1992.

Iliada Homera, albo *Odyseja*. Doszła do wniosku, że to jednak musi być *Odyseja*. Zresztą która epopeja pasowałaby bardziej do Arista niż właśnie ta? Równocześnie zdawała sobie sprawę, że w tym momencie Onassis miał coś innego na myśli niż błaganie błądzącego po morzach bohatera z greckiej mitologii. Serce biło jej w piersi jak szalone. W tej chwili niezmiernie żałowała, że jest mężatką. Niczego bardziej nie pragnęła, niż być wolna. Wolna dla niego. Jak również tego, żeby on był wolny dla niej.

Najwyraźniej stacja radiowa była nastawiona na klasykę swingu. Ella Fitzgerald właśnie śpiewała z Louisem Armstrongiem *They Can't Take That Away From Me*.

– Czy miałaby pani ochotę zatańczyć? – Onassis skłonił głowę.

W tym samym stopniu zdumiona, co zmieszana, rozejrzała się wokół.

– Ale jak… gdzie… nie możemy przecież… – jąkała się, rzucając okiem na inne damy.

– Właśnie dlatego mam tu miejsce do tańca. – Aristo wskazał na zakryty basen. – Co prawda w żadnej mierze nie mogę się równać z Fredem Astaire'em, mimo to obiecuję, że nie będę deptać pani po palcach. A jeśli się pani tego obawia, wówczas z pewnością znajdziemy wśród panów na pokładzie jakiegoś znakomitego tancerza. Czy mogę mieć nadzieję, że na początek zadowoli się pani mną?

– Będzie mi bardzo miło móc z panem zatańczyć.

Zaskoczyła ją pewność, z jaką wypowiedziała te słowa. Ale faktycznie, taniec z Onassisem byłby ukoronowaniem wieczoru. Poza tym nie wypadało odmówić jego prośbie, gdyż wówczas mógłby się obrazić, czego w żadnej mierze nie chciała. Dała mu się wziąć w ramiona i podążyła wraz z nim w stronę parkietu przykrywającego basen, mijając po drodze fontanny.

Jeszcze po latach Maria zadawała sobie pytanie, jak dokładnie Onassis zaplanował każdy szczegół tego wieczoru. Ledwo zaczęli poruszać się powoli w rytm starej melodii, gdy wtem pojawił się niezmiernie atrakcyjny prywatny nauczyciel jego syna, Alexandra, i skłonił się przed Nonie, zapraszając ją do tańca. Chwilę później wrócił Anthony Montague Browne i wraz z córką Churchilla, Dianą, dołączył do tańczących. I znów udało się Onassisowi zorganizować doskonały wieczór, w trakcie którego zostały zachowane wszelkie obowiązujące reguły towarzyskie. Mimo to Maria odniosła wrażenie, jakby byli sami pod rozgwieżdżonym niebem, mając za jedyne towarzystwo muzykę.

Za gęstym lasem piniowym rozpościerał się widok na ruiny Epidauros.

– Znowu tylko te stare kamienie – narzekał Meneghini. – Przecież to się niczym nie różni od Forum Romanum. Spokojnie mogłem zostać w łóżku.

– To najważniejsze miejsce w świecie antycznym z sanktuarium uzdrawiającego boga Asklepiosa – wyjaśniła Maria. – Jeśli nie masz ochoty wychodzić z samochodu, możesz po prostu zostać.

Nie było powodu nalegać, żeby wziął udział w zwiedzaniu. Jego nieobecność z pewnością oszczędziłaby jej nerwów.

– Ten dzisiejszy wiatr fatalnie działa na moje zatoki – Meneghini wyciągnął z kieszeni marynarki chusteczkę i głośno się wysmarkał. – Ależ mnóstwo kurzu. Również powinnaś na siebie uważać. Suche powietrze zawsze szkodzi strunom głosowym. Zwłaszcza twoim.

– O mnie się nie martw – odpowiedziała z wymuszonym uśmiechem. Wyjęła jedwabną apaszkę, którą przed opuszczeniem jachtu starannie złożyła i wsadziła do torebki. Teraz rozpostarła ją na kolanach, po czym utworzyła trójkąt i włożyła na głowę. Po zawiązaniu dwóch węzłów pod brodą zauważyła:

– Teraz nie muszę martwić się ani o uszy, ani o przeciągi.

Kolumna samochodów zatrzymała się na skraju ruin. Natychmiast otworzyły się drzwi samochodów i równie pospiesznie zamknęły. Paparazzi momentalnie rzucili się na gości Arystotelesa Onassisa. W ruch poszły kamery. Zaciekawieni ludzie, zarówno miejscowi, jak i turyści, zbili się w małe grupki, obserwując z zainteresowaniem nowo przybyłych.

Gdy Maria wysiadła z limuzyny, która przywiozła ją wraz z mężem z portu w Nafplio, do jej uszu dotarła iście babilońska plątanina języków. Ich szofer nie był na tyle szybki, by otworzyć jej drzwi, i teraz przyglądał się bezradnie, jak stawiała stopę na kamienistej ziemi. Światło słoneczne oślepiało. Wiatr targał cienkimi gałązkami drzew oliwnych i zrywał igły z pinii okalających pierścieniem antyczne sanktuarium. Powietrze, które Maria z rozkoszą wciągnęła do płuc, przesycone było korzennym zapachem.

– Czy chciałaby pani wpierw zobaczyć teatr? – Usłyszała głos Onassisa, który zjawił się niepostrzeżenie u jej boku.

W białych spodniach i jasnoniebieskiej koszulce polo, znakomicie harmonizującej ze szpakowatymi włosami, wydał jej się wyjątkowo atrakcyjny. Jak nigdy dotąd. A może zawsze tak wyglądał, a ona po prostu tego nie dostrzegła? Żeglarz na lądzie.

Spoglądał na nią wyczekująco zza przyciemnionych szkieł okularów. Tego dnia Churchill pozostał na pokładzie Christiny, przez co cała uwaga Arista była skupiona wyłącznie na Marii.

– Dlaczego nie? – Uśmiechnęła się i szybko rzuciła okiem do wnętrza samochodu, którym przyjechała. Wyglądało na to, że Meneghini faktycznie nie miał ochoty na zwiedzanie ruin. W każdym razie nie sprawiał wrażenia, że chciał wysiąść i przyłączyć się do nich.

– Tak – potwierdziła – chodźmy najpierw do teatru.

Onassis dał znak przewodnikom, żeby zajęli się pozostałymi gośćmi. Jednak niektóre panie wolały dołączyć do niego i Marii. Anthony Montague Browne pozostał z Churchillem na jachcie, natomiast Nonie i lady Clementine wraz z córką i wnuczką udały się na zwiedzanie słynnych ruin. No i, ma się rozumieć, trzymająca się Nonie Tina, która najwidoczniej, sądząc po gwałtownej gestykulacji, miała jej coś niezwykle interesującego do powiedzenia. Maria mimowolnie zadała sobie pytanie, czy w tym przypadku chodzi o historię mającą związek z tym jakże znanym miejscem, czy też o najzwyczajniejsze plotki. Choć próbowała, nie była w stanie stwierdzić, czy żona Arista ich obserwowała. Doszła do wniosku, że to i tak bez znaczenia, gdyż Onassis, wspinając się po gruzach i połupanych marmurowych płytach, zachowywał odpowiednią odległość od Marii, opowiadając rzeczowo i ze znawstwem o antycznym sanktuarium, które – jeśli wierzyć legendzie – miało cudowne moce uzdrawiające.

– Po rytuale oczyszczenia w budynku, w którym można się było obmyć wodą źródlaną, następowało składanie ofiary Apollinowi. Następnie pacjenci udawali się na tak zwany sen w świątyni, żeby podczas mniej lub bardziej głębokiej drzemki dowiedzieć się od Asklepiosa, jaka kuracja jest w ich przypadku najlepsza. Kapłan objaśniał znaczenie sennych rojeń, jak również dbał o zastosowanie odpowiedniej terapii. I – *voilà*! – jesteśmy na miejscu.

Amfiteatr by zadziwiająco pusty. Maria podążyła za Onassisem wzdłuż najwyżej położonego rzędu. Wiatry, niepogoda i okupacja obcych mocarstw nie pozostały bez wpływu na stan schodów liczących sobie bez mała trzy tysiące lat, z których dziś pozostały już tylko tu i ówdzie potłuczone fragmenty. Widownia mogła wówczas, podobnie jak dzisiaj, pomieścić trzy tysiące widzów, o czym Maria dowiedziała się przed dwoma laty, goszcząc w Atenach. Festiwal w Odeonie Heroda Attyka konkurował z corocznym festiwalem odbywającym się w Epidauros.

Maria zatrzymała się na chwilę, chłonąc widok rozpościerającego się u jej stóp ogromnego, wykutego w skale półokręgu. Cóż to była za kolosalna budowla!

– Chodźmy – ponaglił idący przed nią Aristo, odwracając się w jej stronę.

Zapewne chciał jak najszybciej znaleźć się w orkiestronie, żeby najsłynniejsza na świecie sopranistka wreszcie mogła spełnić daną mu obietnicę. Słysząc za sobą zbliżające się kroki i głosy, Maria pomyślała, że tak czy siak nie zdoła dotrzymać danego mu przyrzeczenia. Z pewnością nie będzie miała możliwości zaśpiewać wyłącznie dla niego.

Powoli zaczęła schodzić, stopień po stopniu, chłonąc całą sobą atmosferę antycznego teatru, zupełnie innego od Arena di Verona. Wyobraźnia podsunęła jej niezmiernie wyraziste obrazy ludzi siedzących w rzędach i obserwujących w napięciu, co się rozgrywało na scenie. Dramaty teatralne, spektakle operowe. Odniosła wrażenie, jakby znalazła się w innym świecie. Zamyślona, oczarowana, podążała jak w transie za swoim przewodnikiem.

Przez moment nie zwracała uwagi, dokąd idzie. W pewnej chwili potknęła się, zachwiała i niewątpliwie by upadła, gdyby nie jego ręka. Złapał ją za przedramię i trzymał tak mocno, że poczuła ból. Ale był to uścisk nie tylko natury fizycznej. Zadała sobie w duchu pytanie, czy ktoś kiedykolwiek wspierał ją z taką siłą.

Jego palce powędrowały ku jej dłoni, podczas gdy prawa ręka w dalszym ciągu silnie obejmowała jej lewe ramię. Nagle ten dotyk wydał jej się dziwnie znajomy i zarazem ekscytujący jak żaden inny. Nigdy jeszcze czegoś takiego nie doznała.

Dopiero po paru krokach uświadomiła sobie, że byli widoczni jak na dłoni. Z pewnością Aristo także był tego świadomy, a mimo to nie puścił jej ręki.

W milczeniu schodzili ramię w ramię do orkiestronu.

I choć obyło się bez kolejnych potknięć na wydeptanej glinie, Marii drżały kolana. Wmówiła sobie, że to wskutek stromego zejścia po nierównych stopniach i z powodu tremy. Na myśl, że za chwilę będzie śpiewać a cappella w tym magicznym miejscu, ogarnęła ją panika. Jak mogła zgodzić się na prośbę Onassisa? Z drugiej strony była niezmiernie ciekawa, jak jej głos będzie brzmiał w tym niesamowitym otoczeniu.

Oddaliła się od Arista, pozostawiając go na brzegu sceny koło marmurowego fryzu. Zdenerwowana, zatoczyła wpierw szeroki krąg. Gdy tak szła, jej kroki podświadomie złapały właściwy rytm, w jakim poruszała się na scenie. Kątem oka dostrzegła pozostałe damy, zgromadzone za plecami Onassisa w jednym z dolnych rzędów. Wreszcie zakończyła wędrówkę, zatrzymując się w środku okręgu na jednej z marmurowych płyt.

Przez moment koncentrowała się na tym, co zamierzała zaśpiewać. Miała to być aria z *Normy*. W jej głowie rozległy się dźwięki instrumentów smyczkowych, klarnetów i fletu poprzecznego. Wyimaginowany dyrygent dał znak batutą.

Wówczas z jej ust popłynęły pierwsze dźwięki *Casta Diva*, arii, w której Norma zanosi modły do bogini księżyca.

Głos Marii brzmiał perfekcyjnie, nieskończenie pięknie, niespotykanie miękko i czysto, docierając wyraźnie do najwyższych rzędów. Akustyka tego teatru była jedyna w swoim rodzaju.

Przerwała po kilku taktach. W tym momencie zachwycony Onassis zaczął bić brawo. Po chwili rozległy się oklaski pozostałych uczestniczek wycieczki i rozniosły się echem po amfiteatrze.

Maria skłoniła się zgodnie ze zwyczajem, uświadamiając sobie nagle, jak to musiało dziwacznie wyglądać. Stała na scenie w szmizjerce z szerokim paskiem, w apaszce szczelnie zasłaniającej włosy i okularach słonecznych. Z całą pewnością nie wyglądała jak diwa. Zamarła, speszona, stojąc sztywno.

– To było cudowne – powiedział Onassis, podchodząc do niej.

Nie była pewna, jak powinna zareagować na jego komplement.

– Kiedyś powinien pan usłyszeć mnie w *Traviacie* – odpowiedziała.

– Jest pani przepiękna. – Spojrzał na nią przeciągle z niespotykaną przenikliwością.

Nie przywykła do określania jej mianem „przepięknej" poza światem opery. Na scenie – tak. Od dzieciństwa wiedziała, że za sprawą sztuki promienieje, stając się zupełnie inną osobą. Gdy tylko zaczynała śpiewać, ludzie momentalnie przestawali dostrzegać niedostatki jej urody, z których – jak sądziła – doskonale zdawali sobie sprawę. Ale tu stała przecież jedynie w skromnej sukience, bez biżuterii, bez kosztownej kreacji i odpowiedniej fryzury. Jego szczery podziw wywołał w niej konsternację. Tymczasem panie w dalszym ciągu biły brawa z entuzjazmem. Tylko jedna z nich nie przyłączyła się do oklasków.

Tina Onassis patrzyła jak skamieniała na nią i swego męża.

Maria czuła nieodpartą potrzebę rozmowy o zamęcie, jaki wywołały w niej spotkania z Onassisem, i o tym, co się między nimi nawiązało. Potrzebowała przyjaciółki, żałując z całego serca, że na jachcie nie było Elsy Maxwell, choć prawdopodobnie ostry język dziennikarki zakłócałby harmonię panującą podczas rejsu. Mimo tych zastrzeżeń bardzo pragnęła zwierzyć się jej z kotłujących się w niej sprzecznych uczuć.

Od tygodnia spędzała każdą noc z Onassisem. W obecności innych osób rozmawiali godzinami po grecku, wymieniając się poglądami, zupełnie jakby byli sami. Podczas tych spotkań Aristo zachowywał się nienagannie, unikając wszelkich przytyków, ale też w żadnym razie nie stroniąc od żartów. Zawsze utrzymywali wymagany dystans. Ale nawet gdyby ich dłonie nie spotkały się w Epidauros, Maria i tak uświadamiałaby sobie rosnącą między nimi zażyłość oraz coraz większą intymność. Spojrzenie jego żony w antycznym teatrze uświadomiło jej z całą wyrazistością, na jak niebezpieczne wody się zapuszczała. Niczym Odyseusz podczas swojej błędnej wędrówki. W obecnej sytuacji niewątpliwie najbardziej potrzebna jej była rada przyjaciółki.

Opalając się następnego dnia na pokładzie, pogrążona w myślach, ukradkiem obserwowała przez ciemne szkła okularów Arista, który w najlepsze bawił się z dziećmi w basenie. Kąpielówki podkreślały jego silne, sprawne ciało i ciemne owłosienie. W towarzystwie Alexandra i Christiny wydawał się zupełnie innym człowiekiem – naturalnym, wesołym i nieco szalonym. Ani trochę nie obchodziło go, że robi z siebie klauna. Był na wskroś czułym i troskliwym ojcem, co niezmiernie wzruszyło Marię. Tym bardziej że jego żona, Tina, w tym względzie była raczej powściągliwa, niekiedy zdarzało się nawet, że trzymała dzieci na dystans. Szczególnie małą córeczkę, którą traktowała zdecydowanie niesprawiedliwie lub zwyczajnie ignorowała, i to w chwilach, gdy matczyna uwaga byłaby bardzo wskazana. „Prawdziwa Greczynka tak się nie zachowuje" – przemknęło Marii przez myśl. „Greczynki są dobrymi matkami". Po czym uznała, że taka ocena była stereotypowa i błędna, czego najlepszym dowodem była jej własna matka.

Obok niej ktoś głośno zakaszlał.

Obróciła się, zdziwiona. Na leżaku stojącym w niewielkiej odległości od Marii siedziała wyprostowana Nonie i próbowała łapać powietrze. Gdy tylko zauważyła spojrzenie Marii, jej ręka natychmiast powędrowała ku szyi.

– Zaziębiłam się wczoraj na tym wietrze – wychrypiała. – Dlatego nie pojadę na wycieczkę do Firy, choć tak chętnie zobaczyłabym mojego Anthony'ego podrygującego na grzbiecie osła w drodze z portu do miasteczka.

Również Maria miała wielką ochotę zwiedzić Santorini. Pozostała jednak na jachcie, gdyż Meneghini nie chciał zejść na ląd. Chory, leżał w łóżku, narzekając na swój los. Jej lojalność nie sięgała aż tak dalece, by mu współczuć. Wtem poczuła na ramieniu chłodne krople wody rozpryskanej przez Arista podczas skoku na główkę do basenu. Niemal z czułością starła ten niewielki prysznic, odbierając go niczym skierowane do niej pozdrowienie.

– Z pewnością pani mąż spisze się znakomicie – zapewniła Angielkę.

– Jak zwykle. – Nonie opadła z westchnieniem na leżak i, ruszając palcami nóg, dodała: – Ach, powinnam jak najszybciej pójść na pedicure.

Małżonka prywatnego sekretarza Winstona Churchilla była nieco młodsza od Marii. Sprawiała wrażenie solidnej i miłej. Marii przyszło na myśl, że doskonale nadawałaby się na przyjaciółkę. Z pewnością nie dla kogoś, kto chciałby się zwierzyć ze swoich uczuć do Arystotelesa Onassisa, ale za to dla osoby mającej ochotę zwyczajnie porozmawiać. Poza tym Nonie z pewnością nie była plotkarką.

Maria uśmiechnęła się.

– Jeśli pani chce, mogę pomalować pani paznokcie.

Nonie spojrzała na nią zaskoczona, po czym skinęła głową.

– Dziękuję. To bardzo miłe z pani strony.

Niedługo potem Maria uświadomiła sobie, jak bardzo potrzebowała kogoś godnego zaufania.

Przez cały dzień dziwiła się, dlaczego pozostali goście odnoszą się do niej z ostentacyjnym dystansem. Początkowo sądziła, że powodem takiego zachowania są nieustanne narzekania Meneghiniego – choć jej mąż stał się bardziej znośny po tym, jak Aristo oznajmił, że w nowo wybudowanym hotelu Miramare w mieście Rodos zostały przygotowane apartamenty dla jego gości. Dla Meneghiniego perspektywa spędzenia nocy w hotelowym łóżku była ogromnym dobrodziejstwem. Gdy tylko przybyli na miejsce, niezwłocznie udał się do przydzielonego im apartamentu i zasnął w okamgnieniu snem sprawiedliwego. Zadziwiające, ile czasu spędzał w łóżku.

Nie tylko on nie wziął udziału w zaplanowanych wycieczkach. Tym razem Maria także z nich zrezygnowała, chcąc odpocząć w hotelowym ogrodzie w cieniu oleandrów, bugenwilli i hibiskusów. Zresztą i tak żaden z gości z nią nie rozmawiał. Nonie z powodu przeziębienia pozostała na jachcie.

Tym razem Aristo nie wcielił się w rolę czarującego przewodnika, lecz pozostał z dziećmi. Choć Maria rozkoszowała się panującym wokół spokojem, musiała po pewnym czasie przyznać, że brakuje jej towarzystwa Nonie. A przede wszystkim Arista.

Wieczorem w ogrodzie pełnym egzotycznych zapachów Onassis podjął swoich gości kolacją, w której – ma się rozumieć – jako gospodarz również wziął udział. W międzyczasie dołączyły do nich Artemis, siostra Arista, oraz jego przyrodnia siostra, Kalliroe – to do jej męża należał hotel, w którym się zatrzymali. Także tym razem kolacja była wystawna i uroczysta. Mężczyźni mieli na sobie białe wieczorowe marynarki, panie zaś suknie cocktailowe.

Tego wieczoru Maria włożyła okazałą brylantową biżuterię.

Rozmawiając ze szwagrem Onassisa, błądziła myślami zupełnie gdzie indziej.

Osobliwe napięcie innych uczestników przyjęcia stało się jeszcze bardziej wyczuwalne, jednak zlekceważyła je, koncentrując się wyłącznie na Ariście. Armator przykuwał całą jej uwagę, przed czym nie była w stanie się bronić. Nieustająco obserwowała, jak rozmawia, jak się śmieje i z jaką swobodą troszczy się o swoich gości. Czasami ich spojrzenia spotykały się, ponieważ patrzył na nią równie często, jak ona na niego.

Gdy później tańczyła pod palmami w rytm spokojnej muzyki z mężem Kalliroe, Gerasimosem Patronikolasem, wyobrażała sobie, że jest w innym miejscu i w ramionach innego mężczyzny.

Tej nocy, w otoczeniu krewnych Onassisa i jego gości, Maria nie mogła liczyć na zwyczajową pogawędkę w ciszy i spokoju, dlatego też wraz z Meneghinim wycofała się wcześnie do przydzielonego im apartamentu. Z jednej strony była zachwycona pięknem miejsca, w którym się znaleźli, oraz udanym wieczorem, z drugiej czuła w duszy dziwną pustkę.

Następnego dnia zaspała, przez co nie wzięła udziału w wycieczce do malowniczego miasteczka Lindos. Na śniadaniu, podawanym na tarasie hotelu, pojawiła się znacznie później niż zazwyczaj. Ku wielkiemu zaskoczeniu dostrzegła pod markizą Nonie Montague Browne, popijającą na przemian sok pomarańczowy i angielską herbatę, zwyczajowo serwowaną do śniadania.

– Wygląda pani znacznie lepiej – stwierdziła Maria na widok Angielki.

Faktycznie Nonie nie była już tak bardzo blada i jej lekko zaczerwienione oczy zwracały uwagę dopiero wówczas, gdy zdjęła okulary słoneczne.

– I czuję się o wiele lepiej – przyznała ochrypłym głosem. – Jeszcze nie idealnie, ale już wystarczająco dobrze. To tylko zapalenie gardła i lekki nieżyt oskrzeli. Jak już się otrząsnęłam z szoku po nagłym pojawieniu się w mojej kabinie trzech greckich lekarzy, którzy kłócili się zawzięcie, co mi właściwie dolega, faktycznie poczułam się znacznie lepiej. Niewątpliwie miała na to wpływ zastosowana kuracja. Czy miałaby pani ochotę przysiąść się do mnie?

Maria z wdzięcznością przyjęła propozycję. Meneghini udał się na spacer po starym mieście, w którym nie chciała mu towarzyszyć. Rozluźniona, opadła na krzesło i zamówiła kawę, modląc się w duchu, żeby jej relacje z Nonie okazały się tak przyjazne, jak zakładała. Miała też nadzieję, że będzie mogła liczyć na jej dyskrecję w kwestii, którą właśnie zamierzała poruszyć.

– Sporo panią wczoraj ominęło – zaczęła ostrożnie. – W każdym razie odniosłam wrażenie, że pani przyjaciele doskonale się bawili.

– Och! – Wydawało się, że Nonie w lot zrozumiała, o co jej chodzi. – A pani nie?

– Naturalnie. W zasadzie tak. Ale rozmawiano ze mną jakby z konieczności i pod przymusem. Odnoszę wrażenie, jakby mnie unikano... – Maria przerwała, gdyż pojawił się kelner z zamówioną kawą. Gdy tylko mężczyzna się oddalił, zapytała: – Czy wie pani może, co jest tego powodem?

Nonie przełknęła ślinę, po czym odwróciła głowę. Jej spojrzenie, którego Maria nie mogła dostrzec przez ciemne okulary słoneczne, wydawało się wędrować w zamyśleniu po okolicy. Wreszcie najwidoczniej się przemogła i ponownie skoncentrowała uwagę na Marii.

– Właściwie dlaczego nie miałabym być szczera wobec pani? Wszyscy jesteśmy nieco skonsternowani pani zachowaniem.

– A cóż ja takiego zrobiłam? – Nagle ręka Marii, w której trzymała filiżankę, zadrżała. Poczuła wzbierającą w niej falę złości. Nie miała pojęcia, jakim sposobem mogła kogoś obrazić. Nawet w stosunku do męża zachowywała się wzorowo, pomimo że coraz bardziej działał jej na nerwy.

– Czy nie zdaje sobie pani sprawy z tego, że to pani przedwczorajsza kolacja we dwoje z Arim jest powodem złego nastawienia do pani? Kolacja *tête-à-tête* z gospodarzem jest czymś wyjątkowo nieuprzejmym. To niewybaczalne. W oczach sir Winstona Churchilla było to bardzo niestosowne.

– Ale przecież... – Maria gwałtownie wciągnęła powietrze. A więc o to chodziło!

Dokładnie pamiętała wszystkie szczegóły owego popołudnia, kiedy to Christina rzuciła kotwicę nieopodal Santorini. Nonie dawno już zniknęła w swojej kabinie, podczas gdy Aristo godzinami pluskał się wraz z dziećmi w basenie. Wreszcie wyszedł z wody.

– Teraz chętnie bym coś szybko przekąsił! – oznajmił, zatrzymując się w biegu i teatralnie opadając na kolana, by pokazać dzieciom, jak bardzo opadł z sił. Po czym zwrócił się do żony, siedzącej na brzegu basenu z nogami w wodzie: – Tino, czy mogłabyś poprosić kucharza, żeby przygotował nam coś do przegryzienia? W międzyczasie pójdę się przebrać.

Tina podniosła się, nie zwracając najmniejszej uwagi na dzieci wyszarpujące sobie ręcznik.

– Zaraz się tym zajmę.

– Czy pani także czegoś sobie życzy? – zapytała, stając obok leżaka Marii.

– Tak – potwierdziła, choć wcale nie była głodna. Zafascynowana nie mogła oderwać oczu od kropli spływających z włosów Onassisa. Z trudem opanowała odruch starcia z jego torsu strużki wody. – Dlaczego nie?

– Najchętniej zjadłbym coś greckiego. Coś na ząb. Najlepiej meze.

– To brzmi kusząco – stwierdziła Maria, zainteresowana nie tyle smacznymi greckimi przystawkami, co niesamowicie pociągającym gospodarzem jachtu.

– Powiem zatem kucharzowi, żeby coś dla was przygotował i żeby zaraz przynieśli to na pokład – zdecydowała

Tina, skubiąc coś przy skąpym bikini i równocześnie obdarzając promiennym spojrzeniem męża, który skinął, zadowolony, kierując się do kambuza.

– Powinien pan założyć płaszcz kąpielowy – zawołała za nim Maria – zanim się pan przeziębi.

„I zanim doprowadzi mnie pan do stanu, w którym zrobię coś, czego nie wypada" – dodała w myślach.

– Właśnie taki mam zamiar. – Uśmiechnął się.

Nieco później siedzieli przy zaimprowizowanym stole, podziwiając malowniczy zachód słońca. Barwiące niebo smugi wszystkimi odcieniami żółci i pomarańczy powoli przechodziły w nasyconą czerwień i ciemny fiolet. Fontanny przy basenie wypluwały strumienie wody. Fale, wywołane przez łódź wracającą do macierzystego portu, uderzały z cichym pluskiem o burty jachtu. Na lądzie zabłysły pierwsze światła. Reflektor latarni morskiej ślizgał się po niemal czarnej powierzchni morza. Z dali dochodziły ciche głosy rybaków. Wtem w ciszę wdarł się donośny dźwięk syreny okrętowej. Najwidoczniej siedząca na rufie para wzbudziła zainteresowanie machających przyjaźnie rybaków z przepływającej nieopodal łodzi. Wyglądało na to, że pasażerów Christiny pozdrawiał każdy, kto tylko dostrzegł wspaniały jacht.

– Zdaje się, że wszyscy na tych terenach pana kochają – zauważyła Maria, chrupiąc niewielką przekąskę zawiniętą w liść winorośli.

– Raczej są mi wdzięczni – sprostował Aristo, śmiejąc się cicho.

– Za co? – zdziwiła się.

– Ach, za nic szczególnego – stwierdził, po czym wyjaśnił po krótkiej przerwie: – Przed trzema laty trzęsienie ziemi na dnie morza, które miało miejsce nieopodal północnego wybrzeża Santorini, spowodowało silne wstrząsy wtórne na wyspie. Gdy usłyszałem, że w wyniku tego system wodociągów wody pitnej został kompletnie zniszczony, kazałem napełnić basen na Christinie, przypłynąłem tu i tym sposobem dostarczyłem ludziom to, czego najbardziej potrzebowali. Przydała się też instalacja do uzdatniania wody na jachcie. To naprawdę nie było nic szczególnego.

– Ależ z pewnością było – zaprzeczyła z przekonaniem. Nie po raz pierwszy szczodrobliwość armatora niezmiernie ją poruszyła. Wciąż odkrywała coraz to nowsze, niezwykle sympatyczne cechy swojego rozmówcy.

Jako że spożywając posiłek byli widoczni dla wszystkich jak na dłoni, Aristo najwidoczniej nie przejmował się, że nikt im nie towarzyszy na pokładzie, jak to do tej pory było w zwyczaju. Pozostali tylko we dwoje, nawet gdy po krótkotrwałym zmierzchu nastała noc. Onassis nie zwracał uwagi na innych swoich gości. Dopiero znacznie później udali się do swoich kabin, przebrali do kolacji i spotkali w barze, by wypić szklaneczkę czegoś mocniejszego dla zaostrzenia apetytu. Gdy tylko się pojawili, Anthony Montague Browne poinformował wszystkich, że żaden właściciel tawerny nie chciał od niego pieniędzy, gdyż był przyjacielem Ariego Onassisa.

– Ale przecież zjedliśmy tylko małą miejscową przekąskę. – Patrząc na Nonie, Maria pokręciła z niedowierzaniem głową. – Meze, wyborną przystawkę – dodała cicho. – Powinna pani koniecznie tego spróbować.

– Odciągnęła pani gospodarza od innych gości. Spowodowała pani, że przestał zwracać na nas uwagę i się nami zajmować. Tam, skąd pochodzę, coś takiego uchodzi za wielki afront.

Maria nie rozumiała, co Nonie miała na myśli. Dotarło do niej jedynie stwierdzenie, że wszyscy są oburzeni jej zachowaniem.

– Ja? – zapytała z niedowierzaniem. – A cóż ja mam z tym wspólnego?

– Wszystko. Tina powiedziała nam, że grecka przekąska tylko we dwoje była pani pomysłem. Tylko proszę nie zaprzeczać, bo to poniżej pani godności.

– Tina powiedziała coś takiego? – Osłupiała Maria spojrzała na Nonie, nie mogąc uwierzyć w to, co przed chwilą usłyszała. – To jakieś nieporozumienie.

Angielka złapała się za szyję z grymasem bólu. I choć najwyraźniej rozmowa była dla niej sporym wysiłkiem, próbowała wyjaśnić Marii całą sprawę ze swojego punktu widzenia. Mimo że mówiła coraz ciszej, Maria rozumiała każde słowo.

– Tina powiedziała nam tamtego wieczoru, że zaproponowała pani, żeby na kolację podano greckie dania. Ari był, naturalnie, zachwycony, lecz pani zwróciła mu uwagę na fakt, że lokalna kuchnia może okazać się nieodpowiednia dla sir Winstona i lady Clementine. Dlatego też zamówione dania zostały podane wyłącznie wam, a nie nam wszystkim. Nie mam pojęcia, co pani chciała osiągnąć tą kolacją we dwoje. Pani biedny mąż siedział z nami całkowicie zagubiony, co tylko pogorszyło i tak już nie najlepszą atmosferę. Muszę przyznać, Mario, że bardzo sprytnie to pani zaaranżowała.

– Ależ to wszystko nieprawda – szepnęła.

– Czyżby? – zapytała Nonie z przekąsem. – Niby dlaczego Tina miałaby kłamać?

Maria nie odpowiedziała. W milczeniu wpatrywała się w pustkę, nie dostrzegając ani oleandra, którego obsypane kwiatami gałęzie rozpościerały się niemal na wyciągnięcie ręki pod chroniącym przed słońcem parasolem. Z pewnością istniał powód, dla którego Tina rozpowszechniła to kłamstwo. Oczywistym celem jej intrygi było zaszkodzenie śpiewaczce. Maria doskonale wiedziała, czym jest zawiść, szczególnie w przypadku kobiet, które jej zazdrościły. Ale czegóż właściwie mogła zazdrościć jej kobieta, która wydawała się mieć wszystko, co tylko było dostępne na tym świecie? Wspaniałego męża, dzieci, bogactwo, pozycję towarzyską, a nawet atrakcyjnych kochanków na pęczki. Dlaczego była o nią do tego stopnia zazdrosna, że aż posunęła się do takiej intrygi?

Maria potrząsnęła z niedowierzaniem głową.

– To nieprawda. Nie wiem, o czym pani mówi. Było dokładnie odwrotnie. To był pomysł Tiny. Może mi pani wierzyć lub nie.

Nonie milczała dobrą chwilę, obracając w dłoniach pustą szklankę po soku. Po czym ją odstawiła, upiła łyk herbaty i powiedziała:

– Jedyny powód, jaki mi przychodzi do głowy, to chęć zwrócenia na siebie uwagi.

Maria zmarszczyła czoło, nie rozumiejąc, co Nonie ma na myśli.

– Widocznie jest zła, że Ari poświęca pani tyle uwagi.
– Ale...
– Niech pani nie zaprzecza. Tym razem wiem, co mówię, i z pewnością mam rację. Nawet ślepiec zauważyłby, że chętnie przebywa w pani towarzystwie.

– Oboje jesteśmy Grekami – zauważyła bezradnie.

W tym momencie przypomniała sobie, że Tina też była Greczynką. Ale przecież nie wychowała się w ojczyźnie. W rzeczywistości była do szpiku kości kosmopolitką. Ponadto pochodziła z niezmiernie bogatej rodziny. Jej ojciec należał do największych armatorów w kraju, przez co Tina od dziecka żyła w luksusie, podczas gdy Onassis i Maria klepali biedę. Na zewnątrz ich rodziny sprawiały wrażenie zamożniejszych, niż były w rzeczywistości. Zarówno on, jak i ona osiągnęli o wiele więcej niż ich ojcowie. W tej sytuacji Aristo miał dużo więcej wspólnego z nią niż z żoną. I dokładnie to podobieństwo ich losów stwarzało między nimi ową magiczną atmosferę wzajemnego zaufania i powodowało, że tak dobrze czuli się w swoim towarzystwie.

– Tak. Ma pani rację – przytaknęła Nonie w zamyśleniu, po czym zamilkła na dobre.

Tymczasem kawa Marii zupełnie wystygła. Gdy to dostrzegła, ze wstrętem odsunęła filiżankę. Znacznie chętniej odsunęłaby od siebie wszelkie możliwe złośliwości Tiny. Od takich problemów aż roiło się w operach, w których występowała, dlatego też nade wszystko chciałaby uniknąć kłamstw i intryg przynajmniej podczas tego urlopu.

ROZDZIAŁ 18

Izmir

4 sierpnia 1959 roku

Z portu w Izmirze do królującej na wzgórzu dzielnicy Karatas prowadziła tylko jedna bardzo wąska uliczka, od której odchodziły cztery jeszcze węższe od niej, utworzone po części ze schodów. Mimo to pomiędzy starymi, częściowo podupadłymi domami z balkonami o kutych żelaznych balustradach aż się kłębiło od ludzi. Byli wśród nich oferujący miodowe cukierki obnośni handlarze, na których można się było natknąć aż do samego podnóża schodów, robotnicy, za którymi postępowały kobiety o zasłoniętych twarzach, ludzie interesu w ciemnych garniturach, jak również gromady bawiących się i podskakujących dzieci. Jakiś staruszek na wozie zaprzężonym w osła próbował utorować sobie drogę. Ktoś inny ciągnął kozę na postronku. Wszędzie panował ogromny gwar. Jednak Maria intensywniej od hałasu odczuwała wszechobecne zapachy różnorodnych orientalnych przypraw, od jaśminu aż po palone drewno, zmieszane z dochodzącymi z kuchennych okien aromatami koziego sera i pomidorów. Typowa dla każdego portu woń soli morskiej oraz odór oleju, ryb i smoły dochodziły aż tutaj.

– Tu wciąż jeszcze można poczuć atmosferę starej Smyrny – wyjaśnił Onassis. Musiał niemal krzyczeć, w przeciwnym razie zgromadzona wokół niego grupa gości nic by nie zrozumiała z tego, co mówił. W jego głosie wyraźnie słychać było zachwyt dla miejsca swego urodzenia. – Kiedyś ta dzielnica stanowiła mieszaninę bardzo wielu narodów. Mieszkało w niej wielu bogatych Żydów, ale też i zamożnych Europejczyków, Ormian, no i całkiem sporo Greków, jak przykładowo moja rodzina. W owym czasie niemal połowę mieszkańców Smyrny stanowili chrześcijanie.

„I znów wychodzi z niego *tourkosporos*" – pomyślała Maria z mieszaniną rozbawienia i ciekawości. Cieszyła się, że może poznać ojczyznę Arista. Zauważyła ze zdziwieniem, że życie w tej dzielnicy niemal niczym nie różniło się od podobnych miejsc w Atenach, w których spędziła młodość. W różnych kamienicach czynszowych, w których wówczas mieszkała z matką i siostrą – nieustannie się przeprowadzały – ich sąsiadami było sporo Ormian, którzy uciekli z Anatolii. Unoszące się w powietrzu wonie przywołały wspomnienia z tamtych lat, co sprawiło, że poczuła dziwny związek z tym nieznanym miejscem.

– To głównie Żydom zamieszkującym Karatas zawdzięcza się dziś istnienie tej dzielnicy – kontynuował tymczasem Aristo. – Turcy nie mieli nic przeciwko nim, kiedy we wrześniu dwudziestego drugiego podpalili niemal połowę miasta. Odczekali, aż wiatr powieje w stronę miejsc zamieszkałych przez chrześcijan. Tym sposobem ogień rozprzestrzenił się tak, że nie spłonął żaden budynek ani w dzielnicach żydowskich, ani muzułmańskich, podczas gdy z reszty miasta pozostały jedynie gruzy i popiół.

Marię zaskoczyło, że tak otwarcie opowiada o okrucieństwach, jakie przed laty miały miejsce w tej dzielnicy. Chyba dlatego, że mówił po angielsku, a język ten rozumieli zapewne jedynie nieliczni.

Aristo zatrzymał się przed dużym narożnym domem.

– Tu mieszkałem razem z rodziną – powiedział nagle zdławionym głosem. – Proszę spojrzeć na te kute żelazne kraty przy drzwiach. Wciąż jeszcze są na nich inicjały mojego ojca, Sokratesa Onassisa. – Odwrócił się, przełykając ślinę.

Maria obserwowała innych uczestników ich eskapady, którzy od dwóch tygodni korzystali z gościnności Onassisa i znali go znacznie dłużej niż ona. Zdziwiło ją, że nikt nie spostrzegł jego ogromnego poruszenia. Nonie, lady Churchill, jej córka i wnuczka sprawiały wrażenie, jakby oglądały jakiś zabytek – co prawda interesujący – ale nie były poruszone w takim stopniu, jak ktoś mający wyobrażenie o ówczesnych warunkach życia. Oczami wyobraźni ujrzała mężczyzn siedzących na schodach po zapadnięciu zmroku i palących powoli fajki wodne, kobiety podające im ouzo i mokkę, przyjaciół i sąsiadów rozmawiających zarówno na błahe, jak i poważne tematy. Wyobraziła sobie, jak w pewnym momencie ktoś zaczął grać, co sprawiło, że poderwano się do tańca. Tańczono zapamiętale, podczas gdy kobiety przygotowywały kolację i kładły dzieci do łóżek. To był świat znany jej doskonale z przeszłości, którego utratę była w stanie dzielić wraz z Aristem.

Spojrzała na niego. Odniosła wrażenie, że nawet mimo ciemnych szkieł okularów słonecznych ich spojrzenia spotkały się i mogli porozumieć się bez słów, wzajemnie zaglądając w swoje serca. Następnie popatrzyła na Tinę, zainteresowana, jak zareaguje na smutek męża. Pani Onassis stała z boku ze znudzonym wyrazem twarzy, najwyraźniej niezainteresowana otaczającą ją scenerią.

„Cóż za głupia ignorantka" – pomyślała Maria po raz kolejny od czasu rozmowy z Nonie na Rodos.

– Ależ okropny smród! – mruknął pod nosem Meneghini, przytykając poszetkę do nosa. – Tak cuchnie zapewne w najgorszych dzielnicach Neapolu. Naturalnie, to tylko moje przypuszczenie. Co za bezczelność, narażać cię na coś takiego!

Maria wciągnęła powietrze do płuc. Zacisnęła zęby, gdyż nie chciała zwymyślać męża na oczach całej grupy. Gdy zauważyła obnośnego sprzedawcę taszczącego skrzynkę z towarami na przewieszonym przez szyję pasku, syknęła przez zaciśnięte usta:

– Kup mi, proszę, trochę orzeszków piniowych. Uwielbiam je. Ty zaś będziesz miał zajęcie.

– Co takiego? Przecież we Włoszech nigdy ich nie jesz. Nie znosisz orzeszków piniowych. Nie mam zamiaru ci ich kupować.

– W takim razie kup od tego człowieka koryntki. – Aż się zatrzęsła ze złości spowodowanej jego butą i zadęciem.

Meneghini spojrzał na nią, zaskoczony, ale nie ruszył się z miejsca.

– Co za nonsens. Rodzynek też nie lubisz. Są za słodkie. Jeśli je zjesz, z pewnością dostaniesz bólów brzucha.

„Dłużej tego nie zniosę" – pomyślała. „Mam go po dziurki w nosie".

– Chodźmy dalej. Chciałbym pokazać państwu cmentarz, zanim jeszcze zacznie się największy upał. – Głos Onassisa przywołał ją do rzeczywistości. Mimo że mówił do całej grupy, Maria odebrała jego słowa tak, jakby były skierowane wyłącznie do niej. – Tutaj, proszę, w tę stronę. – Aristo wskazał ręką kierunek.

Wtem błysnęły światła fleszy. Paparazzi przedarli się przez tłum kłębiący się na wąskiej uliczce, co spowodowało głośne protesty przechodniów. Najbardziej oburzał się stary muzułmanin w czerwonym fezie na łysej czaszce, w towarzystwie młodej kobiety lękliwie spoglądającej zza hidżabu. Onassis odwrócił się w stronę starca i zamienił z nim parę słów po turecku. Następnie sięgnął do kieszeni, skąd wyjął paczkę papierosów. Maria zauważyła, że zaproponował nieznajomemu papierosa, sam biorąc jednego do ust, po czym podążyła za innymi w kierunku wskazanym przez Arista.

Za plecami słyszała prychanie Meneghiniego.

– Ależ tu okropnie śmierdzi. I do tego jeszcze ten potworny upał – pomstował. – To doprawdy szczyt bezczelności. Szkoda, że nie pojechaliśmy na szczyt wzgórza windą, razem z sir Winstonem i Montague Browne'em. Widok stamtąd jest bez wątpienia lepszy od wąchania tych smrodów, że nie wspomnę o czystym powietrzu.

Maria milczała, nie mając ochoty na rozmowę z mężem. Najchętniej wcale by z nim nie rozmawiała. Jego brak szacunku względem gospodarza był nie mniej irytujący niż sposób, w jaki z nią postępował. Najchętniej zostawiłaby go na środku uliczki i dalej poszła sama, chłonąc wonie orientu. Zamiast tego, próbując przywołać go do porządku, rzuciła mu jedynie ostre spojrzenie, którego naturalnie nie mógł dostrzec przez ciemne szkła jej okularów słonecznych. Odwróciła się od niego, gdyż buzował w niej istny wulkan złości, grożący lada chwila potężną eksplozją.

Zdumiewające, że podczas wojny grecko-tureckiej i zajęcia Smyrny przez Turków chrześcijańsko-ortodoksyjny cmentarz nie został ani zniszczony, ani splądrowany. Rzędy stojących gęsto obok siebie, wysokich – wydawałoby się, sięgających błękitnego nieba – cyprysów rosły wzdłuż alejek przed marmurowymi płytami nagrobkowymi. Pomiędzy kamiennymi prostokątami widać było tu i ówdzie niewielkie, połyskujące srebrzyście drzewa oliwne walczące o przeżycie na tym skalnym gruncie. Poza tym była to typowa grecka nekropolia, co sprawiło, że Maria mimowolnie wstrzymała oddech. Gdzieniegdzie na grobach widać było stare fotografie, jednak przeważnie ostatnie miejsca spoczynku zmarłych przed dziesiątkami lat mieszkańców Smyrny były przytłaczająco ciche i anonimowe.

Aristo zatrzymał się przed skromnym grobem znajdującym się w samym środku półokręgu utworzonego z rzucających rozległy cień cyprysów. Biały marmur był tak bardzo omszały, że z trudem dało się odczytać pod zielonkawym nalotem wyryty w kamieniu napis: „Penelope Onassis". Aristo zatrzymał się na moment i najwidoczniej pogrążył w cichej modlitwie.

Za nim zebrali się uczestnicy wyprawy w krainę jego młodości, do których w międzyczasie dołączyli również Churchill i Montague Browne. Wszyscy czekali w milczeniu, aż ich gospodarz zabierze głos.

– Moja matka odeszła z tego świata o wiele za wcześnie – odezwał się w końcu, nie odrywając wzroku od grobu. – Umierała w strasznych cierpieniach wskutek infekcji, która wdała się po operacji nerek. Miałem wówczas sześć lat. Moja siostra, Artemis, dwa lata więcej.

Odwrócił się i podszedł do Churchilla.

– Sir Winstonie, kiedyś opowiadał mi pan, że gdy zmarł pana ojciec, też był pan bardzo młody. Czy poszedłby pan tą samą drogą, gdyby ojciec żył dłużej?

– Sądzę, że tak – mruknął stary mąż stanu. – Mój ojciec był współzałożycielem nowoczesnej partii konserwatywnej. Był niezmiernie obiecującym kandydatem na urząd premiera. W końcu został kanclerzem skarbu. Gdy zmarł po długiej chorobie, miałem prawie dwadzieścia lat i wyrobione poglądy polityczne.

– Gdyby moja matka nie zmarła tak wcześnie, prawdopodobnie nie pracowałbym tak ciężko. – Onassis westchnął. – Ale któż to może wiedzieć? Zapewne nie ma sensu stawiać sobie takich pytań. Wracajmy na jacht.

Maria pomyślała o rodzicach. Oboje co prawda jeszcze żyli, ona zaś jeździła po świecie, przyjmując kolejne angaże po to, by uwolnić się od presji wywieranej na nią głównie przez matkę.

W drodze do portu Aristo opowiadał o ucieczce macochy wraz z siostrami i o aresztowaniu ojca przez Turków. Wówczas został nagle zdany wyłącznie na siebie. Przeżył konfiskatę domu rodzinnego przez tureckiego oficera. Pomimo młodego wieku w mądry sposób uniknął czyhających niebezpieczeństw. W końcu z pomocą amerykańskiego wicekonsula udało mu się uciec. Niezwykle obrazowo, prawdopodobnie nieco dramatyzując, opowiedział, jak pod gradem tureckich kul wskoczył do basenu portowego i dopłynął do amerykańskiego statku wojennego, który zabrał go na pokład, podczas gdy sto tysięcy zrozpaczonych ludzi na pirsie błagało o pomoc, krzycząc wniebogłosy. Lecz żaden z kotwiczących w porcie amerykańskich czy angielskich statków nie zaatakował ani nie przyszedł z pomocą. W końcu udało się uratować jedynie nielicznych.

– Przeżyliśmy wówczas prawdziwe dantejskie piekło – zakończył swą przejmującą opowieść.

Po lunchu na pokładzie wszyscy udali się do swoich kabin, żeby trochę odpocząć. W tym czasie załoga przygotowywała się do wypłynięcia z portu. Maria wciąż jeszcze była pod wrażeniem ostatnich godzin spędzonych na lądzie. Stojąc w zadumie przed toaletką, sięgnęła po flakon ulubionych perfum, wyciągnęła okrągły szklany korek i wdychała zapach lawendy, irysów, róż, drzewa sandałowego oraz piżma. Delikatnie skropiła nadgarstek, po czym przytknęła go do nosa, żeby jeszcze intensywniej poczuć stworzoną przez Penhaligona woń Hammam Bouquet. Od czasu, gdy po raz pierwszy poczuła u Luchina Viscontiego, swego dawnego reżysera w La Scali, zapach tej w zasadzie męskiej wody toaletowej, momentalnie się w nim zakochała.

Jakiś czas potem Visconti, chcąc dać Marii poczucie bezpieczeństwa i pewności siebie, wpadł na pomysł, żeby potajemnie umieszczać za kulisami chusteczki skropione Hammam Bouquet. Tym sposobem zawsze miała wrażenie, że reżyser i zarazem przyjaciel jest gdzieś w pobliżu. Dopiero teraz dotarło do niej, że mimowolnie przypomniały jej się czasy młodości, gdyż aromat orientu stanowił nieodłączną część starej Grecji. I, co dziwne, nie obudził on koszmarów tamtych trudnych lat spędzonych w Atenach, lecz przywołał wspomnienie wiary i miłości, które zawdzięczała dawnej nauczycielce śpiewu, Elvirze de Hidalgo zatrudnionej w konserwatorium w Atenach. Do dziś darzyła swoją dawną mentorkę ciepłym uczuciem, czego w żadnej mierze nie mogła powiedzieć o matce. I choć wówczas jeszcze nie znała Onassisa, od niemal sześciu lat miała na skórze wydestylowane wspomnienie jego ojczyzny. Na tę myśl mimowolnie uśmiechnęła się do siebie.

– Właściwie jeszcze nie zamierzałem ci o tym mówić – usłyszała głos Meneghiniego – ale po powrocie do domu czeka na ciebie miła niespodzianka. Załatwiłem ci wspaniałe angaże. Twój kalendarz jest wypełniony po brzegi aż do końca roku.

Jego słowa trafiły ją niczym niespodziewany cios. Nawet gdyby ją spoliczkował w celu przywołania do rzeczywistości, nie odczułaby tego aż tak boleśnie, jak fałszywie pochlebczego i nieznoszącego sprzeciwu tonu, którym do niej mówił. Na statku zupełnie zapomniała o operze, i to tak dalece, że w ostatnich dniach nawet nie pomyślała o kolejnych występach. Po raz pierwszy w życiu czuła się dobrze poza sceną. Wreszcie trochę odpoczęła fizycznie i zaczęła dochodzić do siebie. Sama myśl, że ten cudowny czas spędzony na morzu wkrótce się skończy, wytrąciła ją z równowagi, nagle przywołując do rzeczywistości. Zupełnie niepotrzebnie.

Odwróciła się do męża. Zobaczyła, że siedział na brzegu łóżka, sprawiając wrażenie bardzo zadowolonego z siebie. Tak ją to zirytowało, że najchętniej rozbiłaby mu ciężki flakon perfum na głowie. Jednak powstrzymała się ze względu na jego zawartość.

– Co to ma znaczyć? – syknęła.

– Chciałem ci sprawić przyjemność. Dostaniesz ogromną gażę, którą ci wynegocjowałem. Miałem...

– Mam to gdzieś – wpadła mu w słowo.

– Bzdura! – W jego głosie wyraźnie dało się słyszeć protekcjonalny ton. – Będziesz zachwycona, gdy tylko zobaczysz kwotę na czeku. Przyznaję, że musiałem ostro negocjować. To nie takie proste wyrwać komuś tak dużo pieniędzy. Ale przecież Meneghini nigdy nie daje się zapędzić w kozi róg. Zrobiłem...

– Ty, ty, ty! – wrzasnęła. – Nic, tylko ty! Czy choć raz zapytałeś, czego ja chcę? – Spojrzał na nią z tak wielkim zdziwieniem, że do reszty straciła panowanie nad sobą. – Zachowujesz się okropnie. Intendenci wcale nie drżą przed tobą, jak zapewne sobie wyobrażasz, lecz są zwyczajnie zażenowani tym, co wyprawiasz.

– Czyżby ci się wypłakiwali? Skończeni dranie! Wiesz przecież – wstał i podszedł do niej – że w gruncie rzeczy wszyscy oni chcą, żeby gwiazdy występowały za pieniądze, jakie otrzymują chórzyści. Ale ze mną takie numery nie przejdą. Mam...

– Mam tego po dziurki w nosie. Już dłużej tego nie zniosę.

– I słusznie. Oznajmię w twoim imieniu wszystkim tym łapserdakom, że w żadnym wypadku nie wolno ci zawracać głowy takimi błahostkami.

– Nie będziesz już z nikim rozmawiał w moim imieniu – wrzasnęła, zgrzytając zębami. – Zwalniam cię, Battisto.

W pierwszej chwili wydawało się, że wybuchnie głośnym śmiechem. Jednak on tylko patrzył na nią z bezbrzeżnym zdumieniem.

– Co to ma znaczyć? – zapytał, gładząc nerwowo włosy.

– To, że od tego momentu nie jesteś już moim managerem. Mam dość twoich przesadnych żądań wysuwanych pod adresem czołowych teatrów operowych. Zresztą nikogo nie obchodzi jakiś tam Battista Meneghini. Oni wszyscy chcą Callas. Twoja bezczelność nie zna granic do tego stopnia, że szkodzisz mi swoim postępowaniem. Mam tego dość. Zrozumiałeś? Od dziś sama będę zajmować się moimi sprawami. Także honorariami za występy.

Co ona narobiła? Dobry Boże, przecież nawet nie była w stanie otworzyć konta bankowego na swoje nazwisko.

Ponownie obróciła się do toaletki, żeby nie spostrzegł jej miny, pełnej niepewności i zwątpienia. Jednak sekundę później uświadomiła sobie, że jej reakcja w żadnej mierze nie była histeryczna. Wręcz odwrotnie – powiedziała to wszystko zupełnie opanowana. Mówiła całkiem spokojnie, choć energicznie i może trochę za głośno, ale ani na moment nie straciła zimnej krwi. To, co wyrzuciła z siebie przed chwilą, traktowała z całą powagą. Dlatego też nie drżały jej ręce, gdy zatykała koreczkiem flakon penhaligona.

– Mario. – Meneghini ponownie zmienił ton głosu. Tym razem na służalczy, co w jej uszach brzmiało jeszcze gorzej niż poprzednia protekcjonalność. – Nie denerwuj się. Nie ma się czym ekscytować. W końcu wszyscy przyjęli moje warunki. Przecież wiesz, że zawsze chcę dla ciebie jak najlepiej i mam na względzie wyłącznie twoje dobro. Dobrze o tym wiesz.

Na te słowa odwróciła się.

– Najwyraźniej nie zrozumiałeś, co powiedziałam. Zwalniam cię.

A zatem wreszcie padły słowa, które od dawna nosiła w sobie i które będą początkiem nieuniknionego konfliktu. Meneghini nie zrozumiał, że Maria już nie chciała jego wsparcia, co mu właśnie oznajmiła w sposób niebudzący żadnych wątpliwości. Nie mogła już dłużej tolerować ani jego obcesowych wystąpień, ani nieznajomości języków obcych, co w międzynarodowym świecie operowym zawsze szybko wychodziło na jaw. Poza tym uważała jego agresywne zachowanie za odrażające. To wszystko wreszcie rzuciła mu prosto w twarz, na co on zwymyślał ją, powtarzając raz za razem, że z zera, jakim była, zrobił światowej sławy gwiazdę. W którymś momencie Maria uświadomiła sobie, że ich awanturę musiała słyszeć połowa statku.

Bez zastanowienia wypadła z kabiny, zakłopotana i zarazem gotująca się z wściekłości, nawet nie zamykając za sobą drzwi. Dopiero na prowadzących na pokład spiralnych schodach trochę się uspokoiła. Gdy znalazła się na górze, odwróciła się, przestraszona, i zaczęła nasłuchiwać z niepokojem, czy mąż nie podążył za nią. Jednak po Meneghinim nie było ani śladu. Maria doszła do wniosku, że odbicie jachtu od brzegu prawdopodobnie zmusiło go do pozostania w kabinie. Możliwe też, że poszedł do łóżka, by odpocząć po gwałtownej kłótni. Od początku ich podróży nieustannie korzystał z każdej okazji, żeby się położyć. Marii było wszystko jedno, co robi. Najważniejsze, że chwilowo dał jej spokój.

Gdy dotarła na tylny pokład, natychmiast obrzuciła wzrokiem reling, co w międzyczasie weszło jej w zwyczaj. Jak zawsze, gdy opuszczali port, Onassis stał w swoim ulubionym miejscu, wpatrując się w oddalający z każdą chwilą brzeg. Nie po raz pierwszy przyszło jej na myśl, że sprawia wrażenie zagubionego. Samotny i zamyślony wieczny wędrowiec.

Poza nimi na pokładzie nie było nikogo, nawet tradycyjnie towarzyszących im osób, gdyż wszyscy właśnie ucinali sobie popołudniową drzemkę w swoich kabinach. Jedynie młody steward sprzątał z podręcznego stolika między leżakami puste filiżanki po kawie i opróżnione szklanki. Gdy tylko spostrzegł Marię, pozdrowił ją uprzejmie, na co odpowiedziała skinieniem głowy, idąc w stronę Arista.

Natychmiast zauważył jej obecność. Niemal niezauważalnie pochylił się w milczeniu w jej stronę. Stanęła tuż obok, jak zawsze rozkoszując się jego bliskością. Podobnie jak on, wpatrywała się bez słów w znikający ląd, złudnie falujący w oparach popołudniowego żaru. Wysoki masyw górski z potężnymi nagimi skałami poprzecinanymi gdzieniegdzie pasmami skąpej zieleni wznosił się majestatycznie ku słonecznemu niebu. Sielankowy nastrój i spokój, jakim emanował Onassis, sprawiły, że powoli odzyskiwała równowagę. Może sprawiła to jego obecność, a także – w znacznie większej mierze – nowa perspektywa, jaką teraz miała przed sobą, oraz poczucie bezpieczeństwa, jakie zawsze ogarniało ją na pokładzie Christiny.

– To Lesbos – wyjaśnił po chwili, cały czas wpatrzony w dal. Wiejący z przeciwka wiatr porywał jego słowa w kierunku morza. – Amerykański okręt wojenny, na który udało mi wówczas się dostać, wysadził mnie w Mitylenie, gdzie urządzono ogromny obóz dla uchodźców z Anatolii. W panującym tam chaosie tygodniami szukałem macochy i sióstr.

– Ale w końcu udało się panu je znaleźć – zauważyła.

Przytaknął w milczeniu, pogrążony we wspomnieniach, zapewne o krewnych, których już nigdy więcej nie zobaczył. Podczas zwiedzania miasta opowiadał, że wielu jego wujów zostało powieszonych przez Turków.

– Naprawdę wierzy pan, że pana życie potoczyłoby się inaczej, gdyby pańska matka nie zmarła tak wcześnie? – Nagle wyrzuciła z siebie pytanie dręczące ją od chwili pobytu na cmentarzu. Wtem uświadomiła sobie, że przez cały czas w jej podświadomości tkwiła usłyszana historia jego życia. – Nie miał pan przecież nic wspólnego z wojną. To przecież nie pan, lecz pańska rodzina niosła jej ciężar, podobnie jak tylu innych. Nie ponosi pan odpowiedzialności za to, co się wówczas wydarzyło. Nie był też pan stanie czegokolwiek zmienić.

– Na pewno już jako bardzo młody człowiek zrozumiałem, że nic nie trwa wiecznie. Wszystko może się tak nagle zmienić. Dlatego też czerpię garściami z tego, co oferuje mi życie, i potrafię się nim cieszyć.

„Niepowodzenia" – przemknęło jej przez myśl. „Straty i doznane w przeszłości niepowodzenia kształtują naszą teraźniejszość". W jej przypadku było podobnie.

Spoglądał na nią, oparty plecami o reling.

– A i tak nie mogę pozbyć się wrażenia, że pomimo całego otaczającego mnie luksusu i wszystkich odniesionych sukcesów w interesach ominęło mnie coś ważnego, czego mi brak.

„Jeszcze jedna wspólna cecha" – stwierdziła w duchu.

Podniósł rękę, przypuszczalnie chcąc dotknąć Marii, lecz zatrzymał się w połowie gestu, zapewne uzmysławiając sobie, co ich dzieli. Jego lewa dłoń zawisła na moment w powietrzu, po czym spoczęła na relingu.

Po chwili na jego twarzy pojawił się uśmiech.

– Zapewne zadaje sobie pani pytanie, czy po śmierci matki zaznałem choć trochę miłości. Gdyby tak zebrać wszystko razem do kupy, okazałoby się, że niemało. Moja siostra, Artemis, pomimo że wówczas była jeszcze bardzo mała, w pewnym sensie zastąpiła mi matkę. Do dziś ma na mnie wpływ, choć, ma się rozumieć, w jej obecności nigdy bym się do tego nie przyznał.

Na Rodos Maria miała okazję zaobserwować, jak Tina szukała towarzystwa Artemis i jak obie kobiety szeptały do siebie. Czyżby żona Arista wraz z jego siostrą próbowały stworzyć solidarny front przeciwko wszystkim potencjalnie wchodzącym w grę rywalkom? Dokonane w cichości ducha odkrycie nagle uświadomiło Marii, że po raz pierwszy zaczęła postrzegać siebie jako konkurentkę Tiny Onassis. „Przecież jesteśmy tylko przyjaciółmi" – próbowała sobie wmawiać. Wszak to nie jej sprawa, co się dzieje w jego małżeństwie, i w ogóle nie powinno jej to obchodzić. I choć jej ślub z Meneghinim miał miejsce w urzędzie stanu cywilnego w Weronie, składana przysięga została przypieczętowana chrześcijańskim błogosławieństwem. W myśl włoskiego prawa związek małżeński pozostawał nierozerwalny. Ten fakt ani nie rozwiązywał jej problemów, ani nie pozwalał na opuszczenie męża, co było jej największym pragnieniem.

Podczas gdy ona rozważała w duchu rozstanie z mężem, mężczyzna u jej boku mówił dalej. Dopiero po jakimś czasie dotarło do niej, że opowiada o innym rodzaju miłości i o pierwszych erotycznych przygodach. Jeszcze nigdy dotąd nie rozmawiał z nią tak otwarcie o swoich seksualnych pragnieniach. Słuchała jego wywodów z mieszaniną ciekawości, zażenowania i odrazy, zaskoczona, że miłość fizyczna może mieć aż tak wielkie znaczenie.

– Moją pierwszą wielką miłością była młoda służąca rodziców – wyznał z uśmiechem. – Pracowała u nas jako praczka. Niestety, macocha nakryła nas na górze prania i tym sposobem do niczego między nami nie doszło. Po raz pierwszy przespałem się z nauczycielką francuskiego, którą ojciec zatrudnił na czas wakacji. Miała cudowne ciało i duży biust. I to ona mnie uwiodła.

Mimowolnie spojrzała w dół. Jej piersi były raczej małe. Zaczerwieniona uniosła wzrok.

– I co było dalej? – zainteresowała się.

– Gdy miałem piętnaście lat, zakochałem się na zabój w pewnej Żydówce z sąsiedztwa. Wówczas robiłem z siebie skończonego błazna. – Wiatr rozwiał mu włosy, odsłaniając czoło, co sprawiło, że wyglądał znacznie młodziej i tak pociągająco, że Maria była w stanie wyobrazić go sobie jako nastolatka. – Śpiewałem pod jej domem jedną serenadę po drugiej. Przynosiłem turecki miód, który dawałem służącym otwierającym drzwi. Stłukłem na kwaśne jabłko jednego z kolegów szkolnych, który też do niej wzdychał.

– Czy odwzajemniała pańskie uczucia? – zapytała, rozbawiona.

– Ależ skąd. Niestety nie. Porządnej córce Sefardyjczyka nie wolno było zadawać się z gojem. W pewnym momencie ojciec wysłał ją do krewnych do Ameryki Południowej. Gdy to się wydarzyło, najpierw wybiłem sobie z głowy teorię o pokrewieństwie dusz, po czym przerzuciłem się na zgłębianie tajemnic miłości cielesnej.

Cieszyła się, że wiatr chłodził jej policzki.

Onassis na chwilę zatopił się we wspomnieniach namiętnych przeżyć i seksualnych przygód, po czym stwierdził:

– Niektóre kobiety, które wówczas spotkałem, twierdziły, że seks i pieniądze idą ze sobą w parze i są nierozerwalne.

Słuchając jego wywodów, Maria uznała, że Onassis traktuje kwestię bycia ze sobą dwojga ludzi zbyt powierzchownie. Ale nie sposób było nie przyznać mu do pewnego stopnia racji.

– Miłość fizyczna, jak większość rzeczy na tym świecie, polega na dawaniu i braniu.

Tyle co skończyła zdanie, przygryzła dolną wargę. Jeszcze nigdy z żadnym mężczyzną, z wyjątkiem Meneghiniego, nie rozmawiała o sprawach intymnych, choć jej małżeństwo w żadnej mierze na zasługiwało na to miano.

– I to wszystko? – Onassis zmarszczył czoło, nagle poważniejąc. – Czy naprawdę postrzega pani seksualność w ten sposób?

Zażenowana uciekła wzrokiem, kierując spojrzenie na spienioną wodę wyrzucaną spod śruby okrętowej.

– Tak – wyszeptała.

ROZDZIAŁ 19

Nowy Jork

16 września 1968 roku

Maria przyglądała się uważnie swojemu odbiciu w ogromnym kryształowym lustrze wiszącym w garderobie apartamentu w Sherry-Netherland, w ekskluzywnym apartamentowcu na Piątej Alei, położonym dokładnie naprzeciw Central Parku. Część budynku zajmował bardzo elegancki hotel. Powodem jej decyzji o zamieszkaniu właśnie tutaj, a nie u Gatsosów, była przyjaciółka Mary, która ulokowała się parę pięter wyżej, w mieszkaniu ciotki.

Po chaotycznej podróży po zachodnich i południowo-zachodnich stanach USA oraz Meksyku Maria z radością znów znalazła się na Manhattanie. Miała wrażenie, że wróciła do domu po zwariowanej włóczędze bez celu, kończąc swoją osobistą Odyseję. Chcąc zaznaczyć swoją obecność, przyjęła nawet zaproszenie na dzisiejszy wieczór do Metropolitan Opera. Ze względu na siebie, ale też i na cały świat. A głównie ze względu na Onassisa.

W końcu uznała, że wygląda dobrze. Wysoko upięta fryzura była perfekcyjna. Wąska, ciemnozielona wieczorowa suknia bez rękawów, o wyrafinowanym kroju, idealnie podkreślała jej urodę. Biżuteria, którą wypożyczyła na tę okazję z położonego tuż za rogiem sklepu jubilerskiego Harry'ego Winstona, zapierała dech w piersiach. Wysadzane brylantami kolczyki okalające szmaragdy wielkości gołębiego jaja, do tego idealnie dopasowana, szeroka bransoletka na przegubie i okazały pierścień ze szmaragdem tak dużym, że przypuszczalnie mógłby służyć w razie potrzeby również jako kastet, idealnie dopełniały całości. Odbicie w lustrze potwierdzało, że piękna Callas powraca w wielkim stylu. Wytworny strój znakomicie ukrywał jej zranioną duszę, schowaną w najgłębszym zakamarku ciała.

Gdy wyruszała w podróż, miała wielką nadzieję na pogrzebanie w piaskach pustyni Nevada dręczącego ją bólu. Niestety, jej Odyseja nawet w minimalnym stopniu nie zmniejszyła rozpaczy spowodowanej rozstaniem z Aristem. Zamiast planować, mając wolną głowę, powrót do Europy i na scenę, który wciąż zapowiadała podczas wywiadów, tkwiła teraz tutaj, na Upper East Side, równie rozczarowana i nieszczęśliwa jak tuż po przybyciu do Ameryki. A do tego równie smutna i cierpiąca z powodu złamanego serca jak we wszystkich miejscach, które odwiedziła w czasie tej szalonej podróży. Z Santa Fe poleciała wraz ze wszystkimi do Las Vegas, by stamtąd pojechać już tylko z Mary do Los Angeles. Tym razem Larry nie mógł jej towarzyszyć ze względu na zobowiązania, których nie był w stanie bądź nie chciał odwołać. Jedynie w Disneylandzie czuła się dobrze i całkiem nieźle się bawiła. Zdecydowanie najgorzej było w San Francisco, gdzie podczas wywiadu jakaś reporterka, pytając o Onassisa, tak ją skołowała i zapędziła w kąt, że Maria określiła kochanka mianem „szczura", co naturalnie ukazało się w nagłówku na pierwszej stronie gazety. Z Kalifornii udały się do przyjaciół Mary, którzy mieli dom w Meksyku, skąd poleciały do Mary do Dallas. Akurat tam, gdzie Maria czuła się jak w domu i gdzie chciała w spokoju lizać swoje rany, połamała sobie żebra. Mnóstwo tabletek nasennych, bez których nie była w stanie zmrużyć oka, tak ją oszołomiło, że się potknęła i upadła w łazience. Ból, jaki czuła przy każdym oddechu, sprawiał, że niemal zapomniała o swoim nieszczęściu. Niemal, ale niestety nie całkiem.

Przez cały ten czas nie otrzymała żadnej wiadomości z Grecji. Żadnego telefonu od Arista, choć zawsze starała się być przez cały czas osiągalna. Kwiaty przy jej szpitalnym łóżku w Dallas nie zostały przysłane przez ukochanego mężczyznę, jak początkowo sądziła, lecz przez prezesa licznych spółek Onassisa w Ameryce. Costa Gatsos, który od samego początku ich znajomości był wiernym przyjacielem, nie potrafił pojąć, czemu armator wolał inną kobietę. Była pewna, że Costa wyjawił swój pogląd na tę kwestię nie tylko jej, lecz także i Aristowi, co tak czy siak niczego nie zmieniło. Ma się rozumieć, że mężczyzna pokroju Onassisa nie kierował się w kwestiach miłosnych radą długoletniego przyjaciela.

W końcu to Larry'emu ponownie udało się nieco podnieść Marię na duchu. Zabrał ją na kolację, którą jadł z jednym ze swoich licznych znajomych. Jak należało oczekiwać, rozmowa zeszła na otwarcie sezonu w Metropolitan Opera. Tego wieczoru wpływowy producent płyt zaprosił Marię na przedstawienie, a ona wyraziła zgodę, zwłaszcza że mogła zabrać ze sobą najbliższą przyjaciółkę. W pierwszej chwili była zaszokowana swoją decyzją publicznego wystąpienia i poczuła się bardzo niepewnie, jednak po dokładnym przemyśleniu sprawy doszła do wniosku, że nie ma sensu przez cały czas barykadować się w pokoju hotelowym ze wzrokiem wbitym w aparat telefoniczny. Jeśli chciała pozbyć się wreszcie bólu, którego powodem było złamane serce, powinna kiedyś wyjść.

– Muszę, chcę pokazać wszystkim, że Callas wciąż jeszcze żyje – zwierzyła się Mary podczas wspólnych zakupów, na które udały się do Bergdorfa Goodmana, najbardziej luksusowego domu towarowego na Manhattanie, oferującego ekskluzywną odzież czołowych projektantów mody.

A teraz stała w eleganckiej sukni, obwieszona mieniącą się biżuterią, gotowa pokazać się publicznie, i czuła jedynie ogromną pustkę. Larry zapewnił ją, że publiczność padnie jej do stóp nawet wówczas, gdy wystąpi w Metropolitan na przedstawieniu operowym *Adriana Lecouvreur* Francesca Cilei jedynie w roli widza. Już samo pojawienie się wielkiej Callas w najsłynniejszym teatrze operowym wywoła burzę oklasków niezależnie od tego, czy będzie stać na scenie, czy siedzieć na widowni.

Przede wszystkim zainteresowanie skupi się na spotkaniu z koleżanką po fachu, Renatą Tebaldi. Przed laty obie występowały w La Scali, konkurując o tytuł *diva assoluta*. Prasa nieustannie rozpisywała się o nieprzyjemnych incydentach, jakie miały miejsce między dwiema gwiazdami. Wprawdzie tamte zatargi były dla Marii jedynie sposobem na odreagowanie napięcia, które nieustannie towarzyszyło jej na scenie, jednak nikt ich tak nie traktował. I to w końcu ona wyszła zwycięsko z pojedynku z Anielskim Głosem, jak – nie bez racji – nazywano Tebaldi i co sama musiała przyznać. Po tym tryumfie jej przeciwniczka szybko opuściła Mediolan. Mimo upływu lat wyrażane publicznie wzajemne złośliwości pod adresem dawnej konkurentki ani trochę nie straciły na sile. Jednak Maria wreszcie zgodziła się z Larrym, że przyszedł czas na pojednanie i że wykwintna premiera stanowi idealną scenerię dla takiego gestu. Przyjaciel zaznaczył jednak, że pojawienie się Callas absolutnie nie powinno zepchnąć w cień występu Renaty Tebaldi. Z pewnością zdjęcia z ich spotkania obiegną świat. Bez wątpienia dotrą też do Arystotelesa Onassisa. To właśnie jemu Maria chciała pokazać, co stracił.

Drgnęła na dźwięk dzwonka telefonu. Tak szybko, jak mogła, podreptała w wysokich szpilkach do aparatu stojącego na stoliku nocnym obok ogromnego podwójnego łoża. Zanim sięgnęła po słuchawkę, wahała się przez moment. Jak powinna postąpić, jeśli po drugiej stronie odezwie się Aristo? Czasu było niewiele, gdyż w każdej chwili mogła pojawić się limuzyna, która miała zabrać ją do Metropolitan. W żadnym wypadku nie mogła sobie pozwolić na spóźnienie. Jej pojawienie się nie będzie miało sensu, jeśli przybędzie za późno, gdyż wówczas będzie zmuszona wślizgnąć się niepostrzeżenie do loży. A wcale nie o to chodziło. Z drugiej strony jej największym pragnieniem było porozmawiać z Aristem. Tak wiele dałaby za to, żeby znów usłyszeć głos mężczyzny, którego kochała całym sercem.

W końcu drżącymi rękami podniosła słuchawkę.

– Tak, proszę?

– Tu Mary. Czekam na ciebie w foyer. Zejdź, proszę, na dół. Kierowca już czeka.

I znów nie był to Aristo.

Dlaczego nie mogła zwyczajnie przestać czekać, aż zadzwoni? Dlaczego nie mogła odpuścić i pozwolić mu odejść z inną?

Połknęła łzy. Wszak była nie tylko znakomitą sopranistką, lecz także najlepszą aktorką, jaka kiedykolwiek występowała na scenie operowej. Nie było najmniejszej wątpliwości, jaką rolę zagra dzisiejszego wieczoru – rolę Callas, powracającej wśród niekończących się owacji swoich fanów do domu, jakim była dla śpiewaczki tej rangi Metropolitan Opera, i równocześnie wspaniałomyślnej diwy wielkodusznie wybaczającej Tebaldi wszystkie jej podłości. Dokładnie tak, jak wybaczy kiedyś Aristowi jego skok w bok, jeśli kiedykolwiek poprosi, by do niego wróciła.

Uniosła wysoko głowę i ruszyła do wyjścia.

Maria odniosła wrażenie, że jeszcze nigdy nie widziała tak wielu reporterów i tylu błysków fleszy. Po raz pierwszy od lat pojawiła się publicznie sama, bez Arista u boku. Callas powróciła.

Gdy wkroczyła do nowego gmachu Metropolitan Opera House w Lincoln Center, faktycznie – jak przepowiedzieli jej przyjaciele – odbierała zewsząd hołdy. Czuła obecność Mary za plecami bardziej, niż gdyby ją widziała. Myśl, że przyjaciółka jest razem z nią, dodawała jej pewności siebie. I choć Maria miała złamane serce, Callas w żadnej mierze nie dawała tego po sobie poznać, przyjmując z uśmiechem owacje publiczności. W drodze do loży intendenta słyszała nie tylko aplauz, lecz również chór głosów domagających się jej powrotu na scenę. Kroczyła majestatycznie, z dłonią na sercu, chłonąc podziw i miłość uczestników premiery. Czuła się, jakby płynęła na obłoku, o którego istnieniu niemal zapomniała.

– Tebaldi aż kipi ze złości za kulisami – dotarł do Marii czyjś szept. – Zjawienie się Callas całkiem usuwa ją na drugi plan.

„Tak" – pomyślała Maria. „Tak właśnie powinno być". Uśmiechnęła się na tę myśl z zadowoleniem, jakiego od dawna nie czuła.

Po przedstawieniu zaprowadzono ją za kulisy, gdzie nastąpiło wielkie pojednanie z Renatą Tebaldi. O niespełna rok starszej Włoszce nie pozostawało nic innego, jak tylko uśmiechać się w świetle reflektorów i odpowiedzieć uściskiem na uścisk Marii. Gdy to nastąpiło, rozległy się pstryknięcia wyzwalaczy aparatów fotograficznych, naciskanych na wyścigi przez prasowych fotografów. Maria była pewna, że następnego dnia zdjęcia Callas pojawią się w gazetach przynajmniej w rubrykach kulturalnych, jeśli nie na stronach tytułowych. Uśmiechała się swobodnie, odczuwając pewną radość z gry, którą postanowiła prowadzić.

W wyjątkowo dobrym nastroju wróciła z Mary do Sherry-Netherland po przyjęciu, które odbyło się po premierze. Przechodząc przez foyer, zauważyła na stoliku stos gazet. Przypuszczalnie było to wczorajsze wydanie „New York Post", co było dla niej bez znaczenia, gdyż jeszcze nie zdążyła go przeczytać. Przechodząc obok, wzięła jeden egzemplarz, zwracając się do przyjaciółki:

– Trochę sobie poczytam do poduszki. Dzięki temu szybciej zasnę.

Oszołomione znakomitym wydarzeniem operowym i sporą ilością szampana, serwowanego obficie podczas przyjęcia, przyjaciółki weszły do windy.

Zaraz po wejściu do apartamentu Maria zdjęła szpilki i rzuciła gazetę na fotel, po czym siadła przed toaletką, żeby zdjąć kolczyki oraz resztę biżuterii. Gdy manipulowała przy zapięciach, przez okno dochodził cichy szum nieustannego nowojorskiego ruchu ulicznego, jakże podobny do paryskiego. Po raz pierwszy od przyjazdu do Ameryki odczuła tęsknotę za domem. Co prawda słabą, ale też na tyle silną, by zastanowiła się nad powrotem.

Klejnoty ułożone na aksamitnej *vide-poche* połyskiwały w świetle lamp. Patrząc na nie, zastanawiała się, czy przypadkiem ich nie kupić. W końcu jednak doszła do wniosku, że odda je Harry'emu Winstonowi zgodnie z umową. Nie chciała przywiązywać się do czegoś, co być może już jutro założy inna kobieta. Zresztą miała mnóstwo biżuterii.

Gdy się rozebrała, zmyła makijaż i założyła nocną koszulę, sięgnęła po „New York Post" z zamiarem pójścia do łóżka. Wtem zamarła, widząc na dole strony tytułowej zdjęcie, które wcześniej umknęło jej uwadze. Poprawiła okulary, żeby lepiej widzieć. Nie było najmniejszych wątpliwości – Aristo w smokingu uśmiechał się z dumą do kamery, mając u boku rozpromienioną Jacqueline Kennedy w sukni wieczorowej.

Maria powoli osunęła się na kolana, ściskając w rękach gazetę. Musiała się przemóc, by przeczytać krótki tekst pod zdjęciem zrobionym niewątpliwie przypadkowo przez jakiegoś paparazzi. Jednak była zbyt ciekawa, by odłożyć gazetę na bok.

Była Pierwsza Dama, lady Jacqueline Kennedy, i grecki miliarder Arystoteles Onassis przed nocnym klubem El Morocco na Manhattanie.

Przeczytajcie wywiad udzielony Earl Wilson na wyłączność.

„A więc Aristo zaprezentował swoje nowe trofeum" – przemknęło jej przez myśl. I naturalnie prezentacja nastąpiła w najsławniejszym klubie Nowego Jorku.

Po chwili dotarło do niej, że Onassis jest tak blisko, że oboje są w Nowym Jorku.

Zaczęła energicznie przerzucać strony, aż wreszcie znalazła rubrykę plotkarską. Na widok poszukiwanej kolumny zadrżała na całym ciele. Ze zdenerwowania szarpnęła papier tak gwałtownie, że rozdarła go, raniąc sobie przy tym opuszek palca. Nawet nie poczuła piekącego bólu.

Szybko przesuwała wzrokiem po tekście, podczas gdy jej serce biło tak gwałtownie, że aż poczuła mdłości. Czytała jeden akapit raz po raz i choć znała go już na pamięć, ponownie przebiegła go oczami:

Niemal z pewnością możemy potwierdzić, że Arystoteles Onassis nie zamierza poślubić ani Jackie Kennedy, ani nikogo innego...

A zatem to była pomyłka. Ta gadatliwa dziennikarka występująca ostatnio w telewizyjnym talk-show chciała tylko zaistnieć i pokazać, jaka jest ważna. Maria poczuła niewymowną ulgę. Aristo już wkrótce będzie miał dość wdowy po prezydencie i wróci do niej. Co prawda nie rozumiała, dlaczego do tej pory się nie odezwał, żeby wszystko między nimi doprowadzić do ładu. Ale w gruncie rzeczy nie miało to znaczenia. Ważne było, że nie zamierzał się żenić. I tylko to się liczyło.

Nie mogła usiedzieć spokojnie. Gdy wstała, gazeta upadła z szelestem na podłogę. Niespokojna, miotała się po sypialni. Za wysokimi oknami o pięknych łukach w stylu art déco noc powoli ustępowała świtowi. Podeszła do toaletki i delikatnie pogłaskała połyskującą biżuterię. Leżąc w łóżku, raz jeszcze spojrzała na pomiętą gazetę ze zdjęciem sławnej pary. Wzięła do ręki stronę tytułową i zaczęła ostrożnie rozrywać papier dokładnie na środku zdjęcia Arista i Jackie Kennedy, aż wreszcie udało jej się oddzielić ukochanego od wdowy po prezydencie.

Podczas pobytu w Nowym Jorku Aristo zawsze zatrzymywał się w tym samym apartamencie w hotelu The Pierre, gdzie miał za sąsiadów Elizabeth Taylor i Richarda Burtona. Maria tak często tam mieszkała, że miała teraz przed oczami całe wnętrze okazałego lokum w najdrobniejszych szczegółach. Gdy ponownie podeszła do ciemnego okna, odniosła wrażenie, że widzi w szybie nie odbicie swojego pokoju hotelowego w Sherry-Netherland, który miała za plecami, lecz pomieszczenia apartamentu w budynku oddalonym zaledwie o jeden kwartał domów. Wyobrażenie było tak realistyczne, iż była niemal pewna, że gdy tylko się obróci, zobaczy Arista w łóżku. Niestety, tak się nie stało.

Ale był w tym samym mieście, oddalony od niej zaledwie o jedną przecznicę.

I nie miał zamiaru poślubić Jacqueline Kennedy.

Maria usiadła na brzegu łóżka i sięgnęła po słuchawkę telefonu. Kazała się połączyć z zastrzeżonym numerem w The Pierre, który wrył jej się w pamięć tak jak usytuowanie mebli w apartamencie Onassisa.

Wprawdzie był środek nocy, ale Aristo z pewnością nie spał. Nigdy nie spał o tej porze. Któż wiedział o tym lepiej niż ona? Jak by nie było, ich związek rozpoczął się właśnie nocą, kiedy to godzinami toczyli niekończące się rozmowy na pokładzie Christiny. Wówczas opowiadali sobie o swoim życiu, zbliżając się do siebie bardziej, niż niejednokrotnie zdarza się to w czasie namiętnego spotkania. Ich słowa były niczym objęcia. Nie bez powodu Mary powiedziała pewnego razu, że byli z Arim niczym dwie tworzące całość połówki.

Po tym wszystkim, co zaszło między nimi, koniecznie muszą ze sobą porozmawiać. I to jak najszybciej. W końcu nie ma znaczenia, kto uczyni pierwszy krok. A że on nie dzwonił, ona musi to zrobić. Tak czy siak, te głupie gadki o dumie są powtarzane przez ludzi niemających pojęcia o miłości.

– Tak? – Choć padło tylko jedno krótkie słowo, momentalnie rozpoznała jego głos, za którym tak bardzo tęskniła.

– To ja, Maria.

Odpowiedziało jej milczenie.

– Jestem w Nowym Jorku.

– Wiem.

Wiedział, że jest w tym samym mieście, i nie skontaktował się z nią? Maria poczuła w krtani rosnącą kluchę przesuwającą się do żołądka. Wciągnęła głęboko powietrze.

– Uważam, że powinniśmy porozmawiać.

– Nie, Mario. Nie. Wszystko skończone. Odeszłaś ode mnie. Sama tego chciałaś. A zatem nie mamy o czym rozmawiać.

Chciała wykrzyczeć do słuchawki, jak bardzo się myli. Zamiast tego powiedziała tak spokojnie, że niemal nieśmiało:

– Nie jestem święta. Zatem nie oczekuj ode mnie, że będę się tak zachowywać. Byłam wściekła, gdyż kazałeś mi opuścić statek. Ale to przecież nie powód, żeby na zawsze...

– Słyszałaś, co powiedziałem – przerwał jej. Usłyszała cichy trzask po jego stronie przewodu. Prawdopodobnie zapalniczka. Najwidoczniej zapalił papierosa. – Już się z tym pogodziłem – ciągnął, wydmuchując równocześnie dym. – To, co było między nami, jeśli o mnie chodzi, należy do przeszłości.

Przecież to się tak nie może skończyć. To w ogóle nie ma prawa się skończyć.

– Ale nie dla mnie! – krzyknęła rozpaczliwie.

– Przykro mi, ale dla mnie nie ma to żadnego znaczenia.

– Aristo, ja... – Przerwała. Przyłożyła dłoń do szyi, gdyż miała wrażenie, że lada moment się udusi. – Ja nie mogę!

– Czego nie możesz?

– Żyć bez ciebie – szepnęła.

– W takim razie będziesz musiała się nauczyć.

Onassis westchnął albo ponownie zaciągnął się papierosem.

Co jeszcze powinna powiedzieć? Był zimny, obojętny i naprawdę niemiły. Wręcz wrogi. A mimo to nie odłożył słuchawki. W tym właśnie tkwiła iskierka nadziei. Jak długo rozmawiali ze sobą, jeszcze nie wszystko było stracone. Dopiero gdy się rozłączą, koniec będzie definitywny.

Łzy bezgłośnie spływały jej po policzkach. „Zachowaj spokój" – nakazywał jej wewnętrzny głos. Przełknęła ślinę, żeby nie zaszlochać. Mężczyzny pokroju Arista nie można było skłonić do zmiany zdania łzami. Całą siłą woli wyrzuciła z siebie z taką godnością, na jaką ją było stać:

– Dlaczego zatem zadałeś sobie tyle trudu, żeby mnie zdobyć, podczas gdy teraz tak mało się starasz, by mnie zatrzymać? Dlaczego, Aristo? Dlaczego?!

ROZDZIAŁ 20

Stambuł

Początek sierpnia 1959 roku

– Jak pan śmie? – krzyknęła rozwścieczona Maria. Obecność innych pań oraz personelu na pokładzie nie miała dla niej żadnego znaczenia. Równie niewiele przejmowała się licznymi statkami otaczającymi Christinę w porcie na wyspie Büyükada. Na motorówce zbliżającej się do jachtu zauważyła kątem oka kilku fotografów. Nie była w stanie stwierdzić, czy byli to ci sami paparazzi, którzy towarzyszyli im podczas rejsu od momentu wypłynięcia z Monte Carlo. Ale i to nie miało żadnego znaczenia. Równie obojętne było jej, czy reporterzy, ich współtowarzysze podróży lub ktoś z załogi usłyszą, co miała zamiar powiedzieć Aristowi po tym, jak się dowiedziała, że oprócz brytyjskiego ambasadora w obiedzie wydawanym na jachcie weźmie także udział premier Turcji. Była niezmiernie zła i rozczarowana postępowaniem Onassisa, którego dotychczas uważała za patriotę.

– Jak pan mógł zaprosić Adnana Menderesa na Christinę? Przecież ten człowiek ma grecką krew na rękach!

Zamiast zareagować na jej furię, całą swoją uwagę skoncentrował wyłącznie na tym, co się działo na zielonkawo-niebieskiej powierzchni wody, nad którą rozpościerało się o ton jaśniejsze bezchmurne niebo. Pomalowane na biało i jasnoniebiesko domy za promenadą stanowiły kontrast w zestawieniu z głęboką morską tonią oraz innymi jachtami, statkami wycieczkowymi i promami kołyszącymi się na niewielkich falach w basenie portowym.

– Proszę popatrzeć – oznajmił, nie patrząc na nią – ten brawurowy rajdowiec to mój syn, Alexander. – W jego głosie słychać było ojcowską dumę.

Maria już wcześniej zauważyła mały ścigacz, na którym jedenastoletni syn Onassisa z dużą szybkością manewrował pomiędzy barkasami reporterów oraz gromadami gapiów, biorąc zapierające dech w piersiach ostre zakręty. Fontanny wody wytryskiwały spod kilu, obryzgując ludzi na nabrzeżu, co wydawało się sprawiać Alexandrowi nie lada przyjemność. Jednak ona uznała uwagę na temat wyczynów syna za o wiele mniej wartą wzmianki niż rozmowę o gościach, którzy wnet mieli się pojawić. Potrząsnęła ramieniem Onassisa.

– Mówię do pana!

Wreszcie obrócił się do niej, unosząc z rozbawieniem kącik ust.

– Tak. Słyszałem. Ale co pani zdaniem powinienem zrobić? Menderes chce złożyć wizytę sir Winstonowi. Czy w takim razie odmówić tureckiemu premierowi gościny, kotwicząc w tureckim porcie?

– Może pan przyjąć odpowiednią postawę – wypaliła.

– Właśnie to robię, organizując to spotkanie. Chodzi o flagę cypryjską. Mario, musi pani wiedzieć, że sytuacja dyplomatyczna pomiędzy Grecją, Turcją i Wielką Brytanią jest obecnie krytyczna. Cieszyłbym się, gdyby ten skromny obiad przyczynił się choć w niewielkim stopniu do odprężenia w tych czasach kryzysu.

– Chce pan tworzyć wielką politykę, *tourkosporos*. – Potrząsnęła głową. – Tak się sprawy mają. I każdy środek, który prowadzi do celu, jest dobry. Nawet zdrada własnego narodu.

– Coś takiego nazywa się dyplomacją – wyjaśnił ze spokojem. Zdumiewające, że jej obraźliwy atak nie wyprowadził go z równowagi. A nawet, jak się okazało, wywołał uśmiech. – Zapewnienie pokoju jest najlepszą gwarancją dla moich interesów. Moje okręty wożą towary po wszystkich morzach świata. I nie ma wśród nich broni – dodał z dobrodusznym uśmiechem.

– Ale przecież Menderes jest odpowiedzialny za unicestwienie niemal całej greckiej gminy w Stambule. Wiadomo, że cały ten motłoch właśnie na zlecenie rządu podpalił i splądrował tysiące greckich domów oraz sklepów, zniszczył szkoły i greckokatolickie kościoły. Sto tysięcy Greków musiało uciekać...

– Wiem o tym. – Aristo przerwał jej potok słów. – Choć udział premiera w tych strasznych wydarzeniach sprzed lat nie został udowodniony, chciałbym jeszcze coś dodać. Ale proszę, by zostało to między nami... – Zawiesił głos, wpatrując się w morze.

– Co? – Przerwała jego milczenie, nie mając cierpliwości, by czekać na ciąg dalszy.

Gdzieś rozległ się przeciągły głos syreny okrętowej, być może ostrzegający Alexandra Onassisa. Z pobliskich łodzi dochodziły do nich wesołe nawoływania.

– Od czasu pogromu patriarcha ekumeniczny znajduje się w niezmiernie trudnej sytuacji. – Aristo wreszcie podjął przerwany wątek. – Turcy najchętniej od razu przepędziliby wszystkich przedstawicieli grecko-prawosławnego kościoła gdzie pieprz rośnie. Patriarcha Atenagoras jest moim bliskim przyjacielem. A organizując prywatne spotkanie Menderesa z Churchillem, będę mógł, mam nadzieję, umocnić pozycję Jego Świątobliwości. Jeśli sir Winston wstawi się za naszym religijnym przywódcą, turecki rząd nie odważy się wyciągnąć łap po patriarchę.

Maria była pod wrażeniem. Aristo wciąż na nowo zaskakiwał ją swoją dobrocią, mądrością i empatią wobec trosk i potrzeb innych ludzi.

– Rozumiem – przyznała z ociąganiem. – A zatem wszyscy mamy robić dobrą minę do złej gry?

Posłał jej szarmancki uśmiech.

– Jest pani znakomitą aktorką, dlatego jestem przekonany, że da pani radę. – Uśmiechnął się szeroko. Tym razem był to promienny uśmiech wyrażający czystą radość życia, którym zazwyczaj zjednywał sobie ludzi. – Na marginesie, Menderes ma szczególne upodobanie do śpiewaczek operowych. Prawdopodobnie padnie pani do stóp.

– Będę dla niego uprzejma – obiecała, wzdychając ostentacyjnie. – Ale nic więcej.

– Patriarcha osobiście podziękuje pani za to. Jutro jedziemy na audiencję do katedry świętego Jerzego.

Spojrzała na niego oczami wielkimi jak spodki. Perspektywa spotkania z głową kościoła grecko-prawosławnego była dla niej czymś niebywałym, przerastającym jej wyobrażenia. Głowy państw i królowie składali hołdy Callas, ale osobiste spotkanie z patriarchą Konstantynopola znaczyło dla wierzącej Marii więcej niż najgorętsze i najbardziej burzliwe owacje. Gdy Aristo wspomniał o swojej przyjaźni z Atenagorasem, odniosła wrażenie, że przesadza, do czego niekiedy miał skłonności. Ale że tym razem nie było w jego słowach ani cienia przechwałki, uznała to za znak zesłany z rozpościerającego się nad ich głowami słonecznego nieba, na którym nie było jednej nawet chmurki.

– Zrobię, co tylko będę mogła. I będę tak uprzejma w stosunku do Menderesa, jak to tylko możliwe – zapewniła, dodając w myślach: „Tak mi dopomóż Bóg".

Następnego dnia zdjęcie Marii Callas, Arystotelesa Onassisa, Winstona Churchilla i Adnana Menderesa królowało na stronach tytułowych tureckich gazet. W środku opublikowano jeszcze fotografię grupową, na której byli także widoczni lady Clementine, córka i wnuczka Churchilla, ambasador brytyjski, Tina, Artemis, Montague Browne'owie oraz Meneghini. Elitarne towarzystwo witało tureckiego premiera na pokładzie Christiny. Maria wiedziała od Arista, że jego starsza siostra ma te same zastrzeżenia względem gościa co ona, dlatego też uznała niemal za cud, że wszyscy nienagannie panowali nad sobą do końca wizyty, witając przyjaznymi uśmiechami reporterów, którzy pod nadzorem ochrony w ostatnich minutach zostali wpuszczeni na pokład, by uwiecznić spotkanie. Po raz pierwszy poczuła się sojuszniczką Artemis, co uznała za najlepszą rzecz z całego obiadu.

– Dobrze jest wiedzieć, że można polegać na ludziach, których się kocha – powiedział tej nocy do Marii, gdy siedzieli razem z Nonie, obserwując rozgwieżdżoną kopułę nieba nad Morzem Marmara.

Maria przytaknęła w zamyśleniu.

– Gdy byłam mała, też byłam bardzo związana ze starszą siostrą. – Jej łagodny głos przybrał twardy ton. – W międzyczasie oddaliłyśmy się od siebie. Iakinti też zawsze chciała śpiewać, ale matce bardziej podobał się mój głos. Poza tym, w przeciwieństwie do mnie, siostra była wyjątkowo ładna. To zadecydowało o naszym przeznaczeniu. Obawiam się, że dziś Iakinti zazdrości mi sukcesów, podczas gdy w młodości to ja zazdrościłam jej niespotykanej urody.

– Myślałem nie tylko o Artemis – powiedział miękko.

Maria obrzuciła wzrokiem Nonie. Ona jednak uśmiechała się, odprężona i zadowolona, wydając się zupełnie

nie dostrzegać burzy uczuć, która ogarnęła Marię. Z wahaniem ponownie spojrzała na Arista. Oczywiście domyśliła się, kogo miał na myśli, jednak zareagowała tak, jakby nie zrozumiała jego słów:

– Anglicy mają z pewnością inne zdanie o wydarzeniach w Turcji niż Grecy, jeśli nawet...

– Artemis nie jest jedyną Greczynką na pokładzie – przerwał jej. – Tak na marginesie, nie miałem też na myśli Tiny.

– Mówił pan o miłości – wyrwało jej się, znów zdradzając, co myśli, zanim pomyślała, co mówi.

Widocznie rozbawiła go jej uwaga, gdyż się uśmiechnął.

– Tylko proszę nie wychodzić mi teraz z oddaniem mojej załogi. Wcale nie żądam, żeby moi ludzie paktowali z diabłem, ale jeśli zaszłaby taka potrzeba, oczekiwałbym tego od nich.

– A więc jednak oddanie. I jeszcze do tego bezwarunkowe – mruknęła.

– Pewność i niezawodność – sprostował.

Przytaknęła skinieniem głowy, milcząc, chociaż wiele pytań cisnęło jej się na usta. Wszystkie dotyczyły jego interesów. Ale była pewna, że Onassis z pewnością nie potraktuje jej poważnie i nie wda się w żadne szczegóły. Zresztą, jeśli miała być szczera, właściwie nie chciała wiedzieć, co tak naprawdę leżało u podstaw jego finansowego sukcesu. Ogromne bogactwo przemawiało za tym, że nie zawsze stał po dobrej stronie, choć podczas tego rejsu robił wszystko, żeby przekonać jego uczestników o swojej prawości i rzetelności. Ale niezależnie od tego, jak chciał być przez nią postrzegany, dawno wyrobiła sobie pogląd na jego osobę. W tej ocenie wypadł o wiele lepiej, niż kiedykolwiek by się tego spodziewała. Podczas wspólnie spędzonych na morzu dni wydał jej się niezmiernie sympatyczny. Okazał się nie tylko nad wyraz atrakcyjnym, lecz również dowcipnym, ciepłym i serdecznym mężczyzną, kochającym swoje dzieci nade wszystko. Był dokładnie takim partnerem, o jakim marzyła w snach. Przez całe swoje dorosłe życie zakładała, że taki człowiek jest wyłącznie wytworem wyobraźni.

– Mario…

– Tak? – Wyrwana z zamyślenia, spojrzała na niego z lekkim zdziwieniem.

– Zapewne zdaje sobie pani sprawę, że od dawna pragnę pani, i jedynie…

– Tak. Nie – przerwała mu, gdyż nie chciała, żeby dalej mówił. Nie powinien powiedzieć niczego, co pod nocnym niebem, na którym miliony gwiazd błyszczały niczym brylanty na ciemnoniebieskim, aksamitnym dywanie, poruszyłoby jej serce i co w świetle pierwszych promieni słonecznych okazałoby się kłamstwem przyjętym za dobrą monetę. Lub chwilowym zachwytem mężczyzny mogącego kupić sobie wszystko, czego tylko dusza zapragnie. Wszystko z wyjątkiem miłości diwy. Miłości, którą zresztą – jak sobie uświadomiła – i tak przecież już miał.

Jej wzrok ponownie powędrował w stronę Nonie. Angielka nadal miała obojętną minę, z której można było wywnioskować, że nawet w przybliżeniu nie ma pojęcia, jak doniosłe znaczenie miała rozmowa prowadzona w języku greckim.

– Czuję się zaszczycona, że stawia mnie pan na równi z siostrą – zaczęła mówić, a głos jej drżał jak młodej dziewczynie odrzucającej pierwsze w życiu oświadczyny. – Lecz w żadnym razie nie powinien pan zakładać, że uda się panu mnie uwieść. Żadne z nas nie jest wolne. Zdrada małżeńska to grzech, którego nie wolno nam popełnić.

– Proszę mi powiedzieć, gdzie i w którym momencie zaczyna się zdrada? Czy tu, w moim sercu? – Uderzył się w pierś. – A może dopiero w łóżku, w momencie dotknięcia tego, za czym się bardzo tęskniło, marząc dzień i noc o chwili spełnienia?

Policzki ją paliły. Po raz pierwszy mężczyzna skonfrontował ją otwarcie ze swoimi pragnieniami, wyznając bez ogródek, że jej pożąda, co wywołało w niej nieznaną dotąd burzę zmysłów, której do końca nie potrafiła nawet nazwać. Co powinna powiedzieć? Że natychmiast dałaby mu to, czego pragnął, gdyby akurat Meneghini nie spał w jej kabinie?

– Powinnam pójść do męża – szepnęła, spuszczając wzrok.

– Czy nie czuje pani tego, co się z nami dzieje? Czy zaprzeczy pani, że to miłość?

Gdyby to była scena operowa, doskonale wiedziałaby, jak zakończyć ten dialog. Ale tu, w obliczu tego jakże pociągającego mężczyzny, była całkowicie bezradna. Równocześnie była świadoma, że Aristo posunął się za daleko i że jej odpowiedź byłaby decydująca dla ich przyszłości. Że być może w tym momencie decydował się jej los jako żony Meneghiniego.

„Odejdę od niego" – postanowiła. „Opuszczę go, jak tylko wrócimy do Włoch". Lecz już w następnym momencie ta myśl wywołała w niej przeraźliwy strach.

– Pójdę już spać.

Po tych słowach wstała z fotela, na którym spędzała długie nocne godziny. Brakowało na nim tylko tabliczki z nazwiskiem, jaką zazwyczaj umieszcza się na krześle reżysera kręcącego film.

– Dobranoc, Mario. – Aristo także się poderwał. – Niestety, nie wyśpi się pani. Jutro musimy wyjechać stosunkowo wcześnie na audiencję do katedry świętego Jerzego.

W milczeniu skinęła głową. Poczuła ulgę, że przygotowywanie się na spotkanie z patriarchą odciągnie jej myśli od rozważań o pożądaniu i uczuciach Arista. Nie poświęcając mu już więcej uwagi, odwróciła się do towarzyszącej im Angielki.
– *Good night*, Nonie – rzuciła na pożegnanie.

Dla swoich brytyjskich gości, niebędących, ma się rozumieć, grekokatolikami, Onassis zorganizował wycieczkę do pałacu Topkapi, w której zarówno Meneghini, jak i Churchill odmówili wzięcia udziału. Mąż stanu chciał zostać na pokładzie, podczas gdy mąż Marii nalegał na odwiedzenie katedry świętego Jerzego. W pierwszej chwili nie dopatrzyła się w tym niczego dziwnego, gdyż ona w przeszłości we Włoszech często towarzyszyła mu, gdy wybierał się do katolickiego kościoła. Dopiero po pewnym czasie uświadomiła sobie, że chciał ją mieć na oku. To nie zainteresowanie jej religią było powodem towarzyszenia im, lecz chęć kontrolowania jej na każdym kroku. Gdy to zrozumiała, było już za późno, żeby zareagować i uniknąć niepożądanego nadzoru.

Katedra świętego Jerzego znajdowała się w starej greckiej dzielnicy, splądrowanej przed czterema laty. I choć Maria starała się nie patrzeć przez okno samochodu wiozącego ich przez część miasta zamieszkałą kiedyś w większości przez Greków, nie dało się nie zauważyć wybitych szyb, spalonych ścian domów i zapadłych dachów. Cztery lata po tak zwanej „stambulskiej kryształowej nocy" nie usunięto jeszcze wszystkich zniszczeń i daleko było do wyremontowania czy odbudowy uszkodzonych budynków. Znów poczuła wzbierającą w niej falę złości na tureckiego premiera i zadawała sobie pytanie, czy jeden obiad z Winstonem Churchillem i uścisk dłoni Marii Callas faktycznie będą w stanie ochronić greckiego patriarchę przed tureckim nacjonalizmem. W duchu bardzo w to wątpiła.

Na pierwszy rzut oka siedziba biskupa sprawiała wrażenie skromnego domu stróża, w przeciwieństwie do monumentalnej Hagii Sophii, wybudowanej niemal półtora tysiąca lat temu jako kościół koronacyjny cesarzy bizantyjskich. Dzień wcześniej Maria wraz z innymi uczestnikami rejsu była w tamtejszym muzeum. A teraz stali przed katedrą świętego Jerzego, z zewnątrz sprawiającą wrażenie nieco większej willi. Głęboko wzdychając, wysiadła z wozu, poprawiła szal, który już wcześniej założyła na głowę, i pod ramię z Meneghinim podążyła do świątyni w ślad za Onassisem, Tiną, Artemis oraz kapitanem Christiny.

Tym razem wyjątkowo nie zważała na zgromadzony przed portalem wejściowym składającym się z okien szczeblinowych tłum, który entuzjastycznie witał przybyłych, choć najwyraźniej hołd ten był na cześć Callas. Z pochyloną głową weszła do kościoła, najważniejszego dla religii, którą wyznawała.

Przywitał ją intensywny zapach kadzidła i już po chwili otoczył balsamiczny, słodko-żywiczny aromat. Z lektorium dochodził bizantyjski chorał. Prastara psalmodia tworzyła w wysokim pomieszczeniu niezwykłą, jedyną w swoim rodzaju atmosferę. Na ścianie czołowej, w migotliwym świetle tuzinów świec umieszczonych w wysokich kandelabrach, połyskiwały złote obrazy ikonostasu, przed którym czekał na nich patriarcha. Atenagoras był wyjątkowo wysokim starcem o śnieżnobiałej brodzie, sięgającej mu niemal do pasa. Pobrużdżona zmarszczkami twarz pod czarnym kłobukiem wyrażała dobroć, a przenikliwy wzrok czujność. Marii zdawało się, że Jego

Świątobliwość zagląda wprost do jej duszy. Wrażenie było tak silne, że poczuła niezwykłe uniesienie.

– Mario – Aristo odciągnął ją delikatnie, aczkolwiek stanowczo od Meneghiniego – patriarcha chciałby pani osobiście podziękować za udzielone wsparcie.

Kątem oka dostrzegła męża siadającego na jednym z niezliczonych, obitych czerwonym aksamitem krzeseł, stojących w rzędach, podobnie jak to ma miejsce w katolickich kościołach. W grecko-prawosławnych świątyniach ustawienie miejsc siedzących jak w teatrze było raczej niespotykane. Zauważyła, że Meneghini nie sprawiał wrażenia szczęśliwego. Maria była zadowolona, że trzymał się z tyłu bez zwyczajowego szemrania.

Z pochyloną głową podeszła do ołtarza i uklękła. Do głębi poruszona podniosłą chwilą, nie widziała nikogo. Nie czuła też obecności innych zgromadzonych za plecami. Nagle rzeczywistość jakby przestała dla niej istnieć. Liczyli się wyłącznie patriarcha i klęczący tuż obok niej Onassis.

Musiała się bardzo skoncentrować, by móc śledzić monotonną liturgię w języku greckim. Głosy księży intonujących z namaszczeniem prastare pieśni działały na nią niczym wyśpiewywane przez anielskie chóry Alleluja, potęgując wzniosłość chwili i przenosząc ją w inny, ponadczasowy wymiar. Gdy Atenagoras położył dłonie na głowach Marii i Arista, odniosła wrażenie, że przez jej ciało przepływa fala cudownego ciepła, co sprawiło, że czuła się, jakby była pod wpływem czarów. Zamknęła oczy, by zintensyfikować to odczucie, nieporównywalne z niczym, co do tej pory przeżyła, i lepiej chłonąć dochodzące do niej słowa.

Atenagoras powiązał swoje błogosławieństwo z wyróżnieniem obu klęczących przed nim wiernych, nazywając

Marię „największą śpiewaczką na świecie", Onassisa zaś „najsławniejszym żeglarzem nowej ery i nowym Odyseuszem".

Maria uśmiechnęła się mimowolnie na to określenie.

Następnie patriarcha podziękował w imieniu greckiego narodu, któremu – jak to określił – zarówno Maria Callas, jak i Arystoteles Onassis przynoszą zaszczyt, po czym zaintonował modlitwę.

– Ale przecież oni zawarli już związki małżeńskie! – rozległo się nagle po włosku.

Maria otworzyła szeroko oczy. Cóż takiego napadło Meneghiniego, że przerwał tę podniosłą chwilę głupią uwagą?

– Psst! – syknął ktoś z oburzeniem.

Maria obawiała się przez moment, że jej serce przestanie bić. To, że jej mąż – niemający pojęcia o greckokatolickich rytuałach – zakłóci spokój tak niestosownym okrzykiem, było czymś więcej, niż była w stanie znieść. Nagle ogarnęły ją bezradność i bezsilność. Równocześnie poczuła wstręt do człowieka nierespektującego jej wiary.

– To tylko błogosławieństwo – doszedł do niej głos kapitana Anastasidesa, wyjaśniającego po włosku, w czym rzecz.

Po tych słowach Meneghini wyraźnie się uspokoił. Od tej chwili siedział już cicho, powstrzymując się od lamentów i nie sprzeciwiając niczemu.

Mimo to Maria była bardziej wzburzona niż kiedykolwiek do tej pory. Spojrzała w pełne dobroci oczy patriarchy, który odpowiedział spojrzeniem, kontynuując modlitwę, jak gdyby nic się nie wydarzyło. Ona zaś miała wrażenie, że przemawia tylko do niej.

Nagle opuściły ją wszystkie wątpliwości, co powinna uczynić.

Początkowo milczała, próbując jak najdłużej zachować podniosły nastrój, który ogarnął ją w katedrze świętego Jerzego. Po nabożeństwie okazało się, że jej spotkanie z patriarchą jeszcze się nie zakończyło, gdyż Onassis zaprosił Atenagorasa na pokład jachtu na obiad, na co Jego Świątobliwość przystał z radością.

Jednakże posiłek przebiegał w napiętej atmosferze, gdyż Churchill początkowo sprawiał wrażenie, jakby nie czuł się dobrze w towarzystwie prawosławnego bożego sługi. Artemis zaś nader często sięgała po kieliszek, co zapewne było przyczyną mnóstwa niestosownych uwag z jej strony. Meneghini był nadąsany, gdyż Maria nie wspierała go tłumaczeniem toczącej się rozmowy, co spowodowało, że nie brał w niej udziału i siedział cicho. Na dodatek ich gospodarz wydawał się wyjątkowo spięty podejmowaniem nieustannych wysiłków, by zadowolić gości.

Po pożegnaniu patriarchy Onassis stanął przed tłoczącymi się na nabrzeżu reporterami, by oznajmić z typowym dla niego opanowaniem:

– Z ogromną chęcią oddam do dyspozycji swój jacht na każdy rejs zarówno tureckim, jak i greckim politykom, jeśli tylko ich rozmowy na tak neutralnym gruncie doprowadzą do wprowadzenia demokracji na Cyprze.

Następnie odwrócił się na pięcie od przedstawicieli prasy, by wrócić na pokład Christiny.

Gdy wchodził po trapie, stojąca na relingu Maria dostrzegła jego ściągniętą, skupioną twarz, której nie mogli dojrzeć zgromadzeni na wybrzeżu gapie. Nie mogła nie podziwiać jego talentu dyplomatycznego, który ponownie zademonstrował, jak również tego, że wciąż na nowo czymś ją zaskakiwał. Już sama msza z udziałem patriarchy mogłaby starczyć na całe życie.

Tymczasem zatopiony w myślach Onassis zniknął pod pokładem. Wydawał się zmęczony, co sprawiło, że mimowolnie zadała sobie pytanie, czy ten dzień był dla niego równie wyczerpujący jak dla niej.

Z pewnością ambicje polityczne, jak również prowadzona gra wymagały ogromnego skupienia i zręczności. Mimo to nie mogła sobie wyobrazić, że błogosławieństwo udzielone przez patriarchę nie wywarło na nim wrażenia. Jeśli Aristo choć w części czuł to, co ona, to jego małżeństwo, podobnie jak jej, w każdej chwili mogło lec w gruzach. Ale czy faktycznie chciałby się rozejść z Tiną? Z jej powodu? I jeśli się dobrze zastanowić, to przecież nigdy nic nie wspomniał na ten temat. Natomiast ona przy każdej okazji dawała wyraźnie do zrozumienia, że jest związana z Meneghinim nierozerwalną przysięgą małżeńską. Ale z drugiej strony, czyż dzisiejszego przedpołudnia patriarcha nie pobłogosławił ich rozwodów? Dokładnie zapamiętała jego wzrok, wyrażający ciche przyzwolenie na podążanie za głosem serca.

Nie zwracając uwagi na piękny widok wody o głębokim błękitnym odcieniu, w której odbijało się niebo, spoglądała na port i na pałac Dolmabahcze, będący niegdyś siedzibą rządu Kemala Atatürka, jeszcze zanim Ankara stała się stolicą Turcji. Za nim widoczne były strzelające w niebo smukłe minarety.

Gdy po raz pierwszy ujrzała tę budowlę, od razu przyszedł jej na myśl jeden z weneckich pałaców. Może nieco większy niż pozostałe budynki nad Canale Grande, ale w tym samym stylu, zbudowany przed setkami lat dla sułtana osmańskiego imperium, którego imię w międzyczasie wyleciało jej z głowy. Aristo wiedziałby, naturalnie, o kogo chodzi. Choć tragiczne okoliczności sprawiły, że nie skończył żadnej szkoły i nigdy nie studiował na żadnym uniwersytecie, miał ogromną wiedzę, co zawsze robiło na niej ogromne wrażenie. Niesamowite, jak bardzo był oczytany. I znów, gdy próbowała scharakteryzować Onassisa, przyszły jej na myśl te same słowa. Ten człowiek wywierał ogromne wrażenie. Niesamowite.

Nagle poczuła rozsadzający czoło ból głowy. Nieustanna gonitwa myśli powodowała ciągłe zmęczenie. Dlaczego łamała sobie głowę nad czymś, co nie miało już szansy bytu? Wszak, klęcząc przed ołtarzem, podjęła decyzję. Najwyższy czas, żeby poinformować o tym zainteresowanego.

Gabinet Onassisa mieścił się w jego czteropokojowym apartamencie w pobliżu mostka kapitańskiego. Maria była w nim tylko raz, gdy zaraz na początku rejsu armator z dumą posiadacza oprowadzał swoich gości po wszystkich pomieszczeniach jachtu. Dziś przyjął ją urzędujący przed drzwiami steward, który zapukał, żeby zaanonsować swojemu pracodawcy gościa.

Wchodząc, zastała Arista za biurkiem w stylu Ludwika XVI. Sięgał właśnie po słuchawkę jednego z trzech telefonów. Był nagi do pasa, gdyż widocznie tyle co uwolnił się od krawata i ściągnął koszulę. Widać było, że pozbywając się części ubioru, pozbył się też napięcia. Teraz wyglądał na odprężonego. Na jej widok uśmiechnął się promiennie.

– Maria! Cóż za miła niespodzianka! – Jedną ręką sięgnął za siebie, by ściągnąć z oparcia krzesła coś do ubrania, podczas gdy drugą wskazał na fotel po drugiej stronie eleganckiego biurka przeznaczony dla gości.

– Jeśli o mnie chodzi, nie musi się pan ubierać – powiedziała, zajmując miejsce. W tym momencie uświadomiła sobie, że po raz pierwszy podczas rejsu są sami w zamkniętym pomieszczeniu. – Nie zabawię u pana długo – rzuciła pospiesznie.

– Proszę mi wybaczyć, ale tak się składa, że znam obowiązujące obyczaje – odparował rozbawiony.

Faktycznie, zdecydowanie lepiej, że się ubrał. Co prawda widziała go już w samych kąpielówkach, jednak na widok jego częściowo obnażonego ciała zmieszała się bardziej niż kiedykolwiek przedtem. Jego ramiona powinny ją teraz obejmować. Pragnęła skryć twarz w ciemnym owłosieniu jego klatki piersiowej. Ustami dotykać ramion opalonych na ciemny brąz. Wdychać zapach jego umięśnionego ciała. Jeszcze nigdy nie czuła tak wielkich emocji na widok mężczyzny.

Speszona spojrzała w górę, na lekko połyskujący portret olejny za jego plecami, przedstawiający młodą czarnowłosą kobietę o pięknej twarzy i wyrazistych oczach. I choć obraz dominował na wyłożonej ciemną boazerią ścianie, nie przypominała go sobie z poprzedniego pobytu w jego gabinecie. Tamtego dnia jej uwagę przykuło wiszące na przeciwległej ścianie malowidło El Greca. Madonna z dzieciątkiem w towarzystwie świętej Martyny i świętej Agnieszki. Wówczas ogromne wrażenie wywarła na niej kolorystyka, na którą składały się niemal wszystkie różowo-czerwone, zielone, niebieskie, żółte i pomarańczowo-czerwone odcienie. Jej uwagę zwróciła Matka Boska, gdyż nasunęła jej na myśl niewielki obrazek Madonny, który zawsze zabierała ze sobą. Lecz teraz zafascynował ją portret nieznajomej, który nawet w przybliżeniu nie mógł równać się z dziełem słynnego mistrza renesansu, mimo że emanował wyjątkową siłą wyrazu.

– Kto to?

Pytanie padło, zanim dotarła do niej jego natarczywość. Zakłopotana, przygryzła wargę.

– Penelopa Onassis – wyjaśnił spokojnie, zapinając koszulę. – Moja matka. Kazałem namalować ten portret na podstawie pewnej starej fotografii. To jedyna pamiątka rodzinnego domu, jaka mi pozostała po ucieczce ze Smyrny. – Po krótkiej przerwie dodał: – Niektórzy twierdzą, że niezbyt udany. Podoba się pani?

Głównie podobała jej się ogromna wrażliwość Onassisa, świadectwem której było zamówienie portretu dawno zmarłej matki. Kobiety, którą zapewne ledwie pamiętał.

– To cudowne, że w taki sposób uczcił pan swoją matkę – stwierdziła.

– Dziękuję. To miłe z pani strony. – Uśmiechnął się z rezerwą. – W czym mogę pani pomóc? Domyślam się, że nie przyszła tu pani bez powodu.

– Nie. Naturalnie, że nie.

Wtem uświadomiła sobie, że powiedzenie tego, co zamierzała, wcale nie będzie takie łatwe. Jak powinna mu wyznać, co leży jej na duszy?

Z niepokojem pochyliła się do przodu.

– Jestem. Przyszłam tutaj... – Zacięła się. Co właściwie tu robiła? Ale jeśli chciała poddać się targającym nią uczuciom, musiała tu przyjść. Musiała powiedzieć to, co tak starannie ułożyła sobie w głowie. Innej drogi wszak nie było. – Przyszłam, żeby panu powiedzieć, że może pan dostać to, czego pragnie.

Patrzył na nią w milczeniu, z nieprzeniknionym wyrazem twarzy, nie ruszając się z miejsca.

Ją tymczasem ogarnął niepokój, gdyż spodziewała się całkiem innej reakcji.

„Może cię nie zrozumiał" – podszepnął jej wewnętrzny głos.

Przełknęła nerwowo ślinę, po czym oznajmiła z największą powagą, na jaką była w stanie się zdobyć:

– Odchodzę od męża. To już postanowione.

Westchnął głęboko, nadal nic nie mówiąc.

– Nasze małżeństwo jest skończone... Ale... robię to przede wszystkim z pana powodu – dodała. – Chcę być wolna dla pana, Aristo.

A zatem wszystko, co zamierzała powiedzieć, zostało powiedziane. Nie sądziła, że będzie to aż takie trudne. Ale wreszcie wyrzuciła z siebie, co czuła.

Onassis jakby się ocknął.

– Uczyniła pani ze mnie najszczęśliwszego człowieka na świecie – wyszeptał z niezwykłym wzruszeniem.

Wtem przepełniło ją uczucie niezmiernej ulgi. Jej policzki płonęły, a krtań była sucha ze zdenerwowania. Poczuła, jak jej ciało wypełnia wewnętrzne światło, jakby ktoś rozświetlił jej duszę tysiącem lamp. Spojrzała na niego, odpowiadając uśmiechem na jego uśmiech, który – jak zauważyła – ograniczał się jedynie do ust, lecz intuicja podpowiadała jej, że miał źródło gdzie indziej. I właśnie to źródło chciała poznać z całego serca.

Nie spuszczając jej z oczu ani na moment, powoli obszedł biurko i stanął przed nią. Ujął w dłonie jej twarz, pochylając się nad nią.

– Od tak dawna tego pragnąłem – szepnął. Poczuła jego oddech na policzkach. Jego usta musnęły jej twarz, po czym powędrowały do warg, pieszcząc je delikatnie.

Dotyk jego dłoni przywołał w jej głowie obraz patriarchy. Czuła na sobie palący wzrok kapłana, co sprawiło, że delikatnie odsunęła się od niego.

– Czy jesteś gotów rozwieść się z Tiną?

– Tak. O tak. Jestem.

Ostrożnie zdjął okulary i rzucił je za siebie na blat biurka. Po czym ponownie pochylił się nad nią i pocałował namiętnie. Nareszcie.

„Los tak chce" – przemknęło jej przez głowę.

A potem nie myślała już o niczym.

Niemal w każdym libretcie operowym w drugim akcie jest wielka scena, rozgrywająca się przeważnie podczas jakiegoś święta lub uczty. Maria śpiewała wiele takich partii, znała zatem doskonale ze sceny zarówno uniesienie i kruchość szczęścia, jak i jego konsekwencje. Gdy tego wieczoru Aristo chciał uczcić przyjęciem na pokładzie jachtu to, co się wydarzyło między nimi w jego gabinecie, oddaliła od siebie ostrzegawczą myśl o przeważnie trudnym trzecim akcie i o czekających ją problemach, które pojawią się po zakończonym rejsie i powrocie do Włoch.

Nocą Christina wypłynęła ze Stambułu i ponownie skierowała się na zachód. Maria wcale nie była pewna, czy był powód do świętowania. Być może Aristo chciał strumieniami szampana oraz doskonałym jedzeniem uczcić jej decyzję i swoją nadzieję na spełnienie wielkiej miłości. A może świętować nowy początek. Tego jej nie powiedział, a jej było w gruncie rzeczy wszystko jedno, gdyż nigdy jeszcze nie czuła się równie szczęśliwa jak tego popołudnia i tej nocy.

Uzgodnili, że wezmą się w garść i nie będą okazywali swoich uczuć – przez wzgląd na Churchilla i pozostałych gości, a głównie z szacunku dla swoich współmałżonków i dla spokoju jego dzieci. Przed nimi wszystkimi oraz przed czterdziestoma pięcioma członkami załogi ani Maria, ani Aristo nie chcieli zachowywać się jak para gruchających gołąbków. Ale niełatwo im było utrzymywać pozory. Stale się pilnowali, żeby przypadkiem nie mówić do siebie po imieniu, choć na takie przejęzyczenie zapewne nikt nie zwróciłby uwagi.

Mimo wysiłków Marii nie udało się tego wieczoru trzymać uczuć na wodzy. Czuła się rozanielona i lekka niczym piórko. Odnosiła wrażenie, jakby płynęła na ogromnym różowym obłoku. Była wniebowzięta i cudownie podekscytowana. Jeszcze nigdy nie uświadamiała sobie z taką intensywnością, że żyje. Jeszcze nigdy nie miała w sobie tyle energii. Rozmawiała z werwą, o jaką nigdy by siebie nie podejrzewała.

Po kolacji z udziałem brytyjskiego ambasadora i jego małżonki niemal wszyscy udali się na górny pokład, gdzie pili szampana, podziwiając ubywający księżyc, rozświetlający ciemne niebo niczym latarnia. Ktoś puścił płytę i rozległa się jazzowa melodia, do rytmu której zaczęto tańczyć na przykrytym tej nocy basenie. Maria nuciła cicho do wtóru. Tej nocy Aristo zupełnie zarzucił obowiązki gospodarza i tańczył wyłącznie z nią. Tym sposobem mogli być blisko siebie, nawet jeśli byli zmuszeni zachować wymagany dystans. Ale uśmiechali się do siebie bez przeszkód i trzymali za ręce. Zupełnie jakby chcieli kurczowo utrzymać przepełniające ich szczęście, które odnaleźli parę godzin wcześniej. Później Aristo zaczął stroić sobie żarty. Ku zgrozie przyjaciół w trakcie tańca opuścił nieco taflę zakrywającą basen, w chwili gdy wirowało na nim kilka par. Wszyscy wyśmienicie się bawili. Maria jeszcze nigdy w całym swoim życiu nie śmiała się tyle, co tej cudownej nocy.

Grubo po północy udała się do kabiny, gdzie spodziewała się zastać Meneghiniego, śpiącego w najlepsze. Jej mąż tuż po deserze wycofał się, nadąsany, zrobiwszy jej wyrzuty, że nie może uczestniczyć w rozmowie. Zarzucał jej, że go zaniedbuje, nie tłumacząc, o czym mówiono przy stole. A poza tym, jak oznajmił, miał za sobą wyjątkowo ciężki dzień. Lecz tym razem, zamiast jak zazwyczaj cicho pochrapywać, siedział na krawędzi łóżka z obrażoną miną.

– Gdzie byłaś?

Schyliła się, żeby rozpiąć paski sandałków. Tym sposobem mogła ukryć przed jego wzrokiem rozanieloną twarz.

– Przecież doskonale wiesz, że na pokładzie – mruknęła, próbując przybrać obojętną minę.

– Zachowywałaś się zbyt swobodnie. Nigdy jeszcze cię takiej nie widziałem. Cieszę się, gdy się bawisz. Jesteś przecież młoda. Ale trzeba zachować jakiś umiar i zapanować nad sobą – grzmiał jak udzielająca nagany staroświecka guwernantka, zmartwiona i zarazem potępiająca.

„Już dłużej tego nie wytrzymam. Nie wytrwam do powrotu do domu" – przemknęło jej przez głowę.

Powoli się podniosła. Stanęła przed nim wyprostowana niczym Violetta Valèry przed ojcem Alfreda w jednej ze scen *Traviaty*, w której on żąda od niej, by natychmiast wyrzekła się miłości do jego syna i odeszła.

– To już koniec – oznajmiła mu spokojnym głosem, w którym brzmiały stanowczość i zdecydowanie. – Kocham Ariego Onassisa.

– Przestań robić z siebie idiotkę – warknął. – Przecież on jest żonaty i tylko cię wykorzystuje. Nie powinnaś wierzyć w ani jedno jego słowo. Zaspokajasz wyłącznie ambicje tego bufona. Jesteś kolejnym trofeum w jego kolekcji. Jeszcze jedną ozdobą, w którą się przystraja. To wszystko, co go interesuje.

Słowa męża ją zabolały, lecz nie dała tego po sobie poznać. Ze spokojem zaczęła przygotowywać się do snu.

– Możesz mówić, co chcesz – zawołała z łazienki. – Ale to i tak nie zmieni mojej decyzji.

– Czymże jesteś beze mnie? – Meneghini zaszlochał teatralnie. – Zrobiłem dla twojej kariery wszystko, co tylko możliwe. Jak sobie wyobrażasz dalsze występy bez mojego wsparcia? Bez moich negocjacji? Mario, wszyscy cię oszukają! Żadna opera nie zapłaci ci godziwej gaży.

Oparła się o futrynę drzwi z ręcznikiem w dłoni. Twarz miała białą od kremu do demakijażu.

– Mylisz się w tym względzie. Podobnie jak we wszystkim innym. Nie zamierzam już śpiewać. Zdaje się, że znów zapomniałeś, co ci mówiłam. Potrzebuję dłuższego urlopu. Kiedy tylko przestaniesz mi bez przerwy rozkazywać, będę wreszcie wolna. I zamierzam z tej wolności skorzystać.

Z obu stron słowa zaczęły padać jak wystrzały z karabinu. Tym razem nawet nie podnosili głosu. Maria nie krzyczała na męża. Miała już dość tej szermierki słownej. Natomiast on to się dąsał i lamentował, to znów wymyślał jej, wyzywał od najgorszych, co przyjmowała z niezłomną siłą i zaciętością, ale też opanowaniem, które dawały jej myśli o Ariście. To była długa noc, którą zamiast na kłótni z mężem wolałaby spędzić na pokładzie, na rozmowie z ukochanym mężczyzną. Jednak jakoś ją przetrwała, zdając sobie doskonale sprawę, że jej noce z Meneghinim są policzone. Wytrzyma jeszcze i to, gdyż miłość Arista dała jej ogromną siłę, o jaką się nawet nie podejrzewała.

ROZDZIAŁ 21

Ateny

9 sierpnia 1959 roku

Trzy dni po opuszczeniu Stambułu Christina dopłynęła do Mykonos, przedostatniego portu na trasie ich rejsu. Dla Marii te trzy dni były niezmiernie trudne. Największym obciążeniem psychicznym była ogromna niechęć do męża, która wzrosła jeszcze bardziej, co dla niej samej było sporym zaskoczeniem, gdyż do tej pory sądziła, że niepodobna czuć jeszcze większą awersję.

Tymczasem zupełnie jakby prawo własności, które rościł sobie do niej jako artystki, nie było już samo w sobie wystarczającym złem, wzmocnił jeszcze nad nią kontrolę i niemal nie spuszczał jej z oczu. Wolał drzemać przy stole w obecności innych osób, niż udać się do kabiny, jak to miał dotychczas w zwyczaju. Chodził za nią niczym cień. Gdy na jednej z wysp należących do archipelagu Cyklady poszła na plażę i wypłynęła daleko w Morze Egejskie, którego woda była przezroczysta niczym szkło, czym prędzej podążył za nią na rowerze wodnym. I mimo że każdego dnia, gdy tylko otworzyła oczy, przysięgała sobie, że nie zamieni z nim więcej ani słowa, w końcu nie wytrzymywała i wszczynała awanturę w nadziei, iż Meneghini wreszcie pojmie, że ich małżeństwo jest skończone, i że w końcu zostawi ją w spokoju. Jednak on uparcie nie chciał przyjąć tego faktu do wiadomości.

Napięcie panujące między małżonkami nie pozostało niezauważone przez pozostałych uczestników rejsu, podobnie jak wyraźne ochłodzenie stosunków między Marią a Tiną oraz Meneghinim a Aristem. Ten ostatni, co prawda, nadal z całą determinacją próbował grać rolę perfekcyjnego gospodarza, jednak nie do końca mu się to udawało. Przede wszystkim starał się, żeby sir Winston i jego żona nie zorientowali się, że na ich oczach rozpadały się dwa małżeństwa. Maria była wzruszona z całego serca, obserwując, jak troskliwie opiekował się wielkim mężem stanu. Aristo troszczył się o Churchilla niczym o ojca. Wciąż starał się być w pobliżu byłego premiera, dbając o to, żeby starszy pan zawsze miał z kim porozmawiać. Grał z nim w szachy i dyskutował o sprawach żeglugowych. Był do tego stopnia opiekuńczy, że nawet czasami pomagał mu przy jedzeniu. Ze sposobu, w jaki traktował Churchilla, Maria mogła wnioskować, że Onassis był kimś więcej niż tylko szarmanckim i hojnym gospodarzem w wielkim stylu – był także człowiekiem pełnym ciepła i współczucia, a do tego wszystkiego bardzo mądrym i pełnym wyrozumiałości wobec innych. To sprawiło, że z dnia na dzień kochała go coraz bardziej.

Po przybyciu do Aten napięcie na jachcie nieco zelżało. Artemis wraz z mężem, doktorem Theopolosem Garofalidisem, lekarzem, zaprosili wszystkich gości Arista na wieczorne przyjęcie do swojej willi położonej tuż przy plaży w Glifadzie, co w pewnej mierze zwolniło Onassisa z pełnienia obowiązków gospodarza. Przynajmniej na czas tego pobytu na lądzie. Gdy jego szwagier zabrał uczestników rejsu swoim samochodem na zwiedzanie Akropolu, Aristo czekał spokojnie na relingu, by pożegnać się z każdym z gości, życząc im po kolei udanego dnia. Maria stanęła na końcu grupy, starając się, żeby Meneghini zszedł przed nią po trapie. Tym sposobem udało jej się na moment przytulić niepostrzeżenie do Arista.

Ich dłonie spotkały się niby przypadkiem.

– Niestety, nie mogę z wami pojechać – wyjaśnił z ubolewaniem. – Muszę pilnie załatwić parę spraw służbowych. Telefony i korespondencję. W domu czeka na mnie mnóstwo poczty z ubiegłych tygodni. Jestem, że się tak wyrażę, sąsiadem Artemis i Theopolosa.

Maria bardzo by chciała, żeby zaprosił ją do siebie, lecz było to niemożliwe, gdyż jego dom był zarazem domem rodzinnym Tiny i jej dwojga dzieci. Mimo to chętnie by zobaczyła, jak ukochany mieszka na stałym lądzie. W końcu chciała brać i mieć udział we wszystkim, co składało się na jego życie.

– Pojadę z pozostałymi. W przeciwnym razie zwariuję bez ciebie na tym statku – odpowiedziała cicho. – Chociaż, prawdę powiedziawszy, nie mam zbytniej ochoty odświeżać wspomnień z Aten. Jak wiesz, moja ostatnia wizyta w tym mieście nie należała do najprzyjemniejszych.

– Postaram się, żebyś w przyszłości myślała o Atenach całkiem inaczej – zapewnił ją z uśmiechem.

– Co knujesz? – Rozbawiona uniosła brwi.

– Poczekaj, a się przekonasz. Widzimy się dziś wieczorem. A zatem do zobaczenia. *Anito*, Mario!

Z tymi słowy przepuścił ją.

Cierpliwość nigdy nie była mocną stroną Marii. Nie znosiła też niespodzianek, jak niczego innego. Jednak w tym przypadku nie miała innego wyjścia, jak się dostosować. Podczas nudnego, ciągnącego się w nieskończoność zwiedzania miasta nieustannie wracała myślami do pożegnania z promiennie uśmiechniętym Aristem w białych spodniach i takiej samej koszuli oraz w starannie zawiązanym krawacie klubowym w niebieskie paski. Czy w domu uda mu się choć trochę odprężyć po trudach ostatnich dni? Czy powie Tinie, że chce się z nią rozwieść? Jaka atmosfera będzie panowała tego wieczoru i w jakim nastroju upłyną ostatnie dni ich podróży, jeśli wyzna żonie, że kocha inną? Maria była pewna, że Tina – podobnie jak inni uczestnicy rejsu – domyśla się, że ona i Aristo nie są sobie obojętni. O tym, jak zasadne są te przypuszczenia i jakie będą miały konsekwencje, wiedział jak na razie tylko Meneghini.

Te rozważania nie opuszczały Marii także i później, gdy siedziała wraz z Angielkami na plaży o białym piasku, miękkim niczym aksamit, pod parasolem chroniącym przed słońcem. Meneghini tymczasem wybrał sobie jako punkt obserwacyjny jedną z kawiarń na promenadzie, skąd miał doskonały widok na całą zatokę. Bez specjalnego zainteresowania brała udział w rozmowie kobiet, wtrącając jedynie od czasu do czasu zdawkowe uwagi i momentalnie zapominając, o czym była mowa. Potem razem pływały w jasnoniebieskiej wodzie, ciepłej jak w wannie. Maria dała się unosić falom, zapominając na kilka minut o wszystkim. Nie chciała myśleć ani o argusowych oczach Meneghiniego, śledzących każdy jej ruch, ani o przyszłości z Aristem, ani o zobowiązaniach artystycznych, na które podpisała umowy jeszcze przed rejsem i które musiała wypełnić, ani o problemach z głosem, a już najmniej o tym, jak da sobie radę z tym wszystkim. Wypłynęła daleko w morze i gdy brzeg stał się niemal niewidoczny, odwróciła się na plecy. Zamknęła oczy, pozwalając unosić się falom. Z plaży nie dochodził żaden gwar. Rozkoszowała się ciszą, przerywaną jedynie uderzeniami jej ramion o wodę i krzykiem mew. Mimowolnie spojrzała na niebo, co sprawiło, że poczuła silny związek z otoczeniem. Zupełnie jakby była Tetydą, najpiękniejszą z nereid, morskich nimf.

– Juhu, Mario! – Głos Nonie wdarł się w ciszę, sprawiając, że czar prysnął.

Jej towarzyszka podróży machała ręką, robiąc znaki, że czas wracać.

Maria odmachała.

Płynąc w stronę lądu, dziękowała w duchu Brunie, swojej przewidującej gospodyni, która namówiła ją, żeby zabrała perukę, na wypadek gdyby nie miała wystarczająco czasu na zrobienie fryzury. Tym sposobem mogła tego wieczoru w pełni sprostać roli diwy. Przynajmniej wizualnie. Znów musiała wystąpić jako gwiazda, choć jej serce wiedziało doskonale, że jedyną rolą, jaką pragnęła odegrać, była rola żony Arystotelesa Onassisa. No i, naturalnie, bardzo chciała mu się podobać. Tylko jemu jedynemu.

Podczas wieczornego przyjęcia Maria zadawała sobie od czasu do czasu pytanie, czy Artemis i jej mąż przypadkiem nie próbowali przyćmić brata i zarazem szwagra. Małżonkowie mieszkali w nowoczesnym bungalowie na niewielkim wzgórzu z widokiem na morze, w otoczeniu pachnących odurzająco pinii, cyprysów, oleandrów, glicynii, jaśminów i róż. Basen nie był przykryty, gdyż nie było takiej potrzeby, a na jego brzegach zamiast tryskających kolorową wodą fontann, jak to miało miejsce na Christinie, paliły się niezliczone świece. Mimo tych różnic nastrój był równie czarujący jak na bajkowym jachcie. Na drzewach zawieszono japońskie lampiony. Po trawnikach spacerowała śmietanka towarzyska Glifady, najelegantszego przedmieścia Aten. Ponadto zaproszono też gości z niemal wszystkich stron świata. Przykładowo Spyrosa Skourasa, krępego, sympatycznego mężczyznę dobiegającego siedemdziesiątki, z lekką skłonnością do tycia i łysienia, jedną z najpotężniejszych postaci w Hollywood. Producent filmowy natychmiast zagarnął dla siebie Marię. Posługując się najwyraźniej typową dla zamieszkujących Amerykę Greków mieszanką greckiego z angielskim, usilnie próbował namówić ją do zagrania w filmie nakręconym przez jego wytwórnię 20th Century Fox. A że był wyjątkowo zabawnym i zarazem interesującym partnerem do rozmowy, pozwoliła mu się adorować, choć jak do tej pory nigdy jeszcze nie rozważała możliwości zamiany sceny na miejsce przed kamerą.

– Czy pozwolisz, że odbiję ci tę damę?

Onassis pojawił się znienacka przed grupą foteli ustawionych w tylnej części ogrodu, gdzie Maria i Skouras przysiedli z większą ilością digestifów i lampkami szampana. Gdy tylko Meneghini zorientował się, że Maria dyskutuje ze słynnym producentem na temat możliwości zagrania w filmie, wycofał się, dając jej spokój i nie chcąc przeszkadzać. To spowodowało, ze rozmawiała na temat złożonej propozycji bardziej entuzjastycznie, niż zamierzała.

– Nie, Ari. W żadnym wypadku – zaprotestował producent i operator sieci kin. – Maria Callas niczego jeszcze ze mną nie podpisała.

– I bardzo bym jej to odradzał. – Aristo uśmiechnął się szeroko. Jego białe zęby błysnęły w ciemnościach. Ciemne okulary zakrywały mu oczy. Ton jego głosu był uprzejmy, aczkolwiek słychać w nim było lekkie zniecierpliwienie. – Doradzam jej we wszystkich sprawach finansowych i dlatego też muszę z nią pilnie porozmawiać. Zanim zapadnie jakakolwiek decyzja. Obiecuję, Spyro, że zaraz wróci tu do ciebie. – Z tymi słowami wyciągnął rękę w stronę Marii. – Czy zechciałaby pani poświęcić mi chwilę?

– Niech pani zatem idzie, Mario. Proszę z nim pójść – zawołał Skouras wesoło. – Ale nie ruszę się stąd, dopóki nie dostanę wiążącej odpowiedzi, kiedy mogę liczyć na pani przyjazd do Hollywood.

– Zaraz będę z powrotem – obiecała z uśmiechem, wstając z fotela, podczas gdy jej kolana drżały ze zdenerwowania.

Cóż takiego Aristo mógł chcieć od niej po północy? Czy powinna spodziewać się niespodzianki, o której wspomniał przed południem? W czasie całego wieczoru nie mieli okazji zamienić ze sobą choćby paru słów. W tej sytuacji sądziła, że zapewne zapomniał o obietnicy.

Tymczasem Aristo wziął ją za rękę i pociągnął w zarośla. Doskonale wybrał moment, gdyż Meneghini gdzieś się zaszył, najwidoczniej ostatecznie doszedłszy do wniosku, że jednak nie powinien uczestniczyć w rozmowie Marii ze Skourasem.

Parę sekund później znaleźli się na piaszczystej ścieżce obramowanej jasnymi otoczakami, biegnącej stromo w dół zbocza wzdłuż ogrodu. Spoglądając za siebie, stwierdziła, że z willi byli niewidoczni.

– Gdzie jesteśmy?

– W bezpiecznym miejscu. – Aristo przyciągnął ją do siebie, po czym podniósł jej dłoń do swoich warg i pocałował. – Chodź, chcę ci coś pokazać.

Podziękowała w duchu, że przez wzgląd na wzrost Arista zdecydowała się zrezygnować z butów na obcasie. W przypadku Meneghiniego nie była aż tak taktowna. Tej nocy jej wybór okazał się na wyraz trafny, gdyż na wyboistej, stromej ścieżce, którą ją wiódł, zapewne zniszczyłaby szpilki. Nie mówiąc już o niebezpieczeństwie złamania nogi.

Po dobrej chwili dotarli do niewielkiego murowanego budynku bez okien. W ciemności połyskiwała jedynie niewielka szybka wprawiona w pomalowane na niebiesko drewniane drzwi. Aristo wyciągnął z kieszeni spodni zardzewiały klucz, który z chrzęstem obrócił się w zamku. Drzwi otworzyły się ze skrzypnięciem. Wolną ręką sięgnął po zapalniczkę.

Maria weszła do środka oświetlanego jedynie wątłym płomykiem. Rozglądała się wokół ze zdumieniem, podczas gdy Aristo zapalał rozstawione świece. Przy ścianach stały ustawione rzędem narzędzia ogrodnicze. W jednym z kątów widać było ułożone jedna na drugiej drewniane skrzynki z butelkami wina, obok których leżał sprzęt wędkarski. W oczy rzucało się rozklekotane krzesło stojące na wąskim stoliku nogami do góry. Jej wzrok przyciągnęła sterta wełnianych koców na, jak się wydawało, tyle co napompowanym dmuchanym materacu. Wszędzie było bardzo czysto. I choć w słabym świetle niewiele było widać, była przekonana, że niedawno ktoś tu musiał posprzątać.

– Gdzie jesteśmy? – zapytała ponownie z rosnącym z każdą chwilą zdumieniem.

– W ogrodowym domku gospodarczym mojego szwagra. Nikt tu nie zagląda, z wyjątkiem Theo. A on jest teraz zajęty gośćmi i pełni honory domu. Nareszcie jesteśmy sami, Mario.

W tym momencie dotarło do niej, że jeśli zbyt długo nie będzie jej wśród gości, zaczną jej szukać. Nieobecność Onassisa też zostanie prędzej czy później zauważona. „Ale do tego czasu mogę przecież robić, co chcę" – pomyślała zachwycona, że Aristo wreszcie był przy niej. Ile godzin marzyła o tym, żeby wreszcie być z nim sam na sam!

Ostrożnie usiadła na posłaniu, które lekko ugięło się pod jej ciężarem. Nagle doszła do wniosku, że to przypadkowe miejsce ich intymnego spotkania jest najlepsze ze wszystkich możliwych, gdyż w tym otoczeniu nie byli Callas i Onassisem, lecz po prostu Marią i Aristem. Dwojgiem kochających się ludzi bez nazwisk. Jej serce biło w piersi jak oszalałe.

Usiadł obok niej i przyciągnął do siebie, stale szepcząc jej imię.

Atramentowy kolor nieba przechodził stopniowo w rozmyty lawendowy odcień. Pod nim widać było poszarpaną, wznoszącą się ku górze, niemal czarną linię wybrzeża. Nad horyzontem, na wschodzie, tuż nad powierzchnią morza ukazał się pasek fioletu, który sprawiał wrażenie, jakby naniósł go na ten niezwykły obraz niewidzialny malarz. Niebo stopniowo nabierało barwy nasyconego różu przechodzącego w złocisty pomarańcz. Ta niespotykana feeria barw odbijała się w tafli wody wraz z najdrobniejszymi niuansami niczym w gigantycznym lustrze. Ostatnie połyskujące srebrzyście gwiazdy powoli bledły. Jedynie księżyc wciąż jeszcze wędrował po niebie, sprawiając wrażenie zagubionego i bezradnego.

– Nie ma nic piękniejszego niż wschód słońca nad Morzem Egejskim – stwierdził Aristo.

Maria stała obok niego na rufie, patrząc na przemian to na śpiący port jachtowy w Glifadzie, z którego właśnie wypłynęli, to znów w kierunku, który obrał kapitan Christiny. Z przeciwnej strony pojawiła się niewielka łódź rybacka. Gdy ich mijała, ludzie na pokładzie krzyknęli chórem *Kaliméra sas* – dzień dobry – po czym stara łajba oddaliła się z terkotem silnika. Poza tym panowała cisza przerywana jedynie oddechem stojącego za ich plecami Anthony'ego Montague Browne'a, od czasu do czasu wypuszczającego z płuc dym z papierosa.

Choć nie dotykała Arista w obecności towarzyszącej im przyzwoitki, świadomość jego obecności była silniejsza niż kiedykolwiek.

Zaraz po powrocie na jacht z przyjęcia u Artemis większość z ich współpasażerów udała się na spoczynek. Zmęczenie zmorzyło także Meneghiniego. Ale choć było już po czwartej rano, Maria ani myślała pójść spać. Zresztą i tak by nie zasnęła, wciąż jeszcze zbyt podekscytowana. Jej pobudzone zmysły szalały jak jeszcze nigdy dotąd, po tym, co wydarzyło się między nimi przed paroma godzinami. Wciąż rozbrzmiewała w niej cudowna melodia. Struny w jej ciele, których istnienia do tej pory nawet nie podejrzewała, zaczęły drżeć pod dotykiem rąk i warg Arista, napełniając ją niewyobrażalną rozkoszą. Aż do tej nocy miłość fizyczna była dla niej wyłącznie wypełnianiem obowiązku żony wobec męża. Przeżyte szczytowanie okazało się zupełnie nowym doświadczeniem, zapierającym dech w piersiach, ekstatycznym i bardziej wyczerpującym niż wyśpiewanie najtrudniejszej arii, ale równocześnie dającym o wiele większe spełnienie. Mała szopa na narzędzia ogrodnicze doktora Theopolosa Garofalidisa wydała jej się rajem, a prowizoryczne posłanie niebiańskim łożem.

– Popatrz. – Aristo wskazał na wschód.

Dokładnie naprzeciw nich powoli wznosiła się ku niebu wielka, żółta kula słońca, zupełnie niczym podciągany niewidzialną ręką lampion.

„A może to jego ręka sprawia, że słońce jest coraz wyżej" – pomyślała. „Jakby nie było, jest przecież wszechmocnym czarodziejem".

ROZDZIAŁ 22

Nad chmurami

Wrzesień 1968 roku

Samolot linii Olimpic Airways był już od dobrej chwili w powietrzu. Na tyle długo, że większość pasażerów pierwszej klasy zdążyła ustawić swoje siedzenia w pozycji leżącej, by móc przespać choć część tego nocnego lotu z Nowego Jorku do Paryża. Stewardesy poruszały się niemal bezszelestnie. Oświetlenie zostało zredukowane do niezbędnego minimum, paliło się jedynie kilka lampek wskazujących wyjścia awaryjne. Grube zasłony odgradzały elitarnych pasażerów od gwaru dochodzącego z tylnej części samolotu.

Maria siedziała na swoim miejscu ze wzrokiem wbitym w jeden punkt. Przed oczami przesuwały jej się obrazy wydarzeń sprzed lat, które nie pozwalały zasnąć. Ogromny bukiet róż, który czekał na nią na zarezerwowanym obok fotelu, gdy leciała do Londynu, żeby zaśpiewać w nowej inscenizacji *Toski* Franka Zeffirellego. Onassis czytający jej *Sympozjon** Platona: „A jeżeli kochanek napotka właśnie ową swoją połowę, to wtedy nadzwyczajnie zapalają się do przyjaźni, zażyłości i miłości i nie chcą ani na okamgnienie od siebie się oddalać"**. Dyskusja z burmistrzem

---

* Znany bardziej pod tytułem *Biesiada*.

** Właściwie cytat powinien brzmieć: „A jeżeli kochanek chłopców lub inny jakiś napotka właśnie ową swoją połowę, to wtedy nadzwyczajnie zapalają się do przyjaźni, zażyłości i miłości i nie chcą ani na okamgnienie,

Skorpios o prawie wodnym i gospodarowaniu wodą na położonej nieopodal Lefkadzie, zakończona obietnicą Onassisa występu Marii Callas na miejscowym ryneczku, dzięki której mógł napełnić wodociągi na wówczas dopiero co nabytej wyspie – skrawku ziemi, która w tym samym stopniu stała się tak jego, jak i jej domem. Jej pierwsze mieszkanie na Avenue Foch w pobliżu jego apartamentu... Wspomnienia wielkich i błahych wydarzeń przesuwały się w jej głowie niczym film, podczas gdy samolot przemierzał Atlantyk, z każdą chwilą oddalając ją coraz bardziej od człowieka, bez którego nie wyobrażała sobie życia.

Przez dwa dni niemal odchodziła od zmysłów z rozpaczy, wypłakiwała morze łez i zużywała całe pudełka papierowych chusteczek, których nie sposób było zliczyć. Po tych wszystkich tygodniach tęsknoty za Aristem, w których miała nadzieję na ponowne spotkanie z nim, jego wypowiedziane przez telefon słowa sprawiły jej nieznośny ból. Rozmowa z nim uświadomiła jej, że wszystko między nimi jest skończone. Definitywnie. A jedyne, co mogła zrobić w tej sytuacji, to rozpocząć życie od nowa.

W końcu zaakceptowała tę smutną prawdę. Jej dalsza wiara w możliwość pojednania nie byłaby niczym innym jak marnowaniem czasu. Teraz łączyły ich już tylko wzajemny gniew i pretensje. To oczywiste, że czytał wywiad, w którym nazwała go „szczurem". Podczas rozmowy dał jej to wyraźnie do zrozumienia. Równie wyraźnie nadmienił kilkakrotnie, że to ona odeszła, opuszczając nagle statek. Zwyczajnie przeinaczył fakty, robiąc z siebie ofiarę. Ofiarę pocieszaną przez słynną wdowę po amerykańskim

---

że tak rzekę, od siebie się oddalać" (tłum. Jan Biela). Jednak ze względu na to, że cytat mówi o miłości homoseksualnej, zarówno w wydaniu niemieckim, jak i w polskim nieco zmodyfikowano tłumaczenie greckiego oryginału.

prezydencie. Na myśl o Jackie Kennedy znów poczuła ogarniającą ją nienawiść pomieszaną z rozpaczą, które przeszły w wyczerpanie i uczucie pustki.

Ten sam los, który złączył ją i Onassisa, był prawdopodobnie odpowiedzialny za romans Arista i Jackie. Od czasu, kiedy amerykański wicekonsul pomógł mu w ucieczce ze Smyrny, Aristo kochał bałwochwalczo wszystko, co amerykańskie. Z czasem uwielbienie przeszło w prawdziwą, trwającą przez całe życie obsesję. Dla niego Stany Zjednoczone Ameryki były ziemią obiecaną i nie mógł przeboleć, że za żadne pieniądze nie był w stanie kupić sobie amerykańskiego paszportu. Przynajmniej jego dzieci posiadały wymarzone obywatelstwo – Tina zarówno Alexandrę, jak i Christinę wydała na świat w Nowym Jorku. Szczególnie ze względu na prowadzone interesy Onassisowi zawsze zależało na nawiązaniu stałych kontaktów z prezydentem Stanów Zjednoczonych. Ale o ile z poparciem greckiego prezydenta zawierał korzystne dla obu stron transakcje, jakich wymagała w danej chwili ciągle zmieniająca się polityka, o tyle w Waszyngtonie nigdy nie udało mu się znaleźć posłuchu. Dlatego też zaledwie parę miesięcy przed zamachem na prezydenta Johna F. Kennedy'ego zaprosił jego żonę na jacht. Wówczas pani Kennedy właśnie dochodziła do siebie po poronieniu. Zaproszenie to bardzo zabolało Marię, pomimo że Aristo zapewniał ją, iż robi to wyłącznie przez wzgląd na swoje interesy. To nie zazdrość, do której wówczas nie miała jeszcze najmniejszych powodów, tak bardzo bolała. Nie, to jej własna historia, która była tak przerażająco podobna...

Zacisnęła dłonie w pięści. „Nie, jeszcze i to wspomnienie" – pomyślała.

Jednak nie mogła przestać myśleć o tym, co od ośmiu lat nosiła w sobie. Ilekroć zaczynała zadawać sobie pytanie, czy gdyby mieli dziecko, Aristo również włączyłby to kolejne trofeum do swojej kolekcji, zawsze ogarniały ją smutek, rozczarowanie i złość, przechodzące w bezmierne zwątpienie.

Zawsze tylko to „gdyby"...

Ale nie mieli dziecka. Nie mieli, ponieważ nie przeżyło.

Siedziała zagubiona na przydzielonym jej miejscu, samotna jak nigdy dotąd.

Tymczasem Aristo nie był sam. Zabawiał się w najlepszym towarzystwie, podczas gdy ona cierpiała.

Skołowana, zraniona i przygnębiona tworzyła w głowie najróżniejsze scenariusze, w których mogłaby spotkać Arista. Te rozważania uzmysłowiły jej, że było też coś, czym mogła zadać mu podobny ból, jak on jej. Jeśli tak się zdenerwował na nazwanie go szczurem, to wymyśli coś o wiele gorszego. Nawet nie był w stanie sobie wyobrazić, do czego była zdolna. Puszczona w obieg plotka mogła zranić człowieka do głębi. A fakt, że nie miała nic wspólnego z prawdą, był zupełnie bez znaczenia, gdyż w głowie słuchającego zawsze coś zostaje.

Najlepszym przykładem był Meneghini, swoją gadaniną w mistrzowski sposób nastawiający opinię publiczną przeciwko żonie, która go zdradziła i opuściła. Jeśli wszystko dokładnie przemyśli, to w sytuacji, w której się obecnie znalazła, będzie mogła wykorzystać niejedno z taktyki zastosowanej przez byłego męża. Ale wcale nie zamierzała biadolić jak Meneghini. Wolała puścić w obieg jakieś jedno czy drugie nieprawdziwe twierdzenie – jak to uczynił przed laty jej mąż – które mogłoby zniszczyć Arista, a przynajmniej bardzo mu zaszkodzić.

Nagle poczuła się jak Medea poświęcająca własne dzieci w imię zemsty. Po raz pierwszy uświadomiła sobie związek między swoją najsłynniejszą rolą operową i obecnym położeniem. W panującym w samolocie półmroku tworzyła plan działań wojennych, w wyniku których niewykluczone, że sama padnie ofiarą, niszcząc samą siebie. Ale co ją to obchodziło i czego mogła się obawiać w sytuacji, gdy jej dusza i tak już była martwa?

Rozmowy z Mary Mead i z Anastasią Gatsos powinny wystarczyć do uruchomienia lawiny nieprzyjemnych komentarzy i pomówień. Zrobienie z Arystotelesa Onassisa mordercy własnego dziecka wcale nie będzie trudne.

ROZDZIAŁ 23

Mediolan

Początek września 1959 roku

– On oszalał – krzyczała oburzona Maria. – On po prostu oszalał. Dlaczego prasa nie może zostawić mnie w spokoju?

– Uważam, że to w gruncie rzeczy zabawne – zauważył Peter Diamand z ironicznym uśmiechem, przeglądając stos gazet, które Maria kazała sobie przynieść do garderoby w La Scali. Dyrektor Festiwalu Holandia przyleciał z Amsterdamu, by uczestniczyć w nagraniu płytowym *Giocondy* w Operze Mediolańskiej, ze względu na szczególną akustykę tego miejsca. Jednak od kilku dni był bardziej swego rodzaju ochroniarzem Marii niż uczestnikiem nagrań. Gdy tego ranka pojawili się przed wejściem bocznym dla artystów, zmuszony był dosłownie całym swoim ciałem osłaniać Marię, stając pomiędzy nią i tłumem paparazzich.

Impresario wyciągnął jedną z leżących na stosie gazet i uniósł wysoko na otwartej stronie.

– Nigdy bym nie wpadł na to, że ten reporter faktycznie mógłby wziąć mnie za pani egipskiego fryzjera. Proszę spojrzeć na ten wywiad z rzekomym mistrzem nożyczek i tapirowania z Kairu. – Spojrzawszy poprzez szkła okrągłych okularów na tekst, wybuchnął głośnym śmiechem. – Ten człowiek faktycznie uwierzył we wszystkie bzdury, jakie mu naopowiadałem. Tutaj na przykład pisze, że gdy występowała pani jako Violetta w *Traviacie*, wskutek moich zabiegów pani włosy stały się bardzo miękkie i idealnie proste...

– Kompletny idiotyzm – stwierdziła Maria, automatycznie przesuwając dłonią po głowie. Nie uważała za zabawne zjadliwych artykułów na swój temat, które ukazały się w międzynarodowej prasie po tym, jak – prawdopodobnie za sprawą Meneghiniego – zaczęły krążyć plotki o jej romansie z Onassisem. – Zwyczajnie kompletny idiotyzm!

– Ale to jeszcze nie wszystko. Najlepsze zostawiłem na deser – kontynuował Diamand z szerokim uśmiechem. – Otóż pani egipski fryzjer powiedział również w wywiadzie udzielonym na wyłączność, że w *Medei* pani włosy były sztywne jak drut i niedające się uczesać. – Zirytowana Maria przewróciła oczami. – Muszę przyznać, że ten fryzjer faktycznie powiedział coś w tym rodzaju. Mimo wszystko zachodzę w głowę, jaki dureń mógł uwierzyć w te wszystkie bzdury i na dodatek puścić je do druku.

– Przecież widzi pan jaki – zauważyła ze złością. Ze zmarszczonym czołem miotała się nerwowo po małym pomieszczeniu od ściany do ściany, załamując ręce. – Ponieważ ani Aristo, ani ja nie złożyliśmy żadnego oświadczenia, te hieny prasowe wypisują wszystko, co tylko gdzieś usłyszą.

I przedstawiają ją w najgorszym świetle, jako chciwą cudzołożnicę. Nawet Elsa Maxwell wystąpiła przeciwko niej w swojej kolumnie i wzięła stronę Tiny. Stara przyjaciółka, która przed dwoma laty przedstawiła jej Aristę, teraz otwarcie ją atakowała, nie przebierając w słowach. To było niepojęte. I to nie tyle rozczarowanie oraz stawiane zarzuty dawały się jej we znaki, szarpiąc nerwy i nadwyrężając siły, co uczucie, że cały świat zazdrości jej szczęścia, które stało się jej udziałem, gdy znalazła wielką miłość.

Od trzynastego sierpnia, kiedy to po trzytygodniowym rejsie zeszła na ląd w Monte Carlo, nie mogła pozbyć się wrażenia, że nieustannie musi tłumaczyć się z faktu, iż wreszcie jest szczęśliwa. Najpierw, ma się rozumieć, przed mężem, z którym wracała do Mediolanu w niemal całkowitym, lodowatym milczeniu. Od momentu, gdy na pokładzie Christiny oznajmiła mu, że go opuszcza, Meneghini sprawiał wrażenie, jakby była dla niego powietrzem. Kiedy poinformowała go z niepozostawiającą złudzeń otwartością, że ma się wyprowadzić do Sirmione, podczas gdy ona pozostanie w Mediolanie na Via Buonarroti, zachowywał się tak, jakby nie stali na gruzach swojego małżeństwa. Faktycznie – Meneghini wyjechał następnego dnia wcześnie rano, Aristo zaś przyleciał z Monte Carlo do Linate, gdyż nie mógł już dłużej wytrzymać rozstania z nią.

Naturalnie nie zamieszkał u niej, nawet w pokoju gościnnym, lecz udał się do hotelu Principe di Savoia. Zdumiewające, że Onassis tego wieczoru nie zwrócił na siebie uwagi dziennikarzy, którzy potraktowali go jak jednego z wielu biznesmenów. Nawet ich wspólna kolacja w małej restauracji w pobliżu jej domu pozostała niezauważona przez prasę. Tamtego wieczoru Maria była niezmiernie szczęśliwa, że wreszcie są jedynie zakochaną parą i że mogą po raz pierwszy spędzić czas tylko we dwoje, bez obserwujących ich oczu współmałżonków czy przyjaciół.

W świetle świec i przy znakomitym winie Barbera D'Alba z Piemontu swobodnie rozmawiali o wszystkim, co tylko przyszło im na myśl, szepcząc sobie wzajemnie czułe słowa, mające dla nich bezcenną wartość. W pewnym momencie rozmowa zeszła na ich rozwody.

– Chcę porozmawiać z twoim mężem – oświadczył Aristo. – Powiem Meneghiniemu, że musi z ciebie zrezygnować.

Maria była wzruszona, gdyż Aristo dał jej zupełnie inne poczucie bezpieczeństwa niż Meneghini. Takie, jakiego mąż nie był w stanie jej zapewnić, nawet gdyby kiedykolwiek próbował to uczynić. Zresztą on chronił jedynie śpiewaczkę, a w zasadzie wyłącznie jej głos, lecz nigdy ją jako kobietę. A to była zasadnicza różnica.

Po wspólnej kolacji udało jej się wślizgnąć niepostrzeżenie do apartamentu Arista, który opuściła o świcie, również niezauważona przez nikogo. Po raz pierwszy spali ze sobą w normalnym łóżku, nie musząc się przejmować ani czasem, ani tym, że ktoś ich nakryje. Maria była jak uskrzydlona, bo wreszcie zrozumiała, co oznacza pojęcie „kochać się". A to, co podarował jej Aristo, było nawet czymś więcej niż tkliwością i namiętnością. Pobudził ją do nowego życia.

Zgodnie z ustaleniami z kochankiem Maria kazała Meneghiniemu przyjechać następnego wieczoru na Via Buonarroti. Wiedziała, że mąż pomyśli, iż celem spotkania jest chęć poinformowania go o powrocie do niego i do ich wspólnego życia. Dotychczas ignorował fakt, że chce odejść, podobnie zresztą jak jej prywatne potrzeby, z którymi właściwie nigdy się nie liczył. Oczywiście nie w porządku było utrzymywać go w przekonaniu, że zmieniła zdanie, lecz gdyby powiedziała mu, o co naprawdę chodzi, z pewnością pozostałby w Sirmione. W rozmowie telefonicznej nadmieniła jedynie przyjaznym tonem, że chętnie omówiłaby z nim parę rzeczy, co zasadniczo wcale nie mijało się z prawdą.

Doskonale zdawała sobie sprawę, że to spotkanie będzie jedynie uwerturą do niekończącej się szarpaniny.

Meneghini wrócił do domu jakby nigdy nic i zachowywał się zgodnie z jej przewidywaniami. Udawał, że nic się między nimi nie wydarzyło. Usiadł w jadalni i sięgnął zdecydowanym ruchem po przyniesione przez Brunę potrawy, nawet nie próbując ukryć ziewnięcia.

Maria jak zazwyczaj jedynie grzebała w talerzu, niewiele jedząc. Równocześnie obserwowała męża. W końcu nie wytrzymała i wyrzuciła z siebie:

– Ty nigdy się nie zmienisz. Twój apetyt i potrzeba snu zawsze są takie same. Przynajmniej temu jesteś wierny – dodała zjadliwie, gdy nic zareagował na jej słowa.

W końcu Meneghini odłożył sztućce ze szczękiem, ciągle milcząc.

Maria doszła do wniosku, że oszczędzanie go nie miało sensu. Już sama próba wyjaśnienia mu czegokolwiek skończy się na niczym. „W takim razie trzeba to zrobić brutalnie" – pomyślała, podnosząc się z krzesła z zamiarem zamknięcia drzwi do pokoju, żeby personel im nie przeszkadzał i nie słyszał rozmowy, którą zamierzała przeprowadzić.

Wracając do stołu, oznajmiła lodowatym tonem:

– To koniec, Battisto. Między nami wszystko skończone.

Zamarł w bezruchu i spojrzał na nią w milczeniu. Jego twarz sprawiała wrażenie, jakby się uśmiechał, jednak Maria wiedziała z doświadczenia, że to tylko fasada.

– Ari Onassis i ja jesteśmy sobie przeznaczeni – wyjaśniła. – To nasze przeznaczenie, wobec którego jesteśmy bezsilni – dodała łagodniejszym tonem. – Nie zrobiliśmy nic złego. Przestrzegaliśmy wszystkich reguł i będąc na pokładzie, nie przekroczyliśmy żadnych granic. Zaręczam słowem honoru.

– Jakie to ma znaczenie wobec faktu, że kradnie mi żonę? – wybuchnął. – Jesteś ślepa na jego wyrafinowane sztuczki. Mario, przejrzyj wreszcie na oczy!

– Wiem, co robię – zapewniła z przekonaniem. „Powinnam była zwracać na ciebie większą uwagę i dostrzec twoją ignorancję. Wówczas odeszłabym od ciebie znacznie wcześniej" – pomyślała. Po czym dodała: – Nie potrafię bez niego żyć. A on beze mnie. Dlatego przyjechał do Mediolanu, gdyż chciałby z tobą porozmawiać.

Meneghini nie był zachwycony perspektywą rozmowy z rywalem i kategorycznie odmówił spotkania z Onassisem, lecz tym razem to Maria go zignorowała. Było dla niej oczywiste, że Aristo nie da się odwieść od swego zamiaru bezpośredniej rozmowy z jej małżonkiem.

Maria wybuchła głośnym śmiechem, gdy Aristo wreszcie zjawił się w przedpokoju. Onassis miał na sobie niebieski roboczy kombinezon, jaki zazwyczaj noszą monterzy, oraz czapkę z daszkiem ze sztucznej skóry, którą głęboko nasunął na czoło.

– Bardzo mi przykro, że pojawiam się w tak niestosownym przebraniu, ale tylko to udało mi się naprędce zdobyć – usprawiedliwił się. – Ubrałem się tak, żeby nie zostać rozpoznanym na ulicy.

– Jesteś niezmiernie taktowny – mruknęła z chichotem.

– Dobry Boże, cóż za błazenada – warknął Meneghini.

Natomiast Maria, w odróżnieniu od męża, którego coraz bardziej zawodziły nerwy, doceniła uprzejme i pełne szacunku zachowanie kochanka. Być może ten prosty kombinezon sprawił, że Meneghini porządnie nawrzeszczał na Onassisa. Gdyby armator stał naprzeciw niego w uszytym na miarę garniturze i jedwabnym krawacie, mąż Marii z pewnością nie straciłby panowania nad sobą. A tak krzyczał, ogarnięty szałem, używając słów, jakich Maria nigdy u niego nie słyszała. Jednak te werbalne ataki odbijały się od Arista niczym piłka od ściany. I za to kochała go jeszcze bardziej.

– Niech pan przyjmie do wiadomości, że nigdy nie zrezygnuję z Marii – oświadczył Onassis z prowokacyjnym spokojem. – A jeśli zajdzie taka potrzeba, zabiorę ją każdemu, naprawdę każdemu, i będę o nią walczył na wszelkie możliwe sposoby. Bez względu na kogokolwiek i cokolwiek czy też obowiązujące umowy, reguły i konwencje. Kochamy się. Niech pan to wreszcie przyjmie do wiadomości. Coś takiego zdarza się w życiu tylko raz.

– Miglanc! – syknął Meneghini.

Maria wstrzymała oddech. Siedząc na kanapie naprzeciwko obu mężczyzn, czuła się niczym postronny obserwator pojedynku. Sytuacja jak z opery *Eugeniusz Oniegin* Czajkowskiego. Z tą tylko różnicą, że nie była Tatianą i że wolałaby umrzeć, niż dalej tkwić w tym bezsensownym małżeństwie.

– Czego by pan chciał? – zapytał Onassis. – Jaką kwotę chciałby pan dostać za zgodę na rozwód? Ile milionów chciałby pan w zamian za Marię?

– Cóż za brak taktu! – Meneghini aż się zapienił.

„Żaden brak taktu" – pomyślała Maria. „Jedynie dobra pamięć. Aristo nie zapomniał, co mówiłam mu o naszej sytuacji finansowej".

– Ile chce pan za to, żeby pozwolić jej odejść? – Aristo nie ustępował. – Pięć milionów dolarów? Dziesięć?

Meneghini ze złością pokręcił głową, po czym spojrzał na zegarek na przegubie, co sprawiło, że wzrok Marii automatycznie podążył w stronę zegara kominkowego. Zaskoczona, stwierdziła, że było grubo po północy.

– Nie mam zamiaru dłużej tego wysłuchiwać. Ostatecznie to mój dom i teraz zamierzam pójść do łóżka – oznajmił gniewnie mąż Marii, podnosząc się z fotela.

Jednak Onassis był szybszy.

– Powinniśmy podać sobie ręce na pożegnanie. – Z tymi słowami Aristo wyciągnął prawą dłoń, na co Meneghini obrzucił go ponurym spojrzeniem, po czym ponownie potrząsnął głową.

– Nie podaję ręki ludziom pańskiego pokroju, Onassis. Zaprosił mnie pan na ten swój cholerny jacht, po czym zadał mi podstępny cios sztyletem w plecy. Niech pan idzie do diabła!

Obrócił się i powoli przemierzał salon. Orientalny dywan tłumił jego kroki. Przy drzwiach odwrócił się ponownie, by wyrzucić z siebie z nienawiścią:

– Przeklinam pana! – Przerażona Maria wstrzymała oddech. – Oby aż do końca swoich dni nie zaznał pan ani chwili spokoju.

Po tym dramatycznym wystąpieniu Meneghini opuścił pokój.

Aristo zacisnął dłoń w pięść. Jego wciąż jeszcze wyciągnięta ręka nagle opadła.

– A to ci dopiero teatr w pełnym znaczeniu tego słowa – zauważył po chwili. Następnie podszedł do Marii i pogłaskał ją delikatnie po włosach. – Nie martw się, proszę. Z pewnością się uspokoi.

– Wszystko mi jedno, jeśli tylko będziemy mogli być razem – powiedziała, odchylając głowę do tyłu.

– Co do tego nie ma przecież żadnych wątpliwości.

Pomimo że sprawiał wrażenie pewnego siebie, Marii wydawało się, że dostrzegła troskę i niepokój na jego twarzy. Aristo był równie przesądny jak ona. Co prawda nie był artystą, ale przecież był Grekiem. Ich pochodzenie sprawiało, że wierzyli w magię, zrządzenia losu i klątwy. Ale czy przekleństwo rzucone przez Meneghiniego mogło posiadać aż tak wielką moc sprawczą, by faktycznie ściągnąć na nich zemstę losu? Uniosła rękę i położyła dłoń na wciąż spoczywających na jej głowie palcach Arista.

– Powinnaś ściąć włosy – mruknął pogrążony w myślach.

– To oczywiste, że nie możemy się wciąż ukrywać. – Dwa tygodnie później Maria zwierzała się Peterowi Diamandowi w swojej garderobie w La Scali. Siedziała przed lustrem na krześle obrotowym w taki sposób, by móc patrzeć wprost na impresaria z Amsterdamu, wciąż jeszcze przewracającego strony aktualnych wydań gazet. – Najpierw dziennikarze wytropili nas w Cuneo, miasteczku między Albą i Imperią – westchnęła. – Potem pojechaliśmy do Monako, żeby uciec przed niekończącymi się dyskusjami z moim mężem i żeby choć trochę odetchnąć. Nie mam pojęcia, dlaczego Aristo wybrał samochód, a nie swój prywatny samolot. W każdym razie „La Stampa Sera" momentalnie poinformowała, że widziano nas razem.

– Boże drogi, Mario, a czego się pani spodziewała? Jest pani przecież najsławniejszą na świecie kobietą, Arystoteles Onassis jest zaś najsławniejszym mężczyzną na tym globie. Jako para stanowicie prawdziwą sensację.

„Faktycznie" – przyznała w duchu Maria. „Ale w zupełnie innym sensie. Stanowimy jedność, jak dwie należące do siebie połowy".

I tak właśnie się czuła podczas tego pierwszego wspólnego weekendu, który spędzili w Hôtel Hermitage w Monte Carlo. I byłoby idealnie, gdyby Meneghini się nie dowiedział, gdzie przebywa jego żona. Zaczął wydzwaniać co pół godziny, a nawet częściej. I gdy w końcu zrezygnowana odebrała jeden z jego telefonów, lamentował, powołując się na nierozerwalność sakramentu małżeństwa i wypominając jej popełniony grzech, którym – co ciekawe – jego zdaniem wcale nie była zdrada.

– Zniszczyłaś moje życie – powtarzał w nieskończoność, aż w końcu nie wytrzymała i wyciągnęła wtyczkę z gniazdka telefonicznego, przerywając połączenie.

Mimo takiego potraktowania Meneghini uparcie dzwonił dalej, aż w końcu doprowadził do zawieszenia się hotelowej centrali.

Maria oderwała się od wspomnień.

– Meneghini zupełnie stracił głowę – wyjaśniła przyjacielowi. – Chce mnie formalnie oskarżyć przed sądem o cudzołóstwo. Jak pan wie, tu, we Włoszech, jest to czyn karalny, za który można nawet pójść do więzienia. Ale w moim przypadku, jako że jestem obywatelką amerykańską, sprawa staje się bezprzedmiotowa, gdyż nie można mnie pociągnąć za coś takiego do odpowiedzialności.

– Co za skandal!

– Proszę zajrzeć do gazet, a przekona się pan, że Meneghini zadbał o to, żeby cała sprawa dotarła do opinii publicznej. Wyciągnął na wierzch wszystkie brudy.

Lecz były też i cudowne chwile. Maria niemal każdy weekend spędzała teraz z Aristem w Monte Carlo. Dwoje zakochanych, którzy odnaleźli się pomimo wszystkich przeciwności losu. Były to najszczęśliwsze dni w jej życiu. W porcie kotwiczyła widoczna z okien jej pokoju hotelowego Christina, na której Tina wraz z dziećmi Arista spędzali ostatnie dni lata. Maria nie miała nic przeciwko temu, że kochanek zostawiał ją i udawał się na służbowe spotkania. Ma się rozumieć, nie robiła mu też żadnych wyrzutów, gdy wracał na pokład, by zobaczyć się z synem i malutką córką. W żadnym miejscu na świecie nie czuła się równie bezpiecznie, jak w Monte Carlo w tych dniach.

W końcu w ostatni weekend sierpnia ukochany zakomunikował jej, że jego żona wraz z przyjaciółmi zamierza wypłynąć w morze i pożeglować do Wenecji na Międzynarodowy Festiwal Filmowy. On zaś, jako dobry gospodarz, chce uczestniczyć w tym rejsie.

Maria wykazała zrozumienie. Zresztą i tak nie mogła dłużej pozostać w Monte Carlo, gdyż wkrótce musiała wracać do Mediolanu na rozpoczynające się nagrania płytowe, na które podpisała umowę już jakiś czas temu,. Każde z nich musiało wypełnić swoje zobowiązania.

W noc poprzedzającą wypłynięcie Christiny w rejs do Wenecji tuż po północy rozległo się pukanie do drzwi ich apartamentu. Po ich otwarciu zobaczyła przed sobą Arista w białej wieczorowej marynarce, z nieco potarganymi włosami, radosnego niczym chłopiec oczekujący na nagrodę za udany figiel, który udało mu się spłatać.

– Gdy wciągali trap, w ostatniej chwili wyskoczyłem na brzeg – wyjaśnił. – Nie mogłem znieść tego, że odpływam, podczas gdy ty zostajesz tutaj. Tina będzie musiała się przyzwyczaić do podróżowania beze mnie.

Resztę nocy spędzili, świętując w najlepsze.

Maria spojrzała na Petera Diamanda i poczuła, że się czerwieni. Powodem było nagłe przypomnienie sobie chwil z Aristem, wypełnionych intymną tkliwością i nieskrępowaną niczym namiętnością. Wspomnienie tak intensywne, że musiała mu się poddać. Wciąż na nowo zaskakiwał ją fakt, że ich ciała za każdym razem odnajdowały się na nowo, z łatwością tworząc nową zmysłową i pełną podniet całość. Wtem ogarnęły ją mdłości, co w ostatnim czasie zdarzało się dość często. Z tego powodu odwiedziła nawet swojego kardiologa, który potwierdził, że nic jej nie dolega. Usłyszała, że jej stan zdrowia był znacznie lepszy niż przed rejsem, co zasadniczo było zgodne z prawdą. Dlatego też uznała, że jej niedyspozycja żołądkowa z pewnością ma związek z napięciem nerwowym, które stale jej towarzyszyło, spowodowane sytuacją, w jakiej się znajdowała. Od tamtego weekendu, podczas którego Aristo dokonał ostatecznego wyboru między nią a żoną, stała się obiektem polowania na czarownice. Po powrocie do Mediolanu nieustannie była oblegana przez tłumy paparazzich. Śledzili każdy jej krok, po czym opisywali go w licznych krajowych i zagranicznych gazetach, dla których pracowali. Reporterzy wystawali przez całą dobę nawet przed hotelem Principe di Savoia, obserwując, czy przypadkiem znów nie opuszcza go w środku nocy po tym, jak wieczorem weszła do środka pod rękę z Onassisem. Nigdy tego nie robiła, zarówno z czystej przekory, jak i dlatego, że chciała spędzać z ukochanym jak najwięcej czasu.

– Powinna pani zwołać konferencję prasową. – Peter Diamand przerwał jej myśli. – Nie może być tak, że reporterzy czyhają na każdego z pani otoczenia, a potem wypisują w gazetach rozmaite bzdury, takie jak te na temat pani włosów. – Postukał w stronę, na której znajdował się wywiad z rzekomym egipskim fryzjerem Marii. – Proszę się odważyć na ucieczkę do przodu. Niech pani wreszcie powie ludziom, co chcą usłyszeć.

Wzdrygnęła się, jakby budząc się ze snu.

– Co takiego? Mam wyznać publicznie, że kocham Arystotelesa Onassisa?

– Nie. Nie to. Nie. Ale powinna pani definitywnie postawić kreskę na swoim małżeństwie, zanim ktoś zacznie publicznie prać najgorsze brudy. Powinna pani złożyć oficjalne oświadczenie o rozstaniu z mężem, przez co wytrąci im pani broń z ręki i tym samym ukróci wszystkie spekulacje.

Skinęła głową z namysłem. Teraz nie mogła już sama decydować, co powie opinii publicznej. Postanowiła, że przedyskutuje z Aristem propozycję Diamanda. Wszak u jego boku zawsze była silna.

Tego przedpołudnia w foyer La Scali panował ścisk, jakby to była premiera sezonu. Jednak wśród wszystkich mężczyzn tłoczących się za czerwonym sznurem odgradzającym część pomieszczenia na próżno byłoby szukać miłośników opery. Wysoko uniesione aparaty fotograficzne były ponastawiane, kamery włączone, mikrofony skierowane w stronę drzwi, w których zaraz miała pojawić się Maria Callas na zwołanej przez siebie konferencji prasowej. Tuziny rąk trzymały w pogotowiu notatniki i ołówki. Salę wypełniał nerwowy, pełen podniecenia szmer głosów przybyłych tłumnie dziennikarzy.

Obserwując wszystko przez szparę w drzwiach, Maria miała wrażenie, jakby jakimś dziwnym sposobem znalazła się w kluczowej scenie *Rzymskich wakacji*. Gdy przed laty oglądała ten film, postanowiła, że będzie jak Audrey Hepburn. I to jej się udało. Teraz musi jeszcze tylko uporać się z tą konferencją prasową równie dobrze i swobodnie, jak to zrobiła księżniczka Anna, dla której tamto wystąpienie było przełomowym momentem. Podobnie zresztą jak teraz dla niej.

„Przecież to tylko występ. Podobny do innych" – próbowała sobie wmówić, by nabrać pewności siebie. Problem w tym, że przed tamtymi innymi też zawsze zżerała ją ogromna trema. Znów poczuła przypływ mdłości. Postanowiła, że jak tylko skończy nagranie płyty, ponownie pójdzie do lekarza.

Wzięła głęboki oddech, zmuszając się do spokoju. Jej wzrok napotkał spojrzenie inspicjenta. Skinęła mu niemal niezauważalnie, po czym zdjęła okulary.

Przy hucznych oklaskach stanęła przed zgromadzonymi tłumie przedstawicielami prasy. Po raz pierwszy nie żałowała, że nie jest w stanie dokładnie widzieć twarzy spoglądających na nią osób. Dzięki temu nie dostrzegała spojrzeń żądnych sensacji dziennikarzy. Przed oczami miała jedynie rozmyty obraz całości. Błyski fleszy sprawiały wrażenie przeszywających powietrze błyskawic podczas szalejącej burzy.

Na powitanie Maria majestatycznie skinęła głową, w pełni wchodząc w rolę Callas, która w kilku zwięzłych zdaniach zamierzała ująć to, co miała do powiedzenia. Ponownie wzięła głęboki oddech, po czym oznajmiła pewnym głosem:

– Chciałabym poinformować państwa, że rozpad mojego małżeństwa jest definitywny. Rozdźwięk między mną i mężem stale się pogłębiał. I to już od dłuższego czasu. A to, że nasze rozstanie zbiegło się w czasie z rejsem Christiną, jest czystym przypadkiem.

– Czy ma pani romans z signorem Onassisem? – Usłyszała młody męski głos.

– Z signorem Onassisem od dawna łączy mnie głęboka przyjaźń. Poza tym signor Onassis zajmuje się także moimi sprawami finansowymi. Nic ponadto.

„Boże, nie opuszczaj mnie i spraw, żebym jakoś przez to przeszła" – pomodliła się w duchu.

– O jakiego rodzaju sprawy finansowe, którymi zajmuje się signor Onassis, chodzi?

– Czy signor Meneghini nadal pozostanie pani managerem?

– Jakie ma pani plany na najbliższą przyszłość?

– Czy łączy panią z signorem Onassisem coś więcej niż przyjaźń?

– Chodzą słuchy, że signor Meneghini zwrócił się do kancelarii adwokackiej z Turynu. Czy może pani coś powiedzieć na ten temat?

Pytania padały niczym grad podczas gwałtownej burzy z piorunami, jak stwierdziła w duchu. W innych warunkach prawdopodobnie rozbawiłoby ją to skojarzenie, jednakże teraz czuła się jak w pułapce, zdana na łaskę wszystkich tych ludzi. Podniosła rękę, by przerwać lawinę pytań.

– Arystoteles Onassis jest wyłącznie dobrym przyjacielem, wspomagającym mnie w tych trudnych czasach – oznajmiła zdecydowanie. – Jeśli o mnie chodzi, to zajmuję się w głównej mierze swoją karierą i właśnie rozważam ofertę prowadzenia opery w Monte Carlo. Poza tym Hollywood zaproponowało mi rolę w filmie.

Dziennikarze chcieli dokładnie poznać szczegóły wspomnianych przez Marię projektów. Niemniej jednak wciąż padały pytania o jej związek z Aristem. Niczego bardziej nie pragnęła, jak wykrzyczeć światu całą prawdę. Jednak oboje zgodzili się co do tego, że aż do czasu załatwienia sprawy swoich małżeństw będą zachowywać się jak najdyskretniej. W ostatnich dniach Meneghini udzielił szeregu wywiadów, które odniosły zamierzony skutek i rozpętały falę domysłów oraz spekulacji. Zarzucał w nich Onassisowi, że jego jedynym celem było zdobycie słynnej sopranistki, by dodać sobie prestiżu, strojąc się w piórka światowej sławy śpiewaczki. Ponadto twierdził, że Onassis jest „równie obłąkany jak Hitler". W tej sytuacji Maria w żadnym wypadku nie zamierzała dolewać oliwy do ognia.

Zacisnęła zęby i ponownie skinęła wyniośle zgromadzonym reporterom, po czym zniknęła za drzwiami, którymi wcześniej weszła, ścigana protestami dziennikarzy, zawiedzionych brakiem odpowiedzi na ich pytania.

– To było straszne – westchnęła do przytkniętej do ust i ucha słuchawki telefonu. Leżała wyciągnięta na łóżku, pragnąc, by Aristo był przy niej, a nie po drugiej stronie przewodu. Podczas gdy ona miała konferencję prasową, on leciał do Wenecji, żeby omówić z Tiną szczegóły rozwodu. Maria opowiedziała mu z detalami, co się wydarzyło w foyer La Scali, jak również o przemilczeniu ich miłości oraz o swoich wymijających odpowiedziach, które zresztą i tak nikogo nie przekonały. W każdym razie nie na długo.

– Tutaj wcale nie jest lepiej – stwierdził Aristo. – Dziś popołudniu paparazzi dopadli mnie w barze Harry'ego. Zresztą zdążyłem się do tego wcześniej przygotować, gdyż na Festiwalu w Wenecji aż roi się od prasy i trudno im umknąć.

Jego głos brzmiał tak, jakby wypił już parę drinków w słynnym barze.

– I co im powiedziałeś?
– Że przyjaciele uważają mnie za żeglarza, a żeglarze normalnie nie mają nic wspólnego z sopranistkami. – Roześmiał się głośno jak z dobrego żartu. – Ma się rozumieć, że bardzo by mi pochlebiało, gdyby zakochała się we mnie kobieta taka jak Callas. Czy ci się to podoba?
– To przecież prawda, że się w tobie zakochała.
– I mam nadzieję, że na długo.
– Tak. Na zawsze – zapewniła z uśmiechem.

ROZDZIAŁ 24

Mediolan

Początek listopada 1959 roku

Pierwsze miesiące ich związku były dla Marii nieustanną huśtawką uczuć. Nigdy przedtem nie zdawała sobie tak wyraźnie sprawy z faktu, że szczęście i złość mogą być aż do tego stopnia blisko siebie. Miała wrażenie, że znajduje na kręcącej się coraz szybciej karuzeli emocji, której w żaden sposób nie da się zatrzymać. Z jednej strony, będąc z Aristem, doznawała wielu wspaniałych i pięknych uczuć, jakich w dotychczasowym życiu jeszcze nigdy nie doświadczyła albo na które zwyczajnie nie było miejsca – miłości, poczucia bezpieczeństwa, wiary, namiętności, czułości. Zachwycona była także jego poczuciem humoru i żądzą przygód. Natomiast z drugiej strony doświadczała wszelkich możliwych złośliwości, którym towarzyszyły zaciekłość i napastliwość, podsycane przez Meneghiniego, a później jeszcze przez Tinę. Na domiar złego do zaciekle atakującej ją dwójki dołączyła przebywająca w Nowym Jorku matka, karmiąc świat opowieściami o niewdzięcznej córce. Evangelia nie zostawiła na Marii suchej nitki. Zapowiedziała też książkę, w której zamierzała odsłonić całą prawdę o Callas. Wydawać by się także mogło, że w Elsę Maxwell wstąpił jakiś zły duch, gdyż dawna przyjaciółka w swoich artykułach używała najbardziej dosadnych słów, naznaczając Marię piętnem „geniusza i zarazem wiedźmy" i określając ją „największym rozczarowaniem swojego życia, jeśli chodzi o człowieka". Ataki, którym Maria nie była w stanie się przeciwstawić, nie pozostawały bez uszczerbku na jej psychice.

Do tego doszły jeszcze problemy ze zdrowiem. Wciąż czuła się dziwnie osłabiona. Stała się bardziej drażliwa niż kiedykolwiek wcześniej. Martwił ją także głos. Obecnie wykonanie jakiejkolwiek arii przychodziło jej z coraz większym trudem. Podczas jednego z koncertów w Bilbao niemal nie zaśpiewała średniego C, nie mówiąc już o wyższych tonach, co publiczność przyjęła z wielkim rozczarowaniem. Za to zaledwie parę tygodni później ponownie zatryumfowała w Londynie, gdzie znów wspięła się na szczyty swoich możliwości, wyśpiewując z łatwością wszystkie tony.

W tych jakże trudnych dniach ogromną pociechą był dla niej Aristo, który niezależnie od tego, co by się wydarzyło, zawsze ją wspierał, pocieszał i kochał. Nawet pod presją ogromnych zarzutów, na które był narażony po rozstaniu z żoną, próbował spokojnie i na tyle, na ile to było możliwe, znaleźć wyjście z sytuacji. Dlatego też – obok swoich obowiązków zawodowych – stale krążył pomiędzy prawnikami, ojcem Tiny, samą Tiną, swoimi licznymi miejscami zamieszkania, ale wciąż wpadał do Marii do Mediolanu. Zakochani mieli spokój jedynie na pokładzie Christiny, na którą Maria wracała tak często, jak to tylko było możliwe. Skradzione dni. Możliwe, że ostatnie, gdyż w międzyczasie do zmartwień Marii dołączyła jeszcze choroba morska. Często odczuwała mdłości nawet przy całkowicie bezwietrznej pogodzie, co sprawiało, że pobyty na jachcie stawały się dla niej coraz bardziej uciążliwe. Ale przede wszystkim dręczyło ją pytanie, co zrobi jej żeglarz, jeśli nie będzie mogła towarzyszyć mu na morzu?

W końcu musiała wyruszyć za ocean, żeby w Kansas City zaśpiewać w *Łucji z Lammermooru* i *Medei*.

W trzech z pięciu gazet oferowanych na pokładzie samolotu znalazła kolejne nowości na temat swojego małżeńskiego dramatu.

W artykułach informowano, że Meneghini wysunął roszczenia do domu w Mediolanie, co było zgodne z prawdą. Po czym zacytowano jego wypowiedź: „Moja żona i Onassis są wyłącznie przyjaciółmi. Problem w tym, że żona robi to wszystko dla reklamy i rozgłosu", co z kolei było nieprawdą.

Dziennikarz prowadzący stałą rubrykę napisał: „Idę o zakład, że Ari i Tina w przyszłości pozostaną razem. Ambitna Maria Callas będzie zaś głośno śpiewać solo". Cóż za bezczelna insynuacja!

„Battista Meneghini wystąpił do włoskiego sądu o separację prawną z Marią Callas-Meneghini" – informował z kolei „The New York Times". „Ponadto chodzi jeszcze o uchylenie małżeńskiej wspólności majątkowej, czyli de facto o spór w kwestiach finansowych. Małżonkowie nie mogą wstąpić w nowy związek, gdyż prawo we Włoszech nie dopuszcza rozwodów. Orzeczenia należy oczekiwać w połowie listopada".

Próbowała zasnąć, jednak nagłówki gazet prześladowały ją nawet we śnie. Konferencja prasowa zorganizowana na początku września też nie przyniosła oczekiwanego spokoju. I jeśli przez parę dni nie ukazywało się nic na jej temat, zgłaszał się Meneghini z jakimiś rewelacjami. Taka sytuacja trwała już od paru tygodni.

Mimo że podczas lotu położyła wysoko nogi, czuła, jak puchną jej kostki. Na przemian pociła się i marzła. Szczelnie okrywała się etolą z norek, po czym po chwili ją zrzucała. Obsługująca pierwszą klasę stewardesa wielokrotnie musiała się schylać, by podnieść z podłogi cenne futro. Maria miała nadzieję, że uda jej się odprężyć podczas lotu, jednak przez cały czas trawił ją niepokój. Czuła się fatalnie do tego stopnia, że nie miała siły sięgnąć do torebki po tabletki. Gdy wreszcie samolot wylądował na nowojorskim lotnisku Idlewild, była bardzo zmęczona i wyjątkowo rozdrażniona.

– Przy wyjściu czeka na panią samochód, który zawiezie panią na lotnisko LaGuardia – poinformowała Marię szefowa pokładu. Pochyliła się lekko nad sławną pasażerką i kontynuowała ściszonym głosem: – Stamtąd będzie pani miała lot do Kansas City. Przylecieliśmy zgodnie z rozkładem. Co do minuty. I jeszcze jedno, piloci dostali wiadomość od wieży kontrolnej, że na płycie postojowej czeka na panią duża grupa dziennikarzy.

– O mój Boże – jęknęła Maria. – Czy nie można się ich jakoś pozbyć?

– Obawiam się, że skoro już tam są, nie dadzą się usunąć policji. – Młoda kobieta spojrzała na nią z głębokim współczuciem.

„A więc nic się nie da zrobić" – podsumowała Maria w duchu. Kiedy wreszcie paparazzi przestaną na nią czyhać na każdym kroku? W domu w Mediolanie sytuacja zaostrzyła się do tego stopnia, że zaczęła unikać przyjaciół, żeby w razie czego, gdy dopadną ich reporterzy, nie stawiać ich w nieprzyjemnej sytuacji. Schowała się na Via Buonarroti, gdzie przebywała praktycznie odcięta od świata. Na domiar złego pewnego dnia, wbrew uzgodnieniom, zjawił się Meneghini z zamiarem wyrzucenia jej z domu, co spowodowało, że całkiem straciła panowanie nad sobą. Wkrótce potem groziła mu przez telefon:

– Miej się na baczności, Battisto! Ostrzegam, że pewnego dnia przyjdę z rewolwerem i cię zastrzelę!

Jego reakcja była nie mniej gwałtowna:

– W takim razie będę czekał na ciebie z karabinem maszynowym.

W rezultacie ponownie się wyprowadził bez konieczności użycia broni. Najwidoczniej prawnicy Onassisa, reprezentujący również Marię, zawarli z nim porozumienie i nie było potrzeby uciekania się do aż tak drastycznych środków.

Wylatując do Stanów Zjednoczonych, Maria miała nadzieję, że tamtejsza prasa nie będzie równie agresywna jak włoska. Cóż za naiwność z jej strony! „Powinnaś przecież wiedzieć, czego się spodziewać" – złajała się w duchu, podnosząc się z zajmowanego siedzenia i próbując rozluźnić napięte mięśnie. „Jesteś skończoną idiotką!" – dodała w myślach.

Gdy tylko Maria ukazała się w drzwiach czterosilnikowego lockheeda starlinera, momentalnie rozbłysły pierwsze flesze. Pracownicy ochrony robili, co w ich mocy, by powstrzymać napór chmary reporterów szturmujących wyjście.

Prawdopodobnie nawet nieźle wyglądała w jasnym kostiumie z okrągłym kołnierzem z norki i z futrzaną etolą przerzuconą przez ramię. Zatrzymała się w drzwiach samolotu, niezadowolona, że fotografowano ją z dołu, czego nie znosiła, gdyż wówczas jej nogi wypadały wyjątkowo niekorzystnie. Starała się dodać sobie pewności siebie, lecz tym razem, pomimo wysiłków, nie udało jej się wskoczyć w rolę wielkiej diwy.

Bardziej wyczuwała, niż słyszała pstryknięcia naciskanych bez przerwy migawek aparatów fotograficznych i szum kamer kręcących materiał do kronik filmowych. Po chwili padły pierwsze pytania:

– Madame, ile jest prawdy w informacjach, że mister Onassis nie chce się rozwieść?

– Co panią łączy z Arystotelesem Onassisem?
– Czy w dalszym ciągu jesteście przyjaciółmi?
– Czy próbowała pani dogadać się z mężem w kwestii odstąpienia od separacji?
– Co sądzi mister Onassis na temat wytoczonego przez panią we Włoszech procesu w sprawie małżeńskiej?
– Pani mąż twierdzi, że on i mister Onassis są starymi przyjaciółmi. Czy może to pani potwierdzić?

Maria poczuła panikę. Powoli schodziła po trapie na płytę lotniska, mocno trzymając się poręczy. Krótkowzroczność zmusiła ją do uważnego patrzenia pod nogi. Przez moment obawiała się, że się potknie. Zatrzymała się na chwilę, chcąc, żeby fotoreporterzy odnieśli wrażenie, że pozuje im do zdjęć. W rzeczywistości jednak głęboko wciągnęła powietrze, próbując wziąć się w garść. Tym razem niestety nie było nikogo, kto by ją odebrał i podtrzymał. Aristo przebywał w Paryżu, gdzie rozmawiał ze swoimi prawnikami i ojcem Tiny na temat warunków finansowych rozwodu oraz zagwarantowania sobie prawa do kontaktów z dziećmi. Musi zatem sama pokonać drogę do limuzyny, co nagle ją przeraziło.

Hałas wzmógł się jeszcze bardziej, gdy inny samolot kołował na pobliskie miejsce postojowe. Głosy przybrały na sile, tworząc ogłuszającą kakofonię dźwięków.

„Żeby tylko nie upaść" – powtarzała sobie w duchu. „Proszę, tylko nie zemdlej. Pochodzisz przecież z Washington Heights. Nikt, kto się tam wychował, nie da się tak łatwo zastraszyć" – odezwał się wewnętrzny głos.

Zeszła na najniższy stopień i omal nie potknęła się o kabel, który operator kamery podłączył do akumulatora, by móc kręcić film.

– Niech pan to zabierze! – burknęła rozkazującym tonem. Tym razem jej głos nie brzmiał jak zazwyczaj spokojnie i monotonnie, lecz ostro, z akcentem ulicy, niebezpiecznej dzielnicy, w której wyrosła. – Dość tego! Czy zrozumiał pan, co powiedziałam?

W tym momencie szofer wyskoczył z limuzyny i pospieszył w jej stronę. By się przecisnąć przez tłum, zmuszony był użyć łokci. Identycznie zareagowali pracownicy ochrony, z trudem rozpychając na boki paparazzich. Tym sposobem stopniowo powstał wąski pas na betonowej płycie, otwierający jej drogę do czekającego samochodu. Serce biło jej jak szalone. Zdenerwowanie sprawiło, że oddychała szybko, w niekontrolowany sposób, co jeszcze bardziej zwiększało lęk. Wciąż była zarzucana gradem pytań. Błyski fleszy rozjaśniały ponury, szary dzień jaskrawym światłem. Próbowała ignorować wszystko, co się działo wokół. Wreszcie jakoś udało jej się dotrzeć do cadillaca i opaść na tylne siedzenie samochodu.

„Nigdy więcej takiego tumultu i takiej masy ludzi" – przemknęło jej przez myśl. „Więcej tego nie zniosę". Po czym pomyślała, że jak tylko dotrze do lotniska LaGuardia, natychmiast zadzwoni do swojego impresaria i zarazem przyjaciela, by poinformować go, że musi odwołać występ w Kansas.

Tymczasem szofer powoli przedzierał się samochodem przez tłum, co rusz naciskając na klakson. Bez przerwy musiał też używać pedału hamulca, by nikogo nie potrącić. Obiektywy kamer i aparatów fotograficznych za szybami limuzyny wyglądały jak oczy ogromnego, nienasyconego monstrum.

ROZDZIAŁ 25

Dallas, Teksas

Początek listopada 1959 roku

Larry nie spełnił jej prośby i nie odwołał występu. Pocieszające było jedynie to, że przynajmniej poleciał wraz z nią i Mary do Kansas City na zaplanowany koncert.
– Wszyscy będziemy cię wspierać, gdzie i jak tylko się da – zapewnił Larry. – Ale, proszę, wyjdź na scenę i zaśpiewaj. Z tego, co wiem, nawet prezydent Harry Truman zapowiedział swoje przybycie, a niemal nie pojawia się publicznie. Dlatego to dla ciebie wielki zaszczyt, że przyjedzie, żeby cię posłuchać. Choćby tylko przez wzgląd na niego nie możesz odwołać występu.

Mimo że strach przed tłumem przybrał monstrualne rozmiary, w końcu zgodziła się wystąpić. Tuż przed koncertem zaczęła jednak żałować z całego serca, że uległa namowom Larry'ego. Na domiar złego musiano ewakuować zarówno publiczność, jak i członków zespołu Loew's Midland Theatre z powodu komunikatu o podłożeniu w teatrze bomby. Także Truman był zmuszony opuścić na pewien czas imponujący gmach w stylu art déco.

Maria pojawiła się na scenie przy gromkich oklaskach, ze znacznym opóźnieniem. Gorący aplauz sprawił, że strach momentalnie się ulotnił. Śpiewając, ponownie poczuła się bezpieczna i całkiem jak w domu. Jej głos pokonywał gładko najtrudniejsze technicznie pasaże, co sprawiło, że swobodnie wydobywała z siebie wszystkie najwyższe dźwięki. Po skończonym występie zachwycona publiczność entuzjastycznie biła brawo i tupała z takim zapałem, że licząca trzy tysiące dwieście miejsc sala teatralna aż drżała w posadach. Sukces sprawił, że zapomniała o nieprzyjemnym wydarzeniu na lotnisku, od którego zaczął się jej pobyt w USA, i uskrzydlona zachwytem widzów udała się na występ do Dallas.

Dzięki towarzystwu przyjaciół Maria czuła, że jest pod dobrą opieką i że nie ma się czego obawiać. Ku jej zaskoczeniu ilość dziennikarzy czekających na nią na lotnisku w Teksasie była niewielka. Podobnie rzecz się miała, gdy odlatywała z Missouri. Widocznie ludzi na Dzikim Zachodzie bardziej interesowali kowboje i magnaci naftowi niż życie światowej sławy sopranistki. Była to forma ignorancji, którą Maria ostatecznie uznała za znacznie lepszą niż towarzyszący jej zazwyczaj rwetes. Odprężyła się i uspokoiła, jednak jej spokój ulotnił się w okamgnieniu, gdy po przybyciu do domu Mary, który podała jako swój adres kontaktowy w Ameryce, wręczono jej list od adwokata.

Stojąc, otworzyła kopertę. Czytając pismo w salonie przyjaciółki, wolno osunęła się na obity jasnożółtą satyną fotel.

– Jakaś zła wiadomość? – W głosie Mary wyraźnie słychać było zaniepokojenie.

– Zależy, jak na to spojrzeć – mruknęła Maria, ponownie przelatując wzrokiem całą treść. Po czym spojrzała na Mary. – Sąd wyznaczył termin rozprawy, na której ma być rozpatrywana sprawa zniesienia naszej majątkowej wspólności małżeńskiej, na czternastego listopada.

– No to przynajmniej to postępowanie się zakończy...

– Mam nakaz osobistego stawiennictwa, co oznacza, że muszę wracać do Mediolanu. – Z westchnieniem położyła głowę na oparciu fotela. – A to znaczy, że będę musiała odwołać występ w *Cyruliku sewilskim*. – Ponownie westchnęła. – Nie wyobrażasz sobie, jak bardzo jest mi nieprzyjemnie z tego powodu.

– Publiczność jakoś to przeboleje, jeśli zaraz potem pojawisz się na scenie w Music Hall at Fair Park jako Medea.

Spektakl miał się odbyć cztery dni po procesie. Perspektywa dwukrotnego wielogodzinnego przelotu nad oceanem w tak krótkim czasie nie była zbyt atrakcyjna.

– Obecnie bardzo męczą mnie loty na długich trasach. – W głosie Marii słychać było zdziwienie, jakby ten fakt był dla niej samej zaskoczeniem. – Wcześniej takie podróże nigdy nie stanowiły dla mnie problemu. Ale ten cyrk wokół rozstania z Battistą po prostu mnie wykańcza. Nie czuję się dobrze, Mary.

– W takim razie może umówię cię z moim lekarzem na jakiś konkretny termin.

– Dwa miesiące temu byłam u internisty – wyjaśniła Maria, potrząsając głową. – Powiedział, że nic mi nie jest. Wszystkie badania wypadły dobrze.

– Ale twierdzisz, że źle się czujesz. I nie jest to tylko kwestia ostatniego lotu, gdyż już od jakiegoś czasu skarżysz się na złe samopoczucie.

Przyjaciółka była doskonale zorientowana we wszystkim, co dotyczyło Marii, nie wyłączając jej nastrojów, gdyż często rozmawiały przez telefon i regularnie korespondowały ze sobą. Dlatego uzmysłowiła sobie, że Mary zapewne ma rację. Jej problemy zdrowotne zaczęły się jakoś we wrześniu, gdy wróciła do Grecji po drugim rejsie Christiną. Czas spędzony z Aristem tylko we dwoje na pokładzie jachtu był dla niej jak podróż poślubna. Gdy była znów na lądzie, uznała, że jej problemy zdrowotne, które ni stąd, ni zowąd się pojawiły, zapewne są efektem rozstania z ukochanym, za którym bardzo tęskniła. Potem swoje złe samopoczucie przypisała czekającym ją kłopotom, z którymi będzie się musiała zmierzyć po powrocie do Włoch. Przez głowę przechodziły jej najróżniejsze możliwe przyczyny i zmieniały się jak w kalejdoskopie, jednak żadna nie była warta rozpatrzenia, gdyż Maria nie dopuszczała do siebie myśli o chorobie, równocześnie zdając sobie sprawę, że prędzej czy później będzie musiała zmierzyć się także i z tym problemem.

Wsunęła palce pod szkła okularów i potarła oczy.

– Pomówimy o tym później. Teraz powinnam całkowicie skoncentrować się na *Łucji z Lammermooru*. Wrócimy do tematu po występie.

Scena w Music Hall at Fair Park była niemal równie gigantyczna jak licząca prawie trzy tysiące pięćset miejsc hala widowiskowa. Maria stała na podwyższeniu tworzącym odrębną, wzniesioną nad sceną kondygnację, na którą prowadziły łukowate schody. Jej biała suknia narzeczonej była poplamiona krwią – naturalnie sztuczną. Użyto czerwonej farby. W dłoni trzymała będący jedynie teatralnym rekwizytem nóż, którego klinga błyszczała groźnie w świetle reflektorów. To była końcowa scena trzeciego aktu, z wyjątkowo trudną arią, wymagającą ogromnej siły i pełnej koncentracji. Przez niemal siedemnaście minut miała śpiewać w swoistego rodzaju duecie z fletem. Utwór wymagał niebywałego talentu, mistrzostwa oraz profesjonalizmu, a w jego wykonanie trzeba było włożyć cały posiadany kunszt. W skupieniu wsłuchiwała się w tony dochodzące z kanału orkiestrowego, by w odpowiednim momencie rozpocząć:

Spargi d'amaro pianto...
Roniąc gorzkie łzy...

Maria wysilała struny głosowe niemal do bólu, dochodząc do granic możliwości, żeby perfekcyjnie zaintonować koloratury operowego belcanto. W *Łucji z Lammermooru* Donizettiego, w scenie obłędu Łucji, była aria należąca do jednej z najtrudniejszych w tym dziele. Była niezmiernie skomplikowana, ale też dawała sopranistce możliwość zaprezentowania pełnej skali głosu, a przede wszystkim – co bardzo istotne – najwyższych tonów rejestru, czyli wydobycia tak zwanego „rejestru gwizdkowego". Z ogromną dumą i równocześnie z wielką wewnętrzną ulgą Maria zaśpiewała bez wysiłku wysokie B, a następnie wysokie C. Wtem poczuła nietypową duszność, jakby zabrakło jej oddechu. Mimo wyraźnego ucisku w piersiach z jej ust popłynęły najczystsze tony. Co prawda miała jeszcze przed sobą es trzykreślne na końcu arii, jednak była pewna, że siłą woli pokona to dziwne odczucie jakby blokady strun głosowych.

Jak dotychczas wszystko szło dobrze. Niemal bezbłędnie. Jeszcze tylko to wysokie es. Zaraz przyjdzie ta szczególna nuta, z którą głos wielu sopranistek nie był w stanie sobie poradzić. Doskonale zdawała sobie sprawę, że publiczność zakłada, iż w jej przypadku będzie inaczej. Po prostu było oczywiste, że Callas ją zaśpiewa.

Wsłuchując się w pieśń chóru, nieco się uspokoiła. Krótko potem dyrygent uniósł ramiona, dając znak orkiestrze, co dla niej oznaczało, że w finalnej partii musi wspiąć się na wyżyny tej przeklętej nuty es. Instrumenty smyczkowe i dęte zagrały długi akord końcowy. Teraz nadszedł moment, w którym trzeba będzie osiągnąć granicę ludzkich możliwości, stanowiących dla śpiewaczki nie lada wyzwanie. Skupiła się...

W jej wnętrzu rozbrzmiał właściwy ton.

Jednak go z siebie nie wydobyła.

Maria poczuła na sobie zaskoczone spojrzenia całego chóru i Raimonda śpiewającego basem. Jej zmysły, wyczulone na reakcję publiczności, odbierały sygnały ostrzegawcze niczym najczulsze anteny. Jej głos dotarł jedynie o całe dwie oktawy niżej.

Gdy Łucja wbijała sobie w pierś nóż, którym wcześniej zabiła narzeczonego, Maria niezmiernie żałowała, że to tylko teatralny rekwizyt.

Po skończonym występie wróciła do garderoby kompletnie oszołomiona. Pomocnicy, kręcący się zazwyczaj za kulisami, inspicjent, garderobiana, koledzy Marii, muzycy – wszyscy rozmazali jej się przed oczami. Cały personel doskonale zdawał sobie sprawę, że nie stanęła na wysokości zadania. Podobnie jak publiczność. Nie spełniła ich, a przede wszystkim swoich oczekiwań.

Maria nie rozumiała, co się stało. Przecież czuła w sobie właściwy ton. Był w niej. W jej głowie brzmiał jasno i czysto. Jej siła woli powinna była zadziałać i pomóc jej wydobyć z siebie właściwy dźwięk w wymaganej tonacji. Tymczasem zawiodła. Dlaczego nie mogła zaśpiewać tej najwyższej i zarazem najpiękniejszej ze wszystkich koloratur? Co się stało? Czyżby niedyspozycja i złe samopoczucie do tego stopnia ją osłabiły, że nie była w stanie zapanować nad techniką? Niemożliwe. Coś takiego przecież nie zdarza się Callas. Nie jej.

Patrzyła nieruchomym wzrokiem na swoje odbicie w lustrze. Pod wspływem nagłego impulsu otworzyła usta, z których swobodnie, bez najmniejszego wysiłku, jakby same z siebie popłynęły dźwięki. Jasne, czysto zaśpiewane nuty. Bez problemu osiągnęła wszystkie rejestry, pełną skalę. W tym także wysokie es. Jak cudowne brzmienie miał jej głos!

Prawdopodobnie był to jedynie smutny przypadek, przypominający jej, co potrafiła, ale czego nie była w stanie osiągnąć, gdy zaszła taka potrzeba. Spróbowała raz jeszcze. Także i tym razem udało jej się bezbłędnie wyśpiewać es trzykreślne. Podobnie jak za trzecim razem i także za czwartym. Jak nakręcona mechaniczna pozytywka raz za razem sprawdzała skalę swojego głosu. I w odróżnieniu od tego, co się wydarzyło na scenie, każda podejmowana w garderobie próba kończyła się sukcesem. Za każdym razem.

Obserwowała w lustrze swoją wykrzywioną grymasem twarz, po której spływały czarne strużki łez, rozmazując tusz na policzkach aż do brody. Do tej pory nie zdawała sobie sprawy, że płacze. Wtem poczuła, jak uszły z niej siły. Każdy występ oznaczał walkę. Śpiewanie w spektaklu operowym kosztowało tyle samo wysiłku, co przebiegnięcie olimpijskiego maratonu. Kompletnie wyczerpana, osunęła się na stołek przed toaletką. W tym momencie uświadomiła sobie, że już nie chce dalej walczyć.

Ostatnimi czasy ciągle przeżywała jakieś niepowodzenia. Musiała też kilkakrotnie odwoływać występy, czym ściągnęła na siebie złość wielu osób. Zmuszona była z nich rezygnować nie dla własnego widzimisię, lecz zawsze ze względu na stan zdrowia. Przeważnie chodziło o zapalenie gardła bądź zatok przynosowych. Ale jak do tej pory jeszcze nigdy nie zdarzyło jej się popełnić takiego błędu jak dziś. Błędu, którego prawdopodobną przyczyną był ogromny stres spowodowany rozwodem i związanymi z tym kłopotami. Zmuszona była walczyć na całkiem innym froncie niż do tej pory, kiedy to mogła koncentrować się wyłącznie na przygotowaniach do występów. Teraz w jej życiu codziennym nie dominowało dążenie do osiągnięcia muzycznej perfekcji, lecz pragnienie szczęścia. Czy można było spełniać się równoczesne w sztuce i miłości? Tego nie wiedziała. Jednak teraz z całą pewnością pragnęła tylko jednego – być żoną Arystotelesa Onassisa. Po prostu żoną, a nie diwą.

Po jej policzkach wciąż płynęły strumienie łez. Powoli się uspokajała. Dochodząc do siebie, w cichości ducha żegnała się ze światem opery. Oczywiste było, że musi to być stopniowe odejście. Stopniowe, ale definitywne. Na zawsze. Wszak wzywało ją nowe życie, o które warto było walczyć tak samo jak o wysokie es. Tylko że teraz cel był nowy i od tej chwili miało się liczyć inne zwycięstwo.

Maria była skłonna przyjąć to, co niespodziewanie zaoferował jej los. Właściwie nawet tego pragnęła. Dlaczego zatem nie mogła przestać płakać?

Mary nie umówiła wizyty w gabinecie, lecz sprowadziła swojego lekarza rodzinnego do domu. Po tym, jak Maria przepłakała całą noc, przyjaciółka najwyraźniej nie była w stanie dłużej patrzeć, jak cierpi. Poprosiła doktora, żeby zrobił Marii zastrzyk uspokajający, zapisał odpowiednie tabletki i uczynił wszystko, co tylko się da. Jeśli Maria miała ponownie wystąpić już następnego dnia, musiała szybko dojść do siebie. W tej sytuacji Mary potraktowała ją z równą stanowczością, jak swoją córkę w takich razach, co sprawiło, że Maria w końcu zgodziła się na badanie. Prawdę mówiąc, nawet nie była w stanie za bardzo się opierać, gdyż zwyczajnie nie miała już na to sił.

Doktor Hartley okazał się sympatycznym starszym panem w okularach o cienkich, metalowych, okrągłych oprawkach, przypominającym trochę prezydenta Trumana, któremu Maria została przedstawiona przed niespełna dwoma dniami. Lekarz usiadł na krześle obok jej łóżka.

– Zanim zaczniemy badanie, chciałbym zadać pani kilka pytań – oznajmił, gdy tylko gospodyni opuściła pokój gościnny, zamykając za sobą drzwi.

– A zatem proszę pytać.

Maria zdjęła okulary, które nałożyła, żeby móc lepiej widzieć doktora, po czym przetarła zmęczone, wilgotne oczy.

Po rutynowych pytaniach o wiek i choroby przyszła kolej na zażywane regularnie lekarstwa. Maria za każdym razem udzielała precyzyjnych odpowiedzi.

– Czy poza tym, co pani wymieniła, brała pani może w ostatnich miesiącach jeszcze jakieś inne lekarstwa? Albo w ostatnich latach? Jak wiadomo, niektóre środki działają dłużej, niż się powszechnie sądzi. Stąd moje pytanie. Proszę się zastanowić, gdyż to może być bardzo istotne.

Maria pomyślała przez chwilę. Wtem uświadomiła sobie, że zupełnie zapomniała o zastrzykach. Zresztą która kobieta myśli z wyprzedzeniem o wcześniejszym klimakterium, w sytuacji, gdy po raz pierwszy w życiu doświadcza spełnienia w miłości fizycznej? Mimowolnie się wyprostowała. Żeby jakoś ukryć zakłopotanie, starannie umieściła jeszcze jedną poduszkę pod plecami. Nawet lekarzowi nie chciała się przyznać do problemów, jakie miała z podbrzuszem.

– Mniej więcej półtora roku temu brałam zastrzyki hormonalne – przyznała w końcu. – Mój mediolański ginekolog próbował w ten sposób zapobiec przedwczesnemu klimakterium.

— Klimakterium w wieku trzydziestu sześciu lat to naprawdę o wiele za wcześnie. Na to jest pani zdecydowanie za młoda – stwierdził doktor Hartley. – Dlaczego pani zrezygnowała z tej metody leczenia? Czy okazała się bezskuteczna?

— Szczerze mówiąc, nie mam pojęcia. Mam tyle pracy, że zupełnie o tym zapomniałam. – „Bo tak się złożyło, że przyjęłam zaproszenie na rejs i odstawiłam wszystkie lekarstwa, przekonana, że jestem w stanie obejść się bez nich" – dodała w myślach. Głośno zaś wyjaśniła: – Ale jak się nad tym zastanawiam, dochodzę do wniosku, że te zastrzyki nic nie dały. Od miesięcy nie mam okresu.

Zaniepokoiło ją milczenie lekarza. Jego uśmiech sprawił, że poczuła zmieszanie.

— O ile się nie mylę, jest pani mężatką?

„Mój Boże, czy ten człowiek nie czyta gazet?" – pomyślała, po czym, by nie komplikować sprawy, przytaknęła.

— Terapia hormonalna nie tylko odsuwa w czasie menopauzę, ale też zwiększa płodność – wyjaśnił, poprawiając okulary. – Jeśli po odstawieniu tych zastrzyków nie miała pani okresu, to wówczas powód takiego stanu rzeczy może być powodem do radości, pani Callas.

— Dziecko? – zapytała, wbijając w niego wzrok. – Czy sądzi pan, że mogę być w ciąży?

— Tak. Dokładnie to miałem na myśli, moja droga. Teraz panią zbadam. Wówczas będziemy wiedzieli więcej.

Na te słowa przez głowę Marii przemknęły strzępy myśli, odpryski wspomnień, tęsknoty, nadzieje i marzenia, które poruszyły ją do głębi. Nagle dotarło do niej z całą wyrazistością, że była niczym żeńskie uosobienie Syzyfa, wtaczającego na szczyt stromej góry ogromny głaz. Tym ciężkim kamieniem była dręcząca ją bezdzietność. To nie może być prawda, że zdała także i ten życiowy egzamin i teraz była gotowa do stania się matką syna lub córki. To z pewnością pomyłka.

– Jestem mężatką od dziesięciu lat – wymamrotała wstrząśnięta tym, co usłyszała. – Mąż i ja nie mieliśmy… – Przerwała, uświadomiwszy sobie, że przecież Meneghini w żadnym razie nie miał udziału w tym, co się stało. W grę wchodził jedynie Aristo, mężczyzna w pełni jej oddany, darzący ją miłością i zdolny dać jej rozkosz. Tylko on mógł być ojcem. Wszak spłodził już dwoje dzieci.

Wzięła głęboki oddech.

– Naprawdę sądzi pan, że spodziewam się dziecka?

– Zaraz się o tym przekonamy – zapewnił ją doktor Hartley. – Proszę z łaski swojej odsłonić brzuch, żebym mógł go zbadać. Od tego zaczniemy.

ROZDZIAŁ 26

Brescia

14 listopada 1959 roku

Pomimo mżawki przed Palazzo Martinengo Colleoni kotłował się spory tłum. Karabinierzy z największym wysiłkiem starali się zapewnić dojście do portalu wejściowego, nad którym smętnie powiewała mokra włoska flaga. Reporterzy walczyli o miejsce przed rzędami gapiów. Gdy przed wejściem pojawił się samochód, ludzie nieco się rozstąpili, żeby zobaczyć pasażerów. Gdy stwierdzili, że to ani nie Callas, ani jej mąż, zaraz się cofnęli. Przypadkowo małżonkowie pojawili się przed szesnastowiecznym budynkiem niemal równocześnie. W pierwszym samochodzie siedział Meneghini.

Ze swojego miejsca na tylnym siedzeniu taksówki Maria obserwowała, jak powoli gramoli się z lancii aurelii, którą prawdopodobnie wynajął na tę okazję. „Za moje pieniądze" – pomyślała ze złością. Wydawało się, że mąż Marii, niegdyś odnoszący sukcesy przedsiębiorca budowlany, stracił umiejętność obchodzenia się z pieniędzmi. Do furii doprowadzał ją nie tylko krytyczny stan jej finansów, lecz również konieczność zapłacenia za sporą ilość biżuterii, którą jej „podarował". Jedno z pism procesowych zawierało całkiem spore zestawienie niezapłaconych rachunków od Buccellatiego, Bulgariego i Cartiera. Niesłychane, jak szastał pieniędzmi. Jej pieniędzmi. Już sama świadomość tego utwierdziła ją w przekonaniu, że rozwód był właściwym posunięciem.

Ludzie zaczęli bić brawo.

Maria ze zdumieniem zauważyła, że tym razem wiwaty tłumu wcale nie były na jej cześć. Oklaskiwano jej męża.

Patrzyła przez okno samochodu na krępą postać. Obserwowała, jak pozdrowił gapiów swoim fałszywym uśmieszkiem. Meneghini, który nigdy nie prezentował się zbyt dobrze na czerwonym dywanie, nagle kroczył przed zgromadzonym tłumem jak po wybiegu, żeby po chwili zniknąć w drzwiach budynku sądu. Najwidoczniej napawał się rolą najsłynniejszego na świecie oszukanego męża. Za nim podążało dwóch mężczyzn. Zapewne byli to jego prawnicy.

Poczuła ogarniającą ją panikę, do której dołączyły zawroty głowy. Na dodatek nagle powróciły mdłości, które ostatnio znacznie osłabły. Odruchowo położyła ręce na brzuchu. „Muszę chronić dziecko przed tym motłochem" – pomyślała. Zaraz potem dotarło do niej, że nie jest sama. I już nigdy nie będzie.

Faktycznie, w samochodzie obok niej siedziała przyjaciółka, którą poprosiła o pójście z nią do sądu. Radcy prawni czekali już zapewne w sali sądowej. Atrakcyjna contessa Carla Nani Mocenigo mogła się pochwalić nie tylko prastarym weneckim drzewem genealogicznym, lecz również wspaniałymi blond lokami. Maria miała nadzieję, że obecność Carli choć trochę odwróci uwagę od jej osoby. Jednak po obejrzeniu tego, co się działo za oknami samochodu, doszła do wniosku, że prawdopodobnie o wiele rozsądniej byłoby zjawić się w towarzystwie rosłych ochroniarzy. Obecność ładnej hrabiny zdecydowanie nie wystarczy, by odgrodzić ją od napierającego zewsząd tłumu.

To był ewidentny błąd, że pojawiła się w tej starej, pięknej dzielnicy miasta bez jakiejkolwiek ochrony. Potwierdzały to docierające do niej okrzyki. Dla tych ludzi

Meneghini nie był pazernym managerem żądającym horrendalnych kwot i zachowującym się nietaktownie, wręcz grubiańsko, w stosunku do dyrektorów słynnych oper. Nie był też mężczyzną bezmyślnie trwoniącym i niewłaściwie inwestującym jej ciężko zarobione pieniądze. W ich oczach był starzejącym się małżonkiem, którego o dwadzieścia siedem lat młodsza żona, dla której tyle zrobił, nie tylko okazała się ostatnią niewdzięcznicą, ale jeszcze – jak by się mogło wydawać – złamała wszelkie zasady przyzwoitości. Na dodatek oszukany mąż był ich rodakiem, Włochem, a nawet Lombardczykiem, ona zaś cudzoziemką.

Musi jakoś przetrwać ten proces. A potem wreszcie będzie wolna i w spokoju zajmie się swoją ciążą. Przede wszystkim podzieli się tą radosną nowiną z Aristem. Dopiero wczoraj wróciła z Dallas i nie miała jeszcze możliwości opowiedzieć mu o cudzie, który rósł w jej ciele. Wszak jeszcze nawet się nie widzieli. Ona sama nadal miała trudności ze zrozumieniem tego, co się wydarzyło, i wciąż jeszcze nie mogła w to uwierzyć. To było niewiarygodne. Jak sen, który po przebudzeniu otulał niczym woal, zanim się rozwiał. I właśnie tego się bała. Może to wszystko było tylko urojeniem? Albo jakąś gigantyczną pomyłką? Ta sytuacja ją przerastała. Jak dotychczas poza doktorem Hartleyem i ginekologiem, do którego ją wysłał zaraz po przeprowadzonym przez siebie badaniu, nikt jeszcze nie wiedział o dziecku. Postanowiła nikomu nie mówić ani słowa. Nawet Mary zbyła jakąś wymyśloną naprędce historyjką. Oczywistym było, że wpierw musiała zawiadomić przyszłego ojca.

– Możemy już iść – zdecydowała Maria. Zdjęła okulary, które włożyła do torebki, po czym zwróciła się do Carli z krzywym uśmiechem: – Czasami krótkowzroczność na coś się przydaje. Teraz nie będę mogła zobaczyć ani dziennikarzy, ani żadnego poplecznika Meneghiniego. A on sam będzie dla mnie jedynie niewyraźną, zamgloną plamą. Zresztą i tak nie jest niczym więcej.

W międzyczasie taksówkarz obszedł samochód i otworzył drzwi po stronie Marii.

Pojawienie się Callas wywołało natychmiastową reakcję tłumu. Jak na komendę rozbłysły nieodłączne flesze. Ale pytania reporterów ginęły w hałasie, zagłuszane wyzwiskami części gapiów kierowanymi pod jej adresem. Inni widzowie tego dziwacznego spektaklu przywitali światową gwiazdę gromkimi brawami. Maria nie rozglądała się na boki. Szła, patrząc prosto przed siebie. Jeden z policjantów otworzył przed nią drzwi trybunału, które przekroczyła z dumnie podniesioną głową, niczym Norma wkraczająca do świętego gaju druidów.

„Ale tym razem nie jest to pierwszy akt, lecz ostatni" – pomyślała.

ROZDZIAŁ 27

Mediolan

Dziesięć godzin później

Krótko przed północą na posterunku przed drzwiami domu Marii pozostało już tylko kilku reporterów. Większość paparazzich najwidoczniej uznała, że nie ma sensu dalej polować na kolejne zdjęcia, a zwłaszcza na jakiekolwiek oświadczenie diwy. Stojąc w oknie swojego ciemnego gabinetu, ukryta za zasłoną, patrzyła na pozbawione liści drzewa na Via Buonarroti. W świetle ulicznej latarni dostrzegła jedynie niewielką grupkę z kamerami. Trzech, czterech młodych mężczyzn częstujących się papierosami i podających sobie z rąk do rąk zapalniczkę. Nie sprawiali wrażenia, jakby zamierzali długo tkwić na wilgotnym i przenikliwym nocnym chłodzie. Poczuła ulgę i uznała, że wreszcie będzie miała spokój.

Jak echo nadziei do jej uszu dotarły dochodzące z klatki schodowej niewyraźne głosy. Zbliżające się kroki, zapewne jej butlera Ferruccia oraz jeszcze kogoś, zatrzymały się na marmurowych schodach.

Ogarnęło ją niejasne przeczucie, dziwiła się przez moment, że nie dostrzegła gościa przy wejściu do domu.

Zaintrygowana, odwróciła się od swojego posterunku obserwacyjnego. Uniosła rękę do głowy i przygładziła modną fryzurę. Jakiś czas temu obcięła włosy. Ruszyła w stronę drzwi. Po paru krokach zaczęła biec.

Na ostatnim stopniu schodów prowadzących na galerię ujrzała mężczyznę w zielonym drelichu, jaki zazwyczaj noszą ogrodnicy, który na jej widok natychmiast podążył ku niej. Po sekundzie znalazła się w jego ramionach. Z ogromnego bukietu, który trzymał w obu dłoniach, wypadło kilka róż. Kwiaty spadły szerokim łukiem na posadzkę i stworzyły wokół ich stóp krąg. Tymczasem oni trwali w uścisku, złączeni długim pocałunkiem.

– Zawsze tak witasz dostarczycieli kwiatów? – zapytał Aristo po dłuższej chwili, uśmiechając się szeroko.

– Witam tak każdego wchodzącego frontowymi drzwiami – odpowiedziała ze śmiechem.

– Ale ja na wszelki wypadek wybrałem tylne wejście.

– Och!

Wszedł na podest po rozsypanych kwiatach i ujął jej dłoń.

– Jak poszło, Mario? – W jego głosie słychać było powagę.

– Dobrze. Jestem wolna. Jesteśmy. Nic więcej nie powinno nas obchodzić. – Położyła rękę na brzuchu, patrząc z ukosa na róże. – Ferruccio albo Bruna zajmą się kwiatami i wstawią je do wody. Chodź, chcę ci o czymś powiedzieć.

– Słyszałem przez radio, że sąd orzekł wasz rozwód – przyznał, podążając za nią do gabinetu. – Ale przecież należało się tego spodziewać.

– Oczywiście. Dlatego nie do końca rozumiem, dlaczego sędziowie potrzebowali dyskutować aż przez sześć godzin, żeby ogłosić wyrok. Ale... teraz, no tak... – Uwolniła się z uścisku ukochanego, żeby zapalić lampę w jej najświętszym sanktuarium. Teraz było jej wszystko jedno, czy zasłony przepuszczają światło na zewnątrz i czy z ulicy można było zobaczyć coś więcej niż niewyraźne cienie, nierozpoznawalne dla paparazzich. – Na końcu Meneghini awanturował się o każdy przeklęty kolczyk, który mi rzekomo podarował, a za który tak naprawdę to ja zapłaciłam albo jeszcze będę musiała zapłacić.

Aristo zdjął szaro-zieloną drelichową bluzę i usiadł w fotelu, w którym wygodnie się rozparł.

– Co może zatrzymać?

Maria zajęła miejsce na stojącym obok szezlongu.

– Cały majątek ma zostać w większym lub mniejszym stopniu podzielony. Mnie przypadł ten dom, co, jak wiesz, w pełni mi odpowiada. Meneghini dostał willę w Sirmione...

– To dobrze. Chociaż, prawdę mówiąc, nie rozumiem, jak ten facet mógł zamknąć kobietę twojego pokroju na brzegu takiego bajora.

Ponownie sięgnął po bluzę, którą wcześniej powiesił na oparciu fotela, i wyciągnął z kieszeni papierośnicę oraz złotą zapalniczkę Dunhilla.

I choć zachowywał się, jakby był u siebie, Maria przypomniała sobie o obowiązkach gospodyni.

– Czy mogę zaproponować ci coś do picia? – zapytała.

Na to pytanie wykonał przeczący gest ręką, w której trzymał żarzącego się papierosa.

– Poprosiłem już Ferruccia o piwo. – Uśmiechnął się. – Trunek doskonale pasujący do mojego przebrania.

Tak, był tutaj w domu. Na to stwierdzenie poczuła rozlewające się w sercu ciepło.

– Tobie też coś przyniesie – dodał po chwili.

– Bez wątpienia.

– I?

– I co? – Zgubiła wątek.

– I co dalej? Dostałaś ten dom, a on willę nad jeziorem Garda. Ale to przecież nie wszystko.

- Poza tym Meneghini dostał także całą resztę nieruchomości. Wszystkie wartościowe rzeczy zostały podzielone. Meble, obrazy i tym podobne. W rzeczywistości jest tak, że całe wyposażenie domów w nich pozostaje. Może też zatrzymać część biżuterii, ale na szczęście nie tyle, ile się obawiałam, słuchając jego bezczelnych roszczeń.

Rozległo się pukanie do drzwi. Do gabinetu wszedł butler z tacą, na której stał pękaty, srebrny schładzacz do wina, szklanka i kieliszek. Z góry kostek lodu wystawały połyskujący kapsel butelki piwa i szyjka małej kryształowej karafki.

– Przyniosłem pani białe wino, signora – wyjaśnił Ferruccio. – Czy to pani odpowiada?

– Tak, jak najbardziej. Dziękuję.

Po odstawieniu na stolik tacy wraz z zawartością butler ukłonił się, jak przystało na nienagannego służącego.

– Bruna wstawiła róże do wody. Gdzie mam postawić wazon?

– W salonie, bardzo proszę. I może pan już pójść spać. Sami się obsłużymy.

– Naturalnie. Dobranoc, signora. Dobranoc, signor.

– *Buona notte* – odpowiedział Aristo, sięgając po przyniesiony przez Ferruccia otwieracz.

Maria czekała, spięta, aż butler wreszcie zamknie za sobą drzwi. W milczeniu obserwowała ruchy Arista. Widziała, jak nieco piany przelewa się przez brzeg szklanki i spływa na jego palce. Nie ruszyła kieliszka wina, który dla niej napełnił. Teraz wreszcie nadszedł moment, na który czekała z utęsknieniem od wczorajszego badania w Dallas. Na temat jej rozwodu wszystko już zostało powiedziane. Pozostał jeszcze jeden, o wiele ważniejszy temat. Jednak nagle nie miała pojęcia, w jaki sposób powinna mu oznajmić, że znów będzie ojcem.

Aristo natychmiast zauważył zmianę w jej postawie.

– Czy coś się stało? – W jego głosie pobrzmiewała troska. Zanim zdążyła zaprzeczyć, dodał: – Naprawdę powinnaś wreszcie pójść do lekarza i dać się gruntownie przebadać. Szpital amerykański w Paryżu cieszy się znakomitą opinią. Może lekarze we Włoszech...

– Badano mnie w Dallas – przerwała mu. – Mary wysłała mnie do swojego lekarza rodzinnego, który w celu potwierdzenia diagnozy skierował mnie do ginekologa.

Spojrzał na nią zdumiony. Ręka, którą sięgał po piwo, zamarła na moment w powietrzu, w połowie ruchu. Następnie mocno zaciągnął się papierosem. Przypuszczalnie domyślał się, co ma mu do powiedzenia, jednak zupełnie nie sprawiał wrażenia zadowolonego, co spowodowało, że poczuła się niepewnie.

– Jestem w ciąży, Aristo.

Na te słowa wyraźnie odebrało mu mowę. Siedział jak skamieniały. Patrzył na nią nieruchomym wzrokiem, gwałtownie zaciągając się papierosem. W mig wypalił go aż do samego filtra, którego niedopałek żarzył mu się teraz pomiędzy palcami. Nietknięte piwo wietrzało.

Maria oczekiwała, że wybuchnie entuzjazmem, padnie przed nią na kolana i przysięgnie jej dozgonną miłość. Nawet w najgorszych koszmarach nie spodziewałaby się takiej reakcji. Czyżby nie cieszył się na wspólną przyszłość we troje? Czy przeszkadzało mu, że nie będzie mogła ponownie wyjść za mąż? Przynajmniej nie we Włoszech, gdyż nie dopuszczało tego tutejsze prawo. Co uniemożliwiało mu cieszyć się z całego serca?

– Aristo – wymamrotała, pochylając się, żeby wziąć jego dłonie w swoje.

On jednak zrobił unik.

– Mario – wyrzucił w końcu. – To niemożliwe. Nie możesz urodzić mojego dziecka. Nie chcę tego.

– Co takiego? – Nie zrozumiała, co powiedział.

– Mam już dwoje dzieci. To mi w zupełności wystarcza. – Wstał i zaczął szybko krążyć po pokoju. – W zasadzie zawsze chciałem mieć tylko syna. Jednego jedynego. Rozumiesz? Kiedy Tina oczekiwała drugiego dziecka, nie byłem zbytnio zadowolony. Już wówczas nie chciałem drugiego potomka. Przyznaję, że to się w międzyczasie zmieniło. Naturalnie, kocham swoją córkę. Ale dwoje całkowicie mi wystarcza. Nie chcę trzeciego.

„Co za koszmar" – pomyślała. „To musi być jakiś koszmarny sen". Potrząsnęła głową w nadziei, że odzyska jasność myśli, że się obudzi. Jednak tak się nie stało. Słyszała jego głos, nie mogąc zarazem uwierzyć w słowa docierające do jej uszu.

– Znajdę najlepszych lekarzy. Pojedziemy do Szwajcarii. Tam przepisy są o wiele bardziej liberalne. Nic ci nie będzie grozić, Mario. Przerwanie ciąży odbędzie się w możliwie jak najlepszych...

– Oszalałeś? – Skoczyła na równe nogi. – Co ci strzeliło do głowy, żeby mi proponować aborcję? To przecież sprzeczne z moją wiarą i moim charakterem. A co najważniejsze, ja wcale tego nie chcę. Poza tym zawsze pragnęłam mieć dziecko. I będę je miała!

– Proszę cię, bądź rozsądna...

– Jestem o wiele rozsądniejsza niż ty – wrzasnęła, tracąc panowanie nad sobą.

– Zrozum, że dobiegam sześćdziesiątki. Będę starym dziadkiem, gdy twoje dziecko będzie w takim wieku jak obecnie moje.

– Moje dziecko? – Jej głos przeszedł w falset. – To jest nasze dziecko. Nasze!

Gdy patrzyła na niego przez szkła okularów, jej oczy żarzyły się jak płonące węgliki. Nie mogła pojąć, jak mężczyzna, którego znała jako serdecznego, pełnego ciepła i czułego, mógł nagle okazać się aż tak zimny i bezwzględny. Czyżby jego pomoc i opieka miała trwać aż tak krótko? A może ograniczała się jedynie do popołudnia, w które na pokaz pluskał się w basenie z Alexandrem i Christiną? Czy to wszystko było jedynie fasadą, za którą skrywał się egoistyczny, pospolity bufon? Maria nie wiedziała, co bardziej nią wstrząsnęło – odtrącenie ich wspólnego dziecka, propozycja pozbycia się ciąży czy odkrycie prawdziwego oblicza kochanka.

Położyła dłonie na brzuchu. Jednego była całkowicie pewna: urodzi to dziecko. Niezależnie od tego, czego Aristo od niej zażąda. Nie była zdana na niego. W każdym razie nie finansowo. A co do reszty, to jeśli nie będzie go przy niej, wówczas będzie musiała oddać się w opiekę najwyższych mocy. Już Matka Boska, patronka jej imienia, sprawi, że nic nie stanie się jej, Marii Callas.

ROZDZIAŁ 28

Paryż

17 października 1968 roku

Po rozwodzie z Meneghinim Maria zabarykadowała się w swoim mediolańskim domu. Natomiast po rozstaniu z Aristem, gdy tylko wróciła do Paryża, zaczęła szukać kontaktów z przyjaciółmi, podobnie jak to miało miejsce podczas chaotycznej podróży po Stanach Zjednoczonych Ameryki. Pisała mnóstwo listów do swoich najbliższych na całym świecie, w których informowała ich o pogodzeniu się z losem oraz budzącej się w niej na nowo woli życia. Za każdym razem podkreślała każdemu, kto tylko chciał czytać jej epistoły, że ma się stosunkowo dobrze, że pogodziła się z tym, co zgotował jej los, że zamierza żyć dalej już tylko własnym życiem, że dziękuje z całego serca wszystkim tym, którzy ją wspierali, i że ma nadzieję, iż nadal może na nich liczyć.

Tym sposobem stopniowo łagodziła najgorszy ból. I to nie tylko dlatego, że świat sztuki znów domagał się jej obecności, zupełnie jakby reżyserzy, producenci i impresariowie tylko czekali na jej rozstanie z Onassisem, po którym wróci na scenę, zaspokajając potrzeby publiczności słuchania i oglądania wielkiej Callas. Jej skrzynka pocztowa znów była zapełniona po brzegi listami przysyłanymi przez cały operowy świat. Telefon dzwonił nieustannie. Nawet Opera Paryska chciała, żeby wystąpiła w nowej inscenizacji *Traviaty*. Pojawiły się także oferty zagrania w filmie. Ta lawina korespondencji ułatwiała jej przetrwanie kolejnych dni i nocy, zmuszając do zajęcia się poszczególnymi projektami i zapytaniami oraz zastanowienia się nad nimi – na przykład nad pomysłem Piera Paola Pasoliniego nakręcenia mitu o Medei. Ponownie odnosiła wrażenie, że największe pasje oraz namiętności jej życia – sztuka i miłość – nie mogą ze sobą współistnieć. Gdy tylko Aristo skierował swój ster w inną stronę, w jego miejscu pojawiła się muzyka. Choć nie odpowiedziała sobie jeszcze na pytanie, czy w ogóle jest gotowa na ten nowy początek.

Jednak jeden telefon Mary zmienił wszystko.

Przyjaciółka po drugiej stronie przewodu sprawiała wrażenie jakby spiętej.

– Właśnie jestem w Nowym Jorku. U nas jest wcześnie rano. Dzwonię, bo przeczytałam coś nowego w „The Boston Herald Traveler". Będzie lepiej, jeśli dowiesz się o tym ode mnie, i to możliwie jak najszybciej, żebyś była przygotowana, gdy pod twoimi drzwiami pojawi się zgraja paparazzich.

Maria mimowolnie spojrzała na zegar stołowy w regale gabinetu. Tyle co wstała, gdyż do późna w nocy studiowała scenariusz. W Europie właśnie dochodziło południe, co oznaczało, że u Mary jest szósta rano.

– Co się stało? – zapytała zaniepokojona.

– Proszę, usiądź i nie denerwuj się. – Mary westchnęła. W tle Maria usłyszała szelest przewracanych stron. – Gazeta informuje na stronie tytułowej, powołując się na wiadomość z rzekomo pewnego źródła, że Ari jeszcze w końcu tego miesiąca poślubi Jackie Kennedy. W każdym razie ślub ma się odbyć jeszcze przed Bożym Narodzeniem.

Marii pociemniało przed oczami. Wolną ręką – w drugiej trzymała słuchawkę – złapała się kurczowo poręczy fotela, na którym siedziała.

– Spekulacje – mruknęła. Wstydziła się załamującego się głosu. – To nic innego jak tylko spekulacje.

– Tak mi przykro – odrzekła Mary życzliwie. – Chciałabym być teraz z tobą, żeby móc wziąć cię w ramiona.

– Ale przecież „The Boston Herald" to brukowiec pełen sensacyjnych doniesień, z których niemal żadne nie ma nic wspólnego z prawdą. – Maria nadal czepiała się myśli, że to jedynie kaczka dziennikarska.

– Ten brukowiec pozostaje ponoć w doskonałych kontaktach z Tedem Kennedym.

– Aristo zawsze zaprzeczał takim plotkom – zauważyła Maria. – Może i tym razem to jedynie czysty wymysł.

Wypowiadała te słowa, zdając sobie w głębi ducha sprawę, że plecie bzdury. Naturalnie, w przeszłości Aristo zawsze twierdził, że są z Jackie jedynie przyjaciółmi. Jakże często słyszała to z jego ust! Na pytania na temat ślubu zawsze odpowiadał, że przecież jest już żonaty. Lecz nikt nie wiedział tak dobrze jak ona, że to nieprawda. I nikt nie znał jego wykrętów lepiej niż ona.

W październiku tysiąc dziewięćset pięćdziesiątego dziewiątego roku Tina wystąpiła o rozwód. Tak samo jak Aristo chciała po uprawomocnieniu się orzeczenia sądu wstąpić w nowy związek małżeński. Ale ku zaskoczeniu wszystkich nie wyszła za mąż za swojego kochanka Reinalda, lecz dwa lata później poślubiła brytyjskiego arystokratę. Ku wielkiemu niezadowoleniu obojga dzieci, które przez długi czas miały nadzieję, że pewnego dnia rodzice znów będą razem. Alexander i Christina utrudniali życie swojej „macosze", jak tylko mogli. Marię bolał fakt, że nie mogą tworzyć z Onassisem pełnej rodziny, o czym zawsze marzyła. Równocześnie doskonale wiedziała, że przecież nie ma raju bez węża. Ale tak naprawdę gnębiło ją o wiele gorsze podejrzenie, którego nie mogła się pozbyć. Obawiała się, że Aristo nigdy jej nie poślubi, dlatego że pewnego dnia jego syn oznajmił mu podczas kłótni: „Jeśli ożenisz się z tą śpiewaczką, więcej mnie nie zobaczysz". Zarówno Maria, jak i – przypuszczalnie – Aristo zdawali sobie sprawę, że nie była to jedynie czcza pogróżka.

Onassis, pytany przez dziennikarzy w ciągu wszystkich tych lat o termin ślubu z Callas, zawsze odpowiadał wymijająco, aż pewnego dnia stracił cierpliwość i oznajmił: „Przecież już żeśmy się pobrali" – co o tyle się zgadzało, że żyli ze sobą jak małżeństwo. Nie mieli jednak świadectwa ślubu, co niezmiernie ciążyło Marii, zwłaszcza że Meneghini nieustannie robił, co mógł, żeby przysporzyć kłopotów byłej żonie i zniszczyć jej szczęście. Problem tkwił w tym, że nie do końca mogła pozbyć się byłego męża, wciąż liczącego na jej powrót. Jednak w żadnym wypadku nie chciała dać się zmusić do ponownego przywrócenia stanu prawnego ich małżeństwu. Dopiero dzięki kruczkom prawnym udało się jej ostatecznie anulować ich małżeństwo, lecz trwało to latami i, na domiar złego, by osiągnąć upragnioną wolność, musiała zrzec się amerykańskiego obywatelstwa, żeby móc przyjąć greckie. Po staniu się obywatelką Grecji już nic nie stało na przeszkodzie poślubienia Arista, zwłaszcza że kościół greckokatolicki wyraźnie zezwalał na ponowne małżeństwo. Ale marzenie Marii nigdy się nie spełniło. Zapewne wpływ na ten stan rzeczy miały nieustanne stanowcze sprzeciwy Alexandra i Christiny, którzy w międzyczasie już stali się nastolatkami. A że ich matka pozostawała w związku z markizem Blandford, synem księcia Malborough, nie należało oczekiwać pojednania rodziców. Mimo to winą za rozwód rodzeństwo obarczało wyłącznie ją.

– Mario… – Głos Mary wyrwał ją z zamyślenia. – Mario, proszę cię, przygotuj się na ten ślub, który z pewnością się odbędzie. Gdybym poważnie nie brała tego pod uwagę, nie dzwoniłabym do ciebie.

Wciąż jeszcze zatopiona w myślach, głęboko zraniona i zdruzgotana tym, co właśnie usłyszała, była jak w transie. Roztrzęsiona, wystraszona i ogarnięta paniką.

– Jakoś sobie poradzę – zapewniła nieprzekonująco.

– *Darling*, martwię się o ciebie. Proszę, nie załamuj się! Musisz to jakoś przetrwać.

Wtem obudziła się w niej Callas. Jej siła, jej upór, jej niezłomność, jej przekora. Wiedziała, że wobec Mary mogła być szczera. Zawsze mogła otworzyć przed nią serce, wiedząc, że wszystko pozostanie wyłącznie między nimi. Lecz tym razem chciała udowodnić samej sobie, że Callas posiada dość siły. Dlatego powiedziała:

– Obudziłam się już z koszmaru zwanego miłością, która, jeśli o mnie chodzi, w każdym aspekcie okazała się niszczycielska. Teraz zamierzam brać życie takim, jakie jest. To moje przeznaczenie.

– Hmm – mruknęła bez przekonania Mary.

Maria odniosła wrażenie, że przyjaciółka przejrzała ją szybciej, niżby sobie tego życzyła. Jednak nie dała się wciągnąć w dyskusję.

– Jak tam dzieci? – zapytała, zmieniając temat i bardzo się starając, by jej głos brzmiał pogodnie.

Po rozmowie z przyjaciółką Maria krążyła niezdecydowana po gabinecie. W końcu puściła pierwszą lepszą płytę, która jej wpadła w ręce. Było to nagranie z lat pięćdziesiątych opery Belliniego *Lunatyczka*. Orkiestrą dyrygował Leonard Bernstein, ona zaś śpiewała główną partię Aminy. Historia miłości, zazdrości i zdrady zakończona ślubem. Jedna z niewielu oper bez dzikiej awantury i dramatu na końcu. Aria *Ah! Non credea mirarti!* była jednym z najpiękniejszych wyznań miłosnych, jakie Maria intonowała na scenie, ale w tym momencie całkiem nieodpowiednim i zupełnie niepasującym do jej obecnego nastroju. Po jej policzkach popłynęły łzy. Płakała, poruszona muzyką i w pełni świadoma, że dla niej nie ma mowy o szczęśliwym zakończeniu, jak to miało miejsce w przypadku Aminy. To nie ją poślubi ukochany, lecz inną. A co gorsza, w żaden sposób nie mogła temu zapobiec.

Gdy włączała telewizor, by posłuchać wieczornych wiadomości, miała nie tylko złamane serce, ale także zaczerwienione i spuchnięte od wielogodzinnego płaczu powieki. Jej myśli były tak ponure, że nawet dopominający się pieszczot mały pudel nie potrafił poprawić jej nastroju. W tym stanie mogły pomóc jedynie czerwone wino i środki uspokajające. A że przez cały dzień nic nie jadła, postanowiła wypić o jeden kieliszek więcej niż zazwyczaj bez obawy, że przytyje. W tym momencie przyszło jej na myśl, że w zasadzie to i tak wszystko jedno, czy będzie wyglądać jak matrona, gdyż Onassis już nigdy nie zobaczy jej nago, a jego usta już nigdy nie będą przesuwać się po jej ciele. Nigdy w życiu już nie usłyszy, że mięśnie brzucha ma twarde niczym marmur, co zawdzięczała regularnym ćwiczeniom głosu. W przyszłości nigdy też nie zobaczy jej ubranej.

Ekran wypełnił czarno-biały obraz emitowany przez pierwszy program *télévision française*. Głos był tak cichy, że nie była w stanie odróżnić pojedynczych słów. Przed dziennikiem postanowiła poprosić służącą o kieliszek wina. Relacje z bombardowanego Wietnamu Północnego zapewne nie sprawią, że poczuje się lepiej. Z pewnością lepiej będzie oglądać je przy kieliszku bordeaux.

Rozległo się pukanie do drzwi.

Zaskoczona, uniosła głowę. Czyżby w międzyczasie Bruna lub Ferruccio nauczyli się odczytywać jej myśli?

– Tak?

W drzwiach pojawił się pracujący u niej od lat butler.

– Przepraszam, signora, telefon do pani z Ameryki. Redaktor z „The New York Times" prosi o komentarz... – przełknął ślinę, po czym powtórzył: – prosi o komentarz w sprawie informacji o ślubie pana Onassisa z panią Kennedy.

W przeszłości był taki dzień, który uznała za najgorszy w swoim życiu. Tak straszny, że nigdy by nie przypuszczała, że kiedykolwiek przeżyje równie okropny.

– Żadnych komentarzy – powiedziała, wciągając głęboko powietrze. – Nie komentuję cudzych ślubów. Proszę przekazać to dosłownie, Ferruccio. I proszę przynieść mi butelkę czerwonego wina.

Kieliszek nie wystarczy, żeby stracić świadomość, niczego nie słyszeć i niczego już więcej nie czuć.

– Bardzo proszę, signora. Chciałbym też panią poinformować, że na ulicy czeka grupa reporterów. Robią wrażenie, jakby oblegali drzwi wejściowe.

– Dziękuję. I tak z pewnością nie będę dziś nigdzie wychodzić.

W tym momencie na ekranie pojawiły się dwa zdjęcia. Na jednym widoczna była Jacqueline Kennedy, a na drugim Arystoteles Onassis. Maria bardziej doskoczyła, niż dobiegła do telewizora. Szybko wzmocniła siłę głosu tak, jakby była realizatorem dźwięku chcącym odsłuchać nagranie utworu muzycznego. W pomieszczeniu rozległ się głos spikera odczytującego wiadomości.

„Właśnie dotarło do nas z Nowego Jorku oświadczenie Nancy Tuckerman, prywatnej sekretarki Jacqueline Kennedy, w którym oficjalnie potwierdzono zaręczyny wdowy po prezydencie z greckim armatorem Arystotelesem Onassisem. Nie ustalono jeszcze daty i miejsca ślubu, który ma się odbyć już w najbliższych tygodniach".

Potem ukazało się nagranie z konferencji prasowej, której główną bohaterką była elokwentna sekretarka, przekazująca w staroświeckim stylu w imieniu matki narzeczonej zapowiedź mającego się odbyć ślubu.

„Żałosne" – pomyślała Maria w pierwszym odruchu. „Żałosne, starzejące się pudło".

Onassis nie był młodym narzeczonym, Jackie Kennedy była zaś matką dwójki dzieci. To, że o zaręczynach zawiadamiała matka narzeczonej, jak to jest w zwyczaju w przypadku młodych ludzi pochodzących z dobrych rodzin, wydało się Marii nienaturalne, pompatyczne i całkowicie pozbawione smaku. Z pewnością nie taki był zamiar i nie tak to miało zostać odebrane. W wiadomościach wspomniano też o dzieciach Kennedych. Córka, Caroline, miała jedenaście lat, natomiast syn, John junior, właśnie skończył osiem. „Jakie to dziwne – pomyślała – te osierocone dzieci mają dokładnie tyle lat co Alexander i Christina, gdy pojawiłam się w życiu Arista". Czy zastąpi im teraz ojca? Mimowolnie zadała sobie pytanie, co dzieci Onassisa pomyślą o jego nowej żonie. Z pewnością nie będą zachwycone. Obecnie dwudziestoletni Alexander z pewnością będzie szaleć. Jego potulna siostra przeważnie reagowała nie tak gwałtownie, co wcale nie znaczyło, że przyjaźnie. Albo może wystarczy im świadomość, że ojciec porzucił śpiewaczkę odpowiedzialną za rozpad małżeństwa ich rodziców? Czy istnieje taka możliwość, że będą tolerować Jackie i dwójkę jej małych dzieci?

„Dzieci są wielkim szczęściem" – pomyślała. „Największym szczęściem, jakie istnieje na tym świecie. Ale przecież Aristo jest już po sześćdziesiątce. Mógłby być dziadkiem Caroline i Johna juniora. Cóż za żałosna farsa!"

ROZDZIAŁ 29

Paryż

18 października 1968 roku

Maria obudziła się z ostrym bólem głowy. Na dodatek czuła silne mdłości podchodzące aż do gardła. „Za dużo czerwonego wina" – jęknęła w duchu, ściągając z oczu jedwabną opaskę, którą zawsze nakładała do spania. Nawet nie chciała myśleć o tych wszystkich połkniętych tabletkach. To był niemal cud, że jeszcze żyła i że się obudziła we własnym łóżku, a nie ponownie w amerykańskim szpitalu z gruntownie wypłukanym żołądkiem.

Powoli obróciła się na bok i pociągnęła za sznur zwisający nad nocną szafką. Nie była w stanie wstać i zawołać Brunę, ale na dźwięk dzwonka gospodyni z pewnością zaraz się pojawi.

A może poczuje się lepiej po kąpieli? Być może rozwiązaniem byłoby się utopić? Roześmiała się gorzko. Akurat ona, która bez najmniejszych nawet objawów choroby morskiej przetrwała każdą burzę i największe kołysanie na Christinie, miałaby się utopić. Nie, z pewnością nie utonie. W każdym razie nie we własnej wannie. Wszak była prawdziwą narzeczoną prawdziwego wilka morskiego. Gdy uświadomiła sobie, że teraz jej miejsce zajęła inna kobieta, zagryzła zęby tak mocno, że aż zazgrzytały. Na to przypomnienie jęknęła żałośnie jak śmiertelnie ranne zwierzę.

Gdy zjawiła się Bruna, Maria poprosiła o kawę.

– I proszę przynieść mi wszystkie gazety, jakie tylko uda się zdobyć. Również zagraniczne. Przede wszystkim te.

Naturalnie chęć przeczytania, co prasa pisze na temat ślubu Jacqueline Kennedy z Onassisem, była bardzo głupia, lecz Maria nie mogła się oprzeć. Te straszne dla niej wiadomości przyciągały ją z jakąś magnetyczną siłą, której – wbrew rozsądkowi – nie była w stanie się przeciwstawić.

Patrząc trzeźwo na całą tę sprawę, chciała się też dowiedzieć, o czym się mówi i na jakie pytania paparazzich powinna być przygotowana, gdy już ją w końcu dopadną. Zapewne stanie się to wcześniej lub później. Wszak nie mogła wiecznie siedzieć w domu, zamknięta na cztery spusty.

Jakiś czas po podaniu przez Brunę do łóżka zamówionej kawy, Ferruccio przyniósł pokaźny stos gazet kupionych w kiosku na Trocadéro, gdzie zawsze można było dostać aktualne wydania prasy amerykańskiej, włoskiej i greckiej. Gdy spełniając polecenie Marii, kładł wszystkie zdobyte gazety koło łóżka, jego twarz wyrażała obawę. Lekko się skłonił i szybko wycofał w milczeniu.

Maria sięgnęła po leżący na samej górze dziennik, co, jak natychmiast zauważyła, okazało się fatalnym błędem. Schylając głowę, nagle poczuła silne zawroty. Choć włożyła okulary, obraz rozmywał jej się przed oczami. Mimo to doskonale rozpoznała promiennie uśmiechających się do niej bohaterów wczorajszych stron tytułowych. Zapowiedziany ślub okazał się sensacją prasową na światową skalę.

Wzięła się w garść i zaczęła czytać po kolei artykuły we wszystkich gazetach, systematycznie, jeden po drugim. W zasadzie wszędzie pisano to samo. Głównie cytowano przeznaczone dla prasy oświadczenie Nancy Tuckerman oraz wypowiedź Onassisa w foyer hotelu Grande Bretagne. Aristo krótko potwierdził zamiar poślubienia wdowy po prezydencie, dodając, że oświadczył się przez telefon i został przyjęty.

Maria wybuchła sarkastycznym śmiechem. W jej przypadku Onassis, pomimo licznych popełnionych błędów, zachowywał się bardzo romantycznie. Do tego był pełnym uczuć, wrażliwym człowiekiem. I ten wielki romantyk oświadcza się teraz przez telefon? Jak szmatławo.

– Co za szmatałajstwo! – wybuchła, zadowolona, że udało jej się znaleźć aż tak trafne określenie dla tego nad wyraz marnego scenariusza.

W „The New York Times" przeczytała: „Miss Callas, która obecnie mieszka w Paryżu, wczoraj wieczorem kategorycznie odmówiła skomentowania tego ślubu".

„Znakomicie" – pomyślała, wreszcie usatysfakcjonowana.

W greckiej gazecie „Naftemporiki", ukazującej się jako dodatek do „Żeglugowego Dziennika Handlowego", znalazła przeznaczone dla prasy oświadczenie starszej siostry Arista. Artemis najwidoczniej poprzedniego dnia późnym popołudniem lub wczesnym wieczorem potwierdziła, że ślub odbędzie się na Skorpios, że rodzina Onassisów bardzo się cieszy z tego związku i jest niezmiernie szczęśliwa.

Kokoromiali było pierwszym określeniem, jakie nasunęło się Marii. Głupia gęś.

Artemis tak naprawdę nigdy jej nie zaakceptowała, było zatem do przewidzenia, że siostra Arista stanie demonstracyjnie po stronie nowej szwagierki. Pochodząca z rodziny wielkich armatorów Tina w pełni odpowiadała jej towarzyskim i społecznym oczekiwaniom. Wdowa po amerykańskim prezydencie z najlepszej bostońskiej rodziny z pewnością też. Natomiast śpiewaczka, mimo że najsłynniejsza na świecie, była dla niej jedynie jakąś tam artystką. Kimś występującym na scenie w celu zabawienia innych. A to oznaczało, że w oczach Artemis zdecydowanie nie była osobą o odpowiednim prestiżu i właściwej pozycji społecznej.

Po raz pierwszy od powrotu z Nowego Jorku Maria poczuła chęć wzięcia odwetu na Onassisie i tym samym na całej jego rodzinie – a przynajmniej na orędowniczce obyczajności i zasad moralności, Artemis, której czarujący mąż uganiał się za kobietami z sąsiedztwa jak pies za sukami w rui. Maria na tyle długo stanowiła część rodziny, że dogłębnie poznała jej tajemnice.

Z zamyślenia wyrwał ją dzwonek telefonu stojącego na szafce nocnej przy łóżku. Z pewnością chodziło o prywatną rozmowę, skoro Ferruccio łączył do sypialni. Maria podniosła słuchawkę i przyłożyła ją do ucha.

– Tak?

Rozległy się trzaski, po czym usłyszała doskonale znany głos:

– Mario, mówi Ari. Potrzebuję twojej pomocy!

Nagle pokój zaczął wirować jej przed oczami w zawrotnym tempie. Oniemiała otworzyła usta, by zaraz je zamknąć.

– Tak? – To było jedyne słowo, jakie zdołała wydobyć z suchego gardła.

– Proszę, przyleć zaraz do Aten. Natychmiast. Musisz mnie ratować!

Nawet w części nie zrozumiała, o co mu chodzi i czego od niej chce, lecz dziwne brzmienie jego głosu przeszyło ją aż do szpiku kości. Gdy wciąż milczała, dodał szybko:

– Błagam, nie odkładaj słuchawki!

– Nie! – Zaskoczona usłyszała swój głos, choć wiedziała, że właściwie natychmiast powinna zakończyć to połączenie, co podpowiadał jej rozsądek. Problem jednak w tym, że jej serce pragnęło rozmawiać z Aristem. Wiecznie, zawsze, aż do końca życia. – Nie – powtórzyła, odzyskawszy mowę. – Nie. Obiecuję, że tego nie zrobię. Słucham, co masz do powiedzenia?

– Popełniłem błąd – wyrzucił z siebie. – Od początku wiedziałaś, że to był błąd, lecz cię nie posłuchałem. Nabrano mnie. Dałem się oszukać...

Mimo woli Maria musiała się roześmiać. Śmiała się głośno z tego, że tak doświadczony i sprytny biznesmen jak Arystoteles Onassis dał się wystrychnąć na dudka. To nie mieściło się w głowie. A jeśli faktycznie tak się zdarzyło, to był to najlepszy dowcip, jaki kiedykolwiek słyszała.

– Cała rodzina Kennedych napadła na mnie. Włącznie z ich nowojorskimi prawnikami, których na mnie napuścili. Costa Gatsos może ci to potwierdzić. Miotam się jak ryba w sieci, którą zarzucili na mnie Jackie z pomocą Teda Kennedy'ego. A teraz cała ta sprawa zaszła za daleko. Poinformowali wszystkie gazety jeszcze przed moją rozmową z Jackie. Po co mi to małżeństwo, o którym mówi cały świat? Przecież wcale nie chcę się żenić.

Czyżby roztkliwiał się nad sobą? A może chciał usprawiedliwić swoje postępowanie? I tak, i nie. Maria obliczała po cichu, ile czasu musiała czekać, aż dotrze do niego, jak ją potraktował. Niemal trzy miesiące. Ćwierć roku. Długo. Jeszcze do tej pory nie doszła do siebie po rozstaniu z nim, chociaż już do pewnego stopnia otrząsnęła się z szoku, jakiego wówczas doznała. Czy naprawdę ma pozwolić, żeby to wszystko znów się zaczęło na nowo? Tak, tak, tak!

– Czy nie uważasz, że na ten temat należałoby raczej porozmawiać z mistress Kennedy? Nie jestem w stanie odwołać twojego ślubu – wyrzuciła z siebie z zaciętością, choć tak naprawdę zamierzała powiedzieć mu coś zupełnie innego. Porozmawiać z nim o tylu różnych rzeczach.

– Chcę jej tego oszczędzić, Mario. Jest przecież matką dwojga małych dzieci. Caroline i John-John nie powinny być narażone na żaden skandal. Nie mogę uczynić im tego, czego nie uczyniłbym własnym dzieciom. Nie potrafiłbym.

– Czego zatem chcesz?

– Chcę, żebyś zaraz przyleciała do Aten. Jeśli Jackie zobaczy cię tutaj, wścieknie się i wróci do Ameryki, zrywając nasze zaręczyny.

O ile wcześniej w jego głosie wyraźnie dało się słyszeć zdenerwowanie, teraz brzmiał pewnie i władczo, jak podczas negocjacji handlowych. Najwidoczniej był zachwycony rozwiązaniem, na które wpadł.

Marię uderzył fakt, że ani słowem nie wspomniał, iż znów chce być z nią. Dotarło do niej, że potrzebował jej wyłącznie jako *fait accompli*. Wcale też nie prosił o wybaczenie ani nie przejmował się tym, co jej zrobił. Jedyne, co go obchodziło, to reputacja Kennedych i uchronienie małych dziecięcych duszyczek od ewentualnych skutków niedopuszczenia do ślubu z Jackie. I to jej kosztem. Takim podejściem do sprawy ostatecznie przebrał miarkę, wyczerpując nawet jej bezmierną cierpliwość w stosunku do niego. Jak mógł jej zrobić jeszcze coś takiego?

– A więc tym razem mam być twoim koniem trojańskim? – zapytała, po czym zaczęła krzyczeć: – Ani mi się śni. Sam się w to wpakowałeś. A więc sam się postaraj z tego wyleźć!

Zanim zdążył zareagować, szybko nacisnęła na widełki, przerywając rozmowę. Wolała załatwić to tak, gdyż obawiała się, że zanim by wstała, żeby odłożyć słuchawkę, mogłaby zmienić zdanie. Gdyby rozmawiała z nim choć minutę dłużej, z pewnością znów uległaby jego życzeniu. Jednak mimo odniesionego zwycięstwa wcale nie czuła tryumfu, a jedynie złość i bezbrzeżny smutek, którego powodem było odtrącenie ukochanego mężczyzny. Wbrew sobie.

Ostatkiem sił zwlekła się z łóżka, pomimo okropnego bólu głowy. Miała wrażenie, jakby wbito jej do mózgu z tuzin noży. Ale wściekłość dodała jej sił. Ogarnięta furią, którą tylekroć odgrywała na scenie jako Medea i w którą wpadała za kulisami, gdy traciła cierpliwość, złapała aparat telefoniczny. Zaczęła nim szarpać, aż w końcu – po dobrej chwili – udało jej się wyrwać mocno przytwierdzony kabel. I było jej wszystko jedno, czy nastąpi spięcie albo czy porazi ją prąd. Jednak nic takiego się nie wydarzyło. Rozwścieczona, cisnęła aparatem, który przeleciał przez całą sypialnię, by wylądować w kącie pokoju i tam z trzaskiem uderzyć o podłogę.

Potem wróciła do łóżka. Ze zdziwieniem zauważyła, że tym razem nie uroniła ani jednej łzy.

Nie wiedziała, jak długo leżała. Próbowała nie myśleć, co jej się nie udawało. Nachodziło ją za dużo wspomnień. Do szału doprowadzał ją wzgląd Arista na Kennedy jako matkę dwójki dzieci. W greckokatolickim kościele kult Marii, Matki Boskiej, był głęboko zakorzeniony, co wyjaśniało zachowanie Onassisa w tym względzie. Poza tym Aristo wcześnie stracił matkę, sam też był ojcem, który od momentu rozstania z matką swoich dzieci często był narażony na rozliczne konflikty. No i również przeżył śmierć swojego małego synka, którego Maria do dziś nie była w stanie zapomnieć.

Rozległo się pukanie do drzwi.

– Signora Callas – doszedł do niej głos Ferruccia – rozmowa do pani. Nie wiem, czemu nie jestem w stanie jej przełączyć. Pani linia jest ciągle zajęta. Monsieur Burton dzwoni już trzeci raz z Hôtel Plaza Athénée.

Jej dłoń powędrowała do obolałego czoła. Lodowate palce dotknęły gorącej skóry twarzy. Zaczęła masować kość jarzmową. Mimo to nie rozjaśniło jej się w głowie.

– Burton? Jaki Burton?

– Monsieur Richard Burton. Ten aktor.

Znała go. Richard Burton i jego żona, Elizabeth Taylor, nie tylko byli sąsiadami Arista w The Pierre w Nowym Jorku, ale także kiedyś odbyli wspólny rejs Christiną – w czasach, kiedy to Maria odgrywała jeszcze główną rolę w życiu Onassisa. Zawsze uważała Burtona za niezmiernie sympatycznego człowieka. Lubiła jego typowo brytyjski wdzięk i nieodparty urok.

– Proszę powiedzieć, że zaraz podejdę – zawołała, choć w pierwszym momencie nie miała pojęcia, jak z tak potwornym bólem głowy zdoła wstać z łóżka i dotrzeć do gabinetu, gdzie także był aparat telefoniczny.

Ku ogromnemu zaskoczeniu udało jej się podnieść już przy pierwszej próbie. Narzuciła szlafrok, po czym powlokła się do gabinetu, rzucając po drodze spojrzenie w wiszące w przedpokoju lustro. Przeraziła się, widząc swoje odbicie. Momentalnie poczuła mdłości, wywołane zapewne tym, co ujrzała. Z ociąganiem wzięła do ręki słuchawkę, którą podał jej Ferruccio.

– Maria Callas – przedstawiła się lakonicznie.

– Mówi Richard – odpowiedział głos po drugiej stronie przewodu. – Dzwonię, gdyż przypuszczam, że przydałoby ci się trochę rozrywki.

A więc czytał gazety. Możliwe też, że oglądał wiadomości w telewizji. Dlaczego nie miałby wiedzieć? Prawdopodobnie cały świat był już poinformowany, że Arystoteles Onassis żeni się z Kennedy. Nie z Callas. Mdłości jeszcze się wzmogły. Potrzebowała szybko zażyć coś na uspokojenie.

– Jestem bardzo zajęta – westchnęła.

– Może mimo wszystko zrobisz sobie wolne jutro wieczorem? Poprosiłem Rexa Harrisona, żeby zaprosił cię na premierę swojego nowego filmu. Przyśle ci bilet przez posłańca. Chodzi o adaptację sztuki teatralnej *Pchła w uchu*. Urocza komedia. Świetnie się zabawimy. A potem wszyscy idziemy na obligatoryjne przyjęcie do Maxima. Co ty na to? Poszłabyś z nami?

Mimo że propozycja Richarda Burtona brzmiała kusząco, Maria nie czuła się na siłach na wielki publiczny występ. Sama, bez mężczyzny, którego tak bardzo kochała. Nie w momencie, gdy cały świat tyle co się dowiedział, kogo zamierza poślubić Aristo.

Wtem przyszło jej na myśl, że przecież nie powinno być słynniejszej i bardziej podziwianej kobiety niż *diva assoluta*, którą wszak wciąż była.

– Tak, sądzę… – zaczęła z ociąganiem.

W tym momencie przerwał jej wesoło:

– No to zrób się na bóstwo, Mario. Jutro wieczorem masz prawo przebić nawet Liz. Lumpy z pewnością nie będzie miała nic przeciwko temu.

Maria roześmiała się. Nie tyle z zabawnego przezwiska – Pulchniatka – którym Burton pieszczotliwie nazywał Elizabeth Taylor, co z powodu ulgi, jaką nagle poczuła. A zatem byli jeszcze ludzie nieuznający Mrs. Kennedy. Niezależnie od tego, na co Aristo się zdecyduje i czy ślub faktycznie się odbędzie, ona miała po swojej stronie sławnych przyjaciół. Życzliwych ludzi, gotowych ją wspierać. Najwyższy czas, żeby to wsparcie pokazać światu. I uzmysłowić Aristowi, z czego tak lekkomyślnie zrezygnował.

ROZDZIAŁ 30

Paryż

21 października 1968 roku

Callas powróciła. Piękna. Promienna. Niezależna. Podziwiana. Uwielbiana. Czuła się, jakby nagle wyrosły jej skrzydła.

Maria potrzebowała aż dwudziestu czterech godzin, żeby wyglądać jak kiedyś. Niestety, dotyczyło to tylko wyglądu zewnętrznego, a nie złamanego serca i zranionej duszy. Ale przecież nie na darmo była znakomitą aktorką, dlatego z powodzeniem zagrała rolę swojego życia na Polach Elizejskich w Théâtre Marigny oraz później w Maximie. Podczas premiery *Pchły w uchu* była przysłowiową kruchą porcelanową figurką, z którą każdy obchodził się z największą ostrożnością. Nikt z zaproszonych na premierę gości nie rozmawiał z nią na temat mającego się odbyć ślubu, choć naturalnie wszyscy doskonale o nim wiedzieli. Później piła, tańczyła i bawiła się, jakby nigdy nic, choć kosztowało ją to niemal tyle sił, co zaśpiewanie głównej roli w operze. Prawdę mówiąc, nie potrafiła ocenić, co było bardziej wyczerpujące.

Tłum dziennikarzy rzucił się na nią. Skąpany w ostrym świetle reflektorów czerwony dywan i błyski setek fleszy nie były tak przerażające, jak w innych razach, mimo to Maria musiała zacisnąć powieki, gdyż ostre światło ją oślepiało. Reporterzy zasypali ją pytaniami na temat ślubu. Ona jednak trzymała się przygotowanych zawczasu odpowiedzi, których nauczyła się na pamięć.

Za każdym razem odpowiadała z uśmiechem, przyjmując odpowiednio dobraną intonację głosu:

– Wiedziałam o tym już od pewnego czasu od Onassisa. Jeśli o mnie chodzi, mogę tylko powiedzieć, że jestem szczęśliwa i zawsze cieszy mnie szczęście innych.

W ciemnościach, podczas projekcji filmu, nieco się odprężyła.

W międzyczasie przestała wierzyć, że ślub dojdzie do skutku. Podczas rozmowy telefonicznej Aristo był tak zdesperowany i równocześnie tak bardzo zdecydowany, że nie miała najmniejszych wątpliwości co do tego, że zostanie on odwołany. Podczas niemal dziewięćdziesięciu minut projekcji, w trakcie której stopniowo się rozluźniała, raz po raz zadawała sobie pytanie, jak powinna zareagować, gdy Aristo ponownie się odezwie. Zupełnie niepotrzebnie, gdyż z góry wiedziała, jak postąpi. Pomimo tego wszystkiego, co się wydarzyło i co jej zrobił. Kochała go i dlatego wszystko mu wybaczy. I im dłużej o tym myślała, tym większą miała nadzieję, że do niej wróci.

Reszta wieczoru była dla Callas prawdziwym świętowaniem, w które nie potrzebowała wkładać żadnego wysiłku.

Dwa dni później w całej światowej prasie pojawiły się jej zdjęcia. Kolejnego dnia na pierwszych stronach ukazały się zaś jeszcze bardziej ekscytujące fotografie świeżo poślubionych Jacqueline Kennedy i Arystotelesa Onassisa, wychodzących z kaplicy na Skorpios już jako małżonkowie.

„Zawsze zdarzają się dni o wiele gorsze od tych, które mamy już za sobą" – pomyślała ze smutkiem Maria.

ROZDZIAŁ 31

Mediolan

30 marca 1960 roku

Śniła jej się matka.
Po raz ostatni spotkały się przed dziesięciu laty. Wówczas Maria zaprosiła Evangelię do Mexico City, gdzie występowała w głównej roli w Aidzie. Oczywiście zapłaciła za przelot z Nowego Jorku oraz za hotel, jednak nie żałowała ani jednego wydanego centa, gdyż chciała pokazać matce, jak wielki sukces odniosła jako sopranistka. Podczas całego południowoamerykańskiego tournée publiczność każdorazowo witała Callas ogromną owacją. Evangelia powinna się przekonać, jak hucznie ją oklaskiwano i jak bardzo podziwiano. Powinna być dumna z młodszej córki i wreszcie z niej zadowolona. Jednak niezależnie od tego, jak bardzo Maria pragnęła wreszcie znaleźć uznanie w oczach matki, dla Evangelii – niebędącej w stanie docenić kogokolwiek poza uwielbianą niemal bałwochwalczą miłością Iakinti – młodsza córka nadal była nikim. Wszystko było jak dawniej – czegokolwiek Maria by nie zrobiła, i tak było to za mało. I niezależnie od tego, jak bardzo krytycy rozpływali się w pochwałach nad jej występem, Evangelia zawsze zrzędziła. Była też wiecznie niezadowolona. Gdy Maria chciała podarować jej futro z norek, zażądała w zamian dwóch etoli, żeby starsza córka również miała z podróży matki jakiś prezent, z którego mogłaby się cieszyć. Na końcu zaczęła domagać się od Marii

pierścionka z brylantem dla Iakinti, twierdząc, że jakkolwiek by było, dostała od Meneghiniego dwa, a zatem wystarczy jej jeden.

Marii wydawało się, że nigdzie nie mogła czuć się bezpiecznie i ukryć przed Evangelią. Matka ścigała ją nawet w Szwajcarii, w domu, który zamierzała kupić wspólnie z Aristem. To był ich tak zwany szwajcarski projekt. Rezydencja położona w niezwykle malowniczej okolicy, wśród gór i jezior, która w przyszłości miała się stać ich domem rodzinnym. Aristo powiedział, że Szwajcaria jest najbezpieczniejszym miejscem do wychowania dziecka. Jej dziecka. I wówczas pojawiła się matka, babcia nienarodzonego jeszcze owocu jej miłości, żeby wszystko unicestwić...

– Mario!

Choć nie rozmawiały ze sobą od dziesięciu lat, Maria natychmiast się zorientowała, że nie był to głos matki. Jego ton zupełnie nie pasował do obrazów, jakie miała w głowie. Mimo to brzmiał dziwnie znajomo.

– Signora Lengrini, proszę się obudzić!

Dźwięk obco brzmiącego nazwiska przywrócił Marię do rzeczywistości. Wspomnienie matki było jedynie snem. Koszmarnym snem. Zbyt realistycznym i za bardzo sugestywnym. Coś takiego zdarza się jedynie w stanie narkozy. Czuła się słaba i śpiąca. Z trudem uniosła powieki. Przypomniała sobie, gdzie była i z jakiego powodu.

Stwierdziła, że ma poocierane wargi. Czuła też okropną suchość w ustach. Mimo to udało jej się wydobyć głos, żeby zadać jedyne pytanie, które w tym momencie miało dla niej znaczenie:

– Jak się czuje moje dziecko?

– *Dottore* Palmeri zaraz przyjdzie do pani – odpowiedział damski głos, który uprzednio nazwał ją przybranym nazwiskiem.

Ma się rozumieć, lekarz prowadzący chciał przekazać jej radosną wiadomość osobiście, a nie przez pielęgniarkę, oficjalnie nieznającą nawet prawdziwej tożsamości pacjentki, choć zapewne rozpoznała w niej słynną diwę. Lecz musiała trzymać się obowiązujących reguł i fałszywego nazwiska, co uspokoiło Marię.

W formularzu zgłoszeniowym prywatnej Clinica Dezza podała nazwisko Maria Lengrini, kierując się względami ostrożności, gdyż za wszelką cenę chciała uniknąć rozgłosu. Nie tylko prasa nie mogła się dowiedzieć, że urodziła dziecko. Nie chciała też, żeby do Meneghiniego jakimiś kanałami dotarła informacja o jej ciąży, ponieważ obawiała się, że mógłby rościć sobie prawa do dziecka, które nie było jego. Poza tym rozwód Arista jeszcze nie był prawomocny. A zatem o wiele lepiej było pozostawić w nieświadomości również Tinę.

Właściwie cudem było, że Marii udało się utrzymać wszystko w tajemnicy. Przed Bruną i Ferrucciem w żaden sposób nie dało się ukryć zmian, jakie zachodziły w jej ciele i w niej samej. Zresztą wcale nie zamierzała tego robić. Poza Aristem i dwójką jej personelu nikt nie wiedział i nie dzielił z nią największego szczęścia, jakie ją spotkało w całym dotychczasowym życiu. A ponieważ od ubiegłej jesieni nie pokazywała się publicznie oraz nie występowała już na scenie, nikt nie zauważył, jak dziecko rosło w jej ciele. Odrzuciła propozycję zaśpiewania w *Medei* w Paryżu, w Covent Garden i w La Scali. Raz w życiu chciała skoncentrować się wyłącznie na sprawach prywatnych, by wreszcie móc być jedynie żoną i matką.

Po pewnym czasie szok Arista, wynikający z faktu, że znów będzie ojcem, minął. Zaczął snuć plany związane z dzieckiem. Wprawdzie podkreślał na każdym kroku, że Alexander nadal pozostaje jego jedynym spadkobiercą, ale naturalnie zabezpieczy finansowo swojego kolejnego potomka w tym samym stopniu, co córkę. I na tym nie koniec. Obiecał Marii, że będzie je wychowywał wspólnie z nią. Zaproponował też kupno domu w Szwajcarii, gdzie dziecko miałoby dorastać. Jej syn. Maria nie miała żadnych wątpliwości, że urodzi Aristowi syna. Wspólnie wybrali dla niego imię. Homer – po wuju Onassisa. Również Alexander otrzymał imię po jednym z wujów Arista. Poza tym było to imię, które łatwo dało się przetłumaczyć na włoski, choć we Włoszech było raczej niespotykane.

Maria pomyślała o ich rozmowach o przyszłości. O wspólnej przyszłości. Niepojęte, w jakim tempie zmieniło się jej życie w ciągu niespełna jednego tylko roku. Niczym allegro w utworze muzycznym – szybko i pogodnie. Na wspomnienie ostatnich miesięcy poczuła ciepło ogarniające jej ciało. Wtedy ponownie górę wzięło zmęczenie. Chciała jedynie spać. Nic, tylko spać...

– Signora Callas! – Tym razem głos bez wątpienia należał do *dottore* Palmeriego.

Zatopiona w myślach, nie słyszała, jak przyszedł. I jeśli nie śniła, to lekarz stał koło jej łóżka. Otworzyła oczy, jednak bez okularów nie widziała wyrazu jego twarzy.

– Jak się czuje dziecko? – Każde wypowiedziane słowo sprawiało ból.

– Niestety, muszę panią poinformować... – *Dottore* Palmeri przerwał, po czym kontynuował z ociąganiem: – Signora Callas, bardzo mi przykro, ale pani syn zmarł.

Żył niespełna dwie godziny. Jego płuca nie podjęły pracy.

Koszmar. Wciąż jeszcze była oszołomiona po narkozie. Strach przed normalnym porodem siłami natury, który ją ogarnął i który spowodował, że poprosiła lekarzy o cesarskie cięcie, nadal był tak realny jak nazwisko Lengrini, które wymyśliła dla personelu medycznego szpitala. Uzgodniony w ósmym miesiącu ciąży z lekarzem termin porodu wypadał w korzystnym terminie. Dzięki temu będzie mogła zaskoczyć Arista narodzinami jego syna, gdy wróci z rejsu na Wyspy Kanaryjskie, w który udał się wraz z Winstonem Churchillem. Wszystko tak dobrze zaplanowała...

– Signora Callas, czy słyszała pani, co powiedziałem?

Nieznacznie się poruszyła, czując przy tym przeszywający ból w podbrzuszu. Następnie poczuła mocną dłoń obejmującą jej palce. Zupełnie nie zauważyła, że położyła splecione ręce na kołdrze. „Zupełnie jak nieboszczyk" – przeszło jej przez myśl.

– Niezmiernie mi przykro – zapewnił kolejny raz *dottore* Palmeri. – Nasza klinika nie jest dostatecznie wyposażona i przygotowana na tego typu przypadki. Ale zapewniam panią, że zrobiliśmy wszystko, co w naszej mocy. Karetka z pani synem była w drodze do szpitala ze specjalnym oddziałem intensywnej terapii dla noworodków. Lecz było za późno.

Zrozumienie słów lekarza kosztowało Marię niewyobrażalnie dużo wysiłku. Powoli, krok po kroku, zaczynała pojmować sens następujących po sobie zdań. Jej mózg pracował powoli, na zwolnionych obrotach, jak u paralityka. Zrozumiała, co się stało, dopiero gdy spojrzała na Brunę trzymającą jej dłoń. Wówczas zaczęła płakać.

– Czy Omero nie żyje? – Było to równocześnie pytanie i stwierdzenie.

– Tak bardzo, bardzo mi przykro – powtórzył lekarz kolejny raz.

Na te słowa nagle pociemniało jej w oczach. Szpitalne łóżko zaczęło wirować jak karuzela. Maria próbowała uczepić się Bruny, by znaleźć w niej oparcie, jednak poczuła, że jej się to nie udało, że spada w głęboką, ciemną przepaść bez dna. Wówczas pogrążyła się w zbawiennym omdleniu.

Rurki, którymi do jej żył płynęły lekarstwa, utrzymywały ją przy życiu. Zaniepokojeni stanem pacjentki lekarz i pielęgniarki opiekowali się nią troskliwie w milczeniu. Bruna czuwała niemal bez przerwy, dzień i noc, przy jej łóżku. Maria czuła się, jakby przebywała w próżni. Ciężka operacja nie pozostała bez wpływu na jej stan fizyczny. Śmierć synka wtrąciła ją zaś w otchłań najgłębszej rozpaczy. Czyżby nadszedł już czas, żeby wszystko rzucić i na zawsze pożegnać się z życiem? Chciała płakać, ale nie mogła. Chciała się modlić, ale nie znajdowała słów, którymi mogłaby dotrzeć do Boga. W zasadzie nie była już nawet w stanie myśleć.

Po przybyciu do kliniki poprosiła o zainstalowanie telefonu w pokoju, który jej przydzielono. Jednak po tym, co się wydarzyło, zupełnie zapomniała o aparacie stojącym na szafce tuż obok łóżka. I gdy rozległ się ostry dźwięk, wyrywając ją ze stanu półsnu, w którym tkwiła w nieutulonym żalu, bezdennej rozpaczy i ogromnym zwątpieniu, poderwała się przerażona. W milczeniu potrząsnęła głową.

Po trzecim sygnale Bruna podniosła słuchawkę.
— Tak, proszę? — Jej początkowo twardy ton głosu uległ zmianie, nieco łagodniejąc. — Tak, signor Onassis. Jest tutaj. Zaraz ją podam.

Bruna bez słowa przekazała Marii słuchawkę.
— Co się dzieje, Mario? — Wśród szmerów i trzasków, jakie zazwyczaj towarzyszyły rozmowom prowadzonym przez sieć radiową, wyraźnie słychać było niepokój w głosie Arista. — Próbowałem dzwonić do domu, ale cię nie zastałem. Ferruccio podał mi ten numer telefonu. Jak się czujesz?

Aristo najwidoczniej był na pokładzie jachtu, a nie na lądzie, na którejś z wysp. Zobaczyła w wyobraźni pomieszczenie radiotelegrafisty, które w międzyczasie tak dobrze poznała. Być może kapitan stał obok niego. Prawdopodobnie kochanek przyjemnie spędzał czas na luksusowej łodzi. A teraz na tę beztroską podróż padnie złowieszczy cień. Przez chwilę zastanawiała się, czy przypadkiem nie zataić przed nim prawdy.

— Mario, dlaczego jesteś w szpitalu? Powiedz mi! — nalegał.

— Nasz syn nie żyje. Umarł zaraz po urodzeniu — wyznała.

Każde słowo z trudem przechodziło jej przez gardło. Treść wypowiedzianych z takim trudem dwóch zdań niemal ją zabiła. Po operacji nie wolno jej było nic pić, dlatego obolałe gardło miała suche niczym wiór, głos zaś ochrypły i skrzeczący.

Milczenie. Szmery.

Wtem przyszło jej na myśl, że może jej nie zrozumiał, w związku z tym powtórzyła z wysiłkiem:

— Homer zmarł. Żył tylko dwie godziny. Aristo, Alexander pozostanie twoim jedynym synem.

Odniosła wrażenie, że nastąpiło jakieś zakłócenie na łączach, po czym usłyszała głęboki wdech i nagle zrozumiała, co oznacza. Był to cichy szloch. Aristo płakał.

W tym momencie również z jej oczu popłynął strumień łez.

Trzymała kurczowo słuchawkę, jakby to była dłoń kochanka, opłakując wraz z nim to, co utracili.

ROZDZIAŁ 32

Paryż

Październik 1968 roku

Wiadomość o ślubie Onassisa zmieniła wszystko. Maria czuła się jak rażona piorunem. Powodem takiego stanu rzeczy była nie tylko zazdrość, lecz przede wszystkim ogromne rozczarowanie oraz bezmierny żal. Aristo nie dość że nie powiedział jej otwarcie, iż faktycznie zamierza poślubić Jacqueline Kennedy, to jeszcze na dodatek podle ją okłamał. Patrząc z perspektywy czasu, jego telefon z Aten był dla niej najbardziej bolesnym ciosem. Jednak, w odróżnieniu od nokautu na ringu, nie padła na deski. Zachwiała się, ale nie upadła. Wręcz przeciwnie – znalazła w sobie siłę, żeby się zemścić. A czas jej sprzyjał.

Podczas gdy światowa opinia publiczna obserwowała pozornie szczęśliwą parę nowożeńców w czasie miesiąca miodowego spędzanego na pokładzie Christiny, w Marii szalała burza uczuć. I gdy jej wściekłość sięgnęła zenitu, złapała za słuchawkę, by zadzwonić do Dallas, do Mary.

Przyjaciółki rozmawiały o tym i owym, także o małżeństwie Onassisa. W końcu Maria zdecydowała się powiedzieć doskonale przemyślane zdanie, które miało brzmieć, jakby wyrwało jej się zupełnie przypadkiem:

– Byłoby mi o wiele lżej, gdybym wówczas nie przerwała ciąży.

– Co? Jakie przerwanie? Jakiej ciąży? – zapytała skonsternowana Mary.

– Nigdy ci o tym nie opowiadałam? Niemożliwe! – Maria sprawiała wrażenie oburzonej swoim zapominalstwem. – No więc... przyznaję, że przez lata próbowałam zapomnieć, gdyż było to dla mnie zbyt bolesne. – Nabrała powietrza w płuca, po czym wyznała drżącym głosem: – Aristo zmusił mnie do usunięcia ciąży. To było parę lat temu. Nie chciał mieć więcej dzieci. A głównie nie chciał kolejnego syna. Alexander miał być jedyny, tak miało pozostać.

Wreszcie wyrzuciła to z siebie. Zrobiła dokładnie to, co zamierzała, żeby zaszkodzić Aristowi. Użyła identycznej broni, którą swego czasu on próbował ją powalić. A teraz broniła się przed nim kłamstwem.

– Ale, Mario, dlaczego...? To znaczy... dlaczego nic mi nie powiedziałaś? To okropne! Nie do wiary!

Faktycznie Maria, planując zemstę, miała największe wątpliwości, czy historia, którą zamierzała opowiedzieć, będzie brzmieć wiarygodnie. Dlatego zaskoczyło ją, że Mary ani przez sekundę nie wątpiła w rzekomą aborcję, choć jej najlepsza przyjaciółka powinna przecież wiedzieć, że Maria nigdy by się na coś takiego nie zdecydowała. Niezależnie od tego, jak bardzo naciskałby Onassis. Mary nigdy nie dowiedziała się o jej zmarłym maleńkim synku, który nie był w stanie samodzielnie oddychać. Ale w zasadzie powinna wiedzieć, jak bardzo wierzącą osobą była Maria. Pomijając fakt, że zawsze pragnęła mieć rodzinę i miała nadzieję, iż kiedyś ją założy, wiara chrześcijańska zabraniała jej dobrowolnego pozbycia się nienarodzonego dziecka. Jednak wydawało się, że Mary jest w tym momencie głucha na wszelkie rozsądne wyjaśnienia. Przyjaciółka uwierzyła jej bezgranicznie.

– Ach, tak – westchnęła Maria. – Wręcz nie mogę myśleć o tym, ile straciłam, pozbywając się dziecka.

Zrezygnowałam z największego szczęścia w życiu. A teraz jestem sama. Całkiem sama. Rzucił mnie dla innej. A przecież wyłącznie z jego powodu nie urodziłam tego dziecka.

– Kiedy to było? Tak żałuję, że nie było mnie wówczas przy tobie.

– Och... jakieś dwa lata temu...

Z jakiegoś powodu miała opory przed podaniem, kiedy faktycznie była w ciąży. Przesuwając ten fakt w czasie, nadawała mu większej wiarygodności i zarazem zwiększała dramatyzm swojej historii.

– Tak mi przykro, Mario – zapewniła szczerze z całego serca Mary, wkładając w głos tyle ciepła, ile tylko potrafiła, co dało się wyczuć nawet z odległości tysięcy kilometrów dzielących Dallas do Paryża. – Ari to zwyczajna świnia.

Po tym wszystkim w pełni zasłużył na taki właśnie epitet.

Zadowolona z sukcesu, kazała się połączyć z Manhattanem. Prawdopodobnie Gatsosowie byli w Grecji, na weselu Onassisa i Kennedy. Ale teraz zapewne Anastasia już wróciła do domu.

I tym razem Marii dopisało szczęście.

– Ten ślub był jakiś dziwny – relacjonowała żona nowojorskiego prezesa spółek Onassisa. – Mówię ci, z całą pewnością w grę nie wchodzi miłość. Ari i Jackie wcale nie sprawiają wrażenia oddanych sobie ani tym bardziej zakochanych. Nie trzymali się za ręce, a po sakramentalnym „tak" nawet się nie pocałowali. Ani...

– Ja... – przerwała Maria, nie chcąc słuchać dalszych szczegółów.

Jednak Anastasia nie dała się powstrzymać i wyrzucała z siebie potok słów:

– Dzieci Ariego są przerażone. Alexander szalał przez cały czas, wyraźnie dając odczuć, co o tym myśli. Jedyne, co było urocze na tym ślubie, to dzieci Kennedych. Są naprawdę czarujące. Poza tym wszystko było jakieś nienaturalnie sztywne i niezmiernie drętwe. Zupełnie jakby chodziło o przypieczętowanie transakcji. Na Wall Street mówi się, że rodzina Kennedych poruszyła niebo i ziemię, żeby doprowadzić do ślubu Jackie z Arim. Nawet oświadczenie dla prasy wydano bez jego wiedzy. Chcieli postawić go przed faktem dokonanym. Niektórzy twierdzą, że został bezczelnie przyparty do ściany. Ale to chyba tylko zawistni, którzy nie życzą mu zbyt dobrze.

Gdzieś w tyle głowy Marii pojawiło się wspomnienie ostatniej rozmowy z Aristem. Jego głos w słuchawce, gdy mówił, że został nabrany i oszukany. Być może faktycznie powiedział prawdę. A ona zostawiła ukochanego człowieka na lodzie. Zawiodła go. Jednak gdy Anastasia zaczęła opowiadać o rzekomych milionowych kwotach, o których szeptano w jej kręgach towarzyskich, Maria uświadomiła sobie, że tak naprawdę to nie Aristo był ofiarą romansu z wdową po prezydencie, lecz ona. Choć to nie ona ponosiła winę za ten jakże brzemienny w skutki dramat, najbardziej cierpiała z tego powodu. Za żadne skarby nie może dopuścić, żeby to jej przypisano całą odpowiedzialność za to, co się wydarzyło.

– No cóż, jeśli w tym związku chodzi jedynie o jakieś sprawy biznesowe – wreszcie udało jej się przerwać potok słów przyjaciółki – to przynajmniej nie musimy się martwić o zdrowie mistress Kennedy, gdyż nie ma zagrożenia, że pewnego dnia zajdzie w ciążę i że Aristo zmusi ją do aborcji. Jak swego czasu mnie.

– Co? – krzyknęła Anastasia na całe gardło. – Kiedy? Dlaczego?

Maria powtórzyła niemal słowo w słowo historię wcześniej opowiedzianą Mary. Ponownie ogarnęło ją zdziwienie, że natychmiast uwierzono jej bez zastrzeżeń. Wydawało się, że od czasu, gdy Aristo ją opuścił, przyjaciółki zmieniły zdanie na jego temat. Teraz myślały o nim zdecydowanie źle. „Zadziwiające, jak w krótkim czasie, wskutek romansu z nową kobietą, może zmienić się obraz szarmanckiego, sympatycznego i wspaniałomyślnego człowieka, jakim w rzeczywistości jest Onassis" – pomyślała Maria. „Przede wszystkim w oczach innych kobiet. W zasadzie powinny znać go lepiej".

To, co Maria wyznała w „najgłębszej tajemnicy", było naturalnie na tyle ekscytujące i skandaliczne, że z pewnością szybko rozejdzie się wśród ludzi, rujnując na długi czas wizerunek Arista.

Medea wołała do swojego kochanka, niewiernego Jazona, że została pomszczona poprzez krew swoich dzieci i że on, choć znalazł sobie inną, z powodu rozpaczy i żalu za tym, co utracił, już nigdy więcej nie zazna spokoju. Ona zaś, szczęśliwa i spełniona, uda się w zaświaty.

Problem w tym, że dokonana zemsta wcale nie dała jej szczęścia. Wręcz przeciwnie.

Niespełna tydzień po ślubie przebywający w Paryżu Onassis niespodziewanie zadzwonił do Marii. Z pewnością słyszał rozsiewane przez nią plotki. Anastasia najprawdopodobniej natychmiast opowiedziała mężowi historię o usunięciu ciąży, Costa powtórzył ją zaś niezwłocznie Ariemu. Marię dziwiło jedynie, że nowożeniec podczas miesiąca miodowego znalazł czas, żeby się z nią rozmówić.

– Nie ma mnie – oznajmiła Ferrucciowi, gdy służący poinformował ją o telefonie.

Wierny sługa zawahał się.

– Ale signor Onassis jest pewien, że jest pani w domu.

Czy jej przeznaczeniem była konieczność konfrontacji – co chwilę i wciąż na nowo – z człowiekiem, którego kochała nade wszystko? Najwyższy czas, żeby mojra – po tych wszystkich próbach, którym ją poddała – wreszcie okazała miłosierdzie, dając jej wytchnienie i zasłużony spokój. A Aristo nie oznaczał ani jednego, ani drugiego, gdyż wciąż rujnował jej dopiero co z takim trudem odzyskaną równowagę ducha.

– Proszę przekazać, że nie chcę z nim rozmawiać.

I choć wiedziała, że postępuje słusznie, podjęta decyzja odprawienia go z kwitkiem na nowo złamała jej serce.

Pomimo wczesnego wieczoru poszła do sypialni i się położyła. Weszła do łóżka i naciągnęła kołdrę na głowę, lecz to wcale nie pomogło, ponieważ nie przegoniło prześladujących ją obrazów.

– Signora Callas. – Ferruccio ponownie zapukał do drzwi. – Przepraszam, że znów panią niepokoję, ale signor Onassis stoi przed drzwiami i domaga się rozmowy z panią.

Może Anastasia miała rację, że małżeństwo z Jackie Kennedy zostało zbudowane na kłamstwie? Jeśli faktycznie tak było, to Aristo stanowczo powinien był położyć temu kres, zanim zrobiło za późno.

Maria miała dość jego kłamstw. Wszystkich kłamstw. Również własnych, które niewątpliwie przywiodły go aż tutaj.

– Nie chcę z nim rozmawiać ani go widzieć. Ferruccio, proszę go odprawić!

Wstydziła się swojej zemsty. Równocześnie bała się też jego gniewu.

Najwidoczniej Aristo nie zamierzał dać się zbyć.

Dziesięć minut później Ferruccio ponownie zapukał do drzwi jej sypialni.

– Signor Onassis rzuca kamykami w okna. Bierze je ze żwirowej ścieżki ogrodowej biegnącej wokół domu.

Maria słyszała dziwne uderzenia, jednak nie sądziła, że może to mieć jakikolwiek związek z nią. Wywóz śmieci w Paryżu odbywał się w najdziwniejszych porach. Albo też jacyś demonstranci mogli rzucać kamieniami w okna. Co prawda protesty studentów, które nigdy nie docierały na Avenue Georges-Mandel, zakończyły się dobrych parę miesięcy temu, jednak to wcale nie znaczyło, że nie mogły nagle wybuchnąć na nowo i tym razem dotrzeć aż do szesnastego *arrondissement*.

To, że Onassis bawił się w Romea, uznała w pewnej mierze za romantyczne. Stwierdziła natomiast, że ona sama jest za stara i zbyt przygnębiona, żeby na balkonie odgrywać Julię.

– Niech pan zawoła dozorcę – poleciła Ferrucciowi. – I jeśli nie uda mu się go pozbyć, wówczas niech pan zadzwoni na policję!

Po tych słowach wierny służący już się więcej nie pojawił.

ROZDZIAŁ 33

Paryż

Listopad 1968 roku

Maria dużo by dała za to, żeby nic nie wiedzieć o pierwszych tygodniach pożycia aktualnie najsławniejszej i najbardziej prominentnej pary na świecie, jednak paparazzi deptali po piętach Arista i Jackie na każdym kroku, rozpowszechniając informacje na temat ich szczęścia. Ilekroć przeglądała gazetę, zawsze natrafiała w niej na jakieś nowe szczegóły. Nie chciała czytać tych wszystkich doniesień, ale przyciągały ją z jakąś nieodpartą, magiczną siłą, której w żaden sposób nie potrafiła się oprzeć. Dokładnie jak przed ośmiu laty, gdy ukazała się książka jej matki. Wówczas Maria twierdziła publicznie, że nie przeczytała ani słowa z tej szkalującej ją szmiry, co było nieprawdą. W rzeczywistości nie była w stanie wypuścić jej z ręki, pieniąc się ze złości z powodu każdej linijki. Podobnie było teraz, gdy natrafiała na zdjęcia obojga małżonków. Mimo że chciała je pominąć, za każdym razem wlepiała w nie wzrok, aż w końcu z furią ciskała gazetą o podłogę.

Tymczasem Aristo nie dawał jej spokoju. Potrzebował raptem kilku dni, żeby dojść do siebie po stanowczej odprawie, jaką mu dała. Po niespełna tygodniu przesłał jej bukiet róż. Dzień później otrzymała kolejny. I następnego jeszcze jeden. Nie wiedziała, co myśleć o tych kwiatowych dowodach pamięci, przypominały jej bowiem jego początkowe zabiegi o jej względy.

W obecnej sytuacji trudno było wyobrazić sobie, że Onassis tym sposobem chce wyrazić swoją irytację z powodu plotek, które o nim rozsiewała. Powoli zaczęła podejrzewać, że być może nie miał pojęcia o rzekomym przerwaniu ciąży i że chodziło o coś zupełnie innego. Ale cóż mógł od niej chcieć? Dlaczego wciąż na nowo łamał jej serce? Ilekroć ledwie udało jej się jakoś pozbierać i nabrać odrobiny dystansu, znów się pojawiał. A obecnie jego sytuacja wyglądała zgoła inaczej, gdyż wreszcie zdobył w kręgach amerykańskiej elity dokładnie taką pozycję, o jakiej zawsze marzył. Nie było to może amerykańskie obywatelstwo, ale za to druga żona bez wątpienia otworzyła przed nim wszystkie znaczące drzwi pomiędzy Bostonem i San Francisco.

Po kwiatach zaczęły się liczne telefony. Niespełna cztery tygodnie po ślubie Onassis stał się tak natrętny, że Maria czasami sama podchodziła do telefonu, żeby Ferruccio lub Bruna nie musieli bez przerwy załatwiać nieprzyjemnej kwestii chronienia swojej chlebodawczyni przed potężnym i swego czasu kochanym przez nią nade wszystko mężczyzną.

– Nie chcę z tobą rozmawiać – mówiła. – Dlatego przestań mnie nagabywać i przyjmij wreszcie do wiadomości, że wszystko między nami skończone. Zresztą sam mi to powiedziałeś. I jeśli nie jesteś zadowolony ze swojego życia jako takiego, to masz zwyczajnie pecha. Sam tego chciałeś.

– Jeśli zgodzisz się zjeść ze mną kolację, będziemy mogli spokojnie o tym porozmawiać. – Aristo był szarmancki i uprzejmy. Zachowywał się tak, jakby zabiegał o jej względy, a nie jak mężczyzna, który właśnie się ożenił.

– Czyś ty do reszty zwariował? – wrzasnęła na niego.

– Przyjadę po ciebie za dwadzieścia minut. Pójdziemy do Maxima. Akurat mają świeżą dostawę kawioru z Iranu. Podobno jest znakomity.

– A to co znowu? Nie mam najmniejszej ochoty na kawior. Zwłaszcza w twoim towarzystwie.

– To w takim razie zjesz befsztyk z polędwicy. Przecież doskonale wiem, jak bardzo lubisz wołowinę. Najchętniej krwistą.

Zapamiętał drobiazgi. Maria ponownie zaczynała ulegać jego czarowi. Wewnętrzny głos ostrzegał ją, mówiąc, że wiedza o jej kulinarnych upodobaniach po dziewięciu wspólnie spędzonych latach nie jest niczym szczególnym. Mimo to czuła przyspieszone bicie serca na samą myśl, że Aristo koniecznie chce się z nią widzieć. I jakie to ma właściwie znaczenie, że umówią się na wspólną kolację? Zdawała sobie sprawę, że jedząc w ulubionej restauracji i gawędząc o starych dobrych czasach, wystawią się na widok publiczny i wszyscy będą dokładnie obserwować każdy ich gest. Przecież gdyby tylko chciała, mogłaby pokazać mu, że jest jej całkowicie obojętny. Co miała do stracenia?

„Moje serce" – pomyślała.

– Dobrze. W takim razie będę u Maxima o wpół do dziewiątej – obiecała.

Maxim był nie tylko najsławniejszym lokalem w mieście, ale także słynącym z najdłuższej tradycji. Secesyjne wnętrza zachowały swój dawny charakter. Tak się szczęśliwie złożyło, że niemieccy żołnierze nawet w najmniejszym stopniu nie uszkodzili obitych morą ścian, kryształowych luster, barwnych szklanych faset sufitowych i umeblowania o aksamitnej czerwonej tapicerce. Wszystko zachowało się do tego stopnia, że miało się nieodparte wrażenie, iż na Rue Royale pozostało jeszcze co nieco z frywolnego świata art nouveau. Maria uwielbiała tę restaurację z jedyną w swoim rodzaju atmosferą, elegancką klientelę i znakomitą kuchnię.

Gdy tego wieczoru kroczyła pod czerwonym baldachimem, mijając portiera, przypomniało jej się niedawne huczne przyjęcie, podczas którego usunęła w cień Elizabeth Taylor. Było cudownie. Czy naprawdę miało to miejsce przed niespełna czterema tygodniami? Wówczas była sama. Dziś natomiast Onassis witał ją przy stoliku kieliszkiem szampana, co zdecydowanie było nie mniej ważne.

Maria miała świadomość, że co najmniej połowa oczu obserwowała ją i Arista. Wyglądała dobrze w niezwykle prostej, czarnej sukience cocktailowej i dyskretnej biżuterii, którą założyła tego wieczoru, żeby czekająca ją kolacja wyglądała jak najmniej formalnie. Spotykając starego przyjaciela, nie ma potrzeby obwieszać się kosztownościami.

Wypiła z Aristem za jego zdrowie. Śmiała się z jego greckich toastów, uświadamiając sobie co rusz, że od jego ślubu z Jackie Kennedy upłynął zaledwie miesiąc. Wówczas jej uśmiech automatycznie stawał się oziębły, jej odpowiedzi na pytania o plany na przyszłość były zaś nieco bardziej wymijające.

Zamówiła *escargots à la provençale*, gdyż tak czy siak miała zamiar zjeść nie więcej niż kilka niskokalorycznych, bogatych w białko ślimaków. Ze względu na figurę i emocje. W jej duszy panował równie wielki zamęt, jak podczas pierwszej randki.

– W przyszłym roku prawdopodobnie zagram w filmie – wyjaśniła tak rzeczowo, jakby udzielała wywiadu dziennikarzowi. – Pier Paolo Pasolini zamierza zekranizować mit o Medei i twierdzi, że nikt inny nie nadaje się do tej roli tak jak ja.

– Zawsze mówiłem, że jeśli zagrasz w filmie, twoja popularność jeszcze się zwiększy – powiedział Onassis, wydłubując szarą ikrę z miniaturowych ciasteczek gryczanych. – Kiedy zaczynacie kręcić?

– W przyszłym roku w maju, w Rzymie, w studio Cinecittà…

– Pojadę z tobą – oznajmił, jakby to było oczywiste.

Do tej pory była zadowolona, że udało jej się skierować rozmowę na całkowicie neutralne tematy. Teraz jednak zamarła, wbijając w niego wzrok.

– Co takiego? – zdziwiła się.

– Powiedziałem, że pojadę z tobą – powtórzył uprzejmie, uśmiechając się z zadowoleniem. – Film jako medium interesuje mnie już od dłuższego czasu. Lecz jest to świat, z którym dotychczas nie miałem do czynienia.

– A co powie na to twoja żona? – wypaliła, co ją zirytowało, gdyż wzmianka na temat Kennedy oznaczała jakby zaproszenie jej do stołu. Jednak nie mogła się powstrzymać.

– Nie mam pojęcia. – Aristo wzruszył ramionami. – Prawdę mówiąc, zupełnie mnie to nie interesuje. Tak na marginesie, znów jest w Nowym Jorku razem z dziećmi.

– Tak?

– Oświadczyła mi, że chce wrócić do domu. – Jego głos był przytłumiony. Mówił po grecku. I choć zapewne język ten był niezrozumiały dla niemal wszystkich obecnych na sali gości, mimo to ściszył głos, obawiając się, że ktoś mógłby przypadkowo coś usłyszeć. – Parę miesięcy temu błagała mnie, żeby ją ściągnąć ze Stanów. Po zamachu na Martina Luthera Kinga i zamordowaniu jej szwagra, Bobby'ego Kennedy'ego, zaledwie dwa miesiące później zaczęła się bać o dzieci. I, co zrozumiałe, czuła się zagrożona. Widocznie zmieniła zdanie.

... „nabrany i oszukany"...

Wciąż miała w pamięci jego słowa wypowiedziane przed czterema tygodniami.

– A ty?

– Jestem tutaj. Z tobą – powiedział z uśmiechem.

– Nie to miałam na myśli.

– Jackie kosztuje mnie majątek. Na dłuższą metę jest droższa niż w pełni wyposażony, nowoczesny tankowiec. Nie mam zielonego pojęcia, po co jej tyle sukien, torebek i butów, które nieustannie kupuje. Ostatnio zażyczyła sobie jachtu jeszcze większego od Christiny. Prawdziwy obłęd. Odnoszę wrażenie, że moje pieniądze wprowadzają ją w swego rodzaju trans.

W ostatnim zdaniu wyraźnie było słychać szyderstwo, zupełnie jakby chciał podkreślić, co sądzi o zachowaniu żony.

Maria w zamyśleniu grzebała specjalnym widelcem w ślimakach, który podano razem z zamówioną potrawą. Masło ziołowe pachniało cudownie i kusząco. Mimo to odłożyła sztućce. Nie chciała rozmawiać z Aristem o jego prywatnych sprawach, jednak zeszli na tematy zahaczające o jego małżeństwo. Poza tym w głębi ducha była ciekawa, jak to wszystko wygląda.

– Dotychczas nie odpowiedziałeś na moje pytanie – stwierdziła w końcu. – Co zamierzasz zrobić? Czy też przeniesiesz się do Nowego Jorku?

– Nie. W ogóle nie rozważałem takiej opcji. Apartament w The Pierre całkowicie mi wystarcza. Prawdę mówiąc, jakkolwiek by było, wolę mieszkać w Europie. O wiele lepiej czuję się w Paryżu, w Atenach czy na Skorpios niż na Manhattanie. – Sięgnął po nieskazitelnie białą serwetkę, którą wytarł usta, po czym rzucił ją zdecydowanym ruchem na stół obok talerza. – Mario, Jackie nie jest mi do niczego potrzebna. – Przerwał na moment, po czym dodał: – W przeciwieństwie do ciebie. Potrzebuję cię.

Tak zwyczajnie. Tak jednoznacznie. Tak cudownie.

Mimo to Maria potrząsnęła głową, gdyż Aristo zachowywał się jak mały chłopiec, któremu zabrano zabawkę i który wierzył, że wystarczy jedynie tupnąć nogą, by ją na powrót dostać. Pomyślała o okropnych tygodniach po opuszczeniu jachtu, podczas których czuła się fatalnie, nieustannie czekając na jakąkolwiek wiadomość od niego. Tego wszystkiego nie dało się wymazać pojedynczym zdaniem.

W marzeniach nieustannie wyobrażała sobie, jak zareaguje, jeśli faktycznie wróci do niej, równocześnie w głębi duszy nie wierząc, żeby miało to kiedykolwiek nastąpić. Zazwyczaj w każdym libretcie w takich razach wszelkie komplikacje zostawały w końcu przezwyciężone, co w efekcie doprowadzało do połączenia się kochanków. Ale czy była to reguła dotycząca jedynie sceny? I czy szczęście naprawdę mogło trwać wiecznie?

Poza tym nie była pewna, czy przypadkiem nie powiedział tego pod wpływem nastroju, czując się samotnie bez Jackie. W każdym razie wcale nie zamierzała ułatwiać mu czegokolwiek, jak to sobie niewątpliwie wyobrażał.

– To już koniec między nami. Wszystko skończone, Aristo. Sam do tego doprowadziłeś.

Ile to już razy powtarzała w duchu to samo zadanie?

– Hmmm – chrząknął, po czym dodał: – Nie pozbędziesz się mnie tak łatwo.

Co chciał przez to powiedzieć? Jej serce biło jak szalone. Z trudem zmusiła się do zachowania spokoju.

– Zamierzam ponownie skoncentrować się wyłącznie na karierze.

– Świetnie. Zrób to. Zawsze podziwiałem twoje sukcesy. Wówczas, gdy śpiewałaś na Epidauros, byłem z ciebie taki dumny. Nie mam na myśli tego niewielkiego koncertu *entre nous*, lecz *Normę*, którą wykonywałaś przed piętnastotysięczną publicznością. Nigdy wcześniej nie przeżyłem niczego piękniejszego i zarazem bardziej podniosłego...

Wspominał przeszłość, ożywiając stare wspomnienia. Maria słuchała tego, co mówił. Jego słowa sprawiły, że przeniosła się w czasie do najszczęśliwszych lat swego życia. Zupełnie jakby chcąc zrekompensować jej utracone dzieciństwo, Aristo otoczył ją wówczas czułością, miłością i opieką, poświęcając jej całą uwagę. Dawał jej z siebie wszystko. I teraz ożywiał dawne uczucia, snując stare wspomnienia. Maria pozwoliła mu na to, pomimo że zanurzenie się w przeszłości nie mogło wypełnić pustki, którą czuła od czasu rozstania z nim. Podobnie jak perspektywa rozpoczęcia wszystkiego od nowa.

ROZDZIAŁ 34

Paryż

Rok później, koniec października 1969 roku

Maria układała kwiaty, co w efekcie doprowadziło do zniszczenia całej dekoracji. Płatki kwiatów wypadały z drżących palców.

– Dlaczego jesteś taka zdenerwowana? – zapytała Mary.

– Bo Aristo po raz pierwszy od roku przekroczy próg tego domu – odpowiedziała z wahaniem. – Niemal przez rok udało mi się trzymać go z dala od mojego mieszkania. Co prawda spotykaliśmy się od czasu do czasu, ale wyłącznie w restauracjach lub na przyjęciach u wspólnych przyjaciół. Ale to coś zupełnie innego przyjmować go tutaj, gdzie był poniekąd panem domu.

– Dlaczego w takim razie nie zamówiłaś na dzisiejszy wieczór stolika u Maxima? – drążyła temat Mary, rozglądając się uważnie po jadalni, w której stał elegancko nakryty stół na osiem osób.

W krótkim czasie udało się Marii zebrać komplet gości i zamówić menu. Na szczęście Mary zawitała akurat do Paryża leżącego na trasie jej podróży po Europie. Dzięki temu mogła przyjąć otrzymane w ostatniej chwili zaproszenie i tym samym wspomóc Marię.

– Nalegał, żeby przyjść do mnie. – Maria z westchnieniem uniosła ramiona, które natychmiast opuściła z rezygnacją.

– Koniecznie muszę zobaczyć się z tobą dziś wieczorem – oznajmił Aristo w rozmowie telefonicznej. – Właśnie wylądowałem. Potem przyjadę do ciebie. Proszę, przygotuj coś do jedzenia. Już teraz jestem głodny jak wilk.

Aż do dzisiaj udawało jej się zapobiegać jego próbom zbliżenia się do niej niczym Odyseuszowi do cieśniny morskiej pomiędzy Scyllą i Charybdą. Podczas swoich regularnych pobytów w Paryżu zawsze prosił ją o spotkanie. Sprawiał wrażenie, jakby było mu zupełnie obojętne, czy Jackie w tym samym czasie przebywa w Paryżu na nieustannych zakupach. Spotykał się z Marią, nie zważając na żonę. Próbował unikać reporterów, ale też nie krył się przed opinią publiczną. Prędzej czy później ukazywały się w prasie zdjęcia Marii i Arista, sprawiające wrażenie, jakby były kopiami fotografii zrobionych im przed laty.

– Jesteśmy jedynie przyjaciółmi, których ponadto łączą interesy – oznajmiała w takich razach reporterom.

Jednak z biegiem czasu ich zażyłość stała się znów bardzo bliska. Jego zajmujący i szarmancki sposób bycia sprawił, że jej serce na powrót zaczęło żywiej bić dla niego. Chociaż długo jeszcze czuła się zbyt zraniona, żeby umożliwić mu całkowite zbliżenie do niej albo nawet otworzyć ponownie przed nim drzwi do sypialni. Bo nie było dla niej tajemnicą, że celem jego zabiegów była chęć powrotu do jej łóżka.

I nie tylko w Paryżu usiłował być blisko niej. Gdy poleciała do Rzymu, żeby na planie filmowym *Medei* po raz pierwszy w życiu wystąpić przed kamerą, wprawdzie jej nie towarzyszył, ale niemal codziennie dzwonił do hotelu.

Gdy w lipcu i sierpniu ekipa filmowa udała się do Turcji i Syrii, jego telefony stały się rzadsze, czego jedynym powodem były trudności z uzyskaniem połączenia z Bliskim Wschodem. I gdy tylko zaczęto kręcić końcowe sceny w północnych Włoszech, znów dzwonił równie często, jak na początku zdjęć.

Nieustanna obecność Arista w jej życiu była powodem coraz większego zamętu i wzburzenia. Zdarzało się nawet, że wpadała w panikę. Zupełnie inną kwestią było pokazywanie się z byłym kochankiem wśród ludzi na neutralnym terenie. Ale była też i druga strona, polegająca na dzieleniu się swoimi doświadczeniami w kiedyś tak dobrze znanej, niemalże oczywistej bliskości i zażyłości oraz dyskutowaniu licznych spraw, nawet jeśli miało to miejsce jedynie przez telefon. Występowanie przed kamerą sprawiało jej dużą przyjemność i miała nadzieję na nakręcenie kolejnych filmów. O swoich planach na przyszłość opowiadała mu równie chętnie, jak o spotkaniu z wróżką na bazarze w Aleppo, która wyczytała z dłoni Marii jej wczesną śmierć.

– Ale nie będzie pani cierpieć – zapewniła na koniec staruszka.

Maria, ma się rozumieć, była do głębi poruszona przepowiednią.

– Po prostu zapomnij o tym – poradził Aristo, choć doskonale wiedział, jak bardzo była przesądna. – Ale pomyśl też, żebyśmy tak przeżywali każdy dzień, jakby miał być ostatnim – dodał.

Tym samym chciał powiedzieć, że lepiej będzie wysłuchać go dziś niż jutro, co bardzo dobrze zrozumiała.

Mary objęła Marię.

– Przez jakiś czas myślałam, że Ariemu zależy wyłącznie na rozgłosie. Zdobył Jackie Kennedy, po czym chciał wrócić do ciebie. Cóż znaczy jedna sławna kobieta, kiedy można mieć dwie? Prawda? Ale w twoim mieszkaniu nie będzie przecież dziennikarzy mogących was obserwować. Powinnyśmy się raczej obawiać, że naprawdę traktuje to wszystko poważnie.

– Właśnie dlatego zaprosiłam przyjaciół – wyjaśniła Maria. – Nie chcę być z nim sam na sam.

– Przed czym mamy cię chronić? Przed jego namiętnością do ciebie czy może twoją miłością do niego? – Przyjaciółka pocałowała Marię w policzek. – Daj spokój i uśmiechnij się, moja kochana. Wszak Callas swoją grą aktorską zrewolucjonizowała scenę operową. A zatem z pewnością uda ci się odpowiednio przyjąć Arystotelesa Onassisa i pokazać, w razie potrzeby, że masz go gdzieś.

– Tak. Oczywiście. – Maria roześmiała się, starając się, żeby jej śmiech brzmiał beztrosko, równocześnie z niepokojem zadając sobie w cichości ducha pytanie, czy faktycznie nadal chce odprawić Arista z kwitkiem.

Zjawił się jako ostatni.

Maria była tak zdenerwowana, że przed jego przybyciem była w stanie rozmawiać z przyjaciółmi jedynie o błahostkach. Obrywała płatki kwiatów. Wywróciła kieliszek szampana. Jak młoda dziewczyna czekała z wypiekami na twarzy na swojego wielbiciela. Podobnie jak inne damy ubrana była w suknię cocktailową, panowie zaś mieli na sobie smokingi, gdyż prosiła o wieczorowe kreacje, żeby nadać odwiedzinom Arista oficjalny charakter. Miało to być nie tylko prywatne spotkanie, lecz również stworzenie sobie możliwości utrzymania dystansu.

– Cudownie móc znów tu być – powiedział na powitanie, obejmując Marię.

Zaprowadziła go do salonu, gdzie czekali pozostali goście.

– Siadaj, proszę. Jesteśmy przy aperitifie. Co mogę ci zaproponować do picia?

– Poproszę whisky. – Podszedł do stolika przy barze, stojącego dokładnie w tym samym miejscu co podczas jego ostatniego pobytu w jej mieszkaniu. – Nie przejmuj się mną. Sam się obsłużę.

Po tych słowach szczodrze napełnił kryształową szklankę, po czym skierował się w stronę sofy, żeby usiąść.

Ponownie podjęto rozmowy, które na chwilę przerwało jego pojawienie się i przywitania. Maria opowiadała o końcowej fazie produkcji filmu, w którym grała główną rolę, i o zaplanowanej na koniec grudnia premierze w Mediolanie. Ktoś poinformował, że brytyjski kierowca rajdowy, Jackie Stewart, właśnie wygrał Mistrzostwa Świata Formuły 1. Dyskutowano o fascynacji lotami w kosmos oraz o grupie rockowej Deep Purple, która niedawno wystąpiła w Londynie razem z The Royal Philharmonic Orchestra. Nie wspominano jedynie o okropnościach wojny w Wietnamie. Nikt nie chciał mówić o tym tego wieczoru przy aperitifie serwowanym przed obiadem w gronie przyjaciół.

Aristo ściągnął marynarkę i poluzował czerwony krawat, po czym zapalił cygaro. Wtem Maria poczuła, jak zaciągając się hawaną, położył jej dłoń na udzie.

Siedziała na poręczy fotela zajmowanego przez Mary, tuż przy sofie, na której usadowił się Onassis.

Jego dotyk sprawił, że zaparło jej dech w piersiach. W milczeniu spoglądała na swoje palce, zaciśnięte kurczowo na ciężkim jedwabiu sukni. To był poufały gest i poniekąd oczywisty. Podobnie jak pozbycie się marynarki bez uprzedniego zapytania, czy nikt nie będzie miał nic przeciwko. Zachowywał się jak mężczyzna mający pewność, że jest u siebie. U boku tej kobiety.

Przyjaciele Marii kontynuowali rozmowę jakby nigdy nic, jednak Maria pochwyciła kilkakrotnie ich dyskretne spojrzenia rzucane na Arista. Naturalnie, nikt nie zrobił żadnej uwagi. Wszyscy czekali na jej reakcję.

Ona zaś wiedziała, że nadszedł moment podjęcia decyzji. Jak to ma dalej wyglądać z nią i z Aristem? Czy powinna mu pokazać, gdzie jest jego miejsce? A może pozwolić mu na kolejny krok? Wszak to ona była reżyserem decydującym, jaka będzie następna scena.

Tymczasem Aristo delikatnie gładził jej udo, uśmiechając się do niej.

Maria zachichotała nerwowo.

Zawahała się. Aristo wreszcie dopiął swego, powodując, że zaprosiła go do siebie. A teraz zmuszał ją do zdeklarowania się, czy go chce, czy nie. A ona dziękowała mu w duszy, że pozostawił jej tę decyzję.

Niewątpliwie będzie to niewłaściwe posunięcie, które pewnego dnia prawdopodobnie złamie jej serce. Ale cóż mogło być piękniejszego niż pewność, że znowu jest z nią? Przecież należeli do siebie. Maria i Aristo. Takie było jej przeznaczenie. Tak chciał los.

Penelopa przez dziesięć lat czekała na powrót Odyseusza do domu. Maria natomiast piętnaście miesięcy.

– Witaj w domu – powiedziała.

POSŁOWIE

Arystoteles Onassis zmarł po ciężkiej chorobie piętnastego marca tysiąc dziewięćset siedemdziesiątego piątego roku w Szpitalu Amerykańskim w Neuilly-sur-Seine pod Paryżem. W owym czasie toczyła się już sprawa o rozwód z Jackie Kennedy, jednak sąd jeszcze nie wydał wyroku, co sprawiło, że Jacqueline została wdową po nim. W czasie trwania małżeństwa para rzadko się spotykała, natomiast krótko po ślubie Onassis coraz częściej pokazywał się publicznie z Marią Callas. Wprawdzie Maria w swoich wypowiedziach dla prasy zawsze twierdziła, że są z Aristem „jedynie dobrymi przyjaciółmi", jednak wszystko przemawia za tym, że w rzeczywistości ich zażyłość była o wiele bliższa, co również potwierdzają obserwacje ich przyjaciół i kolegów oraz liczne zdjęcia zrobione w tym okresie przez paparazzich.

I chociaż niemal wszystkie biografie Marii Callas i Arystotelesa Onassisa zgodnie twierdzą, że w późniejszych latach łączyła ich jedynie przyjaźń, to po przestudiowaniu rozlicznej literatury na ich temat mam co do tego poważne wątpliwości. Po pierwsze, nie mówimy o nastolatkach, a osobach dorosłych, mających jasny pogląd na temat swoich uczuć i potrzeb. Po drugie, za kontynuacją romansu Marii i Arista przemawia przede wszystkim zachowanie Jackie Kennedy. Zamiast po ślubie demonstrować niezależność i swobodę, żona Onassisa aż pieniła się z zazdrości, którą okazywała nawet publicznie. No tak, ale właściwie o kogo? Przyjaciółkę, rywalkę, koleżankę, kochankę czy może pokrewną duszę małżonka? Jej zazdrość była tak wielka, że – przykładowo – wymogła na mężu, żeby wziął ją do tej samej restauracji, w której niespełna parę dni wcześniej jadł kolację z Marią Callas.

Jacqueline nie wystarczyło, że Onassis podarował jej całą biżuterię, którą Maria zostawiła na pokładzie Christiny w lecie tysiąc dziewięćset sześćdziesiątego ósmego roku. Z dającą sporo do myślenia determinacją skupowała także i te klejnoty, które Maria wypożyczała od jubilerów, gdy miała pokazać się publicznie. Nabyła nawet szmaragdowe kolczyki od Harry'ego Winstona, które Callas nosiła owego pamiętnego wieczoru w Metropolitan Opera, kiedy to pojednała się z Renatą Tebaldi.

Ponadto Jackie uniemożliwiła jej dostęp do szpitalnego pokoju, w którym umierał Onassis. I choć w tym czasie sama przebywała w Nowym Jorku, zadbała o to, żeby nie wpuszczono do niego mieszkającej w Paryżu Callas. Ten stanowczy zakaz był ogromnym ciosem dla Marii. Nawet jeśli była jedynie przyjaciółką Arista.

I jeszcze jeden niezmiernie istotny szczegół: Ari Onassis został pochowany w grobowcu na wyspie Skorpios. Po śmierci Marii Callas w Paryżu szesnastego września tysiąc dziewięćset siedemdziesiątego siódmego roku na zawał serca (albo z powodu złamanego serca) po otwarciu testamentu okazało się, że ostatnią wolą diwy było rozsypanie jej prochów w morzu właśnie u wybrzeży Skorpios. Wyjątkowo wielki gest jak na przyjaźń, jednak dla kochających się ludzi zupełnie zrozumiały, gdyż oznaczał połączenie na wieczne czasy.

Pewnego razu Onassis stwierdził, że małżeństwo z Jackie było największym błędem w jego życiu. Największą zaś tragedią, jaką przeżył, była bez wątpienia katastrofa samolotu, która kosztowała życie jego niespełna dwudziestopięcioletniego syna, Alexandra. Natomiast najgorszym koszmarem dla niego jako ojca była konieczność podjęcia decyzji o odłączeniu aparatury podtrzymującej życie leżącego w śpiączce ukochanego dziecka, co miało miejsce dwudziestego trzeciego stycznia tysiąc dziewięćset siedemdziesiątego trzeciego roku. Onassis nigdy tego nie przebolał.

Także Tina, która w międzyczasie wyszła za mąż po raz trzeci, tym razem za armatora Nirachosa, nigdy nie doszła do siebie po śmierci syna. Była żona Onassisa zmarła w Paryżu w do dziś niewyjaśnionych okolicznościach dziesiątego października tysiąc dziewięćset siedemdziesiątego czwartego roku.

Dla córki Onassisa, Christiny, uporanie się z tymi wszystkimi rodzinnymi tragediami było niemal ponad siły. Żebrząca o miłość matki nieśmiała dziewczynka już jako dorosła kobieta popadła w najcięższą depresję. Próbując zerwać z przeszłością, podarowała nazwany przez ojca jej imieniem słynny jacht państwu greckiemu. Aż trzykrotnie wstępowała w związki małżeńskie i tyleż razy się rozwodziła. W tysiąc dziewięćset osiemdziesiątym piątym roku urodziła córkę, którą po matce nazwała Atena. Zmarła dziewiętnastego listopada tysiąc dziewięćset osiemdziesiątego ósmego roku w Buenos Aires wskutek przedawkowania leków.

Atena, która w zasadzie nie znała bohaterów największej nowożytnej greckiej tragedii, jest znaną amazonką startującą w konkursach jeździeckich w skokach przez przeszkody. Obecnie mieszka w Szwajcarii. W dwa tysiące trzynastym roku sprzedała należącą do dziadka wyspę córce jednego z rosyjskich oligarchów, rzekomo za sto milionów dolarów. Ekaterina Dymitriewna Rybołowlewa, także amazonka, której pasją są skoki przez przeszkody, mieszka obecnie na Skorpios, próbując rozwinąć gospodarkę Wysp Jońskich.

Doczesne szczątki Onassisa w dalszym ciągu spoczywają na wyspie.

Jackie Kennedy spędziła resztę życia w Nowym Jorku, gdzie pracowała w jednym z wydawnictw książkowych jako redaktorka. Po śmierci Onassisa związała się z belgijsko-amerykańskim handlarzem diamentów, Maurice'em Tempelsmanem. Ikona mody lat sześćdziesiątych i siedemdziesiątych zmarła dziewiętnastego maja tysiąc dziewięćset dziewięćdziesiątego czwartego roku.

Giovanni Battista Meneghini do końca życia trzymał się kurczowo na ten czy inny sposób swojego związku z Marią Callas. W swojej willi w Sirmione nad jeziorem Garda pozostawił wszystko w takim stanie, jak w dniu opuszczenia przez Marię ich wspólnego domu. Nawet jej płaszcz kąpielowy przez długie lata wisiał na drzwiach sypialni tak, jak go zostawiła. Stworzył coś na kształt mauzoleum swojego małżeństwa. Po śmierci Marii skupywał na różnych paryskich aukcjach meble, obrazy i liczne pamiątki z pozostawionej przez nią spuścizny. Zmarł dwudziestego pierwszego stycznia tysiąc dziewięćset osiemdziesiątego pierwszego roku. Willa w pobliżu hotelu Cortine Palace znajduje się dziś w prywatnych rękach i jest niedostępna dla zwiedzających. Jednak w samej miejscowości Sirmione, w której kiedyś mieszkała Maria Callas, zachowało się sporo pamiątek przypominających światowej sławy śpiewaczkę.

Film *Medea* Piera Paola Pasoliniego, w którym Maria Callas pojawiła się po latach w świetle reflektorów, pomimo pochwał krytyków nie odniósł sukcesu. Była to pierwsza i zarazem ostatnia próba diwy zaistnienia na ekranie. W każdym razie za życia, gdyż po jej śmierci Fanny Ardant brylowała w roli Callas. Później nakręcono jeszcze fabularyzowany film dokumentalny, w którym pokazano jej występy oraz przeprowadzone z nią wywiady. Ponadto wielokrotnie filmowano życie Arystotelesa Onassisa.

W latach tysiąc dziewięćset siedemdziesiąt jeden i tysiąc dziewięćset siedemdziesiąt dwa Maria Callas uczyła śpiewu w klasach mistrzowskich w renomowanej nowojorskiej szkole Juilliard School of Music, najlepszym konserwatorium w USA. W latach tysiąc dziewięćset siedemdziesiąt trzy i tysiąc dziewięćset siedemdziesiąt cztery na prośbę przyjaciół i swojego wcześniejszego partnera scenicznego, Giuseppe Di Stefana, odbyła wraz z nim tournée będące faktycznym pożegnaniem z publicznością, gdyż głosy obu śpiewaków nie brzmiały już tak jak kiedyś. Po tych występach Callas definitywnie wycofała się ze sceny.

Pozostały po niej niezliczone fotografie i nagrania, jak również operowy świat, który Maria Callas zrewolucjonizowała nie tylko swoim niezrównanym wysokim C, lecz także, a może przede wszystkim, znakomitą grą aktorską.

Gdy pod koniec lat siedemdziesiątych zaczęłam pracować w jednej z gazet jako redaktorka, historia Marii Callas i Arystotelesa Onassisa była na ustach wszystkich. Głównie dlatego, że niektórzy z bohaterów tego iście operowego dramatu jeszcze wówczas żyli: Christina Onassis, Jackie Kennedy, Battista Meneghini. Ta fascynująca historia była dla mnie swoistym powrotem do początków mojej kariery zawodowej, co oznaczało stosunkowo proste badania, gdyż wiedziałam, gdzie czego szukać. Niespodzianką okazały się odkryte przeze mnie szczegóły romansu Marii i Arista, a także charakter Marii Callas, w którym odnalazłam siebie, ponieważ okazał się w znacznej mierze podobny do mojego. Uwielbiam i podziwiam bohaterki moich poprzednich powieści – Gabrielle Coco Chanel oraz Édith Piaf – lecz z żadną z nich nie identyfikuję się tak bardzo jak z Marią Callas.

Być może powodem takiego stanu rzeczy jest łączący nas fakt, że obie stosunkowo późno spotkałyśmy wielką miłość swojego życia. Gdy Callas poznała Onassisa, miała trzydzieści sześć lat, ja zaś poznałam swojego obecnego męża w wieku czterdziestu dwóch lat. Chcę przez to powiedzieć, że dzięki tak późnej miłości dane mi było poznać na własnej skórze zarówno psychikę, jak i reakcje świeżo zakochanych, już nie tak młodych ludzi z pewnym doświadczeniem życiowym. Uczucie w tym wieku ma niewiele wspólnego z motylami w brzuchu, ponieważ zakochani zachowują się z reguły o wiele bardziej powściągliwie. Dlatego też nie wierzę w to, co niektórzy biografowie Marii Callas i Arystotelesa Onassisa piszą o ich pierwszych intymnych chwilach, choć – ma się rozumieć – są to jedynie spekulacje.

Do ich pierwszego fizycznego zbliżenia miało rzekomo dojść na bączku, niewielkiej łodzi stanowiącej wyposażenie jachtu Christina, podczas pierwszego wspólnego rejsu, co uważam za wykluczone. Po pierwsze dlatego, że byłoby to mało prawdopodobne ze względu na obecność czterdziestoosobowej załogi, ówczesnych współmałżonków oraz dzieci Onassisa, a także Winstona Churchilla, honorowego gościa armatora. Po drugie, wcale nie miałoby to sensu. Tak się składa, że Onassis od pierwszego do ostatniego dnia podróży na każdym kroku demonstrował swojemu wielkiemu mentorowi, jak bardzo jest przyzwoity i jak wielką wagę przywiązuje do kwestii moralnych, co wyklucza wskakiwanie z kochanką do łódki, w której w każdej chwili mógłby zostać nakryty w nad wyraz kłopotliwej sytuacji. Do tego dochodzą jeszcze wiek i osobowość obojga bohaterów, gdyż – jak wiadomo – nie mówimy tu o czternastolatkach, lecz o najsławniejszej w owym czasie kobiecie oraz najpotężniejszym i zarazem najbogatszym mężczyźnie na świecie.

Kapitan Onassisa oraz Anthony Montague Browne w rozlicznych wywiadach podkreślali, że biorąc pod uwagę wyżej opisane przeze mnie okoliczności, uważają miłość uprawianą w bączku za całkowicie nieprawdopodobną. Dlatego puściłam wodze wyobraźni, tworząc własną historię tego wielkiego romansu.

Ale jest to jedyna swoboda, na jaką sobie pozwoliłam w tej powieści.

PODZIĘKOWANIA

Nie da się napisać powieści bez pomocy i wsparcia. Moją merytoryczną, znającą się doskonale na rzeczy doradczynią, która wprowadziła mnie w tajniki świata opery, była sopranistka Ilona Nymoen, za co jestem jej wdzięczna z całego serca. Pragnę także podziękować Tanji Stumpf z Krety za umożliwienie mi wglądu w grecką codzienność. Jeśli mimo to w moim tekście pojawiły się błędy, to tylko ja jestem za nie odpowiedzialna. Naturalnie książka ta nie powstałaby bez pomocy pracowników wydawnictwa Aufbau, w szczególności mojej redaktorki, szefowej programowej książek wydawanych w miękkiej oprawie, Stefanie Werk, która miała ze mną najwięcej pracy. Naturalnie dziękuję też kierującemu wydawnictwem Reinhardowi Rohnowi oraz kierownikowi działu edycji cyfrowych, Oliverowi Puxowi. Bardzo dziękuję także Wam wszystkim. Do tego podziękowania chciałabym wyraźnie dołączyć Inkę Ihmels i Helenę Becker, które włożyły niezmiernie dużo wysiłku w sprzedaż praw moich powieści. W wyniku ich pracy moje książki zostały przetłumaczone na szesnaście języków. Nie doszłoby do tego wszystkiego bez mojej wspaniałej agentki, Petry Hermanns. Bez jej pokrzepiających, pełnych zachęty e-maili niektóre rozdziały prawdopodobnie nigdy nie zostałyby napisane. Bardzo Ci dziękuję. Na końcu przytulam w myślach do serca moją rodzinę, obdarowującą mnie swoją miłością, towarzyszącą mi podczas wzlotów i upadków, jakie przeżywałam podczas tworzenia tej powieści, dającą mi poczucie bezpieczeństwa i dbającą o relaks podczas pracy. Co prawda wymieniam Was jako ostatnich, ale w moim sercu zawsze jesteście pierwszymi.

SPIS TREŚCI

ROZDZIAŁ 1
Wenecja. 3 września 1957 roku 7
ROZDZIAŁ 2
Nad chmurami. Jedenaście lat później,
początek sierpnia 1968 roku 23
ROZDZIAŁ 3
Morze Jońskie. Tego samego dnia,
parę godzin wcześniej 27
ROZDZIAŁ 4
Paryż. Sierpień 1968 roku 47
ROZDZIAŁ 5
Paryż. 19 grudnia 1958 roku 54
ROZDZIAŁ 6
Paryż. Sierpień 1968 roku 68
ROZDZIAŁ 7
Nowy Jork. Lipiec 1929 roku 70
ROZDZIAŁ 8
Paryż. Sierpień 1968 roku 74
ROZDZIAŁ 9
Londyn. Połowa czerwca 1959 roku 81
ROZDZIAŁ 10
Paryż. Sierpień 1968 roku 117
ROZDZIAŁ 11
Nowy Jork. 19 maja 1962 roku 124

ROZDZIAŁ 12
Nowy Jork. Sierpień 1968 roku 131
ROZDZIAŁ 13
Amsterdam. Początek lipca 1959 roku 138
ROZDZIAŁ 14
Mediolan. Połowa lipca 1959 roku 150
ROZDZIAŁ 15
Monte Carlo. 22 lipca 1959 roku 162
ROZDZIAŁ 16
Santa Fe. Początek września 1968 roku 181
ROZDZIAŁ 17
Morze Śródziemne. Lipiec 1959 roku 188
ROZDZIAŁ 18
Izmir. 4 sierpnia 1959 roku 233
ROZDZIAŁ 19
Nowy Jork. 16 września 1968 roku 249
ROZDZIAŁ 20
Stambuł. Początek sierpnia 1959 roku 261
ROZDZIAŁ 21
Ateny. 9 sierpnia 1959 roku 283
ROZDZIAŁ 22
Nad chmurami. Wrzesień 1968 roku 293
ROZDZIAŁ 23
Mediolan. Początek września 1959 roku 298
ROZDZIAŁ 24
Mediolan. Początek listopada 1959 roku 315
ROZDZIAŁ 25
Dallas, Teksas. Początek listopada 1959 roku 322
ROZDZIAŁ 26
Brescia. 14 listopada 1959 roku 333
ROZDZIAŁ 27
Mediolan. Dziesięć godzin później 337

ROZDZIAŁ 28
Paryż. 17 października 1968 roku 344
ROZDZIAŁ 29
Paryż. 18 października 1968 roku 353
ROZDZIAŁ 30
Paryż. 21 października 1968 roku 363
ROZDZIAŁ 31
Mediolan. 30 marca 1960 roku 365
ROZDZIAŁ 32
Paryż. Październik 1968 roku 373
ROZDZIAŁ 33
Paryż. Listopad 1968 roku 380
ROZDZIAŁ 34
Paryż. Rok później, koniec października
1969 roku 388
POSŁOWIE 395
PODZIĘKOWANIA 403

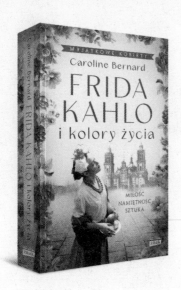

**Frida Kahlo
i kolory życia,
Caroline Bernard**

Odważna, silna, zdecydowana.
Kobieta, która stała się ikoną.

Meksyk, 1925 rok. Frida marzy o karierze lekarza, jednak straszny wypadek niweczy jej plany. Przykuta do łóżka przegląda kolorowe albumy i uczy się malować, tworząc pierwsze autoportrety. Traci pełną sprawność, ale odnajduje prawdziwą pasję – sztukę. Zachęcona przez ojca pokazuje swoje obrazy słynnemu malarzowi Diego Riverze. Dziewczyna zakochuje się w nim do szaleństwa, nie bacząc na dzielącą ich różnicę wieku, ani jego reputację kobieciarza.

Diego nie tylko pokazuje jej niezwykły świat artystycznej bohemy, ale również przynosi jej cierpienie. Motywuje ją i popycha do działania, a jednocześnie rani licznymi zdradami. Malarka nie potrafi żyć z nim, nie potrafi żyć bez niego. Wie, że nic nie jest wieczne, dlatego rzuca się w wir życia i sztuki. Oczarowuje paryskich surrealistów i słynnego Picassa, rozkochuje w sobie Trockiego. Frida żyje na własnych zasadach, wbrew oczekiwaniom społecznym i stereotypom. Idzie swoją drogą. Jednak dojdzie nią do miejsca, w którym będzie musiała zakwestionować wszystko, w co dotychczas wierzyła.

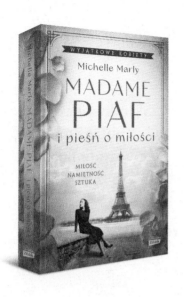

Madame Piaf i pieśń o miłości, Michelle Marly

Światowej sławy artystka. Kobieta, która stała się ikoną francuskiej piosenki.

Paryż, 1944. Po zakończeniu niemieckiej okupacji znana piosenkarka Edith Piaf zostaje oskarżona o kolaborację z wrogiem i obawia się zakazu występów. Podczas gdy desperacko próbuje udowodnić swoja niewinność, poznaje utalentowanego młodego piosenkarza Yvesa Montanda. Edith zostaje jego mentorką, a z czasem kochanką. To właśnie związek z Yvesem inspiruje Edith do napisania piosenki, która uczyni ją legendą – *La vie en rose*. Ich romans jest burzliwy, ale Edith wie, że każda wielka miłość musi zostać okupiona łzami.

Edith Piaf to ucieleśnienie odwagi i miłości. Nie bała się skrajności zarówno w swojej sztuce, jak i w życiu. Żyła tak jak śpiewała – by niczego nie żałować.

„Za szczęście trzeba zapłacić łzami"
Edith Piaf

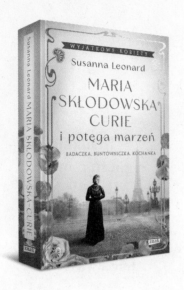

Maria Skłodowska-Curie i potęga marzeń, Susanna Leonard

Badaczka, buntowniczka, kochanka. Historia wyjątkowej kobiety, która chciała zmienić świat.

„Śnij pięknie swoje życie i spraw, aby te marzenia stały się rzeczywistością."
Maria Skłodowska-Curie

Paryż, rok 1891. Młoda Maria Skłodowska od dziecka marzyła o tej chwili. Opuściła właśnie rodzinną ziemię i zaczyna studia na Sorbonie. Otwierają się przed nią drzwi światowej nauki, jednak musi liczyć się z uprzedzeniami i wrogością uniwersyteckiego środowiska – jest przecież kobietą.

Pomimo wszystkich trudów i przeciwności Maria rzuca się w wir pracy i intensywnego życia. Jej szczęścia dopełnia z czasem Pierre Curie, który staje się jej wielką miłością. Razem dokonują przełomowego odkrycia. Maria nie wie, że cena szczęścia będzie bardzo wysoka, a los szykuje dla niej wiele bolesnych ciosów.

Audrey Hepburn w blasku sławy, Juliana Weinberg

Aktorka, gwiazda Hollywood, ikona
Kobieta, której powołaniem była filmowa kariera

„Najważniejsze to cieszyć się życiem,
być szczęśliwym, tylko to się liczy."
Audrey Hepburn

Holandia 1944: Podczas II wojny światowej młoda Audrey Hepburn odkrywa swoją miłość do tańca. Pomiędzy okropnościami wojny, a wszechobecnym głodem marzy o karierze primabaleriny. I choć ten sen nie spełni się, nie zniechęci się. Audrey obierze nowy cel: studia aktorskie w Ameryce! Rzeczywiście, dzięki talentowi Hepburn dostanie się do Hollywood. Wkrótce zagra u boku wielkich gwiazd, takich jak Gregory Peck i Humphrey Bogart. Ale by spełnić marzenia będzie musiała poświęcić wszystko. Czy Audrey zabłyśnie jako gwiazda na hollywoodzkim niebie, nie zatracając siebie?

W serii *Wyjątkowe kobiety* dotychczas ukazały się:

Frida Kahlo i kolory życia, Caroline Bernard
Madame Piaf i pieśń o miłości, Michelle Marly
Maria Callas i głos serca, Michelle Marly

W serii *Wyjątkowe kobiety* niebawem ukażą się:

Maria Skłodowska-Curie i potęga marzeń, Susanna Leonard
Audrey Hepburn w blasku sławy, Juliana Weinberg
Simone de Beauvoir w poszukiwaniu miłości i prawdy, Caroline Bernard

E-book dostępny na
woblink.com

Przeczytaj, co o książce sądzą inni czytelnicy, i oceń ją na
lubimyczytać.pl